公路建设项目可持续发展研究

李明顺　叶志刚　著

北京
冶金工业出版社
2013

内 容 提 要

本书在总结各地公路建设项目可持续发展评价工作经验的基础上，针对可持续发展研究现状及存在的问题，全面系统地阐述了公路建设项目可持续发展理论与方法。主要内容包括：公路建设项目社会经济目标可持续发展、财务效益目标可持续发展、环境资源目标可持续发展，交通运营状况对项目目标可持续发展的影响分析，特重交通与恶劣条件对目标可持续发展的不利影响，公路建设项目可持续发展评价方法以及上述各研究内容的实证分析。

本书可供交通领域的培训、科研、管理人员阅读参考，也可作为高等院校交通工程、交通运输、土木工程、工程管理等专业研究生和高年级本科生的教学参考书。

图书在版编目(CIP)数据

公路建设项目可持续发展研究／李明顺，叶志刚著．—北京：冶金工业出版社，2013.10

ISBN 978-7-5024-6403-5

Ⅰ.①公…　Ⅱ.①李…　②叶…　Ⅲ.①道路工程—基本建设项目—可持续性发展—研究　Ⅳ.①F540.3

中国版本图书馆 CIP 数据核字(2013)第 241632 号

出 版 人　谭学余
地　　址　北京北河沿大街嵩祝院北巷 39 号，邮编 100009
电　　话　(010)64027926　电子信箱　yjcbs@cnmip.com.cn
责任编辑　廖　丹　美术编辑　杨　帆　版式设计　孙跃红
责任校对　郑　娟　责任印制　李玉山
ISBN 978-7-5024-6403-5
冶金工业出版社出版发行；各地新华书店经销；北京慧美印刷有限公司印刷
2013 年 10 月第 1 版，2013 年 10 月第 1 次印刷
169mm×239mm；19.75 印张；386 千字；306 页
58.00 元

冶金工业出版社投稿电话：(010)64027932　投稿信箱：tougao@cnmip.com.cn
冶金工业出版社发行部　电话：(010)64044283　传真：(010)64027893
冶金书店　地址：北京东四西大街 46 号(100010)　电话：(010)65289081(兼传真)

前　言

公路建设的根本目的在于促进社会经济发展。为促进经济发展，加快公路建设已成为必然趋势。但是，修建公路将占用大量土地，破坏植被，影响自然地貌、原始景观、城市空间格局、文化史脉以及区域内文物、遗迹、自然水系等，同时路体本身也会分隔所在地域动植物世代生存的空间，影响种群繁衍及动植物的多样性等；公路建设需要占用大量土地，土地是不可再生资源；公路建设需要拆迁一定数量的建筑物，给人们生活、工作带来诸多不便，且极易引发社会矛盾。因此，研究公路建设与社会经济系统相互作用机制，建立一整套较完善、规范、全面、系统的可持续发展评价理论与方法体系，是当前非常迫切的任务。公路建设可持续发展评价体系将成为继国民经济评价、财务评价、社会环境影响评价之后的又一全面评价准则，为各级交通主管部门进行科学决策提供理论依据和可操作的具体措施，提高资金的使用效率，减少公路建设的盲目性，提高资源利用率，节约不可再生资源，减少或避免对生态环境产生的不良影响，促进社会可持续发展。

目前我国逐步重视并加强公路建设项目前期审批工作程序，严格要求各专项评估必须和拟投资项目可行性研究同时进行。根据科学发展观及可持续发展体系要求，项目审批阶段除建设项目工程可行性研究报告外，涉及的专项评估主要有建设项目选址报告、建设项目工程环境影响报告、项目建设场地地质灾害危险性评估报告、大桥防洪评价报告、通航技术要求论证报告、水土保持方案报告、压覆矿产资源调查报告、公路用地预审报告、节能评估报告等，分别需要国家发改委、交通运输部、国土资源部、环境保护部、水利部等组织评审并批复。国家发展和改革委员会为进一步完善企业投资项目核准制度，指导企业做好项目申请报告的编写工作，规范项目核准机关对企业投资项目的核准行为，发布了《项目申请报告通用文本》，其包括的内容主要有：申报单位及项目概况；发展规划、产业政策和行业准入分析；资源开发及综合利用分析；节能方案分析；建设用地、征地拆迁及移民安置分析；环境和生态影响分析；经济影响分析；社会影响分析。

公路建设项目的可持续发展评价体系范围广、内容多，特别是建设用地、征地拆迁及移民安置等是当今社会的敏感问题，更应该特别重视。本书在总结前人对公路建设项目相关评价研究的基础上，对公路建设项目可持续发展所涉及的主要内容做了进一步的研究和分析，系作者在公路建设领域多年科学研究及工程实践的总结，以期为以后的公路建设项目可持续发展研究提供借鉴。

本书获长沙理工大学学术著作出版基金及湖南省交通科技计划项目《湖南省公路建设项目社会影响评价与可持续发展》（项目号：200727）出版基金资助。长沙理工大学硕士研究生刘丹丹、陈文萃、杨珂、乔彦、朱佐辉、曹俊峰、李婷、朱明辉等为本书的写作收集整理了大量资料，并做了文字的录入和校对工作；任艳艳、刘柱彬、陈涛、任敏、杨珂、刘丹丹、乔彦、朱佐辉为本书做了相关的研究工作，在此向他们表示感谢。本书的编写参考了部分专著与论文，在此谨向文献的作者表示衷心的感谢！

由于作者知识水平有限，本书在社会经济成本效益定量化方法、集约利用土地评价方法、环境影响经济分析方法、突发事件预警和应对措施等诸多方面还处于探讨或模糊计算阶段，今后还需要做进一步的深入研究。书中疏漏和不当之处，敬请读者批评指正！

作　者

2013年7月

目　　录

1 绪　　论

1.1 研究的背景及意义

近十多年来，伴随着综合国力的全面提升，我国陆路、航空、水路交通建设实现了历史性跨越，高速公路建设成就尤其令世人瞩目。从1988年我国大陆第一条高速公路——沪嘉高速公路通车开始，经过20多年的发展，至2012年底，全国高速公路通车里程达到9.6万公里（其中国家高速公路6.8万公里）。高速公路的快速发展，大大提高了我国公路网的整体技术水平，优化了交通运输结构，对缓解交通运输的“瓶颈”发挥了重要作用，有力地促进了我国经济发展和社会进步。

为了确保我国高速公路快速、持续、健康发展，明确我国高速公路网的远景发展目标、布局框架，并指导未来全国高速公路的建设和发展，2004年12月17日，交通部编制的《国家高速公路网规划》（以下简称《规划》）经国务院审议通过。《规划》采用放射线与纵横网格相结合的布局方案，形成由中心城市向外放射以及横连东西、纵贯南北的大通道，由7条首都放射线、9条南北纵向线和18条东西横向线组成，简称“7918网”，总规模约8.5万公里，其中主线6.8万公里，地区环线、联络线等其他路线约1.7万公里。2013年5月，国家发展和改革委员会同交通运输部编制的《国家公路网规划（2013～2030年）》获国务院的批准，规划到2030年建成我国公路网总规模约580万公里，国家公路网约40万公里，其中普通国道约26.5万公里，国家高速公路约13.6万公里（含展望线）。

在大力发展公路交通，促进我国经济现代化发展的同时，我们应该看到，21世纪随着我国国民经济的高速发展和公路里程的急剧增加，“可持续发展”的观念已经深入人心，人们不再单纯地追求经济增长，而是要使经济、人口、资源与环境协调发展；在项目的评价与选择及战略取向方面，也从过去单纯追求财务和经济目标，转变为经济、社会、环境全面发展，走可持续发展道路，关注经济发展中的各种社会因素。交通运输作为国民经济的子系统，是国民经济活动发生的载体，在国民经济发展中有不可估量的作用和影响。修建公路要占用大量土地，破坏植被，影响自然地貌、原始景观、城市空间格局、文化史脉以及区域内文物、遗迹、自然水系等，同时路体本身也会分隔所在地域动植物世代生存的空间，影响种群繁衍及动植物的多样性等。在公路建设项目实施过程中，征地拆迁工作显得越来越重要，公路建设需要占用大量土地，而土地是不可再生资源；项目建设需要拆迁一定数量的建筑物，给人们生活、工作带来诸多不便，且极易引发社会矛盾。

因此，在坚持科学发展观的大环境中，有必要对公路建设项目的可持续发展评价的内容进行新的界定，并较系统地研究公路建设项目的可持续发展评价指标与方法。这将有助于公路建设项目的投资决策的科学性和合理性，对提高公路的路网效率，优化资源配置，公共开支的合理分配和节省等具有重要的促进作用，对实现公路建设项目全面、协调、可持续发展有重要的现实意义。

1.2 国内外相关研究动态

1.2.1 国外相关研究动态

项目评价最早源于20世纪30年代。当时，私人投资的项目占绝大部分，为减少投资风险获取最大利润，必须对其投资项目事先进行预测分析和盈利性分析，即财务评价。随着统计、会计、管理等经营技术的不断改进，项目的财务评价逐渐系统化。第二次世界大战期间及战后，西方国家实行福利政策，增加公共开支，加大了对社会公共福利设施和工程项目的投资，从20世纪50年代起，西方经济学家逐步研究出了一种为评价公共项目所需的社会费用与效益分析的方法。70年代至今，项目评价方法在传统的费用与效益分析方法的基础上，得到了迅速发展，形成了现代费用与效益分析理论，其核心是采用影子价格体系计算国民经济净效益，考虑资金的时间价值，应用现金流量分析成本及效益，形成了项目对经济增长和收入分配影响的项目社会影响评价方法。

经过多年实践，人们进一步发现项目国民经济评价不能解决对社会分配不公等问题的评价。西方福利经济学专家认为，国家的发展目标基本有两个：一个是经济增长，一个是公平分配。前者称为效率目标，后者称为公平目标。项目的效率目标要求项目能增加国民收入，项目公平目标要求项目所增加的国民收入能够在不同收入阶层、不同地区以及投资与消费之间进行合理分配。许多国家将大量资金用于工程项目建设，仍然摆脱不了失业和经济衰退等问题，有不少发展中国家甚至仍摆脱不了贫穷落后。其主要原因是由于他们不能使用财政与货币政策去解决由于项目所造成的分配不公问题。

20世纪70年代，项目评价理论与方法将收入分配、就业等社会发展目标引入了项目国民经济费用与效益分析中，并称为现代项目国民经济费用与效益分析，或者是社会费用与效益分析。这种社会费用与效益分析包括了项目国民经济效率目标与社会公平分配目标，对这两个目标的评价称为项目社会影响评价。

近30年来西方国家还邀请社会学家参与分析项目的社会影响。英国将这种工作叫做项目的社会分析，美国将这种工作叫做项目的社会影响评价。世界银行的项目社会影响评价称为社会分析。美国最先在项目环境影响评价开展后逐渐开展项目社会影响评价，主要评价项目对人为环境影响方面的一些人文分析，如分析项目的实施对人们的生活、人们所在社区、人口和收入分配、生活与健康、安全与教育、文化娱乐和风俗习惯、社区凝聚力等方面有什么影响。同时美国一些大学与工程管理机构也进行了这方面的研究工作。比较有代表性的是他们已开发出十多种相关的评价模型，这又分为定量方向与参与方向两类。定量模型多采用计算机预测分模型，这些模型的开发和实践试验多数是在20世纪80年代开展的。世界银行的项目社会影响评价不仅用于对开发项目的可行性研究与评价，还用于重要投资项目的后评价。

1.2.2 国内相关研究动态

1.2.2.1 我国相关规范发展历程

20世纪50年代，我国主要沿用苏联的技术经济论证方法，对建设项目采用静态分析法。70年代，逐渐从国外引进可行性研究及项目评价方法。1987年正式颁布了《建设项目经济评价方法与参数》，对经济评价的程序、方法、指标等作了明确规定和具体说明，并首次发布了国家级经济参数，1993年出版了第2版。2002年，国家计划委员会委托中国国际工程咨询公司组织编写的《投资项目可行性研究指南》是一本关于项目前期工作的指导性文件，在总结我国可行性研究近20年的实践经验和借鉴国际有益经验的基础上，对我国投资项目的可行性研究内容、方法、报告的编制作了具体说明。

1992年交通部专门就公路建设项目颁发了《公路建设工程可行性试运行办法（草案）》，1996年颁发了《公路建设项目可行性研究报告编制办法（讨论稿）》。公路建设项目可行性研究工作的开展使得我国公路建设项目投资决策开始进入科学化管理的轨道，然而在近几年的可行性研究工作开展过程中，仍暴露出许多问题，许多公路建设项目工程可行性研究工作是为搞“可行”或“可批”而进行的，失去其应有的作用和意义，究其原因，除了行政干预，主要原因在于项目评价上缺乏有效的量化分析和完整的系统分析，难以准确地描述项目投资的合理性。

1994~1995年，交通部和世界银行联合委托澳大利亚的RUSTPPK公司和蔡摩根公司与交通部公路规划设计院一道开展了“公路投资优化和可行性方法改善研究”工作；1996年交通部颁发了《公路建设项目后评价报告编制办法》；2002年国家发展和改革委员会编制了《投资项目可行性研究指南》；2006年国家发展和改革委员会、建设部颁发了《建设项目经济评价方法与参数》（第3版）；2010年交通运输部颁布了《公路建设项目可行性研究报告编制办法》以及《公路建设项目经济评价方法与参数》、《公路网规划编制办法》。规范方面，2006年交通部颁发了《公路建设项目环境影响评价规范》；2010年交通运输部颁发了《公路环境保护设计规范》；2010年环境保护部颁发了《建设项目竣工环境保护验收技术规范 公路》。

1.2.2.2 国内学者研究现状

公路建设的根本目的在于促进社会经济发展，对公路项目的社会影响评价已广泛应用于各种评价当中。公路项目的社会环境影响评价是随着项目评价理论与实践的日益发展而产生的。在对项目评价的实践中，由于对社会环境影响的评价不足，导致公路建设项目在带来巨大经济社会效益的同时，亦对社会经济环境产生了一些负面影响。

社会经济环境目前尚未有明确的定义。董小林提出了公路建设项目社会环境评价的基本概念、内容和方法，其中包括区域社会环境评价和景观环境分析和评价的概念、内容和方法等。王五英等认为大型建设项目有必要从宏观政策层面进行分析，分析项目对宏观经济的影响，分析相关利益主体的效益和费用分配，以考察项目对政府和社会的其他目标（如公平分配）的实现或影响程度。社会影响分析体现了人文观点，分析项目的受益者和受损者，可以有效地调动人们参与项目的积极性。

赵玉林等建立了高速公路对沿线经济发展影响的评价指标体系，并运用这一体系对宜黄高速公路对黄石经济发展的影响进行了实证分析，为高速公路修建前的社会经济效益评价提供了科学、可行的评价方法。刘剑峰通过对公路项目社会经济环境概念、评价目的介绍，较详细地阐述、分析了公路建设项目对区域社会经济环境影响评价的内容、评价步骤及方法。胡文友、胡国盛从可持续发展的角度出发，对公路建设项目在技术、经济、社会和环境影响以及资源利用等方面进行全面的评价，建立了公路建设项目可持续发展评价指标体系，在综合评价的基础上作出决策。陈斌等为合理分析公路建设对社会、经济环境的影响，援用区域可持续发展理论构建公路建设社会、经济环境影响评价体系；引入多级关联灰度数学模型和客观定权方法，将评价体系作为一个完整的系统进行评价，并在此基础上给出了实例。胡天军、卫振林分析了高速公路项目建设和运营带来的直接投入效益、产出效益、诱导效益、连锁效应以及无形效果等宏观社会经济效益，运用现代系统的观点和科学方法建立了一种系统动力学模型。隽志才、姚宏伟等运用计算机对高速公路典型路段可变限速系统进行模拟，根据行程时间和实际服务流量确定不同交通量情况下可变限速的最佳值，并基于行程时间的节省测度出各交通量条件下实施可变限速货币化的增量效益，并进行了成本效益分析。黄德春提出了投资项目社会影响评价和环境影响评价的概念、内容等，并引入可持续发展的理论进行效益评价指标体系的构建和生态文明建设等。王建军、王参军进行了公路建设项目社会经济影响评价研究，提出了公路建设项目可持续发展评价指标体系。《政府投资项目经济评价方法与参数研究》提出了政府投资项目的社会影响分析应当分析项目对宏观经济指标和经济结构的影响，以及相关利益主体的效益与费用分配分析。

1.2.2.3 研究存在的问题

根据以上文献综述，可知：对于公路建设项目社会影响评价及可持续发展均无明确的定义与界限。社会影响评价与社会经济影响评价、社会评价、环境影响评价等概念有模糊不一致的地方。对于公路建设项目可持续发展评价指标体系的研究大都基于社会经济影响体系构建，体现以人为本和社会公平观点的指标比较少。可持续发展评价方法有系统动力学模型、多级关联灰度数学模型和客观定权方法等研究，但对于评价中的定性指标、模糊指标的量化以及权重的确定等研究比较少。

我国对项目可持续发展评价已经开展了一些社会经济效益评价和环境影响评价的工作，但是对项目可持续发展评价系统性的研究并不多见，在项目可持续发展评价的理论与方法的研究方面还有待进一步提高。在我国，对公路建设项目可持续发展研究起步较晚，在公路建设项目社会经济影响评价、资源环境影响评价等方面的研究不是很多，也缺乏较系统和规范的理论体系及相应的技术手段，可操作性差。

在公路建设项目的可持续发展评价中，目前存在着评价指标的选取不一致，各指标的权重确定及其标准主观性较强等问题，且公路建设项目可持续发展评价指标涉及面广，量化手段复杂，相互之间可比性差，若仅采用一些常规手段和方法难以对公路建设项目可持续发展这种复杂系统作出较满意的评价。目前已有的各种方法，在实际运用中很难摆脱评价过程中的随机性和评价专家主观上的不确定性和认识上的模糊性。因此，需要一种，既能充分考虑专家的经验和直觉思维的模式，又能降低评价过程中人为的不确定因素的方法。

随着经济的发展，加快公路的建设已成为必然趋势。在公路建设中，迫切需要较完善、规范、全面的系统的可持续发展评价理论与方法体系，这对保护环境，减少污染，节约资源，促进公路建设事业的发展，实现社会经济的可持续发展有重大的作用和意义。

1.3 主要研究内容及思路

1.3.1 与本书相关的部委文件及内容

相关文件是指相关部委编制、颁发的文件，主要有《公路建设项目后评价报告编制办法》、《公路建设项目可行性研究报告编制办法》、《公路网规划编制办法》、《公路建设项目环境影响评价规范》、《公路环境保护设计规范》、《公路建设项目竣工环境保护验收技术规范》等，它们对公路建设项目社会经济、环境保护、社会评价等目标可持续发展等内容都有明确规定。综合这些文件，主要包括以下几方面内容：

（1）公路建设项目社会经济目标的可持续发展。主要包括：公路建设项目概况以及影响区划分，公路建设项目社会经济效益的产生机理分析，对社会经济发展的影响分析，对资源开发的影响分析，对社会发展的影响分析以及产生的不利影响分析，最后进行社会经济影响综合评价，得出评价结论，提出建议。

（2）公路建设项目财务效益目标的可持续发展。主要包括：财务效益评价采用的主要参数，财务收入分析与预测，财务支出分析及预测，项目财务效益评价指标计算，贷款偿还能力分析，以及财务盈利能力分析，最后得出评价结论，提出建议。

（3）公路建设项目环境资源目标的可持续发展。主要包括：社会环境影响评价，声环境影响评价，空气环境影响评价，水环境影响评价，土地利用评价，以及公众参与，最后得出评价结论，提出建议。

（4）交通运营状况对项目目标可持续发展的影响分析。主要包括：工程建设质量的影响分析，公路配套设施建设的影响分析，管理养护水平的影响分析，道路服务水平的影响分析。

（5）特重交通与恶劣条件对目标可持续发展的不利影响。主要包括：特重交通分析，计重收费评价，恶劣地理条件影响，恶劣气候影响，以及突发事件、突发自然灾害影响分析及措施和建议。

（6）公路建设项目可持续发展评价。主要包括：评价指标体系的建立，评价方法的选择，评价计算，最后得出总的评价结论，提出合理性建议，为项目决策提供依据。

1.3.2 本书主要内容及研究思路

根据相关文件规定的内容要求，结合各地公路建设项目可持续发展评价的实际，针对现有理论和方法的不足，本书尝试在以下几方面内容的研究上有所改进、创新和突破：

（1）利用系统分析方法，对公路建设项目可持续发展的影响因素进行全面的分析，采用层次分析法建立系统、完善的评价指标体系。

（2）在公路建设项目社会经济可持续发展评价中，进行了社会经济成本测算方法的改进；研究了基于 GDP 贡献率计算的直接经济效益计算、基于改进投入产出法的投入效益计算、基于有无项目对比法的产出效益计算，以及基于改进经济诱增模型的诱导效益计算。

（3）在公路建设项目财务效益可持续发展评价中，进行了基于路网参数分析的通道交通量分配研究；研究确定了公路建设项目财务基准折现率与评价年限；针对公路建设项目的特点，进行了收费还贷型公路项目财务可持续发展研究和收费经营型公路项目财务可持续发展研究；进行了计重收费模式下收费收入的合理性预测；最后研究了交通基础设施 PPP（公共部门与私人企业合作模式）项目实物期权定价方法与敏感性分析，以及推迟期权视角下的交通基础设施 PPP 项目投资时机的选择。

（4）在公路建设项目环境资源目标可持续发展评价中，进行了区域公路网合理密度研究。

（5）针对突发事件研究提出了风险预警指标体系及风险预测方法。

（6）研究了可持续发展相关评价指标体系构建、指标量化计算以及评价计算模型，包括以下专题内容：

1）社会影响评价指标权重确定的层次分析法；

2）改进 BP 神经网络模型在社会影响评价中的应用；

3）多级模糊综合评判法在社会经济影响评价中的应用；

4）社会经济影响评价指标类型一致化处理及指标无量纲化；

5）基于属性理论的可持续发展综合评价；

6）基于价值工程理论的绿色高速公路评价；

7）基于 Monte Carlo 方法的高速公路运营效益敏感性分析；

8）区域土地与高速公路协调度模糊综合评价。

（7）针对研究的有关内容进行相应实证分析。

2 公路建设项目可持续发展概述

2.1 可持续发展的基本内涵

2.1.1 可持续发展战略的提出

20世纪80年代初,为了解决当代人类面临的三大挑战问题,即南北问题、裁军与安全问题、环境与发展问题,联合国大会成立了三个高级专家委员会,分别发表了《我们共同的安全》、《我们共同的危机》和《我们共同的未来》三个纲领性文件,文件中不约而同地提出了为迎接人类面临的挑战,未来必须实施可持续发展战略。1992年联合国环境与发展大会制定了《21世纪议程》,并提出"可持续发展"是发达国家和发展中国家21世纪正确协调人口、资源、环境与经济间相互关系的共同发展战略,是人类求得生存与发展的唯一途径。由于"可持续发展战略"关系到当今人们的生产和生活,关系到社会的稳定繁荣,这一战略提出后立即引起世界各国的社会学家、经济学家的关注。可持续发展是人类全面总结自己的发展历程,重新审视自己的社会经济行为后,提出的一种全新的发展思想和发展模式。

可持续发展从字面上理解是指促进发展并保证其可持续性。很明显，它包括了可持续性和发展两个概念。发展不仅仅是指经济的增长或实际收入的增长，而且还指人民福利和生活水平的提高；可持续的过程是指该过程在一个相对无限长的时期内，可以永远地保持下去，而系统的内外不仅没有数量和质量的衰减，甚至还有所提高。

2.1.2 可持续发展的目的

可持续发展是一个涉及经济、社会、文化、技术及自然环境动态的综合概念，其主要包括自然资源与生态环境的可持续发展、经济的可持续发展和社会的可持续发展三个方面。可持续发展，一是以自然资源的可持续利用和良好的生态环境为基础，二是以经济可持续发展为前提，三是以谋求社会的全面进步为目标。只要社会在每一时间段内都能保持资源、经济、社会同环境的协调，那么这个社会的发展就符合可持续发展的要求。可持续发展不仅仅是经济问题，也不仅仅是社会问题和生态问题，而是三者相互影响的综合体。可持续发展的最终目的表现为以下几个方面：

（1）不断满足当代和后代人的生产和生活对于物质、能量和信息的需求，既从物质或能量等硬件的角度予以不断的提供，也从信息、文化等软件的角度予以不断的满足。

（2）代际之间应体现公正、合理的原则去使用和管理属于全体人类的资源和环境，同时每代人也要以公正、合理的原则来担负各自的责任，当代人的发展不能以牺牲后代人的发展为代价。

（3）区际之间应体现均富、合作、互补、平等的原则，在空间范围内缩短同代人之间的差距，不应造成物质上、能量上、信息上，甚至心理上的鸿沟，共同实现“资源—生产—市场”之间的内部协调和统一。

（4）创造自然—社会—经济支持系统的外部适宜条件，使得人类生活在一种更严格、更有序、更健康、更愉快的内外环境之中，不断地优化系统的组织结构和运行机制。

2.1.3 可持续发展的基本原则

可持续发展内涵中，体现以下几个基本原则：

（1）公平性原则。可持续发展强调代内公平、代际公平以及资源分配与利用的公平。

（2）持续性原则。在“满足需求”的同时，必须有“限制”的因素，即“发展”的概念中包含着制约因素，主要限制因素是人类赖以生存的物质基础，即自然资源和环境。持续性原则的核心是人类的社会和经济发展不能超越资源与环境的承载能力。

（3）共同性原则。可持续发展要求人们对可持续发展的价值观念和道德观准则的普遍认同，要求打破民族和国家、种族和行业的界限，根据合理的要求对资源的利用进行全面的衡量和协调。

（4）和谐性原则。可持续发展思想所要达到的理想境界是人和人之间以及人和自然之间的和谐，这就要求每个人在考虑和安排自己的行动时也要考虑到自己的行动对他人、后代人及自然环境的影响，从而在人类内部及人类和自然之间建立起一种互惠共生的和谐关系。

（5）协调性原则。根据可持续发展的思想，良好的自然环境是可持续发展的基础，经济的发展是可持续发展的条件，稳定的人口是可持续发展的要求，科技进步是可持续发展的动力，社会发展是可持续发展的目的，因此，经济、环境、人口、社会、科技应协调发展。

2.1.4 可持续发展系统的组成

可持续发展理论的建立与完善，一般是沿着经济学、社会学、生态学、系统学这四个主要方向去揭示其内涵和实质。可持续发展理论研究的经济学方向是以区域开发、生产力布局、经济结构优化、物资供需平衡等作为基本内容，该方向的一个集中点，是力图把“科技进步贡献率抵消或克服投资的边际效益递减率”作为衡量可持续发展的重要指标和基本手段；可持续发展理论研究的社会学方向是以社会发展、社会分配、利益均衡等作为基本内容，该方向的一个集中点是力图把“经济效益与社会公正取得合理的平衡”作为可持续发展的重要判断依据和基本手段；可持续发展理论研究的生态学方向，以生态平衡、自然保护、资源环境的永续利用等作为基本内容，该方向的一个集中点是力图把“环境保护与经济发展之间取得合理的平衡”作为可持续发展的重要指标和基本原则；可持续发展理论研究的系统学方向是以综合协同的观点，探索可持续发展的本源和演化规律，将其“发展度、协调度、持续度的逻辑自洽”作为中心，有序地演绎了可持续发展的时空耦合与三者互相制约、互相作用的关系。遵从一般系统学的理论和原则，确认可持续发展由其内部具有严格逻辑关系的“五大支持系统”组成，它们是：

（1）生存支持系统——实施可持续发展的临界基础；

（2）发展支持系统——实施可持续发展的动力牵引；

（3）环境支持系统——实施可持续发展的约束限制；

（4）社会支持系统——实施可持续发展的组织能力；

（5）智力支持系统——实施可持续发展的科技保障。

一个国家或地区“可持续发展能力”的形成，必须同时取决于上述五大支持系统的共同贡献，五大支持系统中的任何一个发生问题，都将损坏整体的可持续能力，直至可持续发展系统的崩溃。

2.2 公路建设项目可持续发展的含义

2.2.1 公路交通发展现状

公路交通以其快捷、方便、灵活、覆盖面广、通达深度深等特点，成为现代交通运输体系的重要组成部分。它是国民经济的重要基础产业，是社会及经济快速、健康、持续发展的生命线，并在一定程度上标志着一个国家或地区社会经济的发展水平，它不仅要适应国民经济和社会发展的需要，从长远来看，还会促进国民经济大发展，满足国民经济可持续发展的要求。

近几年来，我国实行积极的财政政策，加大了对公路基础设施的投资力度，公路建设为拉动经济的发展做出了贡献，为经济的进一步腾飞增强了后劲。广大人民群众总结的“要想富，先修路”的“先”字，充分体现了公路的特殊作用。另外，人们也已经认识到公路交通发展的目标不应只限于“改善路网性能”

“缓解交通拥挤”和“适应经济增长”等，而应以“促进社会持续和谐的发展”为基本目标，使之与资源利用、环境保护相适应，引导经济、社会、环境的良性发展。

从我国国民经济发展对公路交通的要求来看，随着经济的快速发展，客、货流运输量增大，必将对公路交通提出更高的要求。另外，我国自然资源分布不均匀的现象不会根本改变，跨地区的大宗货物运输将长期存在，因此，只有增大公路等基础设施建设的力度才可能满足这种增长的需求。但是公路的增加，同时会引发一系列的问题，例如资源消耗问题、自然和人文景观破坏问题、环境污染问题、资金问题、效益问题、建设质量问题、与其他运输方式协调发展问题等。这样，一方面是经济发展对公路交通行业提出越来越高的要求，促使公路交通行业必须有一个比较大的先行发展，才能满足我国经济腾飞的需要；另一方面，我国的环境资源条件又对公路交通行业的发展形成了相对强劲的多方面限制，二者产生了尖锐的冲突。这说明，原来那种单靠外延扩大再生产来满足经济发展对公路交通需求的做法，已经无法适应现在的发展要求。

2.2.2 可持续运输

要想解决以上冲突，必须采用可持续发展的战略，建设可持续发展的公路交通体系。在世界银行编著的《可持续运输：政策变革的关键》一书中，提出了可持续运输这一概念，其基本内容如下：

（1）经济与财务可持续性，是指运输必须保证能够支撑不断改善的物质生活水平。

（2）环境与生态可持续性，是指运输不仅要满足物品流动性增加的需要，而且要最大程度地改善整个生活质量，减少人的生命和健康损失是保持环境可持续性的最重要内容，推行节约技术，搞好土地的规划利用，对拥挤和污染建立有效的措施都是极为重要的战略选择。

（3）社会可持续性，是指运输产生的利益应在社会的所有成员间公平分享。

可持续运输要求在发展运输过程中不仅要考虑运输本身产生的经济效果，更为重要的是要充分考虑运输的外部正效用与负效用。

2.2.3 可持续公路交通的基本特征

根据可持续发展的基本理念，结合公路交通行业的特征，可以认为公路建设项目可持续发展是指公路交通在满足社会经济发展对其提出适应并适度超前要求的基础上，既能满足公路交通内部和综合运输体系的协调发展，又能使其与社会、经济、环境、资源等保持长期动态协调发展，最终保证公路交通持久的发展能力和永续的发展状态，满足和促进社会全面进步和国民经济发展的需要。公路建设项目可持续发展就是一个特定的领域——公路交通运输部门，来研究其如何实现可持续发展的，它不仅要考虑满足当前社会经济发展对公路交通的需求，还要有利于未来公路交通的发展，并尽量减少对社会环境和自然环境的影响，使公路交通与社会、经济、资源、环境相协调，不要因为自身的发展而破坏周围的环境，也不要因现时的发展而影响后代未来的发展。因此其内容涵盖了五方面的可持续发展，即经济可持续发展、社会可持续发展、资源环境可持续发展、公路自身及与其他运输方式配合的可持续发展、政策措施的可持续发展。

因此，从理论上说，可持续的公路交通至少应具有以下基本特征：

(1) 公路交通应具有相当的运输能力及能力后备，能满足现在和将来进一步发展的要求。

(2) 公路交通应是高效率的，即能充分发挥其运输潜力，减少不必要的损耗。

(3) 公路交通应与社会、经济、资源、环境相协调，即公路交通的可持续发展应与社会经济的可持续发展相一致，公路交通资产能够完好运行，能保持良好的财经状况，有限的时空资源能得到最优化，在保护自然资源和生态环境的基础上，能够与资源环境的承载力相协调，交通安全性高，科技创新贡献率高，满足和促进社会全面进步和国民经济发展。

(4) 公路交通与其他运输方式之间协调有序，共同促进社会经济发展。

(5) 政策措施强有力的保障，即在公路交通可持续发展的实施过程中，政府部门不但要加强技术、质量的控制，而且要加强组织管理和协调工作，并根据国家有关方针、政策，结合历史经验、现实状况和未来发展趋势，积极研究和探索公路交通可持续发展的新方法、新途径，在整个公路交通发展过程中切实做好政策上的支持、资金的保障、技术的先进、信息及管理的协调。

2.2.4 公路交通可持续发展的原则

公路交通可持续发展的基本内涵，决定了公路交通的发展应当遵循以下若干原则：

(1) 有利于经济发展。交通运输是经济发展的必要前提，发展交通运输，有利于资源的优化配置和统一市场的形成，促进商品和服务的流通，提高我国参与国际贸易和国际分工的能力；有利于降低生产成本，且能带动相关行业的发展，改善投资环境，吸引外资，增加就业机会等。

(2) 以人为本。经济发展的目的是满足人们日益增长的物质需求，因此，公路交通的发展也要满足人们不断变化的需求。

(3) 社会公平。社会公平包括发展机会均等、地区间及不同代人之间的公平等，交通运输的发展要将为人们创造平等的发展机会放在重要位置。因此，交通运输的发展要有利于改善贫困地区的投资环境，改变落后面貌，从而实现发展机会在时间（当代人和未来人之间）和空间（不同地区、不同收入阶层人之间）的公平，实现共同富裕。

(4) 提高整体竞争力。交通运输对每种商品生产都是一种投入，并体现在商品的原料价格上。因此，公路交通运输的发展要有利于降低成本，提高制造业的竞争力，并在整体上提高国家的竞争力。

(5) 节约资源。我国资源总量丰富，但人均不足，节约资源应成为发展交通运输的基本原则。在我国大陆上，不适宜耕作的面积占国土面积的七成以上，94%的人口分布在东部42%的国土上，人均耕地面积不足世界人均的47%，全国600多个县的人均耕地面积不足联合国粮农组织确定的0.8亩临界值。我国石油、天然气等保有探明储量严重不足，能源结构不尽合理，在我国已探明的能源储量中，煤炭和石油的储量分别为9015亿吨和33亿吨，在一次性能源的生产和消费中煤约占75%左右。因此，节约耕地、节约能源应当成为公路交通运输发展的重要方针。

(6) 环境友好。目前，我国的环境状况虽然局部有所改善，但总体仍在恶化，形势相当严峻。大气污染以烟尘和二氧化硫为主，城市中的大气污染问题更突出，而在污染物构成中，汽车尾气排放氮氧化物、二氧化硫等所占的比例有逐年升高的趋势。因此，公路交通运输基础设施的建设，应当有利于减少污染物排放总量。

(7) 保证国家安全。可持续发展的前提之一是国家安全，这是《里约环境与发展宣言》的原则之一，即保障国家主权完整和领土不受侵犯。因此，公路交通体系的建立，应立足于平时的经济建设，并与通信等设施建设相互配套，在外部入侵，或内部洪涝、地震等灾害事件突发时，有利于信息的传递、救援部队的派遣、应急物资的运输、被困人员的疏散等，以保证国家和人民生命财产安全。

2.3 公路建设项目可持续发展影响因素分析

公路交通系统的发展是公路交通自身发展条件改善和外部环境因子影响的结果。在公路交通系统的发展过程中，公路交通作为交通运输系统的子系统，作为社会经济系统的一部分，对其发展的影响因素主要有交通地理特征（地理区位、地质构造、气候条件、地貌形态等）、自然资源分布、区域经济发展水平、环境承载能力、交通安全性、不同运输方式间协调发展程度、交通设施（包括道路设施和交通工程设施两大系统水平）科技发展水平、人才资源培养、交通管理水平等。根据各因素对公路交通可持续发展影响的时间长短，可将其分为长期影响因素、中期影响因素和短期影响因素，如表2-1所示。

表 2-1 公路交通可持续发展影响因素分类

作用时间	公路交通发展影响因素
长 期	交通地理特征、自然资源分布
中 期	区域经济发展水平、环境承载能力、交通安全性、不同运输方式间协调发展程度、交通设施水平
短 期	科技发展水平、人才资源培养、交通管理水平

交通地理特征、自然资源分布可认为是公路交通可持续发展的长期影响因素。交通地理特征是公路交通区位的支配因素，自然资源的分布是公路建设项目建设和运营的约束因素，对于这两种制约公路交通可持续发展的长期影响因素，较难改变，最好是适应它。

区域的社会经济发展水平、环境承载能力、交通安全性、不同运输方式间协调发展程度以及交通设施水平等可认为是公路交通可持续发展的中期影响因素。区域社会经济发展水平对公路交通的发展影响主要表现在两个方面：一是产业结构的发展变化影响交通网络运输方式特性的改变，二是在一段时期内经济需求的变化影响交通线路等级、通行能力及工程规模。可持续发展模式和传统发展模式的最大区别在于：可持续发展模式强调环境的可持续性，认为环境是可持续发展的基础。特定空间范围内的环境容量是有限的，而超过环境容量界限的污染物排放将导致环境承载能力的不胜负荷，如果交通运输的发展一旦突破了相应的环境承载能力，将会对社会经济大发展带来负面影响。对安全性的需求是人类的最基本需求，实现安全性高的交通运输是可持续发展对交通发展的基本要求之一。交通运输系统可以看作是由一些相互竞争或相互作用的交通运输方式子系统所组成的，系统中存在利益冲突的多个独立个体或因素，也包含有对各个目标有不同评价标准的参与者，因此需要进行系统协调。系统协调的基本思想是通过某种方法来组织和调控所研究的系统，寻求解决矛盾或冲突的方案，从而使系统从无序转换到有序，达到协同或和谐的状态。系统协调的目的就是减少系统的负效应，提高系统的整体输出功能和整体效应。交通设施是公路交通自身可持续发展的基础，道路设施是主体，交通工程设施包括交通安全设施和机电系统，是保证公路交通运输正常运行和充分发挥道路通行能力的必要管理手段。可以通过整合、协调、克服、维修和养护这些中期影响因素来改善区域及道路本身的交通发展条件，为实现公路交通可持续发展奠定基础。

科技发展水平、人才资源培养等可认为是公路交通可持续发展的短期影响因素。公路交通可持续发展是人们追求公路交通发展的一种理想模式。实际上，公路交通系统的发展与其他系统发展一样，都存在系统演化和发展的过程，其发展过程类似于 S 形的 Logistic 曲线形式，如果将这一过程视为一个阶段，那么当公路交通系统完成一个阶段的增长过程后，公路交通系统的发展达到了一个临界点或者说系统演化的分叉点，要保障公路交通的可持续发展，突破限制因素对公路交通系统发展的制约，一方面要协调公路交通发展与社会经济、资源、环境之间的关系，另一方面，要依赖科学技术水平及公路交通人才，开拓新的交通环境、资源容量，只有这样才能使公路交通的发展空间进一步加大，延长在一定时期内公路交通可持续发展状态的时间，同时突破环境、资源容量限制，使其发展过程呈螺旋式上升，步入良性循环轨道，进入一个新的发展阶段。

通过对公路建设项目可持续发展含义的阐释以及对公路建设项目可持续发展影响因素的分析，可为后续的公路建设项目可持续发展评价指标的选取及评价研究打下良好的基础，同时也可为决策部门制订可持续发展的公路交通战略措施奠定基础。

3 公路建设项目社会经济目标可持续发展

3.1 概述

高速公路是现代化公路运输中新型的运输载体,是保障社会快速发展的重要基础设施。高速公路的建设是社会经济发展到一定阶段的产物。高速公路的建设,又以其独特的功能和效应对现代社会的经济发展和运行产生了深刻而广泛的影响,尤其是对沿线地区的社会经济发展产生十分重要的推动作用。高速公路建设项目所产生的效益除了表现为道路使用者的一部分直接效益外,更多地表现为促进和带动其他相关产业部门的发展而产生宏观的社会效益部分,即外溢效益。外溢效益远大于公路项目自身的直接效益。与其他建设项目相比,高速公路建设项目具有影响区域大、时间长、间接性强等特点。因此,如何评价高速公路建设项目所产生的社会影响作用是当前非常有意义的课题。建设项目社会经济影响评价作为公路建设项目可持续发展评价的重要组成部分之一,它的重要性也越来越突出。

3.1.1 社会经济影响评价的特点

公路建设项目建设的主要功能是连接大小城镇，形成区域交通网络和区域经济网络，以促进生产资源的合理流动和高效配置，加快区域内社会经济的增长。公路项目建设和运营所产生的社会影响是多方面的，涉及的范围广。从不同的角度考核，高速公路社会影响通常可以划分为不同的类型。既有直接影响也有间接影响，既有有形影响也有无形影响，既有正向影响也有负向影响。从社会影响的空间维来分析，公路建设项目社会影响将是沿着公路线形由近及远辐射，形成一个带状的公路经济带。从时间维来分析，公路建设项目首先是对沿线直接影响区域内的自然环境和社会环境产生直接影响，公路交通的发展促进社会经济的发展。随着社会经济发展和公路交通的相互作用，社会影响逐渐波及间接影响区域，对该区域的社会经济发展产生带动作用。一般来说，项目的实施会使得直接影响区域的社会经济显著受益，促进该区域生产资源的合理流动和高效配置，使得该区域内的经济总量和居民收入水平显著增加。其次，项目实施后，使得沿线影响区域的交通条件得到改善，建成的公路项目会承担沿线影响区大部分运量，会使得这些地区或区域内其他道路或其他运输方式显著分流。公路项目的建设将使得地区的空间距离相对缩短，物质和人员往来更加便利和经济；从而促进了社会经济的发展，使整个沿线社会环境得到进一步的改善。建设项目社会经济影响评价的特点一般包括以下几点：

（1）宏观性和长期性。公路建设项目社会经济的影响评价是从全社会的宏观角度考察公路项目建设通车使用后给社会带来的贡献和影响。社会经济影响评价是对公路建设项目社会效益的全面分析评价，既包括与经济活动有关的宏观经济效益，又有非经济的纯社会效益。而且公路建设项目对社会的影响具有长期性，如项目对居民文化水平、人口素质的影响等。

（2）间接性。公路建设项目对社会经济的影响是通过它与国民经济各部门和社会再生产各环节之间的技术经济联系和相互作用来实现的。这其中有直接的，也有间接的，但大多是间接的，如对经济结构、就业的影响等。

（3）综合性。公路建设项目社会经济影响评价要涉及社会生活各个领域的发展目标，具有多目标分析的特点，要考虑分析多种社会效益与影响的需要，因而必须采用多目标综合评价法来考察项目的整体效益。

（4）定量难。公路建设项目属于基础设施，其社会经济影响评价主要表现在项目外的间接与相关效益上，如人民物质文化水平的提高、产业结构的合理化、社会稳定与国防安全等。这些效益大多是难以定量的无形效益，只能进行定性分析。

3.1.2 社会经济影响评价的总体框架

根据高速公路建设项目社会经济影响评价的特点，社会经济影响更多地表现为潜在和无形的效益，难以进行量化，同时社会经济影响评价所包含的内容广泛，涉及的因素复杂，加之目前对于公路建设项目社会经济影响评价定量计算方法还没有统一、规范的体系，需要根据项目具体情况采用定量分析与定性描述相结合，以定性分析为主定量分析为辅的方法。

定性分析主要围绕高速公路建成通车对改善路网结构，促进区域经济增长，优化区域经济格局，促进产业结构调整以及工农业发展等方面带来的影响进行分析和评价，从多角度阐述高速公路对社会经济发展的影响。定量分析主要是采用模糊评价法对上述方面进行评价。社会经济影响评价的总体框架见表3－1，评价逻辑图如图3－1所示。

表3－1　公路建设项目社会经济影响评价总体框架

对社会经济发展的影响	对区域经济增长的影响
	对区域产业结构优化的影响
	对区域工业的影响
	对区域农业的影响

续表 3－1

对资源开发的影响	对资源开发利用的影响
	对国土开发和土地增值的影响
	对旅游资源开发的影响
对社会发展的影响	对区域生活水平改善的影响
	对人口结构与就业的影响
	对区域出行变化的影响
	对区域运输网完善的影响
	对人们思想观念的影响
	对农村城镇化水平的影响

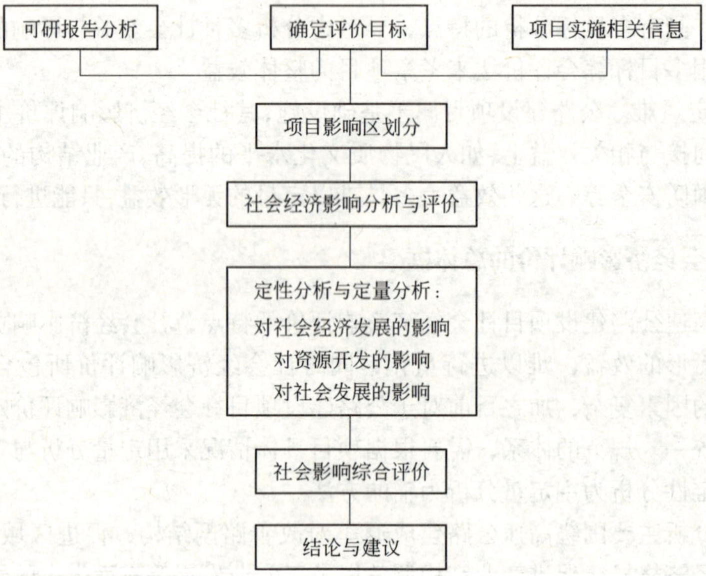

图 3－1 公路建设项目社会经济影响评价逻辑图

3.2 社会经济成本测算方法的改进

社会经济评价是从社会经济综合平衡的角度考虑，从社会价值观点出发，分析和计算项目的社会经济净效益，以判别项目的经济合理性。进行社会经济评价的关键是计算出社会经济费用和经济效益，然后对二者进行比较分析。经济费用构成分析及定量是社会经济评价中的关键之关键，同时也是难点之难点。因为经济费用体现国民经济之付出，不同于财务费用仅仅体现企业财务上的支出，这就比较难以把握；费用计算所用的价格是影子价格，影子价格体现机会成本，更是难以把握尺度；同时费用的测算中常常忽略外差成本，使得测算的结果不尽完善。本节在认真研究经济费用含义的基础上，提出了经济费用的特点及构成，在分析已有建设项目投入物影子价格测算方法的基础上，进行了一般投入物影子价格测算方法的改进，使其更能体现机会成本的本质，可操作性更强。同时，对于经济费用中外差成本进行了分析研究并采用了适当的模型将其定量化。

3.2.1 社会经济费用的含义

3.2.1.1 社会经济费用的含义及其构成

社会经济费用也称经济费用，是指国民经济为拟建项目的实施而付出的代价。衡量经济费用是公路建设项目国民经济分析的主要组成部分，也是投资决策的基础。高速公路建设项目的经济费用是指国民经济为兴建和经营该项目所花费的全部费用，它包括这个项目兴建和建成后营运中所投入的全部物资消耗和人力消耗。

经济费用不以货币的支付为转移，也不以现金流量的减少为标准，而只以国民收入减少为唯一的鉴别原则。换言之，只有为实现道路项目而使国家消耗各种资源，造成国民经济增加支出的，才可以列入经济费用。依据公路建设项目经济费用的含义，它由项目投资费用、运营费用和外差成本三部分组成。在公路建设项目可行性研究阶段，宏观经济评价中的经济费用通常计算建设期投资费用和运营期经济费用两部分，其中运营期费用包括日常养护费用、管理费用、大修费用等。

(1) 投资费用。道路建设项目投资费用由固定资产投资和其他建设费用组成。固定资产投资包括基础设施费用、移动设施费用和土地费用三部分。基础设施主要是指道路、桥梁及各类房屋建筑物，移动设施主要指各类车辆、装卸工具和通信设备等。

(2) 运营费用。运营费用主要包括：生产和管理部门的燃料、材料等耗用费；各类移动设施的维修费、更新费；道路的养护费；生产和管理部门发生的应计入运营费用中的其他费用。对于新建设项目，其运营费用可以参照正在营运的相似道路估计；对于改建项目，其运营费用可以根据改建前的运营成本来推断分析。但不论哪种类型项目，其运营费用均应按影子价格计算。

(3) 外差成本。道路项目的兴建和运营往往还会给社会带来一些负面影响，如污染、环境恢复等，这种情况称为消极外差因素或外部不经济。外差成本是指国民经济为消除或减少消极外差因素而付出的代价。计算外差成本时，应根据项目有无的原则来鉴别、衡量外差成本的有无、多少。当有了项目时，才发生了消极外差因素，导致国民收入的减少，这样的费用才可列入外差成本。如果无项目之前发生了消极外差因素，有项目之后只是扩大了其消极外差因素，那么，列入经济费用的只能是国民经济为消除有项目时增加的消极外差因素而付出的那部分代价。

3.2.1.2 公路建设项目国民经济费用特点

交通运输部发布实施的《公路建设项目可行性研究报告编制办法》，住房和城乡建设部、交通运输部发布实施的《公路建设项目经济评价方法与参数》，明确将原来的国民经济评价改为经济费用效益分析，但其本质是相同的，人们依然习惯于“国民经济评价”这一名称。

(1) 经济费用是站在国家立场（至少是地区立场）看问题，衡量由于施行某一项目带来多少国民经济收入及减少各类资源的消耗，以便作出合理的宏观决策或者调控决策，故经济费用反映的是宏观经济。

(2) 经济费用的鉴别原则，仅以减少国民收入为唯一的判据，即只有引起国家资源消耗，造成国民经济增支的成本，才可列入经济费用。不具备这种特性的支付成本，就不是项目的经济费用，而只是国民经济大系统内部的转移支付，如税金、国内贷款利息等。

(3) 经济费用以资源的机会成本为尺度，采用影子价格、影子汇率、影子工资、贸易费用率和社会折现率等国家统一规定的参数来测算。

3.2.2 现有测算方法的不足

目前，对国民经济评价经济费用的测算，主要是采用有无比较法，以机会损失来衡量和计算投入物、产出物的影子价格。费用计算的范围一般也只限定于公路项目建设费用及运营成本。在实际工作中，原有方法暴露出明显的不足，主要体现在以下几方面：

(1) 费用计算忽视了外差成本，致使项目实施给国民经济带来的损失打了折扣。

(2) 影子价格测算中，缺乏深入的分析，没能真正体现机会成本的本质，致使本应该剔除的转移性支付费用没有剔除，造成了一定程度的失真。

(3) 一般投入物影子价格测算时，对外贸货物的来源属性分类过细，造成由于信息缺乏太多致使实际测算难度太大，可操作性差。对非外贸货物成本分解考虑的不全面，特别是现在财务制度的改革，原方法已不适合于现在的产品成本分解，同时产品成本外延发生了改变，狭义的成本分解已经不能满足实际的需要。

3.2.3 影子价格测算方法的改进

3.2.3.1 影子价格的含义

影子价格（shadow price）是20世纪30年代末40年代初由荷兰数理经济学、计量经济学创始人之一J. 丁伯根和前苏联数学家、经济学家、1975年诺贝尔经济学奖获得者康特罗维奇分别提出来的。西方称它为预测价格或计算价格，前苏联称它为最优计划价格或影子价格，后来统一称它为影子价格。

影子价格又叫经济价格、调整价格和效率价格。影子价格是人们对所用资源的一种评价，它可用边际成本或效率系数表示，不直接表现为商品交换价格；它不用于商品交换，而用于预测、计划和项目评价等工作中。人们把影子价格作为合理利用有限资源的价格尺度。

影子价格是指当社会经济处于某种最优状态时，能够反映社会劳动消耗、资源稀缺程度和市场供求关系的价格。其经济含义是在最优计划下单位资源增量所产生的效益增量，就是资源合理利用的社会经济效益，即它是为实现一定的社会经济发展目标而人为确定的、比交换价格更能合理利用资源的效率价格。如对于数量无限的资源，影子价格为零；而越稀少短缺的资源，其影子价格越高。影子价格不是实际价格，而是一种虚拟价格。它与市场上的实际价格不同，是用线形规划方法研究资源合理分配问题时求出的一套价格。

影子价格的作用主要体现在两个方面：一方面是有效地纠正被市场价格歪曲了的投入资源的经济代价，从而显示项目经济费用的真实性；另一方面是有利于按政府的投资政策和国情对项目方案做出选择。

但是在当今世界中，特别是许多发展中国家，往往存在着价格扭曲现象，诸如通货膨胀、外汇短缺、劳动力过剩、过度保护本国工业、产业结构不合理、价格、工资和进出口管制等原因均可导致价格失真。我国也存在类似情况，依靠现有价格体系，就不能正确衡量项目的费用和效益。由于影子价格是经济资源得到最优分配和利用时的价格，反映了各种经济资源的相对稀缺程度。为了把扭曲的价格校正过来，使国民经济评价能够真正反映项目对国民经济的净贡献，必须测算和应用影子价格。

3.2.3.2 影子价格的测算方法

我国将高速公路建设投入物分为两大类：一类是一般投入物（货物），诸如项目建设所需的各种材料；另一类是特殊投入物，包括劳动力消耗、资金、土地、外汇等。其中，一般投入物又分为外贸货物和非外贸货物。因此影子价格按外贸品、非外贸品、特殊投入物等分类测算。此外，还有全国统一采用的影子汇率和社会折现率等。

A 外贸货物影子价格测算方法

在高速公路建设项目的投入物中，有一些投入物是需要从境外进口的，比如修建路面所需的石油沥青，基本上都是进口的，我们国产沥青很难达到其技术要求。这样我们在计算这些材料的影子价格时，就必须按外贸货物的影子价格计算方法进行计算。投入物中的外贸货物分为直接进口产品（国外产品）、间接进口产品（国内产品，挤占其他企业的投入物使其增加进口）和占用出口产品（如石油、煤炭、有色金属等）三类。

a 理论方法

（1）直接进口货物影子价格。直接进口是指项目建设所需要的货物（材料）是从境外直接进口的。其影子价格计算如下：

$$\text{影子价格} = cif + T \tag{3-1}$$

式中 cif——货物的到岸价格（cost insurance freight），即进口货物到达本国口岸的价格，包括国外购货成本及运至本国口岸并卸下货物的运费和保管费，它须通过影子汇率将外币计算的到岸价格换算为以人民币计算的到岸价格；

T——从口岸到项目所在地的国内长途运输费和贸易费用。

（2）间接进口货物影子价格。间接进口是指国内生产商向原用户提供某种货物，由于该项目上马要投入的这种货物需要国内生产商提供，迫使原有用户靠进口来满足需求。其影子价格计算如下：

$$\text{影子价格} = cif + T'_1 - T'_2 + T_3 \tag{3-2}$$

式中 T'_1——从口岸到原用户的运输费和贸易费用；

T'_2——供货单位到原用户的运输费和贸易费用；

T_3——供货单位至项目的运输费和贸易费用。

（3）占用出口用品影子价格。所谓占用出口用品是指由于该项目建设使用货物，致使国家减少这种货物的出口量的货物。其影子价格计算如下：

$$\text{影子价格} = fob - T_1 + T_3 \tag{3-3}$$

式中 fob——货物的离岸价格（free on board），指出口货物离境（口岸）的交货价格，它须通过影子汇率将以外币计算的离岸价格换算为以人民币计算的离岸价格；

T_1——供货单位到出口口岸的运输费和贸易费用；

T_3——供货单位至项目的运输费和贸易费用。

b 本书方法

在市场经济日益繁荣的情况下，一方面很难定性项目建设投入物的来源性质，也很难明确外贸货物的具体属性，即外贸货物到底是属于直接进口、间接进口还是占用出口情形；另一方面也很难确定计算模型中的各有关参数指标，所以现实工作当中也就很少具体计算了。

本书按照经济费用的含义，结合建设项目可行性研究实际，对外贸货物的影子价格测算进行了研究。首先为了计算的简便和可操作性，在此认为只有项目本身直接进出口的物资才划为外贸货物，对于公路建设项目而言只有投入物，即直接进口货物；其次，以进口货物到岸价为基础进行计算和调整；最后在计算时充分考虑从口岸到项目所在地所发生的国民经济的消耗。得出外贸货物影子价格计算模型：

$$\text{影子价格} = cif \times R(1 + T) + W\sum_{i=1}^{n} l_i r_i \tag{3-4}$$

式中 cif——货物的到岸价格，美元；

R——影子汇率；

T——贸易费用率，%；

W——货物重量，t；

l_i——第 i 种运输方式的运输距离，km；

r_i——第 i 种运输方式的运输费率，元/(t·km)。

B 非外贸货物影子价格测算方法

a 狭义成本分解法

在公路建设项目的投入物中，大部分是不涉及进出口关系的，称为非外贸货物。在经济评价计算中，非外贸货物的影子价格按以下模型计算：

$$\text{影子价格} = \text{市场价格} \times (1 + \text{贸易费用率}) + \text{运输费用} \tag{3-5}$$

这样计算比较简便易行，数据资料容易得到，但是没能够体现转移性费用的调整，它不能够真实反映货物的影子价格，也就是说不能够体现经济费用的本质，即国民经济为拟建项目的实施所付出的代价。只有将项目建设投入物进行成本分解，以成本分解的结果进行影子价格计算，才能体现真正意义上的影子价格。

成本分解法是确定非外贸货物影子价格的一种重要方法。用成本分解法对某种货物进行分解，可得到该货物的分解成本。

一般情况下，以成本分解法分解成本的方法和步骤如下：

(1) 按生产要素列出单位非外贸货物的财务成本，单位货物耗费的固定资产投资额及占用的流动资金。主要要素有：原材料、燃料和动力、工资、提取的职工福利基金、折旧费、大修理基金、流动资金利息支出及其他支出、固定资产原值（或投资额）、流动资金占用额。对原材料、燃料和动力，须详细列出其价格、耗用量及耗用金额。

（2）剔除财务成本中的税金。

（3）对成本要素中的原材料、燃料、动力等投入物按外贸品和非外贸品进行划分，然后分别以其影子价格确定办法进行价格调整。其中有些货物可直接使用国家颁布的影子价格或换算系数；价值量较大的外贸品可自行测算其影子价格。重要的非外贸货物可留待第二轮分解。

（4）当工资和福利基金比重较大时，应按影子工资办法调整。在一般货物分解成本定价中，此项可免，直接以财务价格作为经济价值。

（5）对固定资产投资额进行调整和等值计算。将固定资产原值除以固定资产形成率，得到固定资产投资额。有投资额资料时此步骤可免。以社会折现率将各年投资额折现计算到生产初期。

（6）用固定资产回收费用和流动资金占用费，取代财务成本中的折旧和流动资金利息。

按新财务制度，产品制造成本由直接材料、直接人工、制造费用三部分组成。直接材料耗用是指在产品制造过程中与产品直接相关的材料耗用，包括构成产品主要实体的各种原料、主要材料、外购零部件和自制半成品等的耗用，与产品主要实体相结合或有助于产品形成的各种辅助材料的耗用。产品制造工艺过程各种燃料和动力的消耗。直接人工包括企业直接支付给工人的工资和按工资一定比例提取的职工福利费。制造费用是指企业生产单位为组织和管理生产而发生的各项间接费用，包括生产单位管理人员的工资和福利费，生产单位房屋、建筑物、机器设备等的折旧费和修理费，办公费，水电费，差旅费，机物料消耗，劳动保护费、季节性停工损失和固定资产大修理期间的停工损失。

所以，在成本分解时，根据国民经济评价的原则，简化处理，只需要剔除成本中的折旧就可以了。

b 广义成本分解法

以上的成本分解是指狭义的成本分解。在计算建设项目投入物影子价格时，投入物是从市场上购买并运抵施工现场的，所以必须从产品的购买（销售）价格上着手。这样就必须扩大成本分解的范围，即广义的成本分解。在产品生产销售全过程中，还有很多费用的发生以及产品定价必须考虑的费用因素，主要有期间费用、主营业务税金及附加和企业利润等。期间费用是指企业在一定时期发生的，与产品生产没有直接联系，不能计入产品成本，而直接计入当期损益的各项费用。按其发生的地点和用途，可将期间费用分为营业费用、管理费用、财务费用三类。营业费用是指企业在销售商品过程中发生的各项费用以及销售本企业商品而专设销售机构的各项费用。管理费用是指企业行政管理部门为组织和管理企业生产经营活动而发生的各项费用，具体包括企业的董事会和行政管理部门在企业的经营管理中发生的各项费用，或者应当由企业统一负担的公司经费、工会经费、待业保险费、劳动保险费、董事会费、聘请中介机构费、咨询费（含顾问费)、诉讼费、房产税、车船使用税、土地使用税、印花税、技术转让费、矿产资源补偿费、无形资产摊销、职工教育经费、研究与开发费、排污费、绿化费、存货盘亏或盘盈（不包括应计入营业外支出的存货损失)、计提的坏账准备和存货跌价准备等。财务费用是指企业为筹集生产经营所需资金等而发生的各项费用，包括应当作为期间费用的利息支出（减去利息收入)、汇兑损失（减去汇兑收益）以及金融机构相关的手续费等。主营业务税金及附加项目是指反映企业经营主要业务如销售产品和提供劳务等应负担的营业税、消费税、城市维护建设税、资源税和教育附加等。在进行分解时将以上费用中转移性费用剔除。

根据分解后的成本进行影子价格计算：

$$\text{影子价格} = P(A + T) + W\sum_{i=1}^{n} l_i r_i \qquad (3-6)$$

式中 P——国内市场购买价格，元；

A——成本分解率,%；

T——贸易费用率,%；

W——货物重量，t；

l_i——第 i 种运输方式的运输距离，km；

r_i——第 i 种运输方式的运输费率，元/(t · km)。

3.2.4 基于外差成本的间接费用计算

3.2.4.1 外差成本的含义

外差成本是指国民经济为消除或减少消极外差因素而付出的代价。高速公路建设项目的兴建和营运往往会给社会带来不利的影响和副作用，这些外差因素主要是污染和噪声。社会为防止污染和噪声对居民的危害，采取一系列防范措施，因而支付一部分资金，这就是外差成本。

公路部门每年要投入大量的资金用于新的高速公路建设，改善现有高速公路通行能力，维护现有高速公路系统的运行条件，提高其安全性和高速公路运输系统管理的高效性以及改善环境质量等。一般情况下，国内在进行经济分析与评价时所考虑的与高速公路有关的成本主要包括建设投入、养护维修费用、管理费用以及车辆运营费用等，而不考虑与高速公路有关的，大气污染、噪声、全球温室效应以及对社区的阻隔等方面的社会成本费用。国外目前已成功开展了多项政策研究，用于减少一些外部社会成本，在减少大气污染和交通事故方面效果明显，并且从道路使用者收费中抽出资金，实施一些计划项目，例如实施运输需求管理，提高道路安全性，改善道路阻滞和提高大气质量，建设噪声墙等来弥补高速公路社会成本。

3.2.4.2 外差成本的定量计算

A 外差因素

高速公路对环境的影响在施工期间，主要是施工噪声、筑路材料运输噪声，其次为施工机械、柴油燃烧、沥青、扬尘等对环境和人的影响。高速公路投入使用后对环境的污染主要来自公路上行驶的各种机动车辆，即在车辆行驶过程中产生的噪声、尾气对环境造成的污染。

（1）高速公路施工过程中对生态环境的影响。高速公路在施工的过程中对生态环境的影响和破坏，从广义上讲属于大环境。由于高速公路具有线长、点多、面广、既伸向城镇又伸向郊区等特点，对沿线自然资源的破坏和生态环境的影响范围在路线两侧 300m 左右。高速公路建设过程中产生的渗滤液污染地表水、地下水和周围环境，成为较大的环境隐患。降雨形成的路面径流和随意堆放的养护垃圾会污染水源已是不争的事实。以汽油、柴油为燃料的汽车开动时会产生废气，这些污染物排到大气中，渗到水、土中逐渐积累，会对沿线的人和动植物产生不良影响，使其生活环境日趋恶化，这种污染程度将随高速公路运营时间而不断增加。此外，道路选线不当还会破坏地貌、风景名胜、文化古迹和自然保护区等。

（2）高速公路交通噪声对环境的影响。高速公路满足安全、快捷、舒适的同时，也缩短了人们对距离的认识。但是，大流量、高速度的流通，也给人们的生活空间带来了噪声污染的公害。由于各种机械工具的使用，从施工初期的建筑材料运输、路基施工，到修筑路面等各个环节，噪声贯穿了整个施工过程。施工噪声具有暂时性特点，然而高速公路建成投入运营后，机动车的车轮同路面摩擦所产生的噪声、车辆行驶的喇叭声、车辆行驶引起的振动声所辐射的噪声能量，却成为一种长期延续的噪声污染源。据统计，全国 80% 左右的高速公路两侧环境噪声超过国家标准，局部路段超标严重，且有逐年加重的趋势。影响车辆噪声的主要车辆特性包括车辆的速度与加减速、交通量水平、车辆荷载重量和邻近区域的土地利用特性。

（3）高速公路上汽车尾气排放对环境的影响。随着运输市场的放开，汽车产量保有量的增加，汽车排放物危害人体健康，污染环境，破坏生态平衡，已引起世界各国的普遍重视。大气污染的主要来源是机动车尾气，尾气中主要的污染物是碳氢化合物、氮氧化物、含铅化合物、苯并芘等。对烟尘、氮氧化物、一氧化碳和二氧化硫等四种主要污染物的统计表明，交通运输业尾气污染物已占我国大气污染物的10%。在美国，道路使用产生的污染物是主要的大气污染源，据环保组织1993年的估计，全美62%的一氧化碳排放、32%的氮氧化物排放和26%的挥发性有机物的排放来源于公路。运输车辆导致的大气污染受害者不仅是运输使用者，因此它算是一项外部成本费用。车辆的特性（包括发动机类型、车辆年龄、重载还是轻载、运行时间、运行速度和加速度以及排放控制设备的条件）直接影响污染物的排放。

（4）高速公路上固体废弃物对环境的影响。高速公路建设过程中，会产生大量的砂、石、灰等废渣。除部分回收利用外，有相当一部分被废弃。在弃渣过程中，施工单位受经济利益驱动，再加上建设业主重视工程质量、进度，而环保意识较差，往往会出现乱倒、乱弃废渣的问题。与建设期相比，养护垃圾的处理是更复杂和更长久的问题。我国高速公路养护部门大多没有专用的废料弃置场，养护所产生的废旧材料和清扫垃圾在相当多的地方至今仍被随意废弃。这些废弃材料不仅占用土地，更会对环境造成长期污染。养护垃圾中一个重要成分是白色污染，即旧塑料袋等塑料制品，这些不可降解的污染物往往和清扫垃圾一起被随意弃置或掩埋，造成长期或潜在的污染隐患。

B 外差成本

经济学家多年来一直在试图将使用公路对环境影响所造成的费用定量化，用货币价值体现出来。他们从多个角度分析了环境影响费用，例如英国学者Quinet（1990）估算典型道路运输的环境费用大约为GDP的2.5%，包括事故费用（2.0%）、大气污染费用（0.4%）和噪声费用（0.1%）；另一位学者Newbury（1995）计算了大气污染和全球温室效应的费用，这两者加起来约为事故费用的3倍。另外一项重要的计算是与车辆营运成本有关的环境影响费用计算。通过从经济角度的估算，可见公路运输对环境影响造成损失的巨大。因此目前许多国家制定了大量的法律法规来减少高速公路建设与使用的负面影响，尤其在运输规划与设计和制定政策方面注重减少这些负面影响。

从经济学的角度来讲，外差成本可分为外部费用和内部费用。内部费用就是为防止污染，用于安装防治设备，技术投入等的投资和运行费用。在这里，市场经济规律起作用。外部费用则是排放的各类污染物对自然资源及环境质量的损害费用，为考虑市场规律，目前以纳税或其他形式支付。外部费用应该从社会、经济、自然三方面考虑。

（1）社会方面，以对社会产生的损失为出发点。它包括因污染而致害的赔偿费、医疗费等。

（2）经济方面，指因污染造成国民经济上的损失。它包括交通事故、生活区污水排放导致水质污染造成给水处理费增加；污水灌溉污染土地造成农业减产和粮食、蔬菜受到污染等；水体污染造成渔业产量下降等。

（3）自然方面，因汽车、生活区排放的各类污染物造成生态破坏，珍稀动植物消失或濒危，森林植被破坏使水土流失、物种栖息地消失，矿藏过量开发、无代价的丢弃，造成资源耗竭，难以恢复。

在此，将外差成本的定量计算与汽车运输成本联系起来，认为汽车运输成本在一定程度上可以反映外差成本，因为影响外差成本的处理事故费用、处理大气污染费用、处理噪声费用与汽车运输成本有直接的联系，在此基础上，提出简化公式，建立广义重力模型如下：

$$Q=f(R_1,R_2,R_3) \tag{3-7}$$

$$R_1=C^{\alpha} \tag{3-8}$$

$$R_2=C^{\beta} \tag{3-9}$$

$$R_3=C^{\omega} \tag{3-10}$$

式中 R_1——处理事故费用，元；

R_2——处理大气污染费用，元；

R_3——处理噪声污染费用，元；

C——车辆运输成本，元/百车公里；

α，β，ω——权重系数。

车辆运输成本 C 的取值与具体计算模型如下：

$$C=AS^2-B/S+D \tag{3-11}$$

式中 S——车速，km/h；

A,B,D——系数，其值见表 3-2。

表 3-2 速度-成本模型系数表

公路等级	系数	小客车	大客车	小货车	中货车	大货车	拖挂车
高速公路	A	0.000304	-0.00099	-0.00015	-0.00338	-0.02208	-0.03182
	B	-3004.03	-5781.47	-2689.73	-3004.18	718.575	3326.597
	D	36.00781	88.4387	47.56672	75.83886	254.6471	334.2938
二级公路	A	0.000994	-0.00062	0.001747	0.001153	-0.00126	-0.00993
	B	-3458.46	-7174.85	-3497.24	-4733.92	-5308.92	-4324.41
	D	29.13933	59.05623	27.7293	26.39261	75.51687	108.7525
三级公路	A	0.000801	-0.00083	0.00094	0.00104	-0.00321	-0.00921
	B	-3521.08	-7402.22	-3541.59	-4833.49	-5406.22	-4614.11
	D	30.66616	56.03472	28.92945	23.3763	74.21613	95.52494

车速 S 的取值与具体计算模型如下：

$$S=\begin{cases} a\exp[b(v/c)^2] & V/C\leqslant 0.8(\text{高速公路}) \\ a_1\exp[b_1(v/c)^2] & V/C>0.8(\text{高速公路}) \\ a\exp[b(v/c)^2] & V/C\leqslant 0.75(\text{一般公路}) \\ a_1\exp[b_1(v/c)^2] & V/C>0.75(\text{一般公路}) \end{cases} \tag{3-12}$$

式中　V/C——道路负荷度，理想条件下最大服务交通量与基本通行能力之比；
a,a_1,b,b_1——系数，其值见表 3-3。

表 3-3　交通量与车速模型系数

公路等级	车　型	a	b	a_1	b_1
高速公路	小客车	87.81	-0.244	83.288	-0.648
	大客车	79.08	-0.154	78.71	-0.559
	小货车	73.67	-0.16	71.925	-0.469
	中货车	68.31	-0.06	70.956	-0.455
	大货车	65.00	-0.15	62.375	-0.327
	拖挂车	61.43	-0.107	60.227	-0.291
二级公路	小客车	70.50	-1.24	80	
	大客车	53.90	-0.77		
	小货车	60.50	-0.97		
	中货车	56.70	-0.86	80	-60
	大货车	58.40	-0.91		
	拖挂车	50.00	-0.63		
三级公路	小客车	58.3	-1.49		
	大客车	46.9	-1.01		
	小货车	50	-1.15		
	中货车	47.6	-1.04	62.18	-45.18
	大货车	45.5	-0.94		
	拖挂车	41.5	-0.73		

3.3　基于 GDP 贡献率计算的公路直接效益

高速公路项目属于交通运输行业基础设施，其本身也能创造国内生产总值。公路直接效益可用公路部门所增加的产值和公路部门所创造的 GDP 贡献率来计算。

假定国民经济部门 j 是公路部门，则高速公路直接效益可表示为：

$$D_e = Z_j \Delta x \tag{3-13}$$

式中 D_e——公路部门的直接效益；

Z_j——公路部门对国内生产总值（GDP）的增加值系数；

Δx——公路部门运输业增加的产值。

公路部门 j 对 GDP 所产生的贡献率可表示为：

$$Z_j = \frac{D_j + R_j + M_j}{X_j} \tag{3-14}$$

式中 D_j——部门 j（公路部门）在生产过程中所消耗的固定资产价值，即固定资产折旧额；

R_j——部门 j（公路部门）在生产过程中所支付的劳动报酬的数额，如工资、奖金、津贴等；

M_j——部门 j（公路部门）生产工作者所创造的社会纯收入的数额，如利润、税金等；

X_j——部门 j（公路部门）的产值。

直接效益的计算公式 D_e 可写成如下向量形式：

$$D_e = (Z_1, Z_2, \cdots, Z_j, \cdots, Z_n)\begin{bmatrix} 0 \\ 0 \\ \vdots \\ \Delta x \\ \vdots \\ 0 \end{bmatrix} = \mathbf{Z}^{\mathrm{T}} \Delta \boldsymbol{X} \tag{3-15}$$

3.4 基于改进投入产出法计算的投入效益

3.4.1 投入产出模型

3.4.1.1 高速公路建设项目的投入产出物

在高速公路的建设过程中，项目建设资金的投入，直接带动了沿线及周边区域内建筑业、原材料供应、公路运输业等相关行业的产业增长。首先是高速公路建设自身对国民经济增长的直接拉动；其次是高速公路建设过程中要使用各产出部门的产品和服务，叫直接消耗；为生产这些产品和服务又要使用其他产出部门的产品和服务，对于高速公路建设项目是间接消耗；其生产过程还会产生新一轮的间接消耗，依次循环直到收敛为零。直接消耗和所有间接消耗之和称为完全消耗。投入产出可以有效地分析特定时期的区域结构与生产技术联系，得出不同产业的乘数，特别是在决定间接影响中，这些乘数较敏感和精确。另一方面建设期的数据已有，可借助于当时的国民经济核算中的投入产出表来计算，且数据较为稳定，这也是选择投入产出方法分析投入效益的原因。

投入产出作为一种科学的分析方法和理论，是研究国民经济体系或区域经济体系中各个产业部门间投入与产出的相互依存关系的数量分析方法。人们在进行任何一种物质生产活动时，都必须有物质上的必要准备，要投入以原材料、辅佐材料、燃料、动力等为内容的劳动对象，要投入以机器、设备、厂房、工具等为内容的劳动手段，还要投入作为生产力第一要素并能推动生产资料进行实际生产活动的劳动力，这些都称为投入物。由于投入了劳动对象、劳动手段和劳动本身，并将它们按一定的形式组织和运用起来进行生产活动的结果，必然有某种使用价值被生产出来，即所谓产出。产出的产品，要么在物质生产领域内供给别的部门当做投入用，要么以最终的需求形式，脱离本期生产过程，用在消费、积累、储备、出口等方面。投入产出模型的基本前提是每一产业把它的产出物作为投入物，依次进行另一货物或服务的生产，所有产出物都在区域经济中销售，每一产业的行为由货物与服务的最终需求同其他产业的关系变化所决定。

3.4.1.2 高速公路建设项目的投入产出表

这些关系用一张棋盘式的数学关系来表示，它能够概括所有部门的投入来源和产出去向，被称为投入产出表，它是投入产出法研究的对象。考虑该表特定的结构、经济内容、数学形式和运算关系便是一个投入产出模型。公路建设项目的投入产出表见表3－4。

表3－4 公路建设项目的投入产出表

部门产出 / 部门投入		中间产品					最终产品					总产出 X
		部门1	部门2	…	部门 n	小计	固定资产更新大修 Q	消费 W	积累 K	净出口 E	小计 Y	
中间投入	部门1	X_{11}	X_{21}	…	X_{n1}	$\sum_{j=1}^{n} X_{1j}$	Q_1	W_1	K_1	E_1	Y_1	X_1
	部门2	X_{12}	X_{22}	…	X_{n2}	$\sum_{j=1}^{n} X_{2j}$	Q_2	W_2	K_2	E_2	Y_2	X_2
	⋮	⋮	⋮	…	⋮	⋮	⋮	⋮	⋮	⋮	⋮	⋮
	部门 n	X_{1n}	X_{2n}	…	X_{nn}	$\sum_{j=1}^{n} X_{nj}$	Q_n	W_n	K_n	E_n	Y_n	X_n
	小计	$\sum_{i=1}^{n} X_{i1}$	$\sum_{i=1}^{n} X_{i2}$	…	$\sum_{i=1}^{n} X_{in}$	—	$\sum_{i=1}^{n} Q_i$	$\sum_{i=1}^{n} W_i$	$\sum_{i=1}^{n} K_i$	$\sum_{i=1}^{n} E_i$	$\sum_{i=1}^{n} Y_i$	$\sum_{i=1}^{n} X_i$

续表 3 - 4

<table>
<tr><td colspan="2" rowspan="2">部门产出
部门投入</td><td colspan="5">中 间 产 品</td><td colspan="5">最 终 产 品</td><td rowspan="2">总产出 X</td></tr>
<tr><td>部门 1</td><td>部门 2</td><td>…</td><td>部门 n</td><td>小计</td><td>固定资产更新大修 Q</td><td>消费 W</td><td>积累 K</td><td>净出口 E</td><td>小计 Y</td></tr>
<tr><td colspan="2">固定资产折旧 D</td><td>D_1</td><td>D_2</td><td>…</td><td>D_n</td><td>$\sum_{j=1}^{n} D_j$</td><td colspan="6" rowspan="4">—</td></tr>
<tr><td rowspan="2">活劳动消耗</td><td>劳动报酬 R</td><td>R_1</td><td>R_2</td><td>…</td><td>R_n</td><td>$\sum_{j=1}^{n} R_j$</td></tr>
<tr><td>社会纯收入 M</td><td>M_1</td><td>M_2</td><td>…</td><td>M_n</td><td>$\sum_{j=1}^{n} M_j$</td></tr>
<tr><td colspan="2">总投入 X</td><td>X_1</td><td>X_2</td><td>…</td><td>X_n</td><td>$\sum_{i=1}^{n} X_i$</td></tr>
</table>

注：X_i——部门 i 的总产出量或总投入量；

X_{ij}——部门 i 的产品用作部门 j 生产消耗的数量，或者说，部门 j 在生产过程中消耗掉的部门 i 产品的数量；

Y_j——部门 j 最终产品的产量，即在部门 j 的产品 X_j 中可供社会最终消费需求的产品；

D_j——部门 j 在生产过程中所消耗的固定资产价值，即固定资产折旧额；

R_j——部门 j 在生产过程中所支付的劳动报酬的数额，如工资、奖金、津贴等；

M_j——部门 j 生产工作者所创造的社会纯收入的数额，如利润、税金等。

3.4.1.3 投入产出表中的平衡关系

投入产出模型的建立，基于两个基本假设。从水平方向看，它反映各部门总产品的分配方向和数量，在生产的总产品中有一部分作为中间产品，供各部门补偿劳动对象的消耗，另一部分作为最终产品用作固定资产更新大修理、积累、消费和净出口等。这一平衡关系可表示为：

$$\sum_{j=1}^{n} X_{ij} + Y_j = X_i \tag{3-16}$$

式（3 - 16）称为产出方程组或分配方程组。

从垂直方向看，它反映各部门总产品的形成过程，一方面它们消耗了各部门投入本部门的各种劳动对象的生产资料，另一方面消耗了本部门的劳动者投入的活劳动，从而形成了各部门的总投入。这一平衡关系可表示为：

$$\sum_{i=1}^{n} X_{ij} + D_j + R_j + M_j = X_j \tag{3-17}$$

式（3 - 17）称为投入方程组或生产方程组。

除上述两个行和列的基本平衡关系以外，在投入产出表中还有以下一些平衡

关系:

（1）纵列各部门的生产总量分别等于横向各同名部门的分配使用总量，即

$$\sum_{i=1}^{n} X_{ip} + D_{p} + R_{p} + M_{p} = \sum_{j=1}^{n} X_{pj} + Y_{P} \quad (3-18)$$

（2）从整个国民经济看，社会产品总量应等于分配使用总量，即

$$\sum_{i=1}^{n}\sum_{j=1}^{n} X_{ij} + \sum_{j=1}^{n}(D_j + R_j + M_j) = \sum_{i=1}^{n}\sum_{j=1}^{n} X_{ij} + \sum_{i=1}^{n} Y_i \quad (3-19)$$

（3）折旧和新创造价值的总量与最终产品的总量相等，即

$$\sum_{j=1}^{n}(D_j + R_j + M_j) = \sum_{i=1}^{n} Y_i \quad (3-20)$$

（4）固定资产折旧总额和固定资产更新大修理总额相等，即

$$\sum_{j=1}^{n} D_j = \sum_{i=1}^{n} Y_i^{(1)} \quad (3-21)$$

式中，$Y_i^{(1)}$ 表示部门 i 产品中用于固定资产更新大修理的数量。

3.4.1.4 投入产出模型的建立

若令 $a_{ij} = \frac{X_{ij}}{X_j}$，$i$，$j=1$，2，3，…，$n$。$i$，$j$ 分别为行、序号，则式（3-16）可写成如下形式：

$$\begin{cases} a_{11}X_1 + a_{12}X_2 + \cdots + a_{1n}X_n = X_1 \\ a_{21}X_1 + a_{22}X_2 + \cdots + a_{2n}X_n = X_2 \\ \vdots \\ a_{n1}X_1 + a_{n2}X_2 + \cdots + a_{nn}X_n = X_n \end{cases}$$

即

$$\boldsymbol{X} = \boldsymbol{AX} + \boldsymbol{Y} \quad (3-22)$$

其中，$\boldsymbol{A}$ 为如下矩阵：

$$\boldsymbol{A} = \begin{bmatrix} a_{11} & a_{12} & \cdots & a_{1n} \\ a_{21} & a_{22} & \cdots & a_{2n} \\ \vdots & \vdots & & \vdots \\ a_{n1} & a_{n2} & \cdots & a_{nn} \end{bmatrix} \quad (3-23)$$

由式（3-23）得

$$(\boldsymbol{I} - \boldsymbol{A})\boldsymbol{X} = \boldsymbol{Y} \quad (3-24)$$

$$\boldsymbol{X} = (\boldsymbol{I} - \boldsymbol{A})^{-1}\boldsymbol{Y} \quad (3-25)$$

式中 X——各部门的总产出向量；

Y——各部门提供的最终产品向量；

A——各部门间的直接消耗系数矩阵；

I——单位矩阵。

式（3－25）即为投入产出模型。投入产出表建立以后，即可求出直接消耗系数矩阵$\boldsymbol{A}$，净产值系数$\boldsymbol{V}$以及里昂惕夫逆系数矩阵（$\boldsymbol{I}-\boldsymbol{A}$）$^{-1}$。

$$\boldsymbol{V}=[V_1,\ V_2,\ \cdots,\ V_n] \tag{3-26}$$

$$V_j=\frac{R_j+M_j}{X_j} \tag{3-27}$$

$$(\boldsymbol{I}-\boldsymbol{A})^{-1}=\begin{bmatrix} b_{11} & b_{12} & \cdots & b_{13} \\ b_{21} & b_{22} & \cdots & b_{2n} \\ \vdots & \vdots & & \vdots \\ b_{n1} & b_{n2} & \cdots & b_{nn} \end{bmatrix} \tag{3-28}$$

投入效益是高速公路建设项目社会经济效益的一种特殊表现形式。它是在项目投资新建过程中，由于项目建设对区域内各有关部门、行业所产生的效益。由于高速公路建设项目的投资兴建，必然增加建筑部门的净产值；同时，在建设过程中需要大量的建筑材料中间投入（如钢材、水泥、沥青、木材等），因此又引起这些建材部门净产值的增加；再进一步，由于建材部门生产的扩大，这些部门对自身的中间投入需求也相应增加（如生产钢材、水泥、沥青、木材等所需要的铁、煤炭、机械、电力等），从而促进生产这些中间投入的部门扩大生产，增加净产值。这是一个连锁反应的过程。高速公路建设项目的交通运输，对该项目所影响区域的各部门来说是一种必不可少的中间投入。高速公路项目的建成，必然导致公路运输业净产值的增加；同时，由于运输业净产值的增加，又促进了其他部门生产的扩大，净产值相应增加；更进一步，这些部门净产值的增加又导致了各自对别的中间投入需求的增加，进而又促进了生产别的中间投入的部门的生产，增加净产值。这也是一个连锁反应的过程。

设高速公路建设项目投资而引起的最终产品增量ΔY_j为建筑业最终产品增量（以施工期间发生的实际费用表示）。由于建筑业最终产品增量伴随的各部门社会总产值增量，即$\boldsymbol{\Delta X}=(\boldsymbol{I}-\boldsymbol{A})^{-1}\boldsymbol{\Delta Y}$

则由于高速公路投资兴建而引起的各部门社会净产值增量$\boldsymbol{B}_1$为：

$$\boldsymbol{B}_1=\boldsymbol{V\Delta X}=\boldsymbol{V}(\boldsymbol{I}-\boldsymbol{A})^{-1}\boldsymbol{\Delta Y} \tag{3-29}$$

3.4.2 模型的改进

投入产出模型的关键步骤是通过引入直接消耗系数矩阵来表达部门之间的平衡联系，通过解线性方程组求出所需的未知数。我们可以把投入产出模型看做是线性规划方法的一种特例，它的可行解域只有一点，或者说是可行解与最优解一致的线性规划模型，甚至可以看成是没有目标函数的线性规划问题。然而，在实际的投入产出分析中，由于受生产条件、资金等方面的限制，产出水平应该有上下限约束，且部分劳动对象不可以无限使用。因此，改进的投入产出模型应该有约束条件。

约束条件可能有以下几个：

（1）对劳动对象的约束。在投入产出模型中，没有包括这一部分，但在实际中有一部分劳动对象，例如原料、燃料、电力，并不是可以无限使用的。

（2）对劳动手段的约束。在投入产出模型中，各部门本期可供使用的最终产品数量和它们的需要量之间是平衡的，在此基础上所决定的各部门的产量，可能由于生产能力的限制而无法生产出来。因此在进行综合平衡时必须考虑各部门生产能力的限制。各部门的生产能力可以通过所拥有的固定基金数量或固定基金占用量系数来计算，即 $K_j=\frac{Q_j}{X_j}$（$j=1, 2, 3, \cdots, n$；Q_j 表示部门 j 的固定基金数量；X_j 表示部门 j 的产值）。在技术进步较慢，设备更新变化不大，又能充分利用的情况下，也可用上一时期的固定基金占用量系数。

（3）对劳动力的约束。这一部分可利用直接劳动报酬系数 $a_{R_j}=\frac{R_j}{X_j}$（$j=1, 2, 3, \cdots, n$）来计算，在一定时期内所有部门的报酬率不得超过某一定值 $\boldsymbol{E}$，即 $R_1+R_2+\cdots+R_n\leqslant E$，有：

$$a_{R_1}X_1+a_{R_2}X_2+\cdots+a_{R_n}X_n\leqslant E \tag{3-30}$$

在建立有约束的投入产出模型时，目标函数可以取以下几个目标之一：

（1）国民收入达到最大；

（2）社会最终产值达到最大；

（3）社会总产品达到最大。

在此，建立以国民收入达到最大为目标函数的模型：

$$\max VX$$
$$\text{s.t.}\begin{cases}(\boldsymbol{I}-\boldsymbol{A})\ \boldsymbol{X}\leqslant \boldsymbol{Y}_1\\(\boldsymbol{I}-\boldsymbol{A})\ \boldsymbol{X}\geqslant \boldsymbol{Y}_2\\a_{R_1}X_1+a_{R_2}X_2+\cdots+a_{R_n}X_n\leqslant E\end{cases} \tag{3-31}$$

3.5 基于改进经济诱增模型计算的诱导效益

高速公路通车后产生的诱导效益，主要考虑的是高速公路对沿线区域经济总量和结构优化的积极促进作用，这在宏观上具体表现为沿线区域社会经济指标的快速增长、生产力布局合理和产业结构上的优化。从经济学的角度上讲，一个区域的发展直接决定于其向区外出口产品和劳务的能力，交通设施的意义就是为其提供产品和劳务的输出，当区域之间的运输费用低于区际生产成本时，交通运输就产生了，因此，区域经济发展是生产优势和运输优势共同作用的结果。高速公路以其通行能力大、车辆运营速度高的便利条件，促进了经济的联合和协作，扩大了市场的范围和经济规模，从而形成以公路为主导，由高速公路和沿线一定范围内的经济区域组成的一个具有特定结构的带形区域经济系统—公路产业带。例如，日本名古屋至神户的高速公路建成后，仅在 14 座立交桥附近，10 年就新增工业企业 900 多家；意大利那不勒斯—米兰长达 735 公里的“太阳公路”建成后，使沿线 63% 的地区经济发展速度加快，沿途 17 省国民收入提高 3%。据调查，我国泉厦高速公路通车前，沿线土地价值每公顷平均为 30 万元；通车后，沿线互通周边的土地得到大力开发，第三产业迅速发展，沿线土地平均升值为每公顷 180 万元。据《京津塘高速公路后评价报告》，在京津塘高速公路修建之前，沿线土地价值每公顷不足 1500 元，自京津塘高速公路建成后，随着土地开发，房地产价格迅速上涨，科技性产业地价每公顷 82. 5 ~ 127. 5 万元不等，工业生产加工性行业地价则每公顷 150 万元以上，商业性开发地价也到达 150 万元。

要正确地估算出公路的诱导效益，必须首先确定公路影响区的范围，即首先应确定公路沿线产业带边界的范围。高速公路的诱导效益具体来讲就是指项目建成通车后，诱增的交通量而使高速公路影响区内的自然资源的开发利用，土地增值，商业、服务业的发展及人力资源的开发与引进等所增加的区域国民生产总值。在这些对区域国民生产总值影响的因素中，我们可以大致分为诱导效益对沿线经济的影响和对沿线地区人口、劳动力的影响。笔者在研究高速公路沿线产业带和影响区确定的基础上，提出简化法公式。其思路是：在诱导区域国民生产总值的各种因素影响中，最主要的因素是资本和人口、劳动力，因此，诱导效益来源于资本存量增加和人口、劳动力的增加。

一般情况下，在劳动数量不变的条件下，物质资本的数量越多，质量越好，社会生产能力就越高，经济增长就越快，物质资本的增长是决定一定时期的国民产出水平的主要因素之一；同样，人力资源也是决定一定时期国民产出水平的重要因素之一。为了综合分析高速公路建成后诱导资本与诱导劳动力给社会带来的经济效益，高速公路对区域社会经济所产生的诱导效益可借广义重力模型函数来估算：

$$Y = f(L, Q) \qquad (3-32)$$

$$L = A(\sigma L_0)^{\alpha}$$

$$Q = A(\lambda Q_0)^{\beta}$$

式中 Y——高速公路所产生的诱导效益；

L——高速公路诱增的劳动力数量；

Q——高速公路诱增的资本存量；

A——高速公路所在区域技术进步水平参数（$0 < A \leqslant 1$）；

L_0——区域内总的劳动力增量；

σ——区域劳动力增量中源于高速公路的诱增系数（$0 < \sigma < 1$）；

Q_0——区域内总的资本存量增量；

λ——区域资本存量增量中源于高速公路的诱增系数（$0 < \lambda < 1$）；

α——劳动力的产出弹性；

β——资本的产出弹性。

3.6 公路使用者直接经济效益计算方法

高速公路建设项目直接经济效益主要是指可用货币形式表示的项目产出物的经济价值。高速公路项目的建设，其最终产出物就是建好的公路，所以这种效益主要表现为公路降低汽车营运成本效益、旅客在途时间节约效益和拟建项目减少交通事故效益。

公路建设项目的经济效益是指项目对国民经济所作的贡献，分为直接效益和间接效益。一般计算直接效益，并通过“有无对比法”来确定。直接效益（B）包括公路使用者费用节约和原有相关公路维护费用节约，其中公路使用者费用节约主要有拟建项目相比原有相关公路降低汽车运营成本效益（B_1）、旅客在途时间节约效益（B_2）和拟建项目减少交通事故效益（B_3）。

计算公路项目经济效益可以采用相关线路法、路网费用法和矩阵法。计算中对车型不做要求，但要注意保持各参数之间的一致性。

3.6.1 基于相关路线法的直接经济效益计算

相关路线法是在确定与拟建项目相关的原有公路路线的基础上，通过公路使用者在无项目情况下使用原有相关公路和在有项目情况下使用拟建项目费用的比较，计算项目产生的经济效益。

下述公式是按照不分车型计算设计的。当分车型进行计算时，将各车型的计算结果汇总即可。

（1）降低汽车营运成本效益（B_1）的计算公式为：

$$B_1 = B_{11} + B_{12} \tag{3-33}$$

$$B_{11} = 0.5(T_{1p} + T_{2p})(VOC'_{1b}L' - VOC_{2p}L) \times 365 \tag{3-34}$$

$$B_{12} = 0.5L'(T'_{1p} + T'_{2p})(VOC'_{1b} - VOC'_{2p}) \times 365 \tag{3-35}$$

式中 B_{11}——拟建项目降低汽车运营成本的效果，元；

B_{12}——原有相关公路降低营运成本的效益，元；

T_{1p}——“有项目”情况下，拟建项目的正常交通量（中型车，下同），辆/日；

T_{2p}——“有项目”情况下，拟建项目的总交通量，辆/日；

VOC_{1b}'——“无项目”情况下，原有相关公路在正常交通量条件下各种车型车辆的平均单位营运成本，元/车公里；

VOC_{2p}——“有项目”情况下，拟建项目在总交通量条件下各种车型车辆的平均单位营运成本，元/车公里；

L'——原有相关公路的路段里程，km；

L——拟建项目的路段里程，km；

T'_{1p}——“有项目”情况下，原有相关公路的趋势交通量（自然数），辆/日；

T'_{2p}——“有项目”情况下，原有相关公路的总交通量（自然数），辆/日；

VOC'_{2p}——“有项目”情况下，原有相关公路在总交通量条件下各种车型车辆的加权平均营运成本，元/车公里。

（2）旅客在途时间节约效益（B_2）的计算公式为：

$$B_2 = B_{21} + B_{22} \quad (3-36)$$

$$B_{21} = 0.5WE(T_{1pp} + T_{2pp})(L'/S'_{1b} - L/S_{2p}) \times 365 \quad (3-37)$$

$$B_{22} = 0.5WEL'(T'_{1pp} + T'_{2pp})(1/S'_{1b} - 1/S'_{2p}) \times 365 \quad (3-38)$$

式中 W——旅客单位时间价值，元/(人·h)；

E——客车各车型加权平均载运系数，人/辆；

S'_{1b}——“无项目”情况下，原有相关公路在趋势交通量条件下各种车型客车的加权平均行驶速度，km/h；

S_{2p}——“有项目”情况下，拟建项目在总交通量条件下各种车型客车的加权平均行驶速度，km/h；

T_{1pp}——“有项目”情况下，拟建项目的客车趋势交通量（自然数），辆/日；

T_{2pp}——“有项目”情况下，拟建项目的客车交通量（自然数），辆/日；

S'_{2p}——“有项目”情况下，原有相关公路在总交通量条件下各种车型客车的平均行驶速度，km/h；

T'_{1pp}——“有项目”情况下，原有相关公路的客车趋势交通量（自然数），辆/日；

T'_{2pp}——“有项目”情况下，拟建项目的客车总交通量（自然数），辆/日。

（3）减少交通事故效益（B_3）的计算公式为：

$$B_3 = B_{31} + B_{32} \quad (3-39)$$

$$B_{31} = 0.5(T_{1p} + T_{2p})(r'_{1b}L'C'_b - r_{2p}LC_p) \times 365 \times 10^8 \quad (3-40)$$

$$B_{32} = 0.5L'(T'_{1p} + T'_{2p})(r'_{1b}C'_b - r'_{2p}C'_p) \times 365 \times 10^8 \quad (3-41)$$

式中 B_{31}——拟建项目减少交通事故效益，元；

B_{32}——原有相关公路减少交通事故效益，元；

C'_b——“无项目”情况下，原有相关公路单位事故平均经济损失费，元/次；

C_p——“有项目”情况下，拟建项目单位事故平均经济损失费，元/次；

r'_{1b}——“无项目”情况下，原有相关公路在总交通量条件下的事故率，次/亿车公里；

r_{2p}——“有项目”情况下，拟建项目在总交通量条件下的事故率，次/亿车公里。

C'_p——“有项目”情况下，原有相关公路单位事故平均经济损失费，元/次；

r'_{2p}——“有项目”情况下，原有相关公路在总交通量条件下的事故率，次/亿车公里。

3.6.2 基于路段费用法的直接经济效益计算

路段费用法是通过公路使用者在“无项目”情况下和“有项目”情况下使用影响区域路网费用的比较，计算项目产生的经济效益，其具体计算是针对路网逐个路段计算并汇总。

下述公式是按照分车型计算设计的。当不分车型进行计算时，式中的车辆运行成本、客车载运系数、客车行驶速度等应根据交通量车型结构计算其加权平均值。

（1）降低汽车营运成本效益（B_1）的计算公式为：

$$B_1 = B_{1b} + B_{1p} \tag{3-42}$$

$$B_{1b} = \sum_{i=1}^{n}\sum_{j=1}^{m}(T'_{bij}VOC'_{bij} - T_{bij}VOC_{pij})L_i \times 365 \tag{3-43}$$

$$B_{1p} = \sum_{i=1}^{n}\sum_{j=1}^{m}0.5[(T'_{pij} - T'_{bij})VOC'_{bij} - (T_{pij} - T_{bij})VOC_{pij}]L_i \times 365 \tag{3-44}$$

式中 B_{1b}——趋势交通量在影响区路网上的运营费用节约，元；

B_{1p}——诱增交通量在影响区路网上的运营费用节约，元；

T'_{bij}——“无项目”情况，趋势交通量条件下，i 路段 j 车型的交通量（自然数），辆/日，对于拟建项目路段该项数值为“0”；

VOC'_{bij}——“无项目”情况，趋势交通量条件下，i 路段 j 车型的单位运营成本，元/车公里，对于拟建项目路段该项数值为“0”；

T_{bij}——“有项目”情况下，i 路段 j 车型的趋势交通量（自然数），辆/日；

VOC_{pij}——“有项目”情况，总交通量条件下，i 路段 j 车型的单位运营成本，元/车公里；

L_i——i 路段长度，km；

i——路段序号；

j——车型序号；

m——车型总数；

n——路网的路段总数；

T'_{pij}——“无项目”情况，总交通量条件下，i 路段 j 车型的交通量（自然数），辆/日；

T_{pij}——“有项目”情况下，i 路段 j 车型的总交通量（自然数），辆/日。

（2）旅客在途时间节约效益（B_2）的计算公式为：

$$B_2 = B_{2b} + B_{2p} \tag{3-45}$$

$$B_{2b} = \sum_{i=1}^{n}\sum_{j=1}^{m_1} WE_j(T'_{bij}/S'_{bij} - T'_{bij}/S_{pij})L_i \times 365 \tag{3-46}$$

$$B_{2p} = \sum_{i=1}^{n}\sum_{j=1}^{m_1} 0.5WE_i[(T'_{pij} - T_{bij})/S'_{bij} - (T_{pij} - T_{bij})/S_{pij}]L_i \times 365 \tag{3-47}$$

式中 B_{2b}——趋势交通量旅客在途时间节约效益，元；

B_{2p}——诱增交通量旅客在途时间节约效益，元；

E_j——j 型客车平均载运系数，人/辆；

T'_{bij}——“无项目”情况，趋势交通量条件下，i 路段 j 车型的交通量（自然数），辆/日，对于拟建项目路段该项数值为“0”；

S'_{bij}——“无项目”情况，趋势交通量条件下，i 路段 j 型客车的平均车速（自然数），km/h；

T_{bij}——“有项目”情况下，i 路段 j 型客车的交通量（自然数），辆/日；

S_{pij}——“有项目”情况，总交通量条件下，i 路段 j 型客车的平均车速，km/h；

m_1——客车车型总数；

T'_{pij}——“无项目”情况，总交通量条件下，i 路段 j 车型的交通量（自然数），辆/日；

T_{pij}——“有项目”情况下，i 路段 j 型客车的总交通量（自然数），辆/日。

（3）减少交通事故效益（B_3）的计算公式为：

$$B_3 = B_{3b} + B_{3p} \tag{3-48}$$

$$B_{3b} = \sum_{i=1}^{n}(T'_{bi}r'_{bi}C'_{bi} - T_{bi}r_{pi}C_{pi})L_i \times 10^8 \times 365 \tag{3-49}$$

$$B_{3p} = \sum_{i=1}^{n} 0.5[(T'_{pi} - T'_{bi})r'_{bi}C'_{bi} - (T_{pi} - T_{bi})r_{pi}C_{pi}]L_i \times 10^8 \times 365 \tag{3-50}$$

式中 B_{3b}——趋势交通量减少交通事故效益，元；

B_{3p}——诱增交通量减少交通事故效益，元；

T'_{bi}——“无项目”情况，趋势交通量条件下，i 路段的交通量（自然数），辆/日，对于拟建项目路段该项数值为“0”；

T_{bi}——“有项目”情况下，i 路段的交通量（自然数），辆/日；

r'_{bi}——“无项目”情况，趋势交通量条件下，i 路段的交通事故率，次/亿公里；

r_{pi}——“有项目”情况，总交通量条件下，i 路段的交通事故率，次/亿公里；

C'_{bi}——“无项目”情况，趋势交通量条件下，i 路段单位交通事故平均经济损失费，元/次；

C_{pi}——“有项目”情况，总交通量条件下，i 路段单位交通事故平均经济损失费，元/次；

T'_{pi}——“无项目”情况，总交通量条件下，i 路段的交通量（自然数），辆/日，对于拟建项目路段该项数值为“0”；

T_{pi}——“有项目”情况下，i 路段的总交通量（自然数），辆/日。

3.6.3 基于 OD 矩阵法的直接经济效益计算

OD 矩阵法是以“无项目”情况下和“有项目”情况下路网的汽车运营费用、运行时间矩阵和交通量矩阵为基础，计算项目产生的经济效益。其中汽车运营费用和运行时间采用全部交通量分配到路网上之后的数据。OD 矩阵法可以计算汽车运营成本节约效益和旅客在途节约时间效益，但是减少交通事故效益还需要用相关路线法或路段费用法来计算。

下述公式是按照不分车型计算设计的。当分车型进行计算时，将各车型的计算结果汇总即可。

（1）降低汽车营运成本效益（B_1）的计算公式为：

$$B_1 = B_{1b} + B_{1p} \tag{3-51}$$

$$B_{1b} = \sum_{j=1}^{n}\sum_{i=1}^{n}(C'_{bij} - C'_{pij})T'_{ij} \times 365 \tag{3-52}$$

$$B_{1p} = \sum_{j=1}^{n}\sum_{i=1}^{n}0.5(C'_{bij} - C_{pij})(T_{ij} - T'_{ij}) \tag{3-53}$$

式中 C'_{bij}——“无项目”情况，趋势交通量条件下，路网加载交通量后，i 交通小区到j交通小区各种车型的加权平均费用，元；

C_{pij}——“有项目”情况，总交通量条件下，路网加载交通量后，i交通小区到j交通小区各种车型的加权平均费用，元；

T'_{ij}——i交通小区到j交通小区的趋势交通量（自然数），辆/日；

i，j——交通小区序号；

n——交通小区数量；

T_{ij}——i交通小区到j交通小区的总交通量（自然数），辆/日。

（2）旅客在途时间节约效益（B_2）的计算公式为：

$$B_2 = B_{2b} + B_{2p} \tag{3-54}$$

$$B_{2b} = \sum_{j=1}^{n}\sum_{i=1}^{n} WE(VOT'_{bij} - VOT_{pij})T'_{kij} \times 365 \tag{3-55}$$

$$B_{2p} = \sum_{j=1}^{n}\sum_{i=1}^{n} 0.5WE(\mathrm{VOT}'_{bij} - \mathrm{VOT}_{pij})(T_{kij} - T'_{kij}) \times 365 \tag{3-56}$$

式中 VOT'_{bij}——“无项目”情况，趋势交通量条件下，路网加载交通量后，i交通小区到j交通小区各种车型的加权平均运行时间，h；

VOT_{pij}——“有项目”情况，总交通量条件下，路网加载交通量后，i交通小区到j交通小区各种车型的加权平均运行时间，h；

T'_{kij}——i交通小区到j交通小区的客车趋势交通量（自然数），辆/日；

T_{kij}——i交通小区到j交通小区的客车总交通量（自然数），辆/日。

3.6.4 独立工程项目直接经济效益的计算

跨越江（河、海）的独立工程项目（如大桥、隧道等）所产生的效益分为两部分：一部分是“无项目”情况下，为满足日益增长的过江（河、海）交通需求，需对现有过江（河、海）设施进行改造和维护所需的投资和费用，在“有项目”情况下，有些投资和费用可以节约，即作为拟建项目所产生的效益，这些可节约的投资和费用包括渡轮和装卸作业区购置建造费用、渡轮和装卸作业区营运维护费用以及养河费；另一部分是原来绕行的过江（河、海）交通在“有项目”情况下，节约车辆营运成本和旅客在途时间所产生的效益。

渡轮和装卸作业区购置、建造费用包括渡轮购置费、泊位费（两岸，包括码头工程、附属构造物的投资）、两端的引道进行改造或新建的投资。渡轮和装卸作业区营运维护费用包括渡轮营运费用、码头维护费用。渡轮和装卸作业区购置建造费用、渡轮和装卸作业区营运维护费用、养河费三类费用应根据未来交通量发展水平预测和有关估算标准，按基年价格进行估算。

拟建项目建成后，将吸引部分原来走邻近桥梁（隧道）、渡口的交通，从而缩短了运输距离，节约营运成本；与此同时，由于交通条件的改善，将产生诱增交通量。为简化计算，过江（河、海）独立工程项目只计算其本身节约的车辆营运费用，不考虑原有相关公路（桥、隧道）因减少拥挤而节约的车辆营运费用。节约过江（河、海）车辆营运成本所产生的效益（B_4）的具体计算公式同式（3-34）。在计算过江（河、海）交通的营运成本和节约时间效益时必须注意，第一，确定 L 和 L' 的值时，应分别根据“有项目”情况和“无项目”情况下主要相同起讫点间最有可能选择或习惯线路的距离，计算其平均值；第二，VOC'_{1b} 和 VOC_{2p}、S'_{1b} 和 S_{2p} 的差别主要是由于交通量水平的不同引起的，而非道路条件的不同所致，确定其值时，应分别先根据“有项目”情况下和“无项目”情况下主要相同起讫点间同等道路条件下、不同交通量水平进行计算，然后以各条线路的行驶量（车公里）为权数，确定其加权平均值。

3.7 基于 FYRR 的最佳投资时机选择

3.7.1 国民经济盈利能力主要指标

公路建设项目国民经济盈利能力主要用经济内部收益率、经济净现值等项指标来衡量。对于改、扩建项目，应采用增量经济内部收益率、增量经济净现值来分析，注意正确识别“有项目”情况和“无项目”情况下的经济效益和经济费用。

（1）经济内部收益率（*EIRR*）。经济内部收益率是反映公路项目对国民经济净贡献的相对指标，是项目在计算期内各年经济净现金流量累计现值等于零时的折现率。计算公式为：

$$\sum_{t=1}^{n}(B_t - C_t)(1 + EIRR)^{-t} = 0 \tag{3-57}$$

式中 B_t——第 t 年效益流入量；

C_t——第 t 年费用流出量；

n——计算期。

经济内部收益率等于大于社会折现率表明项目可接受。

（2）经济净现值（ENPV）。经济净现值式反映项目对国民经济净贡献的绝对指标，是指用社会折现率将项目计算期内各年的净效益流量折算到开工前一年的现值之和。计算公式为：

$$ENPV = \sum_{t=1}^{n}(B_t - C_t)(1 + I_s)^{-t} \tag{3-58}$$

式中 $ENPV$——经济净现值；

I_s——社会折现率。

经济净现值等于或大于零表明项目是可以接受的。

(3) 经济效益费用比（R_{BC}）。经济效益费用比是指项目在计算期内效益流量的现值与费用流量的现值之比。计算公式为：

$$R_{BC} = \frac{\sum_{t=1}^{n} B_t(1+I_s)^{-t}}{\sum_{t=1}^{n} C_t(1+I_s)^{-t}} \tag{3-59}$$

如果经济效益费用比大于1，表明项目资源配置的经济效益达到了可以接受的水平。

经济费用效益分析的基本报表为项目投资经济费用效益流量表，以全部投资作为计算的基础，用以计算全部投资经济内部收益率、经济净现值等相应的评价指标。对于改扩建项目，采用增量数据编制相应报表。

3.7.2 项目最佳建设时机选择

考察拟建项目最佳建设时机，可采用第一年收益率（FYRR）法。计算公式为：

$$FYRR = \frac{B_{m+1}}{\sum_{t=1}^{m} C_t(1+I_s)^{m-t}} \tag{3-60}$$

式中 B_{m+1}——拟建项目通车后第一年的国民经济效益，万元；

t——建设期年序数（$t=0$ 为基年），$t=1, 2, \cdots, m$；

C_t——第 t 年的建设费用，万元；

I_s——社会折现率。

若 FYRR 大于社会折现率，表明项目建设时机已成熟。

4 公路建设项目财务效益目标可持续发展

4.1 概述

4.1.1 财务分析的含义与作用

4.1.1.1 财务分析的含义

财务分析又称财务评价，是项目决策分析与评价中为判定项目财务可行性所进行的一项重要工作，是项目经济评价的重要组成部分，是投融资决策的重要依据。

财务分析是在现行会计准则、会计制度、税收法规和价格体系下，通过财务效益与费用的预测，编制财务报表，计算评价指标，进行财务盈利能力分析、偿债能力分析和财务生存能力分析，据以评价项目的财务可行性。

4.1.1.2 财务分析的作用

财务分析的作用如下：

（1）财务分析是项目决策分析与评价的重要组成部分。项目评价应从多角度、多方面进行，无论是项目的前评价、中间评价和后评价，财务分析都是必不可少的重要内容。在项目的前评价——决策分析与评价的各个阶段中，无论是机会研究报告、项目建议书、初步可行性研究报告，还是可行性研究报告，财务分析都是其中的重要组成部分。

（2）财务分析是重要的决策依据。在经营性项目决策过程中，财务分析结论是重要的决策依据。项目发起人决策是否发起或进一步推进该项目，权益投资人决策是否投资于该项目，债权人决策是否贷款给该项目，审批人决策是否批准该项目，这些都要以财务分析为依据。对于那些需要政府核准的项目，各级核准部门在做出是否核准该项目的决策时，许多相关财务数据可作为项目社会和经济影响大小的估算基础。

（3）财务分析在项目或方案比选中起着重要作用。项目决策分析与评价的精髓是方案比选。在规模、技术、工程等方面都必须通过方案比选予以优化，财务分析结果可以反馈到建设方案构造和研究中，用于方案比选，优化方案设计，使项目整体更趋于合理。

(4) 财务分析中的财务生存能力分析对项目、特别是对非经营性项目的财务可持续性的考察起着重要作用。

4.1.2 财务分析的内容和步骤

4.1.2.1 财务分析的内容

财务分析内容随项目性质和目标有所不同。为投资盈利的经营性项目，财务分析内容应包括以下全部内容（为社会公众提供公共产品和服务的非经营性项目，财务分析内容略有减少）：

(1) 在明确项目评价范围的基础上，根据项目性质和融资方式选取适宜的方法。

(2) 选取必要的基础数据进行财务效益与费用的估算，包括营业收入、成本费用估算和相关税金估算等，同时编制相关辅助报表。以上内容是在为财务分析进行准备，也称财务分析基础数据与参数的确定、估算与分析。

(3) 进行财务分析，即编制财务分析报表和计算财务分析指标。财务分析包括盈利能力分析、偿债能力分析和财务生存能力分析。

(4) 在对初步设定的建设方案（称为基本方案）进行财务分析后，还应进行不确定性分析，包括盈亏平衡分析和敏感性分析。常常需要将财务分析的结果反馈，优化原设定的建设方案，有时甚至会对原初步设定的建设方案进行较大的调整。

4.1.2.2 财务分析的步骤

投资估算和融资方案是财务分析的基础，在实际操作过程中，三者互有交叉，在财务分析的方法和指标体系设置上体现了这种交叉。

首先要做的是融资前的项目投资、现金流量分析，其结果体现项目方案本身设计是否合理，用于投资决策以及方案或项目的比选。也就是考察项目是否基本可行，并值得为之融资。这对项目发起人、投资者、债权人和政府部门都是有用的。

如果第一步分析的结论是“可”，那么才有必要考虑融资方案，进行项目的融资后分析，包括项目资本金现金流量分析、偿债能力分析和财务生存能力分析等。融资后分析是比选融资方案，进行融资决策和投资者最终出资的依据。

如果融资前分析结果不能满足要求，可返回对项目建设方案进行修改；若多次修改后分析结果仍不能满足要求，甚至可以做出放弃或暂时放弃项目的建议。

4.1.3 财务分析的基本原则

财务分析应遵循以下基本原则：

（1）费用与效益计算口径一致性原则。为了正确评价项目的获利能力，必须遵循项目的直接费用与直接效益计算口径一致性原则。如果在投资估算中包括了某项工程，那么因建设该工程增加的效益就应该考虑，否则就低估了项目的效益；反之，如果考虑了该工程对项目效益的贡献，但投资却未计算进去，那么项目的效益就被高估。只有将投入和产出的估算限定在同一范围内，计算的净效益才是投入的真实回报。

（2）费用与效益识别有无对比的原则。有无对比是国际上项目评价中通用的识别费用与效益的基本原则，项目评价的许多方面都需要遵循这条原则，采用有无对比的方法进行。所谓“有”是指实施项目的将来状况，“无”是指不实施项目的将来状况。在识别项目的效益和费用时，必须注意只有“有无对比”的差额部分才是由于项目的建设增加的效益和费用，即增量效益和费用。因为即使不实施该项目，现状也很可能发生变化。例如，农业灌溉项目，若没有该项目，将来的农产品产量也会由于气候、施肥、种子、耕作技术的变化而变化；再如，计算交通运输项目效益的基础——车流量，无该项目也会由于地域经济的变化而改变。采用有无对比的方法，就是为了识别那些真正应该算作项目效益的部分，即增量效益，排除那些由于其他原因产生的效益；同时也要找出与增量效益相对应的增量费用，只有这样才能真正体现项目投资的净效益。有无对比直接适用于依托老厂进行的改扩建与技术改造项目的增量盈利能力分析。对于从无到有进行建设的新项目，也同样适用该原则，只是通常认为“无项目”与现状相同，其效益与费用均为零。

（3）动态分析与静态分析相结合，以动态分析为主的原则。国际通行的财务分析都以动态分析方法为主，即根据资金时间价值原理，考虑项目整个计算期内各年的效益和费用，采用现金流量分析的方法，计算内部收益率和净现值等评价指标。我国分别于 1987 年、1993 年和 2006 年由国家发改委（国家计委）和建设部发布施行的《建设项目经济评价方法与参数》（以下简称《方法与参数》）第一版、第二版以及第三版，都采用了动态分析与静态分析相结合，以动态分析为主的原则制定出一整套项目经济评价方法与指标体系。2002 年由国家计委办公厅发文试行的《投资项目可行性研究指南》（以下简称《指南》）同样采用这条原则。

（4）基础数据确定稳妥的原则。财务分析结果的准确性取决于基础数据的可靠性。财务分析中所需要的大量基础数据都来自预测和估计，难免有不确定性。为了使财务分析结果能提供较为可靠的信息，避免人为的乐观估计所带来的风险，更好地满足投资决策需要，在基础数据的确定和选取中遵循稳妥原则是十分必要的。

4.2 基于路网参数分析的通道交通量分配

高速公路在通行能力、交通速度、运输费用、行车安全等方面比一般公路有很大的优越性，而且与区域交通系统中的铁路、水运等其他运输方式相比，也具有很强的竞争优势。因此，高速公路建成之日也就是引起区域交通量转移与重新分配之时。预测高速公路转移交通量是一项比较复杂的工作：一方面影响高速公路转移交通量的因素很多，另一方面既要考虑现有并行公路上的交通量向高速公路转移，又要考虑由铁路、水运等其他运输方式转移交通量。本书提出了转移交通量的定义和目前研究存在的不足，分析了影响高速公路转移交通量的路网参数，通过对这些参数的分析建立适当的模型将转移交通量定量化，同时，运用适当的模型与方法对交通量进行分配。

4.2.1 现有预测方法存在的问题

4.2.1.1 转移交通量的定义

转移交通量是指因运输网络构成改变，引致运输网络运行特性的改变所产生的交通量，在运网中的重新分配量，这个重新分配的交通量称为转移交通量。转移交通量不仅在不同运输方式之间发生，即在铁路运输、公路运输、水路运输、航空运输和管道运输等运输方式之间转移，而且也会在同种运输方式的不同线路、不同运输工具类型之间发生转移。

4.2.1.2 预测方法的不足

一般认为，高速公路建设项目的远景交通量由三部分组成，即趋势型交通量、诱增交通量和转移交通量。对转移交通量的预测目前国内尚无成熟的预测技术，一般采用转移率法。这种方法将公路系统作为研究对象，认为转移量是公路系统与外部其他运输方式系统之间的交换量，但在具体确定这个交换量大小时缺乏一定的控制性指标，因而造成一些项目在进行转移量预测时存在一定的随意性。另一方面，高速公路建设项目的交通量预测期限往往较长，而在不同时期综合运输系统各运输方式技术状况的相对条件是不断变化的，转移交通量的大小、正逆向过程也将随之发生变化，采用转移率法很难描述这种长期复杂的转移关系。实际上，转移交通量是区域客货运量在不同运输方式之间分担状况的体现，因此可以考虑从综合运输的角度出发，通过分析影响转移交通量区域的路网参数，在把握区间综合运输总量的基础上，根据方式分担对公路运量进行预测，以客观反映交通量的转移规律。

对高速公路建设项目而言，交通方式划分可以有两种理解：其一是高速公路运输方式和铁路、水运等运输方式之间的划分；其二是高速公路运输方式中各车型之间的方式划分。目前，在进行公路建设项目的交通预测时很少进行这一阶段的预测和分析工作，《公路建设项目可行性研究指南》中所谈的四阶段法也没有这个阶段。随着中国经济的发展，不仅未来公路上的车型比例将与现状相差很大，而且公路、铁路、水运等方式之间的相互影响和促进作用也将越来越大。忽略交通方式划分预测的做法必然导致预测结果出现偏差，因此无论哪种方式划分都有必要进行未来的预测分析，这样可以清晰地在宏观上把握区域的交通运输发展趋向和运输方式的构成，把握公路项目在综合运输网络中的地位和作用，为建设项目立项和决策提供科学依据。

综上所述，常规预测方法存在的主要问题是仅从公路系统自身的角度出发对交通量进行预测研究，割裂了公路交通与其他运输方式之间的关系，进而导致了转移交通量预测方法不成熟、交通方式划分工作的欠缺。本书针对上述问题和不足，从综合运输网的角度出发，对公路建设项目交通量预测方法进行研究。

4.2.1.3 基于路网参数分析的转移交通量预测思路

基于综合运输网络的交通量预测方法的总体思路是：从综合运输的角度出发，将高速公路建设项目所在的区域综合运输网络看作一个整体，在对区域综合运输量进行预测的基础上，通过各种运输方式的分担得到公路运输量，再通过公路交通的方式划分、交通分配，得到公路建设项目预测交通量。这种预测方法考虑了高速公路项目在综合运输网中的地位和作用，可以较为客观地反映交通量在各运输方式之间的转移规律，有利于从宏观把握公路项目交通量在综合运量中的变化情况，使预测结果更加科学、合理。

4.2.2 路网参数分析

4.2.2.1 参数分析

用来描述和反映路网特性的物理量称为路网参数。在现有公路网上新建高速公路项目的目的是降低交通网络的拥挤程度，提高路网的运行效率，充分发挥路网的整体功能。网络拥挤程度降低的具体表现是车辆在网络上的总出行时间减少。拟建项目的建成，导致路网中的交通流在整个网络上重新分配，这样使一些路段的交通量转移到拟建高速公路上，缓和了这些路段的拥挤程度，但可能也使一些路段的交通量增加，道路拥挤增大。所以，有必要选取一些参数分析拟建项目对路网结构与使用功能的影响。拟建项目的建成，使得道路使用者从道路状况、交通条件及道路环境等方面得到了改善，从而影响公路网的运输服务费用、运达时间、服务可靠性、服务安全性、服务频率等，本书选用以下参数反映公路网的这些运输服务属性。

A 公路网技术等级

公路网技术等级指组成公路网各路技术等级的加权平均值，简称网等级。一般来说，技术等级越高，运输服务费用越高，运达时间越快，服务可靠性越高，可由下式表示：

$$J_{\mathrm{N}} = \sum_{i}^{n} J_i P_i \tag{4-1}$$

式中 J_{N}——公路网技术等级，即组成公路网各路段技术等级的加权平均值；

J_i——各路段技术等级，$J_i = 0, 1, 2, 3, 4, 5$，分别表示高速、一级、二级、三级、四级、等外；

P_i——各等级公路里程权。

B 公路网饱和度

公路网饱和度 S 是用来表示公路拥挤或利用程度的指标，反映整个路网适应负荷的能力，反映了路网交通量与路网能力的总体平衡状况，为路网实际负荷与路网最大容许负荷的加权比。计算公式为：

$$S = \frac{Q}{C} = \frac{\sum_{i} q_i l_i}{\sum_{i} l_i c_i} \tag{4-2}$$

式中 Q——整个路网的服务交通量或分配交通量；

C——整个路网的标准容量；

q_i——第 i 个路段的实际交通量或分配交通量；

c_i——第 i 个路段的设计标准交通量；

l_i——第 i 个路段的里程。

C 公路网平均车速

公路网平均车速的计算公式为：

$$v = \frac{\sum_{i} v_i l_i q_i}{\sum_{i} l_i q_i} \tag{4-3}$$

式中 v——公路网的平均车速；

v_i——公路网中第 i 个路段的平均行驶车速；

l_i——公路网中第 i 个路段的里程。

D 公路网事故率

公路网事故率是指公路网中车辆平均运行每亿公里所发生的交通事故次数，即

$$A_N = \frac{A}{365 \times \sum_{j=0}^{5} q_j L_j} \times 10^8 \tag{4-4}$$

式中 A——公路网中一年发生的事故总数，起；

q_j——j 级公路日交通流量，辆/日；

L_j——j 级公路里程，km。

E 公路网的通达深度

公路网由节点和边组成，它们的连通方式很多，连通性反映了公路网中各节点的连通状况，体现了网络一种结构上的特征。公路建设项目的建成，必然增加了公路网的边数和节点数，使路网连通度发生变化。路网连通度 D_N 指规划区域内各节点依靠公路相互连通的强度，从路网布局方面反映路网的结构特点。计算公式如下：

$$D_N = \frac{L/\varepsilon}{HN} = \frac{L/\varepsilon}{\sqrt{AN}} \tag{4-5}$$

式中 L——区域内公路网总里程；

H——相邻两节点间的平均空间直线距离；

A——规划区域面积；

N——规划区域应连通的节点数；

ε——非直线系数，其值为各节点间实际线路总里程与直线总里程之比。

理想状态时，道路是直线形的，$\varepsilon = l$，则 $D_N = \frac{w}{n}$（w 为路网的边数，n 为路网的节点数），D_N 值从平均意义上反映了路网节点连通的强度。当 D_N 接近 1.0 时，路网呈树状，节点多为二路连通；D_N 接近 2.0 时，路网呈方格网状，节点多为四路连通；D_N 略大于 3.0 时，路网呈三角形网状，节点多为六路连通。

F 路网可达性

路网可达性是指规划区域内从某一节点出发通过公路网络抵达任一目的地的行程距离、行程时间或交通费用的大小，反映了路网通达的快速和便利程度。拟

建项目的建成，从图论角度讲，改变了网络的最短路，从而节点可达性、网络可达性都将发生变化，可用下面两个指标来反映：

路网节点可达性 $$d = T_i = \frac{\sum_{j=1}^{n} t_{ij}}{n} \tag{4-6}$$

整个路网可达性 $$\bar{d} = \frac{\sum_{i=1}^{n} T_i}{n} \tag{4-7}$$

式中 t_{ij}——路网中 i，j 点间最短平均时间或距离；

n——路网的节点数。

4.2.2.2 影响高速公路转移交通量的因素

影响转移交通量的因素较多，目前考虑的因素主要是使用成本、舒适性、行程时间等。在高速公路转移交通量方面尚没有完善的分析计算模型，可以认为高速公路的交通量转移主要受以下因素影响：

（1）高速公路收费价格。我国现有的高速公路均为收费公路，公路收费已是影响高等级公路交通量转移到相邻与其平行低等级公路上去最主要、最直接的因素。高速公路拥有全立交、全封闭、弯道少、坡度小、通行能力大等优点，道路使用者会选择道路条件好、距离短、混合交通少、交通不拥挤的线路行车。如果高速公路不实行收费，那么其他交通条件较差的并行公路上的交通量大部分会转移到高速公路上去。而高速公路实行收费，情况会发生较大变化。收费费率成为主要因素，费率越高，转移到高速公路上的交通量越少；反之，费率越低，转移到高速公路上的交通量越大。

（2）公路间的级差效益。公路的级差效益是指由于公路的道路条件、交通条件等情况不同，公路使用者驾驶相同车辆完成同样的任务选择不同的公路而获得的不同效益。当公路使用者的效益一定的时候，收费的价格越高，他选择高速公路的比率越小。通常情况下，级差效益越大，对公路使用者的吸引力越大，转移到高速公路上的交通量越大；相反，转移到高速公路上的交通量越小。

（3）高速公路的行驶距离。高速公路越长，公路使用者节约的行驶时间的绝对数量越大，直观的时间价值越高，则高速公路对公路使用者的吸引力越大，高速公路上的交通量转移到平行公路上的越少；相反，高速公路较短，直观节约的时间价值不大，转移到平行公路上的交通量就会增加。

4.2.2.3 转移交通量的预测

影响转移交通量的主要因素有两个方面：一个是出行者（旅客、货物）的需求特性，与出行目的、货物种类、运输距离、批量等有关；另一个是运输服务属性，与运输方式有关，包括运输服务费用、运达时间、服务可靠性、服务安全性、服务频率等因素。这些因素的影响主要表现如下：

（1）运输服务费用指出行者支付的全部运输费用，是影响出行方式选择决策的最重要因素之一。因为任何经济活动的最终目的都是要以尽可能少的费用支出，获得最大的经济利益。所以，对于出行者来说，在满足基本需求的前提下，总是希望选择最经济的运输方式。

（2）运达时间是指出行起讫点之间的全程运输时间。由于现代社会的生活节奏加快，许多出行者为了节省运输时间，宁愿支付较高的运输费用，选择快速的运输方式，以提高时间效益。

（3）运输服务可靠性是一种表示运输方式按时提供运输服务的属性。有些出行者愿意使用比较可靠的运输方式，以减少出行过程中出现的意外变故，减少自己遭受损失的概率。

（4）运输服务安全性是一种表示运输过程中能够保障人员、财产安全的属性。随着经济社会的发展，在运输中能最大限度地保障人员、财产的安全已成为许多出行者考虑的重点因素。

（5）运输服务频率定义为单位时间内提供运输服务的次数，它影响出行者使用运输方式的方便性。

转移交通量的预测方法可以采用抽象运输方式模型或基于广义出行费用最小的 logit 模型。在实际应用时，可根据客运、货运的不同特点，选用适宜的模型，比如客运可采用 logit 模型，货运可采用抽象运输方式模型。

A 抽象运输方式模型

抽象运输方式模型是直接需求预测模型（区别于序列需求预测模型）的一种。这种模型的原始形式（纯抽象方式模型）集需求变量和供给变量于一体，可以同时预测生成量、分布量和方式分担量（转移交通量包含其中）。

对于出行者来说，若现实中存在一种服务属性均为最佳的运输方式，那么，出行方式选择决策就变得非常简单。但实际上并不存在这样的理想运输方式，现实中每一种运输方式的诸多服务属性中，既有最佳的，也有非最佳的。出行者在选择运输方式时，往往对其认为是重要的服务属性要求最佳，而对于其认为是不重要的则要求次佳、中等或稍差一些。也就是说，无论是在选择比较重要服务属性还是非重要服务属性时，所参照的标准都是相应服务属性的最佳值。因此，可以认为方式分担率是运输方式服务属性相对值的函数（广义重力模型），即

$$P_k(X_{ijk}) = f(R_{rk}, Q_{rk}, C_{rk}, T_{rk}, F_{rk}) \tag{4-8}$$

式中 $P_k(X_{ijk})$——节点 i 到节点 j，方式 k 承担出行所占比例；

R_{rk}——运输方式 k 的服务可靠性；

Q_{rk}——运输方式 k 的安全可靠性；

C_{rk}——服务方式 k 的相对运输服务费用；

T_{rk}——运输方式 k 的相对运达时间；

F_{rk}——运输方式 k 的相对服务频率。

上述广义重力模型可以写成如下形式：

$$P_k(X_{ijk}) = \alpha_0 R_{rk}^{\alpha_1} Q_{rk}^{\alpha_2} C_{rk}^{\alpha_3} T_{rk}^{\alpha_4} F_{rk}^{\alpha_5} \tag{4-9}$$

约束条件为：

$$\sum_{k=1}^{N} P_k(X_{ijk}) = 1 \tag{4-10}$$

式中，α_0，α_1，α_2，α_3，α_4，α_5 为通过回归确定的系数。

由节点 i 到节点 j，方式 k 所承担的出行数量 X_{ijk} 可由下式计算：

$$X_{ijk} = P_k(X_{ijk}) X_{ijk} \tag{4-11}$$

抽象运输方式模型各变量的取值与具体计算方法如下：

（1）运输方式 k 的服务可靠性 R_{rk} 和服务安全性 Q_{rk}。运输方式的服务可靠性和服务安全性是一个比较难定量描述的变量，要获得准确运输服务信息十分困难，通常表示服务可靠性和安全性是采用等级评分，可靠性和安全性越高，打分越高。

（2）相对运输服务费用 C_{rk}。运输方式 k 的相对运输服务费用 C_{rk} 可由下式确定：

$$C_{rk} = C_b / C_k \tag{4-12}$$

式中 C_k——运输方式 k 的运输服务费用；

C_b——可利用运输方式中的最小运输服务费用，$C_b = \min\{C_k\}$；

（3）相对运达时间 T_{rk}。运输方式 k 的相对运达时间 T_{rk} 可由下式确定：

$$T_{rk} = T_b / T_k \tag{4-13}$$

式中 T_k——运输方式 k 的运达时间；

T_b——可利用运输方式中的最短运达时间，$T_b = \min\{T_k\}$。

（4）相对运输频率 F_{rk}。运输方式 k 的相对运输频率 F_{rk} 可由下式计算：

$$F_{rk} = F_k / F_b \tag{4-14}$$

式中 F_k——运输方式 k 的运输频率；

F_b——备选运输方式中的最大频率，$F_b = \max\{F_k\}$。

抽象运输方式模型经标定后便可用于预测每种货运方式的分担率，该模型具有以下几个特点：

（1）模型中不存在关于特定方式的变量，不仅适合预测现有方式的分担率，而且适合预测未来方式的分担率；

（2）模型可以按不同货类进行标定；

（3）模型以运输服务属性的相对值为基本变量，对于同一货类，在所研究区域，模型只需标定一次（若采用绝对值，对每个起终点应分别标定）。

B 基于广义出行费用最小的 logit 模型

本书从高速公路通道路网的综合阻抗（简称广义费用）入手，对高速公路的广义费用进行了分析研究。“广义费用”的定义如下：

广义费用 = 运输成本 + 运行时间 + 时间价值 + 过路费用

式中，运输成本和运输时间都与车辆的运行速度有关；运行速度与道路上的交通量有关，高速公路上的交通量又有货客车之分，因此应分别加以确定。过路费用对广义费用的影响分为两个方面：一是收费过程对路段行程时间的影响，由于高速公路两节点之间的距离比较长，收费时间相对车辆行驶时间可忽略不计；二为收费额对路权进而对路径选择的影响。对于时间价值的分析，这一问题是一个难点，也是广义费用有待研究的焦点。

根据基年公路、铁路等 OD 表及运费和运输全过程时间表，建立交通方式分担率预测模型如下：

$$P_{ijm} = \frac{e^{-r_{ijm}}}{\sum_k e^{-r_{ijm}}} \tag{4-15}$$

式中 P_{ijm}——i 区到 j 区交通方式的分担率（吸引力）；

r_{ijm}——i 区到 j 区交通方式的交通阻抗；

$\sum_k e^{-r_{ijm}}$——i 区到 j 区 k 种交通方式的交通阻抗。

r_{ijm} 反映的是交通使用者在选择交通方式时所考虑的各种因素及重要性，定义如下：

$$r_{ijm} = \sum_1^n \alpha_n y_{ijmn} + \alpha_0 \tag{4-16}$$

式中 α_n——权重系数；

y_{ijmn}——i 区到 j 区第 m 种交通方式的第 n 种阻抗因子值；

α_0——不可定量因素。

交通方式的阻抗因子指交通方式的特征因素，如经济性、快捷性、舒适性、方便性、独立性、安全性等，其中费用、时间、距离是最为重要的阻抗因子。一般认为在实际情况中，由于每个人对出行的期望有一定的要求限制，出行费用、出行时间、出行距离等应该有上限约束。因此，综合交通阻抗即广义费用应该有约束条件。

约束条件可能有以下几条：

(1) 关于出行费用的约束条件。在模型中，没有包括这一部分，但在实际中有一部分出行者对出行费用的要求并不是无限制的，在心里对出行的费用有一定的要求限制。

(2) 关于出行时间的约束条件。出行者在选择出行路线时，对于可以接受的出行时间有一定的心理承受力，因此，在建立交通阻抗模型时，对出行时间有一定的限制。

(3) 关于出行距离的约束条件。出行者选择出行路线时，总是希望以最短的路线到达目的地，出行距离的远近在出行者心理也有一定的接受范围。

目标函数可以取出行的综合交通阻抗（即广义费用）最小，在此建立以广义费用最小为目标函数的模型：

$$\min R$$

$$\text{s.t.}\begin{cases}a_1y_{11}+a_2y_{12}+\cdots+a_ny_{1n}\leqslant Y_1\\a_1y_{21}+a_2y_{22}+\cdots+a_ny_{2n}\leqslant Y_2\\a_1y_{31}+a_2y_{32}+\cdots+a_ny_{3n}\leqslant Y_3\end{cases} \tag{4-17}$$

式中，Y_1，Y_2，Y_3 分别为出行者对出行费用、出行时间、出行距离的上限值。

根据上述方式分担模型，考虑未来地区各种方式的建设水平和运能变化，预测确定各小区间公路客货运分担率 P_{ijm} 和分担量 X_{ijh}：

$$X_{ijh}=T_{ij}P_{ijm} \tag{4-18}$$

式中，T_{ij} 为 i 小区到 j 小区全方式客货运量。

4.2.3 多路径交通量分配计算方法

4.2.3.1 交通量分配

所谓交通量分配，就是把各种出行方式的空间 OD 量分配到具体的交通网络上，因此交通量分配也称路径选择问题或配流问题。交通量分配的基本任务是在已知路网、路段特性函数和 OD 矩阵的情况下，通过对实际出行路径选择行为的模拟，估计出各路段的交通流量及行程时间，这是四阶段法预测的最后一个环节，也是其核心技术。

常用的交通量分配模型有转换曲线法、全有会无法、容量限制法、多路径交通量分配法等。本书主要讨论多路径交通量分配的计算模型与方法。该法认为在出行者的整个出行过程中始终存在着理想的最短路因素和实际的随机因素的相互作用，其主次地位则取决于可供选择的出行路线的路阻差，即每个出行者对出行路线所感觉的出行费用。其分配原则是：根据路线出行阻抗计算其权重，并由此确定各路线被选用的概率。该模型的特点是：较好地反映了路径选择过程中出行者希望的最短路因素和因交通网络的复杂性和交通状况的随机性所起的实际的随机因素对实际路径选择行为的影响，计算比较复杂，但结果与实际更为接近。该法需先将 OD 表中的每一 OD 量分解成 K 部分，即将原 OD 表分解成 K 个 OD 分表，然后分 K 次用多路径概率分配模型分配 OD 量，每次分配一个 OD 分表，并且每分配一次，路权修正一次，路权采用路阻函数修正，直到把 K 个 OD 分表全部分配在网络上。

在多路径交通量分配的节点分配法中，出行量的分配是按节点进行的，逐点分配，直至终点。具体地说，在某一节点 N，在分配前需要先累计所有拟离开该节点且具有相同终点 S 的出行量 $T(n, s)$，然后将 $T(n, s)$ 分配在节点 N 的邻接边上，节点 N 的邻接边分有效路段和非有效路段，有效路段为离终点 S 越来越近的边，反之为非有效路段。若节点 N 有 M 个有效路段，便能从节点 N 引出 M 条有效出行路线，根据各有效出行路线的阻抗，就能把出行量 $T(n, s)$ 分配到节点 N 邻接的有效路段上。公式如下：

$$P_k = \frac{e^{-\theta t_k}}{\sum_{i=1}^{m} e^{-\theta t_i}} \tag{4-19}$$

式中 P_k——第 k 条路径的交通量分配概率；

θ——分配参数；

t_i——第 i 条路径的路线阻抗；

t_k——第 k 条路径的路线阻抗；

m——可选择的路径数。

4.2.3.2 交通阻抗的设置

交通量分配计算过程，是模拟交通流在公路网上的运行过程。交通流在进行选择时按照各个路径交通量阻抗大小来确定。在设定一次公路网上的交通量后，根据交通量的大小、路径的长度和等级、收费来计算路径上的交通阻抗，再根据多路径概率分配法，将 Q'_{ij}分配到公路网中去，一般将 Q'_{ij}分割成若干份，经过若干次反复计算，就完成了交通量分配工作。高速公路为收费公路，则它的交通阻抗模型为：

$$\text{交通阻抗} = CTIME \times TIME + CTOLL \times TOII \tag{4-20}$$

式中 $CTIME$——路径行程时间系数，元/min；

$TIME$——路径行程时间，min；

$CTOLL$——收费系数；

$TOII$——路经收费，元。

4.3 计重收费模式下收费收入的合理性预测

4.3.1 计重收费政策实施过程

1988年国家实行“贷款修路，收费还贷”政策以来，我国收费公路猛增，目前已超过10万公里。收费公路的快速发展对国民经济的促进作用，已为多年来持续发展的经济形势所证明。

但是，日益猖獗的超限运输却给收费公路的发展带来了阻力，每年偷逃的通行费以及由此增加的养护费用数额惊人，制约了我国公路建设的发展。2000年以来，国家发改委、交通部、公安部和各级地方政府先后出台了有关法规文件，对超载超限现象展开治理。不少地方由政府牵头，公安、路政、运政、稽征等部门联合执法，开展了几次声势浩大的治超行动，取得了一定成效。

虽然运用行政手段集中治理的做法有力遏制了超限运输的大量蔓延，但两方面制约因素影响了这种手段的效果：一是执法监督不连续，治超工作不能全天候进行；二是经费没有保障，行政治超成本高，治超工作的可持续性受到质疑。对此，有关部门开始探寻长效治理机制。2001年以来，国内部分省市尝试采用计重收费这一经济手段治理超限运输。先是在天津，然后是江苏、四川、河南、青海、山东等省在局部范围内试行，直至2004年在全国统一治超行动中，交通部门对计重收费的作用给予了肯定。

河南省2003年9月初试行计重收费，到10月底的60天内，高速公路上超限率达100%以上的恶性超限车辆，由每天2000辆下降到每天1100辆，下降45%。山东省于2004年10月1日在省内7条高速公路实行计重收费。7条高速公路的总里程为1716公里，占全省高速公路通车里程的57%。安徽省于2004年10月10日起在全省收费公路网内实行计重收费，一年多后，超限率达100%以上恶性超限车辆的比例由1.3%下降到0.2%。与此相反，正常装载和超限30%以内车辆的比例则由35%上升到78%。2005年10月28日，交通部公路司发布《关于收费公路试行计重收费的指导意见》，鼓励更多的省市实行计重收费。2006年7月1日，江西省境内已建成的所有高速公路以及与其并行的国道、省道和主要干线收费公路实行计重收费。2007年5月，福建省实行计重收费。从2007年6月1日起，湖南省境内8条高速公路对货车正式实施计重收费，全省65个收费站启用新的收费标准。

实践证明，计重收费促进了运输车辆结构、车厢尺寸、载重能力以及载重运输收费标准的规范化，客观上刺激了重卡销量的大幅增长。预计到2015年，全国90%以上的高速公路和省级普通公路都将实施计重收费。

4.3.2 计重收费政策实施的基础与技术背景

4.3.2.1 计重收费实施的基础

实施计重收费政策具备了以下两个基础：

（1）具有可资借鉴的许多成功经验。2001 年 11 月天津彩虹桥在全国首次实行计重收费，河南、江苏、山东、安徽、青海、四川等省份随后开始实施计重收费。到目前为止，全国超过三分之一的高速公路已实施或待实施计重收费。从已经实行计重收费的几个省的情况来看，基本都达到了预期的目的：一是恶意超限的运输车辆明显减少；二是道路损坏速度趋缓；三是道路交通事故减少；四是货运价格合理回归；五是车辆平均行驶速度提高；六是计重收费得到了政府各部门、媒体和绝大多数司乘人员的认可和支持，没有因为实行计重收费发生大的纠纷和矛盾。交通部于 2005 年 10 月出台了《关于收费公路试行计重收费的指导意见》（以下简称《意见》），对计重收费的推广实施中涉及的诸多问题进行了规范。

（2）已经获得了广泛的社会支持度。社会各界普遍理解和支持这项工作。从山东、河南、四川、江苏等省实施计重收费的调研情况来看，社会和广大车主能够普遍理解和接受计重收费方式。从近期高速公路费率标准建议方案的公示情况来看，也得到了社会的广泛支持。社会各界的理解、支持为实施计重收费创造了良好的环境。

4.3.2.2 实施计重收费的技术背景

在社会主义市场经济体制下，“经济利益驱动”是贯穿于货主—运输业户—车辆生产、改装厂家等公路运输产业各个环节，造成超限超载运输现象的根源。

根据调查，目前货车运输成本中通行费约占 30%，而现行的公路通行费征收模式，是以车辆行驶证核定的载质量为计费依据的，封闭式高速公路按车公里计征，开放式普通公路按车次计征，不分空车、重车和超限超载车。这种十几年不变的收费模式客观上产生了超限超载就是降低单位运输成本，超限超载就等于利润的“激励”效果。在同等条件下，超的越多赚的也越多，对公路货运市场的发展未能起到应有的导向性作用。此外，再加上养路费（约占公路货运成本的 4%）、运管费等也都是依据核定载质量征收，超限超载的利益驱动力进一步被强化。于是，“大吨小标”货车应运而生，通过减少缴纳的有关费用，可以实质性降低公路货运的单位成本，使早期的部分不法运输业户在非法的前提下，攫取了有利的市场竞争地位，也获得了短期的超额利润。

"经济利益驱动"的客观存在，加上政出多门、标准不一，权责不对等，决定了单纯依靠管理部门行政手段治理超限超载运输难以为继的必然性。要对超限超载运输进行长效治理，除了依托专项的法律法规支撑体系，多部门协调一致，形成合力加大行政管理和执法力度外，还必须把握和遵循市场经济的运行规律，在加强市场监管的同时，本着"长期治本"的基本原则，运用经济杠杆对公路货运市场加以合理有效的调节和引导。

要对超限超载进行长效治理，同时确保收费公路自身乃至公路交通事业的可持续发展，在保证公路还贷、正常养护管理所需资金的前提下，保持公路承担的总运量水平，各类车辆不超限超载运行，必须采用经济手段，把通行费征收和核定载质量脱钩，改为与车货总质量和车轴载质量挂钩，并按超限程度合理加重收费。也就是说，必须实行公路通行费征收模式的改革，从以车型为依据转为以实测车货总质量和车轴载质量为依据对公路载货汽车实施计重收费，并通过区别对待守法车辆和非法超限车辆，对公路载货汽车运输施以正向经济引导。

4.3.3 计重收费标准及收费收入计算

4.3.3.1 计重收费标准与超限判别标准

A 计重收费标准

各省实施的计重收费标准不一，但大体上都大同小异。按照湖南省最新颁布的计重收费标准，主要分为正常装载和超载两部分收取，见表 4-1。

空载车辆仅以货车的自重为计费依据，无卡车按出口站至联网收费路网中最远距离收费站的同类车型（或计重）收费标准收费，并补缴车辆通行费 IC 卡工本费 35 元。而"U"形车进出收费站时间未超过 2h（含 2h），按出口站址最近距离收费站的收费标准的 2 倍收费。当进出收费站时间超过 2h，按无卡车收费。运输鲜活农产品的绿色通道车辆，在绿色通道范围内按 50% 收费，但超限部分仍按标准收费。

表 4-1　湖南省高速公路载货类汽车计重收费标准表

项　目		计重收费标准
基本费率		0.08 元/（吨·公里）
正常装载收费	正常装载部分≤10t	0.08 元/（吨·公里）
	10t<正常装载部分≤40t	从 0.08 元/（吨·公里）线性递减到 0.04 元/（吨·公里）
	正常装载部分>40t	0.04 元/（吨·公里）

续表 4－1

项目		计重收费标准
超限装载收费	超限率≤30%	超限部分按照基本费率计费
	30% <超限率≤100%	超限 0～30%（含 30%）的部分按照基本费率计费，超过 30% 的部分按基本费率的 3 倍线性递增至 6 倍计费
	超限率 >100%	超限 0～30%（含 30%）的部分按照基本费率计费，超过 30% 的部分按基本费率的 6 倍计费

注：1. 车货总重不足 5t 时按 5t 计费；计费不足 5 元时按 5 元计收。

2. 最终费额按以下办法取整：

费额零头 <2.50 元，舍去；

2.50≤费额零头 <7.50 元，归 5 元；

7.50 元≤费额零头 <10 元，归 10 元。

3. 对符合湖南省鲜活农产品“绿色通道”政策减半征收高速公路通行费的车辆，按应收通行费的 50% 计收。但车辆超限运输时，超限部分仍按超限运输车辆的标准加收车辆通行费。

B 超限判别标准

根据交通部《超限运输车辆行驶公路管理规定》、《道路车辆外廓尺寸、轴荷及质量限值》（GB 1589—2004）和《印发关于收费公路试行计重收费指导意见的通知》的规定，以实地测量的车货总重是否超过车辆的总轴重认定标准和车货总重认定标准作为判别超限的标准。

（1）车辆的轴载重量（简称轴重）认定标准：

1）单轴（每侧单轮胎）7t；

2）单轴（每侧双轮胎）10t；

3）并装双轴（每侧双轮胎）18t（每少两个轮胎减 4t）；

4）并装三轴（每侧双轮胎）24t（每少两个轮胎减 4t）。

（2）车辆的车货总重认定标准：

1）三轮货车 2t；

2）低速货车（四轮且最高设计时速小于 70km）4.5t；

3）二轴货车 17t；

4）三轴货车 25t（由二轴汽车和一轴挂车组成的汽车列车为 27t）；

5）四轴货车 35t（空气悬架，轴距不小于 1800mm 为 37t）；

6）五轴货车 43t；

7）六轴及六轴以上货车 49t。

（3）当车辆总轴重认定标准与车货总重认定标准不一致时，以二者之间的较小值作为超限的认定标准。

4.3.3.2 计重收费模式下收费收入的计算

A 收费车型的划分

《公路工程技术标准》（JTG B01—2003）规定，各汽车代表车型与车辆折算系数见表4－2。但是，在公路收费站的现行收费车型划分中，一般都是按照另外一种划分方式进行收费车型划分的，虽然不同地区、不同道路的收费车型划分及收费标准不一致，但基本上都大同小异。车型划分是进行收费收入计算的根本，所以按照收费站的现行收费车型划分标准，参考《公路工程技术标准》（JTG B01—2003）规定的各汽车代表车型与车辆折算系数，并综合各收费站收费车型划分及其折算系数，确定计算车型折算系数，见表4－3。以一类客货车为标准车型。

表4－2 各汽车代表车型与车辆折算系数表

汽车代表车型	车辆折算系数	说 明
小客车	1.0	≤19座的客车
大客车	1.5	>19座的客车
小货车	1.0	≤2t的货车
中货车	1.5	>2t～≤7t的货车
大货车	2.0	>7t～≤14t的货车
拖挂车	3.0	>14t的货车

表4－3 收费车型划分及各车型折算系数表

汽车代表车型	车辆折算系数	说 明
一类车	1.0	≤12座小客车，≤2t小货车
二类车	1.5	13～19座客车，2～5t货车
三类车	2.0	20～49座客车，5～11t货车
四类车	2.5	≥50座客车，11～18t货车
五类车	3.0	18～25t货车
六类车	3.5	25t以上货车

B 各车型车辆行驶率的确定

在财务评价收费收入预测计算时，载货汽车计重收费的计算首先是车辆行驶率的确定。这是通过调查、分析、预测得到的。

湖南省某高速公路交通调查结果显示，在调查区域内，小车空载现象比较严重（尤其是小客车），而货车超载现象比较严重（尤其是大货车），客车实载率一般在50% ~70%之间，货车实载率一般为90% ~140%之间。各车型车辆行驶效率（全部路段平均）见表4－4。

表4－4 湖南省某高速公路各车型车辆行驶效率表 （%）

车 型	空 载 率	超 载 率	客车实载率	货车实载率
一 类 车	58.50	12.35	55.31	79.25
二 类 车	25.24	25.43	64.05	87.33
三 类 车	50.01	35.52	68.78	92.58
四 类 车	62.72	58.14	71.23	93.14
五 类 车	29.38	64.18		125.49
六 类 车	18.45	78.65		159.64

4.3.4 计重收费影响评价与可持续性评价

4.3.4.1 计重收费后运营情况分析

A 计重治超收效甚微，超限运输未得到有效遏制

根据湖南省某高速公路所属8个收费站提供的货车通行量月报表，该高速公路货车总量和超限车辆比例计重收费半年来的变化趋势如表4－5和表4－6所示。

从表4－5和表4－6中的数据可以看出，货车交通量并没有因为实施计重收费而下降，仍然保持了良好的上升势头，但超限运输没有得到有效遏制。从2007年6月到11月，在计重收费实施后的半年时间里，该高速公路上行驶货车的超限比率从年中的40.13%上升至11月的43.36%，恶意超限货车（超限100%以上）的比率也从1.44%上升至2%，与计重收费实施的初衷相违。主要原因是：计重收费实施范围仅限于全省高速公路系统，国道和省道仍保持分车型收费和行政治超的方式。无形中造成了超限车辆在高速公路收费即可通行，而在平行的国省道则需面临卸载和罚款以及权力寻租等风险的局面，比较两者的成本，即使通过计重收费加倍收费通行费后，超限运输车辆走高速公路的成本仍低于走国道和省道的成本，造成了高速公路上超限车辆有增无减的局面。

表 4-5 2007 年 6~11 月货车通行量超限构成情况 （辆）

时间	货车总量	未超限	超限合计	超限 30% 以下	超限 30%~50%	超限 50%~100%	超限 100%以上
6 月	27004	16167	10837	5963	2517	1967	390
7 月	14848	9753	5095	2185	1412	1272	226
8 月	28702	17374	11328	5992	2530	2231	575
9 月	34260	21187	13073	7179	2673	2322	899
10 月	37870	19090	18780	8842	3141	4382	2415
11 月	36101	20449	15652	8529	2736	3664	723

数据来源：湖南省高速公路管理局货车车辆通行量报表。

表 4-6 2007 年 6~11 月货车通行量超限百分比构成情况表 （%）

时间	未超限	超限合计	超限 30% 以下	超限 30%~50%	超限 50%~100%	超限 100%以上
6 月	59.87	40.13	22.08	9.32	7.28	1.44
7 月	65.69	34.31	14.72	9.51	8.57	1.52
8 月	60.53	39.47	20.88	8.81	7.77	2.00
9 月	61.84	38.16	20.95	7.80	6.78	2.62
10 月	50.41	49.59	23.35	8.29	11.57	6.38
11 月	56.64	43.36	23.63	7.58	10.15	2.00

数据来源：湖南省高速公路管理局货车车辆通行量报表。

B 通行费收入在合理范围内有所增长

根据该高速公路 8 个收费站收入变化情况的统计分析，各收费站收入增减情况各有不同，但总体上同上年相比有一定幅度的增长。通行费收入普遍上升的主要原因有两个：一是交通量的持续增长；二是对以“大吨小标”为代表的非法超限超载车辆以前漏交费用的正常收缴。对实施货车计重收费的路段，路政部门已经不再向超限车辆收取路产损失赔（补）偿费，避免引起争议，确保了计重收费政策的合理性和持续性。

C 通过时间有所延长但并未影响正常运营

该高速公路原来按车型收费时，平均每车通过时间为 16s。实施货车计重收费后，司机无法预先做好准备，要到收费窗口才知道交费金额，且与原收费模式相比，交费金额变得没有规律性，加之通行费增幅较大，司机和收费人员点钞时间都不得不加长，经过适应性岗位练兵，每车通过时间平均增加11s。但实践表明，在现有车流量下，并未对正常的运营产生明显的影响。

此外，通过在车流量密集时适时多开收费通道，也可以确保正常的运营。当然，收费车道总的值勤时间会相应有所增加（不到2%），但目前尚没有增加收费人员编制的必要。

D 高速公路货运结构趋于合理化，服务得到优化

实施计重收费一年后，在该高速公路所属的两个收费站（一个匝道收费站，一个主线收费站）做了24小时的计重收费调查，调查的指标包括货物种类和超限情况。

调查将货物分成五类（见表4－7）进行了统计，结果如表4－8和图4－1所示。

表4－7 货车运输货物分类表

编号	货物分类	说明
1	煤	
2	价值较高的货物	布料、服装、纺织品、鞋类、车辆及配件、家电和电子产品、机器设备和仪器、百货五金、家具及辅料、玻璃及制品等
3	金属、建材、塑料等货物	矿石、纸制品、瓦、石材、钢材、塑料、铁制品、铝材及制品
4	有时效要求的货物	农产品、奶制品、饮料、活牲畜、蔬菜、水产鲜肉、烟酒以及药品等
5	空车	

表4－8 超限货车货物分类超限构成表 （辆）

货种	样本数	超限合计	超限 30%以下	超限 30%～50%	超限 50%～100%	超限 100%以上
1	115	105	73	10	22	0
2	36	0	0	0	0	0
3	42	12	7	0	0	5
4	37	26	26	0	0	0
5	124	0	0	0	0	0
合计	354	143	106	10	22	5
百分比/%	100	40.4	29.94	2.82	6.21	1.41

在实施货车计重收费后，降低了空车的通行费，空车数量明显上升，占总样本数的33%，是高等级公路运输服务的主要对象，货车返空速度明显加快，而

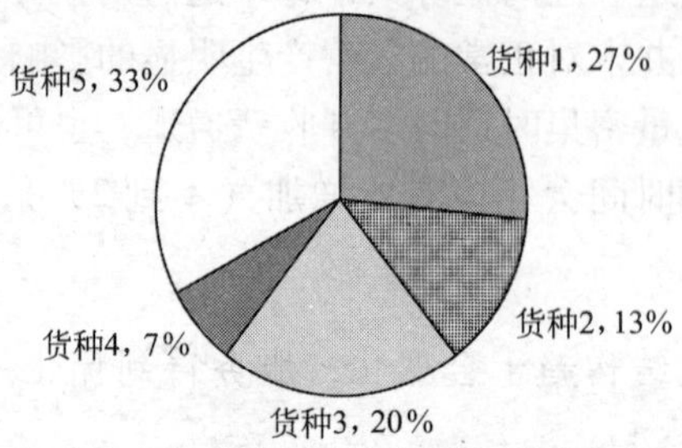

图4－1　超限货车货物分类构成情况

高速公路空车比例上升是公路货运车辆合理空驶的反映，也大大提高了高速公路的运输服务效率和水平。空车当中有相当数量是集装箱和冷藏、液罐等专用车辆。

同时随着计重收费的实施，该高速公路上水泥、砂石和建材类运输货物明显减少，这些货物退出高速公路，一方面可以改走铁路，另一方面也可以改走比较发达的水运通道。高速公路为运输业户提供的是高水平的服务，收取的通行费也比较高，一些时效要求不高的、低货值的货物退出高速公路是合理的，同样反映了高速公路服务的优化。其他批量较小的货物也比较适合于公路运输，符合现代综合运输体系中不同运输方式的分工规律。而随着公路运输价格的逐步回归和其他运输方式的不断完善，金属、建材等货物则有可能会回流到其他运输方式，这在其他综合运输通道的发展历程中已经有所体现。

4.3.4.2　运营过程存在的问题

作为一种收费模式的变革，在全面推广实施货车计重收费的过程中，不可避免地遇到了一些新问题，而在对计重收费政策不断调整和完善的过程中也积累了大量的经验。

A　不同收费站点之间称重误差的问题

不同于试点阶段，全面推广实施货车计重收费之后，首先需要面对的问题就是同一辆货车在同一条公路上不同收费站点要经过不止一次计重收费过程，而不同收费站点之间的称重结果往往存在误差，造成同一辆货车在不同收费站点的收费额不同，从而引起货车司机与收费人员的争执，给计重收费管理带来了一定的困难。

分析形成称重误差的原因主要有两个：一是车辆的因素，包括车辆经过称重仪器时的行驶速度的不同和是否制动刹车；二是称重设备的因素，理论上称重设备本身就存在误差，同时不同厂家的称重设备之间也存在一定的差异。针对这一问题，山西省一方面通过严格对设备安装调试和校准，尽可能减少设备本身的误差；另一方面通过加强管理和宣传，减少车辆行驶因素的误差；同时，通过立法明确称重设备的允许误差范围。当然，随着技术的不断成熟，计重设备本身的准确性会逐步提高。

B 高速公路服务区管理的问题

在实施货车计重收费过程中，由于严重超限超载车辆的通行费比以前翻了十几倍，受“经济利益驱动”，出现了一些超限超载运输车辆在驶出高速公路前，先进入临近出口的服务区，然后专门调空车从近处入口驶入，两车在服务区内驳载后，再同时驶出高速公路，都不超限超载的非法逃费现象。还出现了专门组织司机“换卡”的现象，即跑长途的超限超载车司机用自己的收费卡外加一定的经济补偿与跑短途的司机交换，从而达到逃漏通行费的目的。采用这些手段，非法超限超载车辆得以继续在高速公路上从事超限超载运输的不法行径，谋求非法利益，逃漏本应缴纳的通行费。高速公路管理部门已经关注到这些状况，并考虑在服务区内加强路政管理，堵塞漏洞。

C 进一步完善依据和标准的问题

作为制定计重收费标准的依据之一，从交通部2002年第2号令《超限运输车辆行驶公路管理规定》对超限运输车辆界定的理论出发，也需要对计重收费政策进一步加以研究和完善。

2号令定义“超限”的情况有两类：第一类是从车辆外观体积方面界定是否超长、超宽、超高；第二类是从载质量方面界定是否总载质量超限或轴载质量超限。其中超长、超宽、超高和总载质量超限都是严密的，也是可操作的，但轴载质量超限的定义则不够准确和完善，只是简单地按轴数量和轮胎数量进行分类判断，并未考虑轮胎的大小和宽度。实际上轮胎的大小和宽度对车辆承载质量及其作用于路面的压强有直接的影响。

D 称重系统出现故障的应急方案问题

由于计重收费系统要比以前的收费系统复杂得多，加之没有很成熟的运营经验，所以出现故障的概率也大得多。一旦称重系统出现故障，不能及时排除时，势必无法处理称重数据，收费系统将不能执行计重收费工作。针对这一问题，高速公路管理部门考虑在实施计重收费后设计收费软件，该软件同时兼有按重量收费和按车型收费的双重功能，当称重系统出现故障，收费系统可以切换为按车型收费的状态。同时，在政府部门批准计重收费时，予以明确，保留现行按车型收费的有效性。在实际操作中，如称重系统出现故障，将按车型收费中的最低标准执行。

E 高速公路和平行普通公路之间协调的问题

一些货车时而上高速公路，时而走平行的地方干线公路，以求支付最低的通行费。而高速公路出入口的间距又很不均匀，所以有必要对整个路网收费站点的布局进行优化。

在实施货车计重收费过程中还应极力避免由于管理主体的不同，高速公路先实施货车计重收费后，重载车转而改走平行或相关国省道的情况，同时注重普通二级公路的保护，从路网整体协调安排实施货车计重收费的工作。

F 对超限运输车辆惩罚力度过小的问题

从湖南省某高速公路计重收费实施一年的运营情况发现，超限运输现象没有得到根本有效遏制，根本原因是计重收费标准实施初期考虑到实施的循序渐进的原则，确定的超限惩罚系数偏低，使得超限车辆在比较成本，缴纳超限补偿费用后仍能盈利，根除这一顽疾的快捷办法是提高计重收费的超限惩罚系数，特别是超限50%以上车辆的惩罚标准，使得超限运输车辆无缝可钻。

4.3.4.3 设备使用情况和建议

A 称重的精度有待提高

实施过程中有时会出现司机从两个收费站经过时称重的数据不一致，轻则导致纠纷，重则造成对计重系统的不信任现象，所以对称重精度的标定必须认真到位。在投入运行前，需要对称重设备进行多次调整和标定，经过测试，各车道称重一致性要达95%以上，称重误差要90%控制在±3%以下，基本上要控制在±5%以内。为使实际称重能达到测试的称重精度，可在称重设备前20m处加装一组减速带，引导车辆在称重区内能匀速行驶；在收费站前设置限速5km/h标志，在收费岛前设置一个“计重收费、匀速慢行”的标志，以防车辆在称重板上制动、加速或减速。通过采取以上措施，不断提高称重精度。

B 车辆称重数据排队错位的现象

错位造成称量的数值与实际收费车辆无法对应，同样会导致纠纷的发生。主要有这几方面的原因：一是当车辆在称重区域依次通过时，有物体遮挡红外线车辆分离器，从而造成整个队列的错位；二是红外线车辆分离器安装的位置过低，有一种平板半挂车连接部分比较高，超过了红外线的检测范围，从而将一辆车判断为两辆车，造成称重数据队列的错位；三是由于称重系统开始使用时还不能完全解决车辆的各种倒车问题，当车辆进入称重区域又倒出去时，容易产生称重数据错位；四是设备本身的原因，有时会自动产生一个称重数据，导致队列错位。为解决队列错位问题，应选择合适高度的红外分离器，目前一般选用120cm的红外分离器，高速公路也可选用90cm规格。除高度要求外，选用红外分离器要考虑足够的检测距离，要确保在恶劣气候如浓雾、雨雪等条件下正常工作；同时要督促设备厂家解决设备硬件问题，完善计重系统的功能。

C 气候条件影响设备的稳定性

称重设备的稳定性在一定程度上受气候条件的影响，如红外车辆分离器、传感器等设备的正常运行都与气候条件有关。有时在极端恶劣的气候条件下，如雨雪、雾天、阳光直射或温度异常时，设备的稳定性变差，可能会影响正常的收费工作。针对这种问题，需要找出设备随温度变化的规律，对设备进行标定调整；为彻底解决温度对设备的影响，有时还需在机箱内加装恒温加热设备。当车辆分离器、光幕控制器在恶劣气候环境中出现故障时，可以使用固定式车辆计重收费系统，因为，系统中的车辆分离器在这种情况下会切换为地感线圈分离（识别）方式，以保证整个系统的正常运行。

D 个别司机不规范利用称重设备

在没开始实施计重收费的路段，个别司机就琢磨怎样通过计重设备能减轻车重。比如有的司机尽量靠近边道外侧驾驶，使一侧车轮不从称重板上压过，导致压坏路缘石，撞坏护栏等现象；有的超载车辆通过秤台时采用变换车速、S形行驶、反复进退等手段，总想找出称重规律以减轻重量。在车道无车时，会以种种理由反复称重，直到满意为止，这些现象都会造成称重数据失真。针对以上情况，在超宽车道限定车辆的行车宽度。耐心细致地做好驾驶员的解释工作，加强对驾驶员计重收费的宣传，使其正确理解计重收费的意义，逐步规范驾驶员的称重行为。

4.3.4.4 效益评价

A 弥补征费漏洞，有效维护路产路权的效益

实施货车计重收费后，堵住了原来按车型征收通行费时，非法运输业户通过“大吨小标”等非法手段超限超载运输，逃漏原本应该足额交付的道路使用费的征费漏洞，减少了公路交通合理规费的流失。实施计重收费之后，公路收费运营的经济效益总体上有所增加。

通行费收入总体上升的原因主要有两个：首先是交通量持续增长的结果；其次是对以“大吨小标”为代表的非法超限超载车辆以前逃漏的费用正常收缴的结果。根据有关统计资料，实施计重收费后，地方干线公路交通量的年均增长率在10%以上，如果仅仅考虑实施货车计重收费引起的通行费收入增长情况，尽管通行费收入总体是上升的，但四、五、六型守法不超限车辆的通行费比按照原标准时反而下降了近10%。

需要再次强调的是，国家实施对超限运输车辆加重征收的通行费是它们本应该交纳的道路使用费，不是行政手段，更不带有惩罚的性质，而是一种经济手段，把因超限过度使用公路应交纳的费用适当地收回来一小部分。原来按车型制定的收费标准并没有考虑到“大吨小标”等非法超限超载车辆的出现，因此征收的仅仅是各类车辆合法运输前提下的道路使用费，并未征足非法超限超载车辆对道路造成额外损害后本应交纳的使用费，也就造成了公路交通规费事实上的大量流失。各省在重新制定计重收费标准时，将对运输业户，也就是道路使用者征收的通行费分成了两部分来考虑：一部分是各类车辆合法运输前提下，与原来按车型收费时收费额基本持平，并需要继续交纳的道路使用费；另一部分就是“大吨小标”等非法超限超载运输车辆以前逃漏的对道路造成额外损害的道路使用费。

国内外研究成果表明，超限超载车辆对路面的破坏程度随轴载荷的增加呈几何级数增长。换句话说，根据“多使用，多付费”的收费公路运营基本原则，即使不考虑车辆对道路空间的占用程度，仅仅从车辆荷载对道路的实际使用和损害程度来衡量，目前对超限不同比例的车辆分别制定的加重收费系数不仅是合情合理的，而且依然没有征足，还存在着很大的上调空间。

具体地说，根据《公路工程技术标准》（JTG—2003）的规定，我国公路路面的设计荷载为单轴双轮荷载100kN，公路若按这个荷载承载，在理论上，公路的使用寿命才接近设计年限。根据《公路沥青路面设计规范》（JTG D50—2006）和《公路水泥混凝土路面设计规范》（JTG D40—2011）进行理论计算，将车辆实际轴载换算为标准轴载。当车辆轴载质量超过标准轴载质量一倍时，车辆行驶沥青路面一次相当于标准车辆行驶256次；车辆行驶水泥路面一次相当于标准车辆行驶65536次。可见，超限运输车辆对路面的损坏是呈几何级数增加的，远大于目前对它们进行加重收费的系数。

B 降低事故率，提高运行效率，充分发挥公路服务功能的效益

超限超载运输车辆不但对路面造成了严重破坏，而且极易引发交通事故，影响甚至阻塞公路正常运营，加之行驶时的笨重、低速占用了过多的公路服务资源，影响了其他车辆的正常运行，使得公路基础设施的服务功能无法得到充分

发挥。

尽管一些“大吨小标”的货车在发动机、车架、钢板弹簧和轮胎方面进行了畸形“加强”，但其制动系统的容量并未增加，无法应对总质量超常增加带来的惯性增加。在进入收费站时，刹车制动失灵的状况时有发生，驾驶员在这种情况下往往选择撞收费岛的防撞柱或防护栏杆，造成人员伤亡和直接的财产损失。

超限超载车辆使车辆综合性能下降，车辆故障时有发生，引起交通堵塞，影响了公路和桥梁的通行能力，造成了社会效益的大量损失。由于没有专门针对超限超载运输产生故障的数据统计，现根据湖南省某高速公路交警支队的有关记录，将货车故障原因分类汇总如表4-9所示。

表4-9 货车故障原因分类统计

故障类型	故障货车总数/辆	占比/%
发动机	91	35.55
轮胎	45	17.58
传动系统	34	13.28
制动	59	23.05
事故	12	4.69
其他	15	5.86
合计	256	100.00

根据表4-9中的数据可以看出，货车故障的发生往往和超限超载运输密不可分。根据国内外相关研究成果，超限超载运输对车辆本身的影响主要是加速发动机损坏、轮胎磨损和变形、制动性能下降、离合器负荷增大、传动轴失效等。其中，发动机、轮胎、制动系统故障引发的事故占76%左右。

另据湖南省公安厅交管局高速支队调查，高速公路70%是追尾事故，而其中又有70%以上与超限超载有关。超限超载车辆路上抛锚多，停车维修频繁，经常引发追尾事故，除了造成大量的直接经济损失，也给道路安全管理造成很大的压力。大量超限超载车辆导致高速公路路面大面积损坏，不得不实施维修，占用车道，对大流量路段必须进行分流，增加了交警的工作量。服务区停车场白天大车、重车停满为患，全部都是超限超载车，昼伏夜出，占用了服务区有限的资源，同时也给服务区治安管理带来很大的难度。

高速、安全、畅通是用户对公路服务的根本要求，湖南省实施货车计重收费以后，公路的服务水平已经基本恢复到了应有的正常水平，公路基础设施的服务功能也得到了更加充分、有效的发挥。

C 促进运价回归，贯彻产业政策，引导运输业健康发展的效益

a 促进公路运价合理稳定回归

长期以来，公路超限超载运输成为普遍现象，货运市场价格持续低迷。货车单车承载力的不合理扩张，使得公路货运业整体处于不正当竞争环境中，形成恶性循环，运价大大偏离了合法自由竞争前提下的合理运价，所谓“不超载不赚钱”的说法广为传播。而实践也表明，以往每次治理超限运输专项工作的开展都会带动运价回升，但因为治理工作未能制度化，缺乏持续性，最终结果是运价回升趋势不能持续，出现了反反复复的现象。因此，至少从恢复运价的角度，现阶段的实践经验已经表明，计重收费政策确实具有一定的“长期治本”作用。而运价的稳定回归，势必有助于克服公路货运市场非正当竞争环境下竞相压价的畸形现象，从而促进公路运输业的健康发展。

b 切实贯彻国家运输产业政策

目前各省实施的一般都是“线性递减”的计重收费方案，即在确定一个基本费率的基础上，随着车辆车轴数和标准总质量的增加，计重收费费率线性递减，对大型、多轴车辆实行倾斜性优惠费率，这对集装箱车等大型、多轴运输车辆的发展是一种实实在在的鼓励。这种通行费收取方式的改革会进一步引导运输业户的新需求，运输业户的新需求又刺激了车辆生产厂家的研发和规范生产，从而同时促进了我国道路运输业和汽车工业的健康发展，形成一种良性循环。

根据湖南省某高速公路交通量调查结果可以看出，实施计重收费后货车车流中空车占35.03%，表明了实施计重收费对大型、多轴车辆，尤其是集装箱车辆的优惠和鼓励。作为构建现代综合运输体系的重要环节，集装箱运输车辆是一种典型的大型、多轴、专用车辆，单程运输特性明显，原有的按车型收费标准并不利于集装箱运输的发展。实施计重收费很好地贯彻了交通部出台的鼓励集装箱车运输的有关规定，有效吸引了集装箱车辆（尤其是空车）走高速公路，促进了现代综合运输体系的发展，提高了运输效率和效益，推动社会经济和对外贸易的健康发展，也为发展现代物流业创造了良好的外部环境。

D 减轻环境污染，促进可持续发展的效益

超载超限运输对周边环境带来的不利影响，主要表现在噪声和环境污染方面。公路运输车辆随着轴载质量和总质量的超限，必然增加发动机的驱动功率，因而噪声也就增大，会直接造成对环境的噪声污染。据日本测试，一辆大型载货汽车的噪声，相当于十辆小客车的噪声之和。

车辆超限超载也会严重污染周边的大气环境，为了取得较大的牵引动力，在一般微坡，超限超载车辆笨重如蜗牛爬行，遇上大坡，只能加大油门，发动机油

料燃烧很不充分，致使废气排放超标。随着实施货车计重收费和行政管理相结合治理超限超载运输工作的逐步深入，超限超载车辆对环境所造成的额外污染也会逐步减轻，从而有利于公路交通事业乃至整个社会经济的可持续发展。

4.3.4.5 持续性评价

A 实施计重收费的原则

实施计重收费的初衷和目的是好的，体现了以下几方面的原则：

(1) 公平合理原则。综合考虑车辆对公路的使用和破坏因素，遵循“多用路者多交钱，少用路者少交钱”原则，对载货类汽车实行计重收费，确保车辆在交纳通行费上的公平合理。

(2) 鼓励合法装载原则。实行计重收费，对守法的道路运输经营者的收费标准适当降低，降低其运输成本，鼓励道路运输经营者合法装载。

(3) 不增加社会总体负担原则。实行计重收费后，标准车型、标准装载的车辆收费水平与现有的收费水平基本持平。

(4) 引导发展原则。实行计重收费，要对国家鼓励发展的推荐车型和多轴大型车辆给予适当的通行费优惠，用政策引导货运车辆发展，优化货运车辆结构。

但是，就目前情况来看，虽然在一定程度上遏制了超载运输现象，但还不能从根本上解决这一问题。

B 区域公路网统一协调管理的影响

众所周知，目前我国公路超限超载运输的形势是极其严峻的，也是具有一定普遍性的，正是因为如此，才在全国范围内统一协调开展了七部委联合治超工作。

对于公路网紧密衔接为一体的相邻省、市和自治区而言，各自公路网上的交通流量及构成状况往往具有一定的相似性，为了取得更大的成效，应该争取相关地区的政策统一协调，共同统筹治理超限超载运输。因此，可以考虑在跨省市区的更大范围内，根据中央“各地可适时在一些重点地区或重点路段推行计重收费”的指导精神，在适当的时候，在跨省的区域公路网内统筹实施货车计重收费和行政管理相结合的综合治理措施，使治理超限超载运输的效果尽可能最大化，这样反过来也有利于实施计重收费政策的持续性。

公路运输业户的根本目的就是追求自身利润的最大化，简单地说，就是要使自身运输收入与运输成本之差最大化。根据微观经济学原理，在完全竞争的公路运输市场环境中，对每个运输业户而言，一次运输的市场运价可以看做是固定不变的，不以个人的意志为转移。在这样的情况下，如果运输成本保持不变，不法运输业户就会尽可能多装载货物以获得更多的运输收入，于是原来按车型收费模式下，超限超载运输现象就产生了。但如果使运输成本也随着装载货物的增加而上升，并最终使非法超限超载运输业户运输成本的上升完全抵消甚至大于超限超载多获得的运输收入，超限超载运输就失去了出现的经济价值，也就真正起到了遏制超限超载运输的效果。

实施货车计重收费，并对超限超载车辆加重征收通行费，客观上正是起到了大幅度增加非法超限超载运输车辆的成本，使其在市场运价条件下总利润大幅度下降的经济效应。而且，很显然的是，在市场运价一定的前提下，使非法超限超载车辆一次运输过程中成本上升的越多，对其遏制作用也就越明显。调查研究发现，就目前的公路运输成本看，通行费占总成本近三分之一，换句话说，即使其他运输成本都保持不变，通行费成本的大幅上升也会使运输总成本显著增加。因此，在越大的范围内实施货车计重收费，并对超限超载车辆加重征收通行费，对超限超载车辆的遏制效果就越明显。

C 计重收费系统及配套管理逐步完善的影响

作为一种收费模式的创新式改革，计重收费系统和配套管理措施都需要不断改进和完善，才能确保实施计重收费政策的持续性。

目前国内生产的一些低速动态称重系统，虽然也能将最大允许误差范围控制在5%以内，但从实施计重收费的实际效果看，还需要不断提高精确度和稳定性。应该加快相关标准制定的进程，规范国内各生产厂家的产品，以更好地适应实施计重收费的要求。同时，由于目前正处于设备使用规模急剧扩张的时期，国内计重收费用的低速动态称重设备供应商既缺乏充分的技术储备，在售后跟踪服务方面也显得力不从心。因此，一方面必须尽快培育和完善相应的市场，另一方面也应该避免盲目扩张，欲速则不达。其他诸如分离器和轮胎识别器车辆识别误差等实践中出现的问题，随着经验积累和技术进步，相信都可以得到有效的解决。

对于新出现的“小吨大标”和“一车多证”等问题，不是公路交通管理部门一家所能解决的问题。需要在未来通过创建全国车辆信息管理系统，争取收费系统、养路费管理系统与公安部门的车辆注册登记管理系统联网，在加强养路费征收管理的同时，路政、运政和公安人员也能实行在线稽查，网上处罚。只有这样才能有效地防止车主弄虚作假，根据违章的次数，加大处罚的力度。同时也能有效减少执法的随意性，防止“三乱”行为的发生。

另外，在高速公路上还应有选择地安装高速动态称重系统，并结合使用视频技术对超限超载车辆进行筛选。特别是在超限超载车辆较多的路段，应在匝道前方安装称重设备，一方面方便执法人员有针对性地引导车辆下匝道接受检查，通过技术手段减少高速公路上不能拦车检查的法律障碍；另一方面也可以有效解决收费通过时间延长的影响，使计重收费政策能持续有效地满足我国公路交通事业快速发展的需求。

D 内部管理和人员素质提高的影响

为了确保计重收费政策实施的持续性，并在新的收费模式下提供更好的服务，采取了多种措施强化服务质量，提高整体管理和服务水平，这是计重收费政策持续性的内在动力。

E 计重收费站点成为治超重要依托的影响

实施货车计重收费和行政管理相结合治理超限超载运输的实践经验表明，实施计重收费的收费站点还可以成为治理超限超载运输的重要依托，使治超工作制度化、常规化，以相对较小的投入真正实现长效治理，并最终实现“长期治本”的根本目标。

在计重收费全面推广实施之后，分布于公路网各个关键节点的计重收费站点就基本形成了公路交通运输网络中最严密的、全天候的超限超载车辆检测网络，加之收费站原本就具备包括房屋建筑等在内的各种生活配套设施，稍加协调和改造，无需再增加太大的投入，就可以成为多部门共同治理超限超载运输重要的长期依托。各方统一量器具、统一处理程序和标准，减少了检查站点，避免了称重设施的重复投入，这样反过来也会有助于实施计重收费政策的持续性。

此外，计重收费站成为治理超限超载运输的重要依托之后，在共同执法过程中，各方互相结合、相互配合、相互监督，对防止发生“三乱”行为也有很大的帮助。

4.4 财务评价参数的确定与评价计算

4.4.1 资金成本分析

在投资学中有一个很重要的假设，即所有的投资者都是风险厌恶者。按照马科威茨教授的定义，如果期望财富的效用大于财富的期望效用，投资者为风险厌恶者；如果期望财富的效用等于财富的期望效用，则为风险中性者（此时财富与财富效用之间为线性关系）；如果期望财富的效用小于财富的期望效用，则为风险追求者。对于风险厌恶者而言，如果有两个收益水平相同的投资项目，他会选择风险最小的项目；如果有两个风险水平相同的投资项目，他会选择收益水平最高的那个项目。风险厌恶者不是不肯承担风险，而是会为其所承担的风险提出足够补偿的报酬率水平，即所谓的风险越大，报酬率越高。就整个市场而言，由于投资者众多，且各自的风险厌恶程度不同，因而对同一个投资项目会出现水平不一的要求报酬率。在这种情况下，即使未来的现金流量估计完全相同，其内在价值也会出现不容忽视的差异。当然在市场均衡状态下，投资者对未来的期望相同，要求报酬率相等，市场价格与内在价值也相等。因此，索偿权风险的大小直接影响着索偿权持有人要求报酬率的高低。比如，按照常规的契约规定，债权人对利息和本金的索偿权的不确定性低于普通股股东对股利的索偿权的不确定性，因而债权人的要求报酬率通常要低于普通股股东的要求报酬率。企业各类投资者高低不同的要求报酬率最终构成企业的资本成本。单项资本成本的差异反映了各类收益索偿权持有人所承担风险程度高低的差异。但归根结底，折现率的高低取决于企业现金流量风险的高低。具体言之，企业的经营风险与财务风险越大，投资者的要求报酬率就会越高，如要求提高利率水平等，最终的结果便是折现率的提高。

4.4.1.1 资金成本与资金成本率

资金成本是指项目为筹集和使用资金而支付的费用，包括资金占用费和资金筹集费。资金成本通常用资金成本率表示。资金成本率是指使用资金所负担的费用与筹集资金净额之比，其公式为：

$$\text{资金成本率}=\frac{\text{资金占用费}}{\text{筹集资金总额}-\text{资金筹集费}} \tag{4-21}$$

由于资金筹集费一般与筹集资金总额成正比，所以一般用筹资费用率表示资金筹集费，因此资金成本率公式也可以表示为：

$$\text{资金成本率}=\frac{\text{资金占用费}}{\text{筹集资金总额}\times(1-\text{筹资费用率})} \tag{4-22}$$

4.4.1.2 债务资金成本

债务资金成本由债务资金筹集费和债务资金占用费组成。债务资金筹集费是指债务资金筹集过程中支付的费用，如承诺费、发行手续费、担保费、代理费以及债务兑付手续费等；债务资金占用费是指使用债务资金过程中发生的经常性费用，如贷款利息和债券利息。

含筹资费的税后债务资金成本的表达式为：

$$P_0(1-F)=\sum_{t=1}^{n}\frac{I_t}{(1+K_d)^t}+\sum_{t=m+1}^{n}\frac{P_t+I_t(1-T)}{(1+K_d)^t} \tag{4-23}$$

式中 P_0——债券发行额或长期借款金额，即债务现值；

F——债务资金筹资费用率；

I_t——债务约定付息额；

P_t——约定的第 t 期末偿还债务本金；

K_d——所得税后的债务资金成本；

T——所得税率；

m——建设期；

n——计算期。

式（4－23）等号左边是债务人的实际现金流入；等号右边为债务引起的未来现金流出的现值总额。该式中未计入债券兑付手续费（可忽略不计）。项目建设期不可能使用利息避税，而运营期的利息可以避税，所以在公式中利息分为两段计算。

4.4.1.3 权益资金成本

权益资金成本的估算比较困难，因为很难对项目未来的收益以及股东对未来风险所要求的风险溢价做出准确的测定。可采用的计算方法主要有资本资产定价模型法、税前债务成本加风险溢价法和股利增长模型法。

（1）采用资本资产定价模型法，权益资金成本的计算公式为：

$$K_s = R_f + \beta(R_m - R_f) \tag{4-24}$$

式中 K_s——权益资金成本；

R_f——社会无风险投资收益率；

β——项目的投资风险系数；

R_m——市场投资组合预期收益率。

（2）采用税前债务成本加风险溢价法，权益资金成本的计算公式为：

$$K_s = K_b + RP_c \tag{4-25}$$

式中 K_s——权益资金成本；

K_b——所得税前的债务资金成本；

RP_c——投资者比债权人承担更大风险所要求的风险溢价。

（3）采用股利增长模型法，权益资金成本的计算公式为：

$$K_s = \frac{D_1}{P_0} + G \tag{4-26}$$

式中 K_s——权益资金成本；

D_1——预期年股利额；

P_0——普通股市价；

G——普通股利年增长率。

4.4.1.4 加权平均资金成本

为了比较不同融资方案的资金成本，需要计算加权平均资金成本。加权平均资金成本一般是以各种资金占全部资金的比重为权数，对个别资金成本进行加权平均确定时，其计算公式为：

$$K_w = \sum_{j=1}^{n} K_j W_j \tag{4-27}$$

式中 K_w——加权平均资金成本；

K_j——第 j 种个别资金成本；

W_j——第 j 种个别资金成本占全部资金的比重（权数）。

4.4.2 财务基准折现率的确定

从企业投资的角度而言，不同性质的投资者的各自不同的要求报酬率共同构成了企业对投资项目的最低的总的要求报酬率，即加权平均资本成本。企业选择投资项目，必须以加权平均资本成本为折现率计算项目的净现值。财务估价的直接目的是确定持续经营过程中的企业价值。按照折现现金流量理论，决定企业价值的是企业的自由现金流量，折现率应是能够反映企业所有融资来源成本、应当涵盖企业所有收益索偿权持有人的报酬率要求的一个企业综合资本成本。加权平均资本成本正是这样的折现率。

基准折现率则是一个管理会计的概念，它实际上是折现率的基准，通常是用来评价一个项目在财务上，其内部收益率（IRR）、折现率是否达标的比较标准，通常基准折现率可选用社会基准折现率、行业基准折现率、历史基准折现率等作为评价项目的基准折现率。

一般情况下，公路建设项目财务基准收益率的确定采用加权平均资金成本法。加权平均资金成本的计算公式为：

$$WACC = K_e \frac{E}{E+D} + K_d \frac{D}{E+D} \tag{4-28}$$

式中 $WACC$——加权平均资金成本；

K_e——权益资金成本；

K_d——债务资金成本；

E——股东权益；

D——企业负债。

权益资金与负债的比例由投资者实际融资情况确定。

4.4.3 收费还贷型与收费经营型公路项目财务评价

4.4.3.1 两种类型公路项目财务评价的侧重点

收费还贷型公路项目是指由政府财政投资项目基本金，银行贷款由行业主管部门统一协调归还本息。所以，收费还贷型公路项目财务评价只进行财务评价指标计算和财务清偿能力分析，不进行财务盈利能力分析。

收费经营型公路项目是指成立项目公司，由项目公司投资项目基本金，并进行银行贷款偿还。所以，收费经营型公路项目财务评价必须进行财务盈利能力分析。

收费还贷型公路项目通过编制财务报表计算评价指标，主要考察项目的清偿能力；收费经营型公路项目则在考察项目清偿能力的基础上，注意考察项目的盈利能力。

4.4.3.2 融资前和融资后财务分析的基准折现率确定

财务分析可分为融资前分析和融资后分析。融资前分析的项目财务基准折现率按照发布的行业基础折现率取值，融资后分析的项目财务基准折现率采用加权平均资本成本率。

在行业财务基准折现率发布之前，以国家规定的公路行业最低资本比例确定的资金结构及国内银行长期贷款利率计算的加权平均资本成本率代替。

4.4.3.3 财务支出（费用）

公路项目的财务支出（费用）分为建设期财务支出和运营期财务支出。其中，建设期财务支出主要包括国有资产投资、相关税金和建设期借款利息；运营期财务支出主要包括经营成本（运营管理费、养护费和大中修费等）、运营期利息支出和税金。

4.4.3.4 财务收入

公路项目收入一般是指对公路使用者收取的车辆通行费，即收费收入。收费收入的测算公式为：

$$R = 365\sum_{v=1}^{n} T_v TR_v L \qquad (4-29)$$

式中 R——收费年收入，元；

T_v——车型 v 的年平均日交通量（自然数），辆/日；

TR_v——车型 v 的收费标准，元/车公里；

L——拟建项目里程，km。

当拟建项目有相关联的配套服务、开发等商业性设施时，应计入其建设投资、经营成本和税金等各项支出，同时也应计入其产品销售（营业）收入。

确定车辆通行费收费标准应考虑的主要因素有公路使用者所获得的效益、其他运输方式的收费标准和其他公路的收费标准、公路使用者对公路收费的负担能力和接受能力、投资者期望的投资收益率、不同车型车辆（使用者）所获得效益的大小及对公路的损坏程度等。

4.4.3.5 公路项目财务分析的盈利能力分析

公路项目财务分析的盈利能力分析应采用财务内部收益率、财务净现值、财务投资回收期等主要评价指标。对于改扩建项目，原则上应采用增量法来计算财务内部收益率、财务净现值，并注意准确识别“有项目”和“无项目”的收入和支出；对于增量收入和支出难以准确甄别的改建项目，也可以采用存量法。

（1）财务内部收益率（FIRR）。财务内部收益率是指公路项目在整个计算期内，各年净现金流量现值累计等于零时的折现率。计算公式为：

$$\sum_{t=1}^{n}(CI_t - CO_t)(1 + FIRR)^{-t} = 0 \qquad (4-30)$$

式中 CI_t——第 t 年现金流入量（财务收益）；

CO_t——第 t 年现金流出量（财务支出）；

n——计算期。

财务内部收益率可根据财务现金流量表中净现金流量用试插法求得，在财务分析中财务内部收益率（FIRR）必须与设定的财务基准折现率（I_c）相比较，当 $FIRR > I_c$ 时，认为项目在财务上可以接受。

（2）财务净现值（FNPV）。财务净现值是指按财务基准折现率，将项目计算期内各年净现金流量折现到开工前一年年末的现值之和，是考察公路项目在计算期内盈利能力的动态评价指标，计算公式为：

$$FNPV = \sum_{t=1}^{n}(CI_t - CO_t)(1 + I_c)^{-t} \qquad (4-31)$$

式中 I_c——财务基准折现率。

财务净现值可根据财务现金流量表计算求得，财务净现值大于或等于零时，项目可以考虑接受。

（3）财务投资回收期（P_t）。投资回收期是指以项目净收益抵偿全部建设费用所需要的时间，是反映项目投资回收能力的重要指标。一般以年为单位，并从项目建设起始年算起。如果从投入运营年算起，应特别注明。计算公式为：

$$P_t = \text{累计财务净现值(收益)开始出现正值年份} - \text{项目建设起始年份} + \frac{\text{上年累计净现值的绝对值}}{\text{当年净收益现值}} \qquad (4-32)$$

4.4.3.6 公路项目清偿能力分析

公路项目清偿能力分析主要是考察计算期内各年的财务状况及偿债能力。主要采用借款偿还期指标进行评价，也可以用利息备付率或偿债备付率指标来考察。各指标基本情况如下：

（1）借款偿还期。借款偿还期是指在国家财政规定及项目具体财务条件下，用项目建成投入运营后可用于还款的资金，按照最大偿还能力计算偿还款本金和利息所需要的时间。计算公式为：

$$借款偿还期=借款偿还后开始出现盈余年份-开始借款年份+\frac{当年应偿还借款额}{当年可用于还款的资金额} \tag{4-33}$$

当借款偿还期小于财务分析计算期或满足贷款机构期限要求时，即可认为项目具有偿还能力。

（2）利息备付率。利息备付率是指项目在借款偿还期内，各年可用于支付利息的息税前利润与当期应付利息金额的比值。计算公式为：

$$利息备付率=\frac{息税前利润}{当期应付利息金额} \tag{4-34}$$

利息备付率大于1时，即可认为项目付息保障能力较强。

（3）偿债备付率。偿债备付率是指项目在借款偿还期内，各年可用于还本付息资金与当期还本付息金额的比值。计算公式为：

$$偿债备付率=\frac{可用于还本付息资金}{当期应还本付息金额} \tag{4-35}$$

偿债备付率大于1时，即可认为项目具备还本付息能力。

对于多方投资项目，可根据需要计算投资各方的财务内部收益率，以考察投资各方的收益。

财务分析所需的报表包括项目投资现金流量表、利润与利润分配表。有借款偿还的项目，还需要编制项目资本金现金流量表、借款还本付息表。

项目投资现金流量表反映项目计算期内各年的现金收支（现金流入和流出）；利润与利润分配表反映项目期内的利润（亏损）的实现情况；项目资本金现金流量表反映投资者权益投资的获利能力，用以计算资本金内部收益率；借款还本付息表反映项目计算期内各年借款的使用、还本付息以及偿还资金来源，计算借款偿还期或偿债备付率、利息备付率等指标，以考察项目的借款偿还能力。

4.4.4 敏感性分析方法

公路建设项目经济评价所采用的数据，大部分来自预测和估算，为分析不确定因素对公路项目评价指标的影响，需进行敏感性分析，以估计项目可能承担的经济或财务风险。

经济费用效率分析时，原则上应选取建设投资、交通量等可能发生变化的因数，重点测算这些因数变化对内部收益率的影响。敏感性分析结果可通过编制敏感性分析表表示。

财务分析时，可选取建设投资、交通量、收费标准、物价总水平上涨率等因数，重点测算这些因数变化对财务内部收益的影响，必要时还要分析其对借款偿还期的影响。

敏感性分析的结果能抵御费用（支出）和效率（收入）双向20%的不利变化，表明项目经济（财务）抗风险能力很强；抵御单向10%不利变化时，抗风险能力较弱。

4.4.5 方案比选方法

方案比选可按各个方案所含的因素（相同因素和不同因素）计算各方案的经济效益和费用，进行全面的对比，要特别注意各方案间的可比性，遵循效益和费用计算口径对应一致的原则。

按照不同方案所含的因素（包括效益和费用两个方面）进行比较，可视不同情况和具体条件分别选用净现值法或净现值率法。

（1）净现值法。将分别计算的各比较方案经济净现值进行比较，以净现值较大的方案为优。

（2）净现值率法。净现值率（NPVR）是净现值与投资现值之比。计算公式为：

$$NPVR = \frac{NPV}{I_p} \tag{4-36}$$

式中 NPV——净现值；

I_p——投资现值。

净现值率说明该方案单位投资所获得的超额净效益。用净现值率进行方案比较时，以净现值率较大的方案为优。

（3）差额投资财务内部收益率法。差额投资财务内部收益率法（$\Delta FIRR$）是两个方案各年净现金流量差额的现值之和等于零时的折现率。计算公式为：

$$\sum_{t=1}^{n}[(CI_{2t} - CO_{2t}) - (CI_{1t} - CO_{1t})](1 + \Delta FIRR)^{-t} = 0 \tag{4-37}$$

式中 CI_{2t}，CO_{2t}——投资较大方案第 t 年的现金流入与流出量；

CI_{1t}，CO_{1t}——投资较小方案第 t 年的现金流入与流出量；

$\Delta FIRR$——差额投资财务内部收益率。

当差额投资财务内部收益率（$\Delta FIRR$）大于或等于财务基准折现率（I_c）时，以投资较大的方案为优；反之，投资较小的方案为优。

方案比选应注意在某些情况下使用不同指标导致相反结论的可能性，应根据方案的实际情况（计算期是否相同，资金有无约束条件等）合理选用比较方法和指标。

效益相同或效益基本相同，但难以对具体估算的方案进行比较时，为简化计算，可采用最小费用法（费用现值比较法）。通过计算各比较方案的费用现值（PC）并进行对比，以费用现值较低的方案为优。计算公式为：

$$PC = \sum_{t=1}^{n} (C_c + C_0 - R_v)_t (P/F, I_s, t) \tag{4-38}$$

式中　C_c——建设期费用；

C_0——营运期各种费用；

R_v——回收资产余值；

$P/F, I_s, t$——现值系数。

4.5　PPP 项目实物期权定价及敏感性分析

PPP（Public Private Partnership）即公共部门与私人企业合作模式，是指政府、营利性企业和非营利性企业基于某个项目而形成的相互合作关系的形式。PPP 模式本质上属于项目融资的一种特殊形式，是一种无追索权或者是有限追索权的特许项目融资。PPP 项目最适合于自然资源开发、基础设施项目和其他公共事业项目。基础设施 PPP 项目的特许经营期较长、投资额巨大且特许经营期内存在大量的风险因素。

决策者在利用传统的投资决策方法，如 DCF 法和决策树分析等，进行投资分析时，往往会由于对项目的真实价值估计错误而错失投资机会。原因是传统投资评价方法没有考虑到项目内外信息的不断变化以及技术上的一些不确定性，实际上，这些方法是假设一旦投资者决定投资，就要始终坚持投资直到项目结束，而没有考虑到管理上的灵活性，忽略了由此带来的巨大的柔性管理价值，最终导致决策者做出错误判断而失去投资机会。针对传统投资评价方法的缺陷，实物期权方法近年来被越来越多的专家和学者所关注，产生了丰富的研究成果。

实物期权是指存在于实物资产投资中，具有期权性质的权力。实物期权方法最初是由 StewartMyers 于 1977 年提出的，他指出一个投资方案产生的现金流量所创造的利润，来自于目前对所拥有资产的使用，再加上一个对未来投资机会的选择。实物期权方法与传统项目投资评价方法最大的差别在于，它充分认识到项目中不确定性因素的价值，非常重视弹性决策的价值，把管理弹性作为评估投资决策的一个重要因素。目前，实物期权方法在世界范围内已经得到了广泛的研究和运用。对于采用 PPP 模式的基础设施建设项目的相关问题，国内外学者的研究主要集中于建立基于实物期权的投资决策模型，部分学者研究了 BOT 项目中的实物期权问题。D. Ford 定性研究了实物期权在大型工程项目中的应用；Mcdonald 和 Siegel（1986）研究了具有不可逆性投资项目的推迟期权的模型；高丽峰等（2005）运用实物期权方法对 BOT 项目政府担保中的全额担保和非全额担保的价值进行了分析计算；王爱民和范小军将实物期权运用于基础设施项目融资的经济评价中；杨屹等（2007）采用推迟期权方法建立了基础设施 BOT 项目中的投资决策模型。

目前的研究主要集中于对实物期权定价模型相关问题的研究，少有做实物期权敏感性分析的，对 PPP 项目的实物期权敏感性分析做相关研究的则更少。本书对交通基础设施 PPP 项目（以下简称 PPP 项目）实物期权进行敏感性分析，试图揭示各因素对期权价值究竟产生何种影响，为投资者决策提供依据。

4.5.1 PPP 项目中实物期权的分析

PPP 项目投资周期长、参与主体众多、与公共部门的关系密切，这些特点决定了其项目价值是由未来长期收益带来的。由于 PPP 项目在实施过程中具有不可逆的特性，一旦决定进行投资，就不能毫无损失地收回投资，事实上投资者可以等到项目中一些不确定性消除后再参与投资，这种管理上的灵活性带来的价值，正是实物期权的体现。

4.5.1.1 PPP 项目中的实物期权

PPP 项目中的实物期权包括延迟期权和增长期权，而没有放弃期权、转换期权以及变换规模（扩张、收缩和暂停）期权。PPP 模式是一种公司伙伴关系的融资模式，其关键成功因素在于当地政府的大力支持、项目风险的合理分担机制以及项目未来的经营状况足以保证私人企业“有利可图”，具体包括：项目所在国政治稳定；对项目有迫切需要；项目所在国政府愿意让私人企业或部门参与；有较为成熟的立法和执法制度；项目要求明确；项目经济上可行；经济发展到一定程度，公众有一定消费力，产品或服务收费合理；发展商的技术方案可行并且具有经验；合理的风险分担机制；符合现有的环保标准并有一定余地应付特许期内环保标准的提高；能否充分发挥专家人才的作用。

若上述的关键成功因素中的部分不明确或者没有达到要求时，决策者可以选择暂时等待，等到对项目未来的经营情况有了较为准确的预测后，再决定是否参与投资，否则，将选择继续等待或放弃该项目，以避免更大的经济损失，这段等待时间是具有价值的，即所谓的 PPP 项目中的延迟期权；企业通过对 PPP 项目预先投资作为先决条件或一系列相互管理的联结，获得未来成长的机会，而拥有在未来一段时间内进行某项经营活动的权利，对 PPP 项目而言，它正是通过介入该项目，从而获得未来与项目相关的其他投资的权利，这种权利就是 PPP 项目中的增长期权；基础设施 PPP 项目的投资具有不可逆性，这决定了企业不可能中途结束项目，即不存在放弃期权；PPP 项目的产品或服务都是在特许经营合同中明确规定的，不可以随时转换生产有利于企业的产品，因此 PPP 项目不存在转换期权；同样，PPP 项目的规模在特许经营合同中也有明确规定，企业不存在扩张、收缩或暂停的权利，也就没有变换规模期权。当然，由于 PPP 项目的参与主体众多，风险不确定因素较多，涉及具体的运用领域，实际中 PPP 项目期权价值也可能存在一定的出入。

4.5.1.2 PPP 项目中实物期权的定价模型

通过对 PPP 项目中存在的实物期权的分析，结合 PPP 项目的特点，考虑到 PPP 项目未来存在支付现象，即价值损失情况，建立改进的 Black - Scholes 定价模型（简称 B - S 模型）。

假设 t 时刻 PPP 项目投资收益价值 V_t 运动路径服从几何布朗运动，即

$$dV_t = (\mu_v - q_t) V_t dt + \sigma V_t d\omega_v \tag{4-39}$$

式中，V_t 表示 PPP 项目在 t 时刻的项目价值，即未来的投资收益；μ_v 表示 PPP 项目收益的期望增长率；q_t 表示未来 PPP 项目 t 时刻的支付率；σ 表示 PPP 项目收益的不确定性，即期望增长率的方差；ω_v 表示标准维纳过程；$d\omega_v$ 表示标准维纳过程的增量。

假设 t 时刻，PPP 项目实物期权价值为 M，则实物期权价值为收益价值 V_t 和时间的函数 $M(V_t, t)$，由伊托定理可知：

$$dM = \left\{\left[\frac{\partial M}{\partial t} + (\mu_v - q_t) V_t \frac{\partial M}{\partial V_t} + \frac{1}{2}\frac{\partial^2 M}{\partial V_t^2}\sigma^2 V_t^2\right] dt + \frac{\partial M}{\partial V_t}\sigma V_t d\omega_t\right\} \tag{4-40}$$

在 Δt 时间内应支付的价值为 $q_t V_t \frac{\partial M}{\partial V_t}\Delta t$。

投资组合价值 N 在 Δt 时间内的变化 ΔN 为：

$$\Delta N = \Delta M - (1 + q_t)\frac{\partial M}{\partial V_t}\Delta V_t = \left(\frac{\partial M}{\partial t} + \frac{1}{2}\sigma^2 V_t^2 \frac{\partial^2 M}{\partial V_t^2} - q_t V_t \frac{\partial M}{\partial V_t}\right)\Delta t \tag{4-41}$$

在风险中性的假设下进行分析，根据无套利原理，PPP 项目收益的期望增长率 μ_v 等于无风险收益率 γ，化简可得

$$\gamma M = \frac{\partial M}{\partial t} + (\gamma - q_t) V_t \frac{\partial M}{\partial V_t} + \frac{1}{2}\frac{\partial^2 M}{\partial V_t^2}\sigma^2 V_t^2 \tag{4-42}$$

式（4-42）满足 PPP 项目实物期权价值的随机微分方程。对于实物期权而言，以 $t = T$ 时的期权价值 $M(V_T, T) = V_T + \max((V_T - I), 0)$ 作为边界条件，其中，T 表示期权到期日期，即特许经营期；I 表示投资成本。即得到如下的偏微分方程组：

$$
\begin{cases}\gamma M=\dfrac{\partial M}{\partial t}+(\gamma-q_t)V_t\dfrac{\partial M}{\partial V_t}+\dfrac{1}{2}\dfrac{\partial^2 M}{\partial V_t^2}\sigma^2V_t^2\\ M(V_T,T)=V_T+\max((V_T-I),0)\end{cases} \tag{4-43}
$$

对方程组式（4－43）求解即可得到 PPP 项目实物期权价值，经计算可得

$$
M(V_t,t)=V_tN(d_1)-I\mathrm{e}^{-(\gamma-q_t)(T-t)}N(d_2) \tag{4-44}
$$

式中，$N(d_1),N(d_2)$表示 d_1,d_2 的累积标准正态分布函数。

$$
d_1=\left[\ln\frac{V_t}{I}+\left(\gamma-q_t+\frac{1}{2}\sigma^2\right)(T-t)\right]\Big/\sigma\sqrt{T-t}
$$

$$
d_2=\left[\ln\frac{V_t}{I}+\left(\gamma-q_t-\frac{1}{2}\sigma^2\right)(T-t)\right]\Big/\sigma\sqrt{T-t}
$$

$$
I=I_0+A(1+i)^n
$$

式中，I_0 表示期初投资；A 为贷款；i 为利率；n 为贷款年限。

$$
\text{战略}\,NPV=NPV+M(V_t,t) \tag{4-45}
$$

式(4－44)即为考虑未来支付情况下的 PPP 项目实物期权 t 时刻的数学模型，当 $t=0$ 时即得到项目最初的实物期权价值。式(4－45)表示实物期权视角下的项目战略 NPV 等于项目的净现值加上项目的实物期权价值。通过 PPP 项目实物期权价值的计算公式可以看出，影响实物期权价值的主要因素分别为：项目收益 V_t；投资成本现值 I；无风险利率 γ；收益波动率 σ；特许经营期 T；项目支付率 q_t。

4.5.2 PPP 项目中实物期权的敏感性分析模型

敏感性分析的目的在于揭示敏感性最强的因素，向决策者提出是否需要进一步搜集资料进行研究以提高经济分析的可靠性。在确定了实物期权的影响因素之后，通过敏感性分析去揭示投资经济效益的变动范围，一方面可以在一定程度上反映投资经济效益的不确定性程度；另一方面还可以启发投资分析者对那些较为敏感的因素进行重点分析研究，以提高决策的准确性。

4.5.2.1 基于 Greeks 指标的单因素敏感性分析

为了考察每一个因素单独对期权价值的影响，采用金融领域中的 Greeks 指标体系进行单因素敏感性分析。该体系在 B－S 定价模型的基础上对每一个独立参数变量的改变所引致的期权价值的变化进行了定义，分别为：Delta 表示未来的现金流现值 V_t 改变一个单位时期权价值的变化；X_i 表示投资成本现值 I 改变一个单位时期权价值的变化；Rho 表示无风险收益率 γ 改变一个单位时期权价值的变化；Vega 表示收益波动率 σ 改变一个单位时期权价值的变化；Theta 表示特许经营期 T 改变一个单位时期权价值的变化；Q_i 表示未来支付率 q_t 改变一个单位时期权价值的变化。

A 未来的现金流现值 V_t 敏感性分析

$$\text{Delta} = \frac{\partial M}{\partial V_t} = N(d_1) + V_t \frac{\partial N(d_1)}{\partial V_t} - I\mathrm{e}^{-(\gamma - q_t)(T-t)} \frac{\partial N(d_2)}{\partial V_t} = N(d_1) \tag{4-46}$$

项目收益情况通常是决策者最关注的要素。由式（4－46）可得，Delta 随着标的项目的价值增加而增加，且 1 > Delta > 0，即未来的现金流现值与期权价值为正相关，说明增加的现金流产生了更大的期权价值，且每增加一个单位的 V_t 就会来带 Delta 倍的期权价值。PPP 项目成功的关键因素之一即未来稳定的现金流。项目决策过程中，企业需要准确预测项目收益，在特许合同中争取到更多政府对未来项目盈利能力的保证，如政府在特许经营期内保证项目产品或服务的唯一性，利税方面的减免等，以提高项目的盈利能力。

B 投资成本现值 I 敏感性分析

$$\begin{aligned} X_i &= \frac{\partial M}{\partial I} = -N(d_2)\mathrm{e}^{-(\gamma - q_t)(T-t)} + V_t \frac{\partial N(d_1)}{\partial I} - I\mathrm{e}^{-(\gamma - q_t)(T-t)} \frac{\partial N(d_2)}{\partial I} \\ &= -N(d_2)\mathrm{e}^{-(\gamma - q_t)(T-t)} \end{aligned} \tag{4-47}$$

由式(4－47)易知，X_i 为负数，说明投资成本现值 I 与期权价值成反比，即投资成本的增加会导致期权价值减少。随着项目特许期的临近，其敏感性的绝对值在减少，实物期权价值会越来越小，这从侧面也印证了随着项目不确定性的降低，期权价值会逐渐减少。在 PPP 项目投资过程中，要严格控制成本。

C 无风险收益率 γ 敏感性分析

$$\begin{aligned} \text{Rho} &= \frac{\partial M}{\partial \gamma} = V_t \frac{\partial N(d_1)}{\partial \gamma} + I(T-t)\mathrm{e}^{-(\gamma - q_t)(T-t)} N(d_2) - I\mathrm{e}^{-(\gamma - q_t)(T-t)} \frac{\partial N(d_2)}{\partial \gamma} \\ &= I(T-t)\mathrm{e}^{-(\gamma - q_t)} N(d_2) \end{aligned} \tag{4-48}$$

由式(4－48)可知，Rho 为正值，说明期权价值与无风险收益率 γ 正相关，无风险利率上升，会增加实物期权的价值。实际上，无风险收益率 γ 一般采用的是项目当期的国债利率，企业的管理者一般无法改变无风险利率的大小。就 PPP 项目而言，企业需要在特许经营合同中，争取政府对项目期望收益率，即无风险利率水平的保证，如签订相关的产品或服务的购买合同，提供稳定可靠的原材料供应等。

D 收益波动率 σ 敏感性分析

$$\text{Vega} = \frac{\partial M}{\partial \sigma} = \frac{\partial}{\partial \sigma}\left[V_t N(d_1) - I\mathrm{e}^{-(\gamma - q_t)(T-t)} N(d_2)\right] = \frac{V_t \sqrt{(T-t)}\,\mathrm{e}^{-\frac{d_1^2}{2}}}{\sqrt{2\pi}} \tag{4-49}$$

由式（4 - 49）可知，Vega 为正值，说明收益波动率 σ 与期权价值同方向变化，收益波动率 σ 的增加会引起实物期权价值的增大，但这种影响是非线性的，具有复杂性。对于企业来说，波动带来的不确定性不仅仅是潜在的损失，也可能带来巨大的收益。期权价值影响因素中收益波动率 σ 是最难评估的，对 PPP 项目而言，未来的收益波动情况受到项目内外各种不确定因素的影响，如政府部门违约，市场对项目及其产品或服务需求降低，项目产品使用费收取困难，通货膨胀，政府对利润和收费价格的限制等。企业需要对项目产品或服务有准确的定位和预测，并和政府签订相应的保障合同，保证收益的平稳。

E 特许经营期 T 敏感性分析

$$\begin{aligned}\text{Theta} &= -\frac{\partial M}{\partial T} = -\left\{V_t\frac{\partial N(d_1)}{\partial T} - I\frac{\partial}{\partial T}\left[\mathrm{e}^{-(\gamma-q_t)(T-t)}N(d_2)\right]\right\}\\ &= -\frac{V_t\sigma\mathrm{e}^{-\frac{d_1^2}{2}}}{2\sqrt{2\pi(T-t)}} - (\gamma-q_t)I\mathrm{e}^{-(\gamma-q_t)(T-t)}N(d_2)\end{aligned} \tag{4-50}$$

由式（4 - 50）可知，特许经营期的敏感性被定义为负相关，是由于随着时间的消逝，不确定性的逐渐丧失，期权会变得越来越没有价值，当特许经营期结束时，Theta 会接近于 0。特许经营期是特许经营合同的基本参数，特许经营期越长，会使得投资回收期加长，不利于企业快速资金回笼。PPP 项目在建设期以及建成投产的前几年，资金的净现值一般都为负数，同时企业还需要承担相应的风险，所以在 PPP 项目特许经营合同中，要争取到最合适的特许经营期。

F 未来支付率 q_t 敏感性分析

$$\begin{aligned}Q_i &= \frac{\partial M}{\partial q_t} = V_t\frac{\partial N(d_1)}{\partial q_t} - I(T-t)\mathrm{e}^{-(\gamma-q_t)(T-t)}N(d_2) - I\mathrm{e}^{-(\gamma-q_t)(T-t)}\frac{\partial N(d_2)}{\partial q_t}\\ &= -I(T-t)\mathrm{e}^{-(\gamma-q_t)}N(d_2)\end{aligned} \tag{4-51}$$

由式（4 - 51）可知，Q_i 为负数，即未来支付率 q_t 与项目实物期权价值反方向变动，未来支付率的上升会导致实物期权价值的减少。这里的支付率 q_t 类似于金融期权里的股息，股息是一种财富分配，会减少标的股票的价值，实物期权中，也必然存在类似的推论。就 PPP 项目而言，模型中未来支付率主要指的是项目产生的价值损失，如设备的损坏、偷窃行为、不可抗力造成的损坏等，这些价值损失的存在会导致项目实物期权的降低，进而导致项目收益降低。

4.5.2.2 基于 Monte Carlo 模拟的多因素敏感性分析

单因素敏感性分析的方法考查的是单个变量对目标变量的影响，没有考虑因素之间的相关性以及这种相关性而导致的复杂的影响后果。多因素敏感性分析考虑了因素之间的相关性，并反映出几个因素同时变动对目标变量产生的影响。PPP项目的特点决定了PPP项目实物期权的影响因素对期权价值的影响是复杂的，其中，项目的预期收益是可变的，会受到市场上各种不确定性因素的影响，随着国家政策、汇率、产品的技术生命、市场需求等状况变动而变动。一个因素的变化，可能导致其他因素也随之发生变化，期权价值变动情况就会不明朗，需要进一步进行多因素分析。

蒙特卡洛（Monte Carlo）模拟法是进行项目不确定性分析的一种常用方法，可以直接从不确定性因素变化情况入手，通过建立模型直接模拟问题，从而使不确定性因素对项目经济效果的影响直接反映在对项目经济评价指标的计算中。本书采用Monte Carlo模拟法进行PPP项目实物期权多因素敏感性分析，使用的软件为美国Decisioneering公司开发的Crystal Ball软件，下面结合具体的案例进行单因素敏感性分析和多因素敏感性分析。

4.5.3 案例分析

某国X城市由于交通拥堵造成其经济发展受到严重阻碍，经规划论证急需修建Y公里城市快速路以缓解城市交通压力。但由于当地政府资金短缺，项目一直未能启动，因此该国政府向全球发出了该项目的招标书公开招标，该国政府希望选择一个有实力的投资商将该项目建设得具有国际水准，并与之签订公司合伙（PPP）合同共同建设和开发这个项目，特许期限不少于15年，由投资商通过沿线的房地产等商业开发来回收贷款和投资。据某国际商业投资公司按特许期30年进行初步测算，得到该项目的基本财务情况如下（以人民币计价）：项目总投资I为430698.6万元，其中包括股本金I_0为129209.6万元，建设期贷款409163.7万元，贷款利率为5.49%，三年的贷款利息为23718.9万元；项目未来的净现金流量NPV为12442.5万元，低于社会基准收益率8%所带来的收益。根据传统的投资决策理论，企业不应该参与该项目，而事实上参与该项目意味着取得了对项目沿线房地产等商业的优先投资权，这隐含着巨大的商业价值，现利用实物期权理论进行分析。

经计算可得该项目的目前价值V_0为443141.1万元，这是由特许期30年内的现金流折现到项目刚建成时的价值。但由于市场波动情况是变化的，所以这一价值是不确定的，由投资组合理论可知，项目收益V_t的波动率，即收益波动率σ，不会低于股票市场的波动率，所以股票市场的波动率可以作为净现金流价值V_t的波动率的下限，再根据同类型项目历史数据分析，确定σ^2为0.09。项目的无风险收益率采用当期的国债利率γ为6.12%。考虑到项目未来存在维修等事宜，确定项目支付率q_0为1%，特许期T为30年，根据式（4－44）可计算该项目的实物期权价值：

$$d_1 = \left[\ln\frac{V_0}{I} + \left(\gamma - q_0 + \frac{1}{2}\sigma^2\right)T\right] / \sigma\sqrt{T} = 1.556$$

$$d_2 = \left[\ln\frac{V_0}{I} + \left(\gamma - q_0 - \frac{1}{2}\sigma^2\right)T\right] / \sigma\sqrt{T} = -0.087$$

则 $N(d_1) = 0.940$，$N(d_2) = 0.465$。所以，$t = 0$ 时，该项目的实物期权为 $M(V_0, 0) = V_0 N(d_1) - I e^{-(\gamma - q_0)T} N(d_2) = 375111.032$ 万元。计算表明该项目具有巨大的期权价值，但其影响因素在未来是变化的，需要进行敏感性分析，以找出影响最大的因素。引入敏感度的概念，敏感度系数 β 指的是不确定因素 F 每次变化而引起的评价指标 A 的变化程度，即评价指标 A 对于不确定因素 F 的敏感度：

$$\beta = \Delta A / \Delta F$$

4.5.3.1 单因素敏感性分析

将 6 个变量分别从 −50% 变化到 50%，幅度为每次变化 5%，计算可得期权价值对单因素指标的敏感度，结果列入表 4−10 中。

表 4−10 单因素敏感度系数汇总表

各因素变动率/%	敏感度系数 β					
	V_t	I	γ	σ	T	q_t
−50	1.113	−0.154	0.316	0.122	0.457	−0.039
−45	1.117	−0.152	0.310	0.129	0.435	−0.039
−40	1.120	−0.150	0.303	0.135	0.414	−0.040
−35	1.123	−0.148	0.297	0.141	0.395	−0.040
−30	1.125	−0.146	0.290	0.145	0.377	−0.040
−25	1.127	−0.144	0.283	0.149	0.360	−0.040
−20	1.129	−0.143	0.277	0.153	0.344	−0.040
−15	1.131	−0.141	0.270	0.156	0.329	−0.040
−10	1.133	−0.139	0.264	0.158	0.315	−0.041
−5	1.135	−0.138	0.257	0.159	0.302	−0.041
5	1.138	−0.135	0.244	0.161	0.278	−0.041
10	1.139	−0.134	0.238	0.162	0.267	−0.041
15	1.140	−0.132	0.231	0.162	0.257	−0.041
20	1.142	−0.131	0.225	0.161	0.247	−0.042
25	1.143	−0.129	0.219	0.161	0.238	−0.042
30	1.144	−0.128	0.213	0.160	0.229	−0.042

续表 4-10

各因素变动率/%	敏感度系数β					
	V_t	I	γ	σ	T	q_t
35	1.145	-0.127	0.207	0.158	0.221	-0.042
40	1.146	-0.126	0.202	0.157	0.213	-0.042
45	1.147	-0.125	0.196	0.155	0.205	-0.042
50	1.147	-0.123	0.191	0.154	0.198	-0.043

分析表 4-10 中数据可知：

(1) V_t,γ,σ,T 与期权价值都呈正相关，随着 V_t 的增大，期权价值增长加快；随着 γ 的增加，期权价值增长减缓；随着 σ 的增加，期权价值增长加快；随着 T 的增加，期权价值增长减缓。I 和 q_t 与期权价值呈负相关，随着 I 的增大，期权价值降低放缓，说明增加投资有利于减少期权价值；随着 q_t 的增大，期权价值降低放缓。

(2) 考虑到特许经营期 T 以及无风险收益率 γ 属于国家政策范围内的变量，一般在特许经营合同中都做出了明确规定，此二者的敏感性对期权价值的影响此处不予考虑。通过剩下的 4 个变量的单因素敏感性分析可知，该项目实物期权对项目收益 V_t 的敏感性最强，其次是投资现值 I，再次是收益波动率 σ，最不敏感的是未来支付率 q_t。

通过单因素敏感性分析，可以对其中最重要的要素进行宏观上的把握。但实际上，各个因素之间也存在相互影响，要弄清楚这些相互关系对期权价值到底存在多大的影响，对决策者来说是非常重要的。下面采用 Crystal Ball 软件进行 Mont eCarlo 多因素敏感性分析。

4.5.3.2 多因素敏感性分析

首先确定各个变量的概率分布情况，可根据同类型项目的历史数据推断，如表 4-11 所示。

表 4-11 Monte Carlo 模拟变量

变 量	均 值	标准差	分 布
收益现金流 V_t	443141.1	100000	对数正态分布
投资现值 I	430698.6	100000	正态分布，≥0
无风险收益率 γ	0.0612	0.01	正态分布
收益波动率 σ	0.3	0.15	正态分布，≥0
特许期 T	30	3	正态分布
支付率 q	0.01	0.01	正态分布，≥0

采用改进的B－S定价模型进行实物期权价值计算，经过5000次实验后，得该项目实物期权价值的分布情况，如图4－2所示，具体分析结果如表4－12所示。实物期权M分布区间图形与正态分布相似，表明实物期权不仅仅受到项目收益值V_t的影响，还受到其他因素的影响。蒙特卡洛模拟得出的实物期权平均值为364473.34，略小于实物期权分布的平均值375111.03，主要是由于其他因素，诸如收益波动率σ和投资现值I的影响使其趋于正态分布。

通过中位数表可以得知期权价值低于238402.80的概率只有10%，具体情况见表4－13。

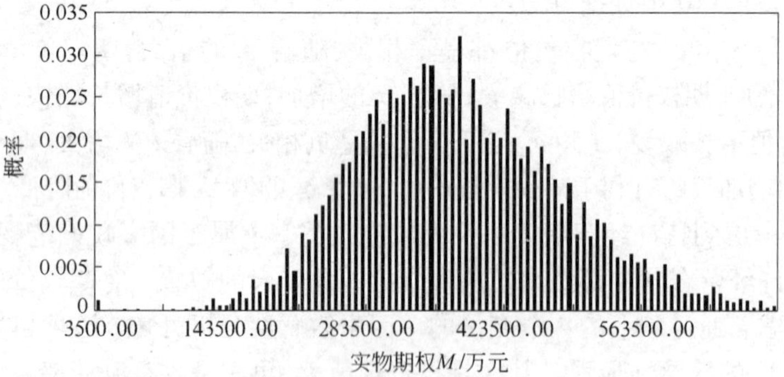

图4－2 Monte Carlo模拟的实物期权M分布情况

表4－12 Monte Carlo模拟分析结果汇总

统计量	数值
实验次数	5000
平均值	364473.34
中位数	361878.91
众数	0.00
标准差	117841.32
方差	13886575710.38
倾斜度	－0.16
峰度	4.50
变异系数	0.32
范围之最小值	－66547.27
范围之最大值	842966.34
范围宽度	909513.62
平均标准误差	1666.53

表4－13 Monte Carlo模拟分析结果（中位数）

中位数	数值
0%	－66547.27
10%	238402.80
20%	279502.30
30%	309573.01
40%	336085.52
50%	361878.91
60%	386859.45
70%	416398.62
80%	452207.65
90%	510693.87
100%	842966.34

多因素敏感性分析情况显示了各个变量同时变动情况下对期权价值的影响。图 4-3 显示的是以相关性系数比较敏感性的对比图，系数越大表明该变量对目标变量影响越大，图中揭示了该项目收益现金流 V_t 对期权价值影响最大，其次为收益波动率 σ，无风险收益率 γ 和特许期 T 相对其他因素对期权价值影响最小。V_t，σ，γ，T 与期权价值正相关，投资现值 I 和支付率 q 与期权价值负相关。

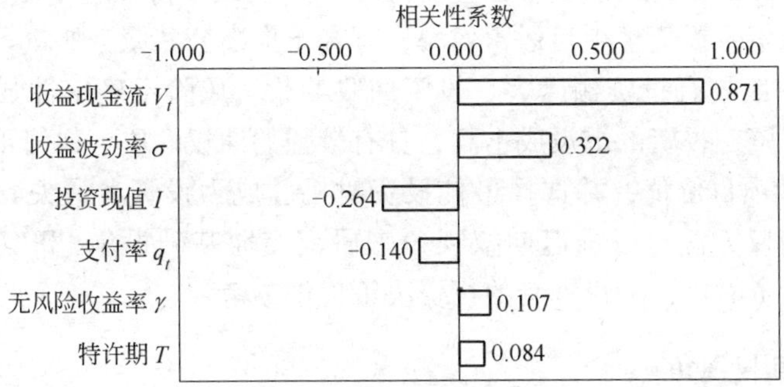

图 4-3　以相关性系数比较敏感性对比图

图 4-4 所示为以各个参数对期权价值方差的贡献率比较敏感性对比图，可以知道 78.2% 的期权价值的方差是由收益现金流 V_t 引起的，收益波动率 σ 和投资现值 I 对期权价值方差的波动也有一定的影响，而其他 3 个因素对期权价值方差的贡献相对较小。

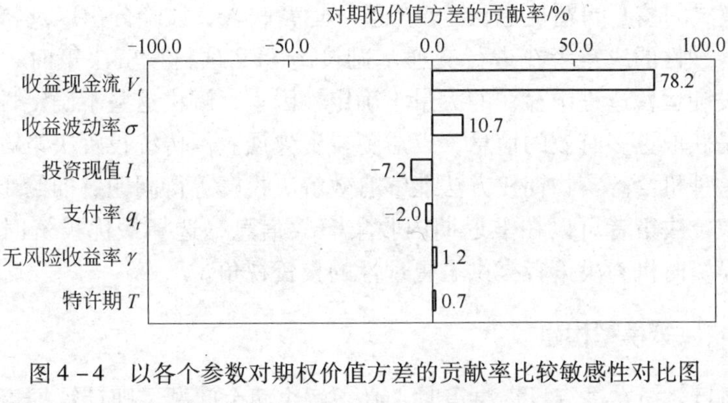

图 4-4　以各个参数对期权价值方差的贡献率比较敏感性对比图

多因素敏感性分析是复杂的，受到各个参数不确定性的影响。Monte Carlo 模拟法是由一系列模型和实验决定的，当重新模拟时，会有少量的变化，因此上述的结果不是绝对的。但 Monte Carlo 模拟法可以用于多个变量不断变化时对应的期权价值敏感性分析。

4.6 推迟期权视角下 PPP 项目投资时机选择

“十二五”期间，国内掀起了交通基础设施项目的建设热潮。面对巨额的资金需求，各级政府积极探索和引进多元化的融资模式来解决交通基础设施项目的融资问题。其中，以 PPP 模式为代表的特许经营融资模式得到广泛的关注，并被运用到交通基础设施项目的建设实践中。国内具有代表性的项目如北京的地铁 4 号线，目前运营情况良好。交通基础设施 PPP 模式不仅减轻了政府财政压力，同时引入私营资金提高了项目运营效率，有利于提高公共服务质量。交通基础设施 PPP 项目一般具有投资额巨大、投资回收期长、风险不确定性强等特点，且属于不可逆投资，投资的沉没成本高，具有较强的期权性质。如何正确认识交通基础设施 PPP 项目价值，并选择最佳投资时机已成为投资者最关心的问题。本书采用实物期权方法，以推迟期权视角来研究交通基础设施 PPP 项目的价值，并确定最佳投资时机，为投资者的投资决策提供参考。

4.6.1 推迟期权视角

传统的投资决策方法在处理不确定性低、投资回收期短的项目投资时发挥过巨大作用，但对于不确定程度高且具有较强期权性质，需要采取柔性投资策略的交通基础设施 PPP 项目的投资决策，则显现出不足。传统投资决策方法多采取刚性投资假设，且假设投资成本可完全回收。显然这种假设不符合交通基础设施 PPP 项目的特点。实物期权方法在评估项目的不确定性和投资不可逆性以及捕捉管理灵活性方面，比传统投资决策方法有明显的优势。

PPP 模式的核心问题是建设经营成本、运营收入、风险分担以及特许经营期长短问题。理性的决策者在进行交通基础设施 PPP 项目投资决策时，会考虑到项目在建设和运营过程中存在的大量不确定性因素，解决这些不确定性因素的最好办法就是获取更多有效的信息，以避免投资失误。但传统投资决策方法没有给予投资者这种机会。实物期权方法能够有效解决投资等待问题，即给予投资者一个推迟期权，决策者可以在推迟期内收集有效信息，选择最优投资时机进行投资，最优投资时机为决策者提供了更理性的投资视角。

4.6.2 投资决策模型构建

PPP 项目公司在进行投资决策时，必须解决两个问题，即计算推迟期权价值以及最优投资的临界值；选择立即投资时的项目价值进行比较，最终确定投资战略。下面建立基于推迟期权的交通基础设施 PPP 项目投资决策时机模型。

假设交通基础设施 PPP 项目的价值为 V，由于不确定性因素的影响，V 的值是未知且动态变化的，可假设 V 服从几何布朗运动：

$$\frac{\mathrm{d}V_t}{V_t}=\mu_{\mathrm{v}}\mathrm{d}t+\sigma\mathrm{d}\omega_{\mathrm{v}} \tag{4-52}$$

式中，V_t 表示交通基础设施 PPP 项目在 t 时刻的项目价值；μ_{v} 表示交通基础设施 PPP 项目价值的期望增长率；σ 表示交通基础设施 PPP 项目价值增长的不确定性，即期望增长率的方差；ω_{v} 表示标准维纳过程；$\mathrm{d}\omega_{\mathrm{v}}$ 表示标准维纳过程的增量。

根据推迟期权的特点，交通基础设施 PPP 项目公司获得一个在未来某一时刻以预先谈判好的价格，对充满价值波动的交通基础设施项目投资的权利，该执行价格就是交通基础设施 PPP 项目的投资成本 I，这种权利相当于金融期权里面的美式看涨期权，投资者何时选择投资就是何时执行这一权利。假设投资者在 t 时刻进行投资，则其收益为 V_t-I，令 $F(V_t)$ 表示项目 t 时刻投资机会的价值，则 t 时刻投资者作出投资所能得到的收益的期望值为：

$$F(V_t)=E[(V_t-I)\mathrm{e}^{-\gamma t}] \tag{4-53}$$

式中，E 表示期望；γ 为无风险收益率。显然，如果投资者在 t 时刻没有选择立即投资而是选择等待，说明等待具有更大的价值，但这种价值由于不确定性的影响是波动的，此处，用期望来衡量这一等待价值。此时投资者的目标是把这种期望现值最大化，即

$$F(V)=\max_{T_{\mathrm{c}}}E[(V_t-I)\mathrm{e}^{-\gamma t}] \tag{4-54}$$

式中，T_{c} 表示交通基础设施 PPP 项目的特许经营期。显然，式（4-54）受项目价值 V_t 的约束，为了保证问题有意义且存在最优解，假设 $\mu<\gamma$。式（4-54）即为项目 t 时刻推迟投资的收益函数，也就是投资者选择继续等待更高的项目价值 V 的期望收益现值。现在投资者的投资决策准则是根据项目的期望价值与最优投资决策临界值相比较来判断是否立即投资或者等待。若项目的期望价值大于最优投资决策临界值，则选择立即投资；相反，投资者选择继续等待，直到项目的期望价值大于或等于项目最优投资决策临界值时再选择投资。因此，当 t 时刻变化到 $t+\Delta t$ 时刻，项目价值 V 随之变化到 $V+\Delta V$，根据贝尔曼方程有：

$$F(V_t)=\max_{\lambda}\left\{V_t-I,\frac{1}{1+\gamma\Delta t}E[F(V_t+\Delta V)\mid V_t]\right\} \tag{4-55}$$

式中，λ 为决策变量。上述的决策准则可以表述为：当 $\lambda=0$ 时，投资者决定等待；当 $\lambda=1$ 时，投资者决定投资。假设投资者选择继续等待，则此时 $\lambda=0$，易知：

$$F(V_t)=\frac{1}{1+\gamma\Delta t}E[F(V_t+\Delta V)\mid V_t] \tag{4-56}$$

化简得

$$\gamma F(V_t)=\frac{E(\mathrm{d}F)}{\mathrm{d}t} \tag{4-57}$$

式（4-57）表明，在 dt 时间内，投资机会的预期总回报 $\gamma F(V_t)$ 等于资本的预期增长率$\frac{E(\mathrm{d}F)}{\mathrm{d}t}$。假设项目价值 V 服从伊藤过程，根据伊藤定理展开 dF，可得

$$\mathrm{d}F = F'(V)\mathrm{d}V + \frac{1}{2}F''(V)(\mathrm{d}V)^2 \quad (4-58)$$

结合上述公式，整理得：

$$\frac{1}{2}\sigma^2 V^2 F''(V) + \mu V F'(V) - \gamma F(V) = 0 \quad (4-59)$$

$F(V)$ 必须满足以下三个边界条件：

（1）$F(0)=0$，因为当 $V=0$ 时，项目的无价值导致期权的无价值，即 $F(0)=0$。

（2）价值匹配条件，即 $F(V^*)=V^*-I$，表示投资者在 $V^*=V$ 时的投资收益，其中 V^* 表示最优投资决策临界值。

（3）平滑粘贴条件，即 $F'(V^*)=1$，表示 $F(V)$ 在 V^* 处是连续且平滑的。因为如果在 V^* 处不是连续且平滑的，那么投资者可以选择其他点进行投资，那么此时的 V^* 就不是最优投资决策临界值。

整理上述三个边界条件，联立式（4-59）得如下方程组：

$$\begin{cases} \frac{1}{2}\sigma^2 V^2 F''(V) + \mu V F'(V) - \gamma F(V) = 0 \\ F(0) = 0 \\ F(V^*) = V^* - I \\ F'(V^*) = 1 \end{cases} \quad (4-60)$$

式（4-59）为欧拉齐次方程，采用待定系数法来求解 $F(V)$，$F(V)$ 的通解形式为 $a_1V^{b_1}+a_2V^{b_2}$，其中 a_1，a_2 为待定系数；b_1，b_2 为下面方程的两个根，该方程为：

$$\frac{1}{2}\sigma^2 b^2 + \left(\mu - \frac{1}{2}\sigma^2\right)b - \gamma = 0 \quad (4-61)$$

运用万能公式求出上述一元二次方程的根，易知其有两个相异的根，即

$$b_1 = \left(\frac{1}{2} - \frac{\mu}{\sigma^2}\right) + \sqrt{\left(\frac{1}{2} - \frac{\mu}{\sigma^2}\right)^2 + \frac{2\gamma}{\sigma^2}} > 1 \quad (4-62)$$

$$b_2 = \left(\frac{1}{2} - \frac{\mu}{\sigma^2}\right) - \sqrt{\left(\frac{1}{2} - \frac{\mu}{\sigma^2}\right)^2 + \frac{2\gamma}{\sigma^2}} < 0 \quad (4-63)$$

根据边界条件 $F(0)=0$，易知 $a_2=0$，因此 $F(V)=a_1V^{b_1}=aV^{b_1}$，再根据价值

匹配条件和平滑粘贴条件，可得 $F(V)=aV^{b_1}$，结果如下：

$$V^*=I\left(\frac{b_1}{b_1-1}\right) \tag{4-64}$$

$$a=\frac{V^*-I}{(V^*)^{b_1}} \tag{4-65}$$

可以得出含有推迟期权的交通基础设施 PPP 项目的投资机会价值，即推迟期权的价值为：

$$F(V)=(V^*-I)\left(\frac{V_t}{V^*}\right)^{b_1} \tag{4-66}$$

其中，期初的推迟期权用 $F(V)$ 表示，V_t 为项目的现值，一般用项目的净现金流量的折现值来表示，即

$$V_t = NPV = \sum_{t=0}^{T_c}(CI_t - CO_t)(1+i_c)^{-t} \tag{4-67}$$

其中，在利用推迟期权进行投资决策时，i_c 为折现率，与无风险利率相等，即选择短期国债的利率，而不是选用行业基准收益率。此时，项目的战略价值为 V_z，即

$$V_z=F(V)+V \tag{4-68}$$

将项目的战略价值与最优投资临界值之差定义为 W：

$$W=V_z-V^* \tag{4-69}$$

推迟期权视角下交通基础设施 PPP 项目的投资决策，是通过项目的战略价值 V_z 与推迟期权模型中的最优投资决策临界值 V^* 进行比较，从而确定最佳的投资时机。

4.6.3　投资时机分析

通过计算含有推迟期权的交通基础设施 PPP 项目的投资机会价值可知，含有推迟期权的交通基础设施 PPP 项目的决策临界值要比传统的以成本为决策临界值的高，即 $V^*>I$，而高出的部分就是推迟期权所带来的期权价值 $F(V)$。传统的投资时机的阈值为项目的投资成本 I，当 $V_t>I$ 时就可以进行投资，而推迟期权视角下投资时机的阈值为 V^*。t 时刻，当 $V_z\geqslant V^*$ 时，即 $W\geqslant 0$，此时投资者应选择立即进行投资；当 $V_z<V^*$ 时，即 $W<0$，投资者应选择等待直到 $V_z\geqslant V^*$ 时，再进行投资。这两种决策方法的决策临界值差值就是等待的机会价值，也就是推迟期权的价值，同时也正是管理柔性价值的体现。

4.6.4　敏感性分析

影响推迟期权价值的六大因素，分别是项目现值 V、项目期望增长率 μ、投

资成本 I、项目期望收益的波动率 σ、无风险收益率 γ、特许经营期 T_c。而特许经营期 T_c 主要是通过影响项目的现值 V 来影响推迟期权的价值，现实中，特许经营期由政府规定，且为固定值，此处不进行敏感性分析。对上述其他 5 个因素进行敏感性分析，指明这些因素怎样影响推迟期权的价值，进而明确其变动对交通基础设施 PPP 项目投资决策的影响。敏感性分析解决了各因素对投资决策的影响问题，而实际的投资决策过程中，由于不确定性的影响，参数是波动的，如何确定这些参数的分布也成为解决问题的关键所在。

4.6.5 案例分析

4.6.5.1 项目概况

我国某城市由于交通拥堵严重阻碍了地方经济发展，经规划论证需修建城市快速路以缓解城市交通压力。由于当地政府资金短缺，项目未能启动，故当地政府向全球发出项目招标书公开招标，希望选择有实力的投资商与之签订公私合伙（PPP）合同共同建设和开发此项目，投资商通过沿线房地产等物业开发来回收贷款和投资。最后，该 PPP 项目由代表某城市政府主管部门的 A 公司和私营部门 B 公司共同出资建设运营（以下简称 M 项目）。据某国际商业投资公司按特许期 T_c 为 30 年进行初步测算，无风险收益率选用所在国五年期的短期国债利率 6.12%，建设期 4 年，私营部门出资 16 亿元，建设期每年投资 4 亿元，贷款 10 亿元，项目运营开始后分十年还清，每年还款 1 亿元。

经计算，可得该项目现值 V 以及投资成本 I 现值：

$$V = NPV = \sum_{t=0}^{T_c} (CI_t - CO_t)(1+\gamma)^{-t} = 224363.16 \text{ 万元}$$

$$I = 146683.54 \text{ 万元}$$

根据传统投资决策方法，此时 $V > I$，投资者应立即进行投资，但实际上项目价值 V 和投资成本 I 在未来是不确定的，受到市场上各种风险因素的影响。项目投资额巨大，如果对项目价值估计错误，私营部门需承担巨大的沉没成本。下面采用推迟期权视角下的实物期权方法进行投资决策，确定该项目的最佳投资时机。

4.6.5.2 模型的具体运用

PPP 项目的盈利能力有限，政府会给予私营部门一些优惠条件，以吸引私营部门。在前期的谈判过程中，私营部门也希望在一段时间内，往往是特许经营合同谈判过程中，获取更多信息，消除不确定性因素的影响。此时项目存在推迟期权，私营部门可利用推迟期权来修正自身的投资决策。但这种推迟不是无限期的等待，当达到或尽可能地达到最佳投资临界值时，私营部门应立即投资，以免错过最佳投资时机，增加等待成本。

拥有推迟期权的 M 项目的真实价值，即推迟期权价值加项目净现金流折现值。确定推迟期权价值的关键在于确定影响推迟期权价值的各参数值，下面对模型中的参数进行标定。

A 参数标定

（1）项目现值 V。对于 M 项目来说，项目现值 V 就是项目的净现金流折现值，即 $V=224363.16$ 万元。投资者根据市场环境以及相关分析，得出 M 项目的第五年运营收入有 10% 的可能下降到 30350 万元，此时项目现值为 158619.76 万元；而有 90% 的可能会上升到 38000 万元，此时项目现值为 296410.72 万元。根据实物期权模型的假设，项目现值 V 服从几何布朗运动，故假设项目现值 V 服从均值为 224363.16，标准差为 55951.98 的对数正态分布，如图 4－5 所示。

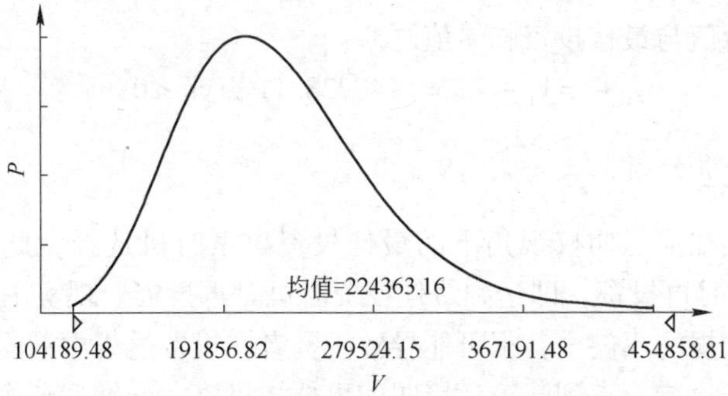

图 4－5 项目现值 V 的分布函数

（2）投资成本 I。投资成本 I 即 M 项目的投资成本折现值，即 $I=146683.54$ 万元。投资者通过分析得出项目建设期投入每年有 10% 可能下降到 35000 万元，此时投资成本 I 为 128348.094 万元；有 90% 的可能会上升到每年 45000 万元，此时投资成本 I 为 165018.98 万元。根据实物期权模型的假设，投资成本 I 服从均值为 146683.54，标准差为 14307.22 的正态分布。

（3）项目期望增长率 μ。根据同类型项目的运营情况，加上对本项目盈利能力的考察，确定 M 项目的项目期望增长率 $\mu=1.5\%$。假设项目期望增长率 μ 服从均值为 0.015，标准差为 0.005 的正态分布。

（4）期望收益波动率 σ。波动率 σ 的确定采用管理层假设法，通过上文分析可以看出，此时波动率 σ 应该为 $55951.98/224363.16=0.25$。假设波动率 σ

服从均值为0.25，标准差为0.03的正态分布。

（5）无风险收益率γ。无风险收益率γ选用短期国债的收益率，根据中国人民银行公布的金融机构贷款利率，确定无风险收益率$\gamma=6.12\%$。可以假设无风险收益率γ服从最小值为0.06，最大值为0.07的均匀分布，模拟短期国债的收益率的变动情况。

B 模型运用

最佳投资临界值V^*：

$$V^* = I\left(\frac{b_1}{b_1 - 1}\right) = 361328.88\ \text{万元}$$

推迟期权价值$F(V)$：

$$F(V) = (V^* - I)\left(\frac{V}{V^*}\right)^{b_1} = 96237.61\ \text{万元}$$

M项目真实价值V_z：

$$V_z = F(V) + V = 320600.77\ \text{万元}$$

项目真实价值与最佳投资临界值之差：

$$W = V_z - V^* = -40728.11\ \text{万元} < 0$$

C 投资时机分析

显然，根据在推迟期权视角下的最佳投资决策时机选择，此时投资者应等待，直到$W \geqslant 0$时再投资，即达到最佳投资时机时再投资。现实中由于PPP模式的相关政策和法规的不健全，很可能导致投资者在投资过程中遭受到意想不到的打击，此时选择等待，直到政策环境明朗再选择投资，能够避免由于武断投资所产生的巨大沉没成本。项目涉及高科技的运用，投资者可以等到新技术的成熟，此时项目的成本可能大幅度下降，同时，收益也可能由于新技术的运用带来了更高质量的服务，从而吸引更多的客流，使得项目的收益提高，这些都是在选择等待的过程中，投资者采取相应的管理手段所创造的价值。

下面利用Crystal Ball软件对M项目的投资决策进行敏感性分析，找出各变量变化对投资决策的影响。

4.6.5.3 敏感性分析

通过Crystal Ball软件，采用蒙特卡洛模拟法进行多因素敏感性分析。首先得出最佳投资临界值V^*、推迟期权价值$F(V)$、M项目真实价值V_z以及W的蒙特卡洛模拟值。将各参数分布情况进行整理，得到蒙特卡洛模拟输入变量表，见表4-14。

表 4-14 蒙特卡洛模拟输入变量一览表

变 量	均 值	标 准 差	分 布
项目现值 V	224363.16	14307.22	对数正态分布
投资成本 I	146683.54	14307.22	正态分布，≥0
项目期望增长率 μ	0.015	0.005	正态分布
收益波动率 σ	0.25	0.03	正态分布，≥0
无风险收益率 γ	0.0612	—	均匀分布

模拟次数为 5000 次，得到各模拟变量的中位数表，见表 4-15。该表反映出 V^*、$F(V)$、V_z 及 W 的模拟数值的概率分布情况，中位数表中的数据表示低于该概率的数值。

表 4-15 蒙特卡洛模拟分析中位数表

中 位 数	V^*	$F(V)$	V_z	W
0%	210698.78	14885.68	97995.91	-396193.14
10%	303069.39	53078.70	212349.46	-173646.38
20%	322006.61	64703.07	241861.70	-133966.68
30%	336844.28	73938.60	265944.11	-104402.61
40%	349486.43	82762.42	287797.63	-77941.67
50%	362369.41	92502.15	310566.84	-52145.56
60%	376716.23	102876.35	333945.47	-25047.49
70%	390952.49	115453.28	362795.69	5236.39
80%	409037.94	131173.89	399007.90	44362.03
90%	433075.26	159533.41	458536.53	104380.59
100%	593263.30	531852.70	1085038.23	812101.68

分析可知，V^* 的最小值为 210698.78，$V^* < 322006.61$ 的概率为 20%；$F(V)$ 的最小值为 14885.68，$F(V) < 64703.07$ 的概率为 20%；V_z 的最小值为 97995.91，$V_z < 241861.70$ 的概率为 20%；W 的最小值为 -396193.14，$W < 5236.39$ 的概率为 70%，通过 W 的累计概率分布图可知，$W < 0$ 的概率为 68.5%，即投资者选择等待的概率为 68.5%。

图 4-6～图 4-9 为 V^*，$F(V)$，V_z 以及 W 的蒙特卡洛模拟图，通过各变量的蒙特卡洛模拟图可以清晰地看出各变量的分布情况，投资者可以根据实际情况，灵活选择投资战略，选择最佳投资时机进行投资。

通过分析可知，最佳投资临界值 V^* 的分布情况和正态分布较类似。推迟期权价值 $F(V)$ 的分布情况和对数正态分布相类似。项目真实价值 V_z 的分布情况

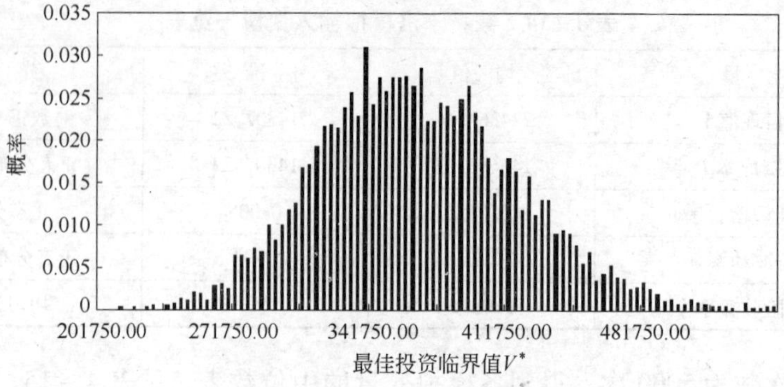

图 4-6 V^* 的蒙特卡洛模拟情况

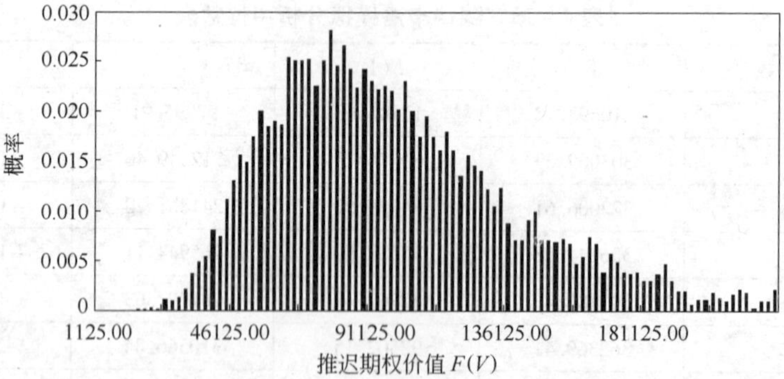

图 4-7 $F(V)$ 的蒙特卡洛模拟情况

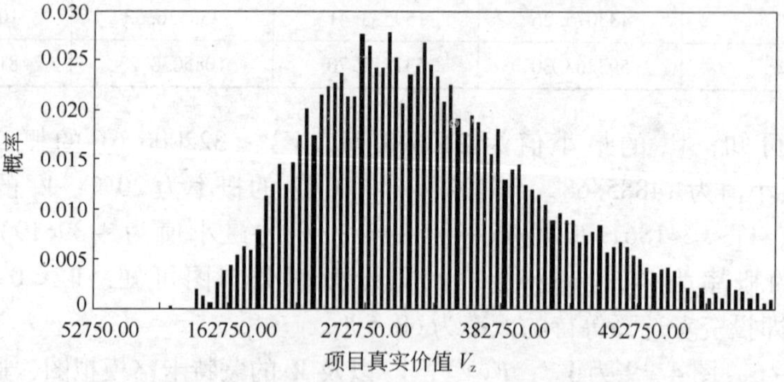

图 4-8 V_z 的蒙特卡洛模拟情况

和对数正态分布相类似，主要是由于 V_z 受项目现值 V 的影响较大。W 的分布情况和正态分布相类似。

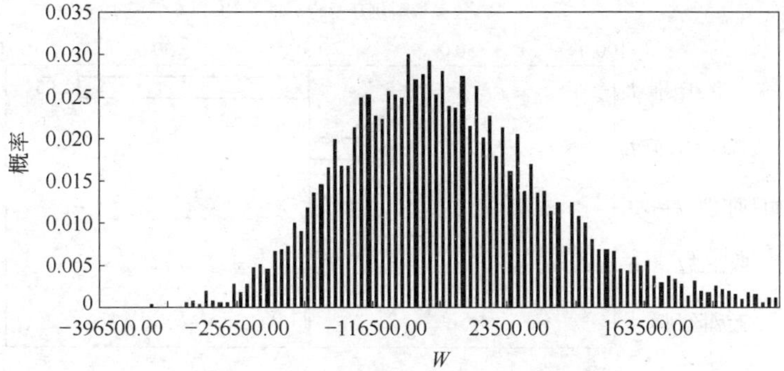

图 4-9 W 的蒙特卡洛模拟情况

对表 4-16 和图 4-10 的分析显示，W 对各因素的敏感性强弱依次为项目现值 V、投资成本现值 I、项目期望收益率 μ、收益波动率 δ、无风险利率 γ。其中，无风险利率 γ 和项目现值 V 与 W 正相关，项目期望收益率 μ、投资成本现值 I 以及收益波动率 δ 与 W 负相关。且可以看出当投资成本现值 I 减小超过 10% 之后，投资者就应该停止等待，即刻进行投资，说明当投资成本降低到一定阶段，投资者应该把握住这个时机进行投资。项目现值 V 增大 20% 之后，投资者就应该停止等待，即刻进行投资，以免错过最佳投资时机后，失去获得最大收益的机会。

表 4-16 各变量对 W 的敏感性分析表

各变量变化幅度/%	W 的值					相关关系
	-20.0	-10.0	0.0	10.0	20.0	
项目现值 V	-115737.23	-78805.25	-40728.11	-1543.49	38715.62	正相关
投资成本现值 I	47391.08	2589.52	-40728.11	-82929.44	-124267.64	负相关
项目期望收益率 μ	-26530.59	-33380.60	-40728.11	-48626.91	-57138.43	负相关
收益波动率 δ	-265.92	-19788.03	-40728.11	-63171.66	-87189.32	负相关
无风险利率 γ	-90586.43	-61918.96	-40728.11	-24366.82	-11306.80	正相关

在 PPP 项目投资决策过程中，投资者要根据市场变化情况不断调整自身战略，在没有达到最佳投资临界值时，应选择等待并积极采取管理手段收集有效信息，判断项目的真实价值是否已达到最佳投资临界值。在实际中，等待也不是无限期的，也需要考虑政府对项目的要求，在抓住最佳投资时机或接近最佳投资时机时，果断停止等待进行投资。推迟期权给予了投资者很大的灵活性，使得投资者可以审时度势，采取积极管理措施规避风险，降低项目所面临的不确定性，获得最大收益。

交通基础设施 PPP 项目的特点决定了企业在进行投资决策时，仅通过传统

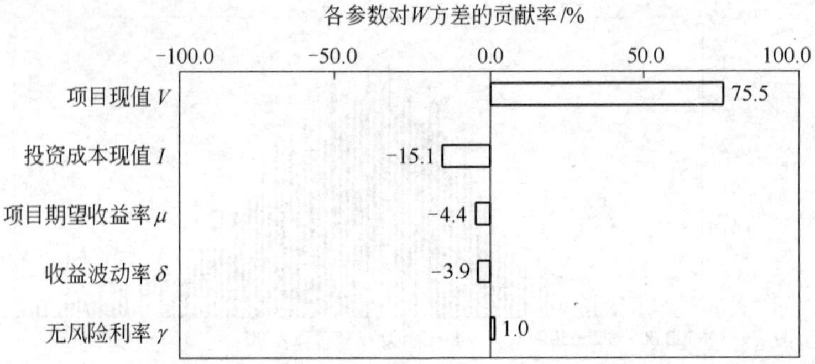

图 4-10 以各参数对 W 方差的贡献率比较敏感性对比图

决策参数来考核项目价值，容易忽视作为投资交通基础设施项目的企业，所拥有的柔性管理权利所带来的巨大期权价值，导致企业低估项目真实价值而做出错误决策。实物期权方法在评估项目的不确定性、投资不可逆性以及捕捉管理灵活性方面，比传统投资决策方法更具有优势。因此，推迟期权视角下的投资时机选择研究，为投资者提供了等待有利时机的机会，帮助投资者寻找最佳投资时点进行投资，从而规避风险，创造更大效益。

5 公路建设项目环境资源目标可持续发展

5.1 概述

环境影响评价是人们在采取对环境有重大影响的行动之前，在充分调查研究的基础上，识别、预测和评价该行动可能带来的影响，按照社会发展与环境保护相协调的原则进行决策，并在行动之前制定出消除或减轻负面影响的措施。环境影响评价目的是贯彻环境保护这项基本国策，通过评价项目拟在地区的环境质量现状，针对项目的工程特征和污染特征，预测项目建成后对当地环境可能造成的不良影响及其范围和程度，从而制定减少污染和防止环境破坏的对策，为项目选址、决策、设计提供科学依据。

5.1.1 公路建设项目环境资源目标考核任务

公路是利国利民、促进经济发展的重要基础设施，公路建设与运营过程中会产生诸如耕地减少、植被破坏、水土流失、噪声及大气污染等对环境不利的因素及环境影响。但是公路建设项目所产生的经济效益和社会效益是巨大的，在推动国民经济增长中起着举足轻重的作用，也为环境保护所需资金和技术保障提供了一定的经济支持。所以，在公路建设项目前期工作中，都要求开展相应的专项评估工作，为项目科学决策提供依据；在项目后评价工作中，也要开展相应专题评价，总结经验，吸取教训，为今后同类项目建设决策积累经验。

为保证公路建设项目环境资源目标的可持续发展，应重点考核项目在压覆矿产资源、节约能源、环境影响、水土保持、防洪及地质灾害等方面的目标，完成以下专项评估：

（1）项目可行性研究报告；

（2）项目压覆矿产资源调查报告；

（3）项目节能评估报告书；

（4）项目选址报告；

（5）项目环境影响报告书；

（6）项目水土保持方案报告书；

（7）项目特大桥防洪评价报告；

（8）项目建设场地地质灾害危险性评估报告。

5.1.2 公路建设项目环境保护

5.1.2.1 公路建设项目对环境的影响

公路施工期间的环境问题主要表现为非污染型生态环境影响。与公路施工有关的生态环境影响一般为：植被破坏、局部地貌破坏（如高填深挖等）、土壤侵蚀、自然资源（土地、水、森林、野生生物等）影响、景观影响及生态敏感区（著名历史遗产、自然保护区、风景名胜区和水源保护区）影响等。每条公路涉及的具体环境问题各不相同，主要取决于所经地域的自然环境、生态环境及地貌等。对环境的影响程度取决于公路的等级，因高速公路的工程技术标准较高，其对环境的影响最大，普通公路的环境影响较小。

公路营运期间的环境问题，主要是对沿线地区民众的生活环境造成影响，如噪声扰民、汽车排气污染空气、服务区污水及路面径流对水环境的污染等，其中噪声影响最为突出。

公路的建设和营运对沿线环境的影响，具体来说主要表现在以下几个方面：

（1）对公路沿线地区大气环境质量的影响。建设期沥青混凝土搅拌过程中沥青烟尘对公路沿线地区环境空气产生污染；营运期汽车行驶中排放的汽车尾气对沿线地区环境空气产生污染。汽车尾气中主要的污染物有一氧化碳（CO）、碳氢化合物（CH_x）、氮氧化物（NO_x）、二氧化硫（SO_2）、颗粒物质（铅化合物、碳烟、油雾）及恶臭物质。这些大都是有毒物质，有些还带有强烈刺激性，甚至有致癌作用。这些有害物质散发在空气中，通过呼吸系统进入人体，损害人的神经系统、消化系统、呼吸系统。氮氧化合物、碳氢化合物在太阳紫外线作用下产生“光化学烟雾”，既危害人体健康又污染环境。

（2）对公路沿线地区水环境的影响。如公路建设项目建设期施工现场的施工废水、营运期间生活服务区的生活污水和垃圾任意排放，公路施工中沥青、油料、化学品等建材堆放泄漏，将会对周围水体水质造成污染。尤其大型桥梁等结构施工时施工废水的任意排放将会影响到水体水质；营运期服务区污水、公路径流水及化学危险品运输车辆可能发生的交通事故使有毒、有害化学物质泄漏也可能造成水体水质的污染，对饮用水源带来一定的影响。公路建设还可能导致水路改道和开辟水道。

（3）对公路沿线地区声环境的影响。公路建设对环境的各种污染中，营运期交通噪声是污染最严重、居民最难以忍受和反映最强烈的污染。建设期施工机械噪声和营运期交通噪声对公路沿线学校、医院、村镇居民点工作生活带来了严重的影响，尤其是公路的起讫点、交通出入的城乡结合部位都是交通噪声污染严重地区。最近几年来，许多交通量大、车速高的公路建设陆续投入营运，使交通噪声扰民问题日益突出。

(4) 对公路沿线地区生态环境的影响。生态环境是指影响生态系统发展的环境条件的总体。公路建设与营运过程中，对沿线一定范围内的生态环境都会产生不同程度的影响，包括使沿线耕地减少，使植被覆盖率降低，侵蚀土壤，破坏土壤结构和肥力，影响森林、草原及野生动植物等的生态系统等。

(5) 其他影响。公路建设项目在建设期、营运期除对生态环境、声环境、水环境和大气有影响外，还会产生振动、景观环境改变等环境影响问题。公路交通振动会给人体、建筑、精密设备和文物等产生影响。

5.1.2.2 工程环境影响评价的目的

公路项目建设和运营在带来巨大经济和社会效益的同时，也将会对沿线区域的社会环境、声环境、大气环境、水环境以及生态环境等产生一定程度的负面影响，并将增加新的污染源。

按照国家对建设项目环境影响评价类别的划分原则，并考虑工程规模以及占用土地数量和工程环境特征，属于国家环保部规定的、需进行全面环境影响评价的新建公路建设项目，必须全面进行环境影响评价。

通过工程环境影响评价拟达到以下目的：

(1) 通过对该项目沿线的环境影响评价，从环境保护角度论证本工程建设选线的合理性，为工程方案的选择提供必要的科学依据。

(2) 通过公路沿线评价范围内的社会环境和自然环境的调查研究，针对本工程项目的设计、施工和营运各阶段，预测对环境的影响，提出相应的优化环境和切实可行的环境保护措施及对策。

(3) 将环境保护措施、建议和评价结论反馈于工程设计与施工，为优化工程设计提供科学依据，以减少或减缓由于工程建设而导致的对周围环境的负面影响。

(4) 为该项目的施工期、营运期的环境管理，以及沿线的经济发展、城镇建设及环境规划提供科学依据。

5.1.2.3 环境影响评价报告的主要内容

环境影响评价报告的主要内容如下：

(1) 工程分析。根据工程可行性研究报告综述工程概况，进行工程污染源及非污染生态影响因素分析，并对施工期及营运期主要环境污染排放源进行分析。

(2) 生态环境影响评价。包括对土地利用、农业生态、绿地损失及恢复、固体废弃物处置等的影响评价，着重于对沿线植被损失、基本农田保护区的影响分析，土地复垦可能性的分析和对周围景观的影响分析。

（3）水环境影响评价。工程对沿线地表水、地下水水质的影响，并提出水环境保护措施。

（4）水土保持。进行水土流失预测和评价，在此基础上，以施工临时占地和沿线设置的弃渣场为重点提出水土流失防治方案。

（5）交通运输风险分析。针对敏感路段，对工程营运期交通运输风险进行分析，并提出风险防范措施和管理对策。

（6）社会环境影响评述。包括对交通环境、社会经济、城镇规划、土地利用、拆迁安置、基础设施和居民生活质量进行分析和评述。

（7）声环境评价。在现状监测和评价的基础上，按相应的国家声环境质量标准分别进行影响预测评价，并提出防治和减缓措施，为施工期和营运期噪声治理工程和环境管理提供依据。

（8）环境空气质量评价。通过现状监测，按相应的国家环境空气质量标准，预测分析施工期粉尘、有害气体以及营运期汽车尾气对沿线环境的影响范围和程度，为环境管理提供依据。

（9）公众参与。

（10）环境保护措施及技术经济论证。

（11）环境经济损益分析。

（12）环境保护管理计划和监测计划。

5.2 区域公路网合理密度研究

公路网密度（本书指的是单位国土面积上的公路里程数，单位为 km/km^2）是衡量一个国家或地区公路发展水平的指标之一，是宏观规划公路交通的重要指标之一。本节介绍公路网规划时期公路网密度指标确定的方法，提出公路网密度发展极限的概念，将之称为极限密度法。但由于不同国家、不同地区之间的经济发展不平衡，地理条件、人口、政治环境等各方面的因素都非常复杂，所以公路网规划基本上是在一定的定量分析基础上所进行的定性研究，本节试图用简单的数学模型研究该问题。

5.2.1 极限密度法模型

人类文明发展到了今天的水平，形成了一个趋于一致的认识——人类的文明、技术、经济的发展是没有极限的，但是作为交通运输发展的阶段性表征的公路网密度的发展就不相同，公路网密度在客观上存在其发展极限。这是因为：（1）作为时间的函数，公路网密度的基本趋势是单调递增的；（2）公路网密度的发展是有界的。若全部国土面积都用来修公路，因为公路有一定宽度，单位面积内也将仅有有限的里程数。

公路网密度的发展水平是地理、经济、技术三类因素的函数，但技术因素主要通过经济因素发挥作用。因此公路网密度发展水平可简化为地理和经济两大因素的函数，即

$$\delta_i(t)=f[a_i,u_i(t)]$$

式中 i——不同国家（或地区）编号；

t——时间序数；

δ——公路网密度，km/km^2；

a——地理状态；

u——经济水平（一般用人均 GDP 指标）。

从公路运输发展的全过程看，公路网密度的发展水平应遵循生长曲线轨迹，即

$$\delta_i(t)=\frac{k_i}{1+\exp[-\varphi(u_i(t))]} \tag{5-1}$$

式中，k_i 为国家（或地区）i 的公路网密度极限。

式（5-1）是根据生长曲线模型，参考公路运输发展过程及运输量与交通基础设施的关系提出的。

由式（5-1）可得

$$\frac{\delta_i(t_1)}{\delta_j(t_2)}=\frac{1+\exp[-\varphi(u_j(t_2))]}{1+\exp[-\varphi(u_i(t_1))]}\cdot\frac{k_i}{k_j} \tag{5-2}$$

当 $u_i(t_1)=u_j(t_2)$ 时，式（5-2）成为：

$$\frac{\delta_i(t_1)}{\delta_j(t_2)}=\frac{k_i}{k_j} \tag{5-3}$$

若用 K 表示一理想地区的公路网密度极限，令 $k_i=a_iK$，并代入式(5-3)得

$$\frac{\delta_i(t_1)}{\delta_j(t_2)}=\frac{a_i}{a_j} \tag{5-4}$$

式中，a_i 为一决定国家（或地区）i 公路网密度极限的系数。

式（5-4）是在经济发展水平相等条件下（$u_i(t_1)=u_j(t_2)$），不同国家（或地区）公路网密度的跨时代联系式，其中$\frac{a_i}{a_j}$为一与时间无关的比值。

一个封闭性较强的公路网络系统（如一个国家或地区的公路网络系统）所在的区域内的公路网密度极限，只与该地区的地理状况相关，而与其他因素无关。地理状况包括地形、地貌、面积、气候等因素。这些因素很难完全数量化，更难形成一个综合量化指标。

一般情况下可用各区域内的人口密度来近似表达这一综合量化指标。首先是因为人口密度与公路网密度一样具有极限；其次在一定面积规模的区域内，人口密度极限只与其基本生活条件相关，资源分布的差异将由运输系统予以基本消除，而人类的基本生活条件是与影响公路网密度极限的地理状况基本一致的；再者，人口密度极限的空间分布对任一时期的人口密度分布的影响远远大于经济的空间分布的影响。因此用特定时期的人口密度分布来近似地代替其极限的分布，从而推导出的公路网密度极限分布有较大的置信度，是能满足中、短期预测需要的。

我国经济发展水平和交通基础设施同一些经济发达国家相比还存在着很大的差距，我们的经济水平与交通基础设施落后了近20年，早在20世纪70年代这些国家的交通基础设施已经非常先进，其公路网密度已经很高。为加强可比性，依据掌握的如表5－1所示的数据资料，用人口密度分布来推导 a_i/a_j。

表5－1　各国公路网密度及人口密度表

面积/km²	中国		美国		日本		西德		英国	
	968×10^4		940×10^4		37.7×10^4		24.7×10^4		24.4×10^4	
年份	路网密度	人口密度	路网密度	人口密度	路网密度	人口密度	路网密度	人口密度	路网密度	人口密度
1970	0.066	85.6	0.64	21.79	2.713	276.72	1.664	239.7	1.322	227.6
1972	0.073	90.4	0.65	22.21	2.751	283.33	1.807	240.2	1.343	227.8
1974	0.077	94.3	0.66	22.54	2.809	292.23	1.864	242.0	1.359	229.0
1976	0.086	97.4	0.66	23.45	2.860	299.10	1.893	240.0	1.366	228.9
1978	0.093	100.1	0.66	23.13	2.911	304.78	1.934	239.3	1.379	228.8

注：1. 路网密度单位为 km/km²；人口密度单位为人/km²。
2. 数据摘自原中国汽车工业总公司的《国内外交通运输技术经济基础统计资料》。

因为美、日两国1978年的经济发展大致处在人均GDP为10000美元的同一水平线上，公路发展水平也被公认为同一级别的，所以用表5－1中两国的数据，假设

$$\frac{a_i}{a_j}=\frac{z_i^x}{z_j^x}$$

式中　z——1978年人口密度数，万人/km²；

x——待定指数。

由式（5－4）得

$$\delta_{美}(1978年)/\delta_{日}(1978年)=z_{美}^x/z_{日}^x$$

将表5－1中的数据代入上式，得 $x=0.575542$，即

$$\frac{a_i}{a_j} = \left(\frac{z_i}{z_j}\right)^{0.575542}$$

代入式（5－4）得

$$\frac{\delta_i(u)}{\delta_j(u)} = \left(\frac{z_i}{z_j}\right)^{0.575542} \tag{5-5}$$

由式（5－5）有：

$$\delta_{中}(u=10^4) = \delta_{日}(1978\text{ 年})(z_{中}/z_{日})^{0.575542} = \delta_{美}(1978\text{ 年})(z_{中}/z_{美})^{0.575542}$$

将表5－1中的有关数据代入上式，可得

$$\delta_{中}(u=10^4) = 1.534\text{km/km}^2$$

即在人均GDP为10000美元时，中国的公路网密度值应达到1.534km/km^2。

5.2.2 理想地区公路密度极限值探讨

设公路宽度为10m，若国土面积全部用来修公路，每平方公里面积内可修100km长的公路。但所谓理想地区不仅其地理状况对修公路是理想的，而且还必须是一个有一定独立性的人类群体生活的地区。在该地区不仅需要公路网络，还应有其他交通网络；不仅有交通空间，还应有生活空间、生产空间、社交空间。因此本小节指的理想地区是：（1）该地区的地理状况对修公路而言是理想的；（2）该地区在交通空间、生活空间、生产空间、社交空间的搭配结构上对地区内的社会发展是理想的。因此可以肯定$K \ll 100$。

因为路网的形成是不可重演的，各国（或地区）的公路密度水平都还处在发展阶段，各生存空间搭配结构何为理想的标准受现有文明发展水平的局限。因此理想地区的公路网密度极限值不可能用严格的数学方法去寻求，只能用类比和情景分析相结合的方法来探讨。出于同样的理由，并考虑到美、日两国的公路网密度发展水平处于领先的地位，在极限密度法的具体应用中，没有直接采用K，而用a_i/a_j来作替代比较。

公路网密度较高的国家和城市举例如表5－2所示。

表5－2 几个数值较高的国家和城市公路网密度表

国家（城市）	时 间	公路网密度/$\text{km}\cdot\text{km}^{-2}$
法 国	1976年	2.717
日 本	1979年	2.924
上 海	1986年	3.457

表5－2中的上海指的是居住人口为非农业人口的上海市区。上海市区的实际情况与理想地区较为接近，但其公路密度将很难有大幅增长，很难设想$\delta_{上海}$会再增长一倍达到6.9km/km^2。

若公路网为均匀分布，则可将覆盖区域划分为 500m × 500m 的子块。当 $K=4$ 时，任何位置离最近的公路的距离已不足 250m；$K=8$ 时，此一距离将不足 120m。

因此我们认为 $4 \leqslant K < 8$。从目前的世界公路技术水平考虑，以一个国家或地区为描述对象的面积规模，认定 $K=4$ 是可信的，是较为合理的。

5.3 高速公路集约用地评价与优化

21 世纪初期是我国现代化建设的重要战略机遇期，也是以资源环境约束加大为主要特征的矛盾凸显期，但土地利用粗放、浪费的现象非常严重，随着近年来高速公路建设的长足发展，其占地面积也呈现逐年上升趋势，其中包括大量的优质耕地。因此，提高区域高速公路建设用地集约利用水平，坚持土地资源集约利用战略显得尤为重要。

5.3.1 区域土地集约利用内涵的再认识

5.3.1.1 土地集约利用

关于区域土地利用集约化的概念，马克思提出经济学上的所谓集约化是指资本在同一土地上集中。区域土地集约利用可以认为是要素在土地上的投入。这里把其内涵概括成几点：（1）从土地利用结构上进行的优化。各个区域的用地之间协调运作，从整体上高效的发展，不是孤立的进行。（2）各个区域布局的紧密性。集聚效应可以产生规模效益，用地布局的紧凑直接决定城市土地利用集约化程度，并且这种紧凑不是简单的线性的，而是空间的立体的。（3）综合各个区域土地功能。区域土地本身就是一个多层次的复杂体，通过实行功能上的分区，将分散的农耕、商店、村落、企业转化为比较集聚的小区，可以节约土地，改善周边环境。与此同时，又不能过分强调分区而忽视各个区域的联系，这样会降低综合区域的功能。（4）区域土地利用的充分及产出的高效性。充分利用区域土地让闲置的土地得到使用，降低房屋空置量，改造旧的土地，挖掘土地内在的潜力。单位投入所得经济产量最大，也应该包括社会、生态、产业结构的高效化。（5）土地开发的区域性。区域土地集约利用就是在用地合理的前提下，通过增加土地投入，挖掘土地潜在使用，提高其利用率，发挥最大各个方面的效益。高速公路与土地集约利用评价的目的是通过研究高速公路影响土地利用的因素，选择相关的指标和标准，评价相互协调度的效果，寻求最有利途径。

5.3.1.2 区域土地集约利用

目前区域土地集约利用的含义界定仍未形成统一，但大致分为三种观点，每种观点都是对前面观点的补充和说明。

第一种观点认为城市土地集约利用与农村土地集约利用的目的都是为了获得更好的经济效益，增加土地投入来达到土地利用率和生产率。这个观点是对区域土地最朴实的阐述，但其只看到经济的一方面，完全是经济范畴概念。

国内学者比较有代表的阐述是，土地集约利用是土地粗放经营的总称，是在科学技术不断发展进步的基础上，通过单位面积土地上集中投放劳动来提高单位产品产量与负荷能力的经营方式。另一种代表阐述是，集约度指单位土地面积上投入的资本和劳动数量，投入越多，集约度越高，反之越低。国内有学者用经济学观点阐述，集约度的提高受报酬递减规律作用。如果边际收益等于边际产出，经营者就不会继续再投入，这个临界点就是我们讲的集约边界。

第二种观点在对第一种观点的认可下，更加强调区域土地集约利用的范畴并非只有经济范畴，还需要考虑土地利用结构以及布局优化的问题，除了重视经济方面的效益外，也需要综合其他因素寻求土地可持续发展和人类宜居的根本目标。

第三种观点在上述两种观点的基础上，更强调区域土地集约利用概念的相对性，它是在特定区域特定时段里的、动态的、相对的概念，经济发展水平直接影响集约程度的标准，这个集约利用不是静态的，而是随时间空间改变而改变的，是个动态概念。

在分析现有区域土地集约利用理论和内涵的基础上，本书从整体的角度，在宏观层面上提出高速公路与区域土地集约利用的内涵。现在的目标不仅仅是追求经济效益，而是追求社会经济生态效益的和谐统一；要树立起科学利用土地的思想，明确土地利用集约度的提高不是一味增大，重点应是在这个过程中，注重城市可持续发展，从长远的角度去寻求一种平衡。

5.3.2 土地利用与经济社会的系统性分析

5.3.2.1 基于 Logistic 模型的高速公路土地利用发展规律研究

A 经济社会与土地利用的相互关系分析

通过对经济社会与土地利用相互关系的分析发现，两者之间存在着一个相互协调的过程。土地需求旺盛会引起经济社会投入的增加，提高单位面积土地的利用效率和经济效益，即土地利用的集约程度得到提高；集约利用所体现出来的高效益、高效率则有利于实现土地利用的更大功能，挖掘土地资源的利用潜力，满足经济发展的进一步需要。在这一循环过程中，两者影响不断加深，因此从长远来看，有限的土地资源和无限的需求必然会导致在土地资源既定的情况下，集约程度得到不断提高，而从某一个经济社会发展阶段来看，土地利用系统的发展受经济社会影响会表现出由粗放到集约，由不适宜时代发展的土地利用方式向适宜的利用方式转变的一般过程。

B 土地利用系统发展的非线性特性

土地利用系统是人（人类社会）地（自然环境）综合作用的结果，是一个典型的开放系统。根据自组织理论，一个开放系统要形成有序结构，其内部的相互作用必然是非线性的，因而，用非线性微分方程描述的数学模型是自组织理论建模的特点。Logistic 方程是最一般的形式，常用于描述一般发展系统的演化过程，也称为增长曲线模型。它是由比利时数学家维哈尔斯特（P. F. Verhulst）于 1838 年提出的，最初用于种群生态学的研究，其意义在于将有限的生态环境资源引入到种群规模的增长研究中，它反映种群规模的相对增长率与当时所剩余的资源分量成正比，种群密度会对种群规模增长产生抑制作用。该模型在人口统计和预测中得到推广使用并受到广泛关注，曾成功用于野生动物栖息地变化、森林火灾预测、林地退化、交通和医学等研究中。土地资源属于自然资源，数量的有限性会对土地利用系统产生强烈的制约作用，从而影响土地集约利用的总体水平、变化状况以及趋势状况。本书研究运用 Logistic 方程分析土地利用系统发展的演化过程，将影响土地利用系统发展的众多因素简化为经济社会构成的外部环境，现代文献中也将 Logistic 方程称为 Verhulst-Pearl 阻碍方程，原因是其有某种逻辑推理的含义，按现代的用语来说，它是一个说理模型。

C 高速公路土地利用系统的 Logistic 模型

用 $N(t)$ 表示土地利用系统的发展过程，则系统的增长速率可以表示为 $\mathrm{d}N(t)/\mathrm{d}t$，当系统不受外部环境影响，即系统不受限制发展时，可以将系统的增长速率视为常数，系统的增长模型用数学表示为：

$$\mathrm{d}N(t)/\mathrm{d}t = rN(t) \tag{5-6}$$

$$N(t)\big|_{t=t_0} = N_0$$

式中，r 为常数。其解 $N(t) = N_0 \mathrm{e}^{r(t-t_0)}$，即土地利用系统将以指数形式增长，其曲线可以用图 5-1 表示。

但是很明显，由于土地具有数量有限性、空间位置固定性以及土地质量差异性等特点，限制了土地利用系统的发展，特别是当土地利用发展到一定阶段，随着土地越来越稀缺，系统发展的限制性也越加明显。因此，受土地资源数量、质量边界的影响和制约，假设土地利用系统的发展速率为：

$$\frac{\mathrm{d}N}{\mathrm{d}t} = rN\left(1 - \frac{N}{K}\right) \quad 或 \quad \frac{\mathrm{d}N}{N\mathrm{d}t} = r\left(1 - \frac{N}{K}\right) \tag{5-7}$$

式中，常数 $r(r>0)$ 反映了无限制条件下的最大增长率；$K(K>0)$ 反映了土地资源限制边界。解上述方程，容易求得它满足 $N(0) = N_0$ 的解为：

$$N(t)=\frac{KN_0}{(K-N_0)e^{-rt}+N_0} \tag{5-8}$$

由此可以看出当 $t\to+\infty$ 时，$N(t)\to K$，其曲线分布如图 5－2 所示。从图中可以看到，在系统发展初期，土地资源供给相当充分，在这段时间内，系统制约影响很小，随着时间增长，土地利用加剧，土地资源限制的影响越来越明显，迫使土地利用方式发生改变，土地利用的数量渐渐趋于极限值 K。可见，土地利用系统呈现出明显的阶段性。

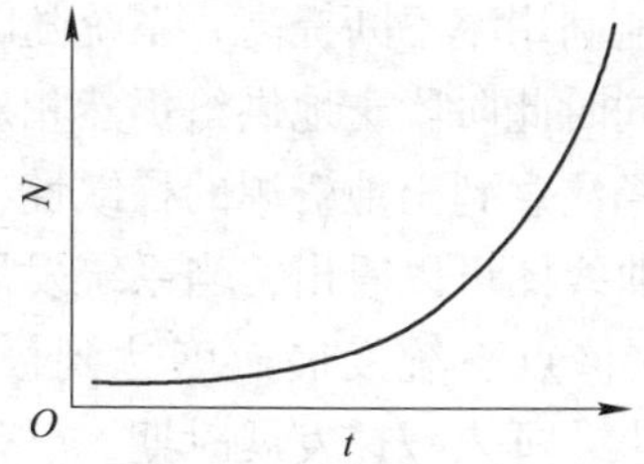

图 5－1 无约束条件下土地利用系统发展曲线

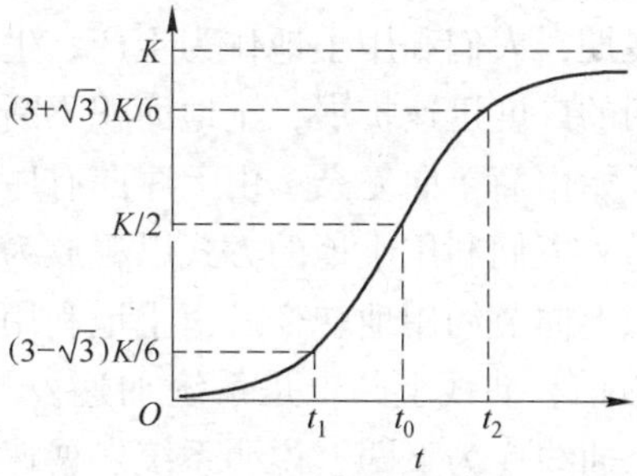

图 5－2 基于 Logistic 模型的土地利用系统发展曲线

D 基于 Logistic 模型的土地利用系统发展阶段分析

为使这种阶段性更加容易区分，对 $dN(t)/dt$ 求导可以得到 $dN(t)/dt$ 的拐点，从而可把系统发展过程划分为如表 5－3 所示的四个阶段。

表 5－3 基于 Logistic 模型的土地利用系统发展阶段划分

t	N	dN/dt	发展阶段
$(0, t_1)$	缓慢发展	上升	自然利用期
t_1	$(3-\sqrt{3})K/6$	拐点	
(t_1, t_0)	快速发展	上升	粗放利用期
t_0	$K/2$	极大	
(t_0, t_2)	继续发展	下降	集约利用期
t_2	$(3+\sqrt{3})K/6$	拐点	
$(t_2, +\infty)$	趋于极限	下降	过度集约期

按照土地利用的含义以及途径，可以依据这四个阶段土地利用的不同特点将它们分别命名为自然利用期、粗放利用期、集约利用期、过度集约期。在 $(0, t_1)$ 阶段，土地资源供给十分充足，这一时期出现在土地资源供给相对十分充足

的阶段，最为典型的如人类社会的初级阶段以及17世纪工业革命后的一段时期。原始社会地广人稀，土地利用还处于朦胧期，系统结构简单，功能单一，在很长一段时期内人类利用土地只是出于对生存的需要，土地本身与经济社会发展的关联不大；17世纪工业革命则让人们逐步摆脱了耕地资源的束缚，打破了土地利用上的“马尔萨斯陷阱”，具有更高经济效益的工业用地导致土地功能上发生改变，但同时由于工业用地供给的相对充足，经济社会高速发展对土地价值、土地集约利用并没有产生影响。经过较长一段时间的发展时期，系统发展缓慢上升到 t_1，土地利用系统达到第一个拐点。在（t_1，t_0）阶段，土地利用系统进入了快速发展期，人们利用土地作为生产、生活的场所，系统发展速度也不断上升，土地利用的广度迅速扩展，土地面积不断扩大，土地利用率不断提高，系统随时空变化开始由简单向复杂、由无序向有序转变，但同时此阶段土地供给仍然相对较为充足，人们利用土地的方式以粗放为主，但已经注意到土地资源的稀缺性，用地意识上向节约用地转变。由土地利用系统发展曲线图可以看出，当系统发展达到 t_0 以前，曲线上凸，是系统加速发展时期，在该点系统发展速度达到极大，此后，曲线变为下凹，说明系统发展速度开始减小，进入减速发展时期，t_0 是系统发展的第二个拐点。在（t_0，t_2）阶段，虽然系统的发展速度逐渐下降，仍然保持了较高水平，土地的稀缺性在此阶段开始体现出来，人们利用土地的方式开始发生转变，由过去的粗放利用过渡到集约利用。当系统发展到 t_2 时，土地利用系统达到第三个拐点，是土地利用的集约边界。在（t_2，$+\infty$）阶段，系统发展受到土地数量边界的限制，发展速度进一步下降，土地利用强度出现过大的情况，土地资源的极度稀缺强迫人们土地利用方式由数量上的扩展彻底转变为内涵挖潜，此时的土地利用进入过度集约阶段，单纯从土地数量上的供给已完全不能满足经济社会发展的需求。

土地利用系统在这四个阶段差异明显、特征显著，体现出系统作为过程而存在的特点。从整体来看土地利用系统从简单到复杂、从低级到高级、从无序到有序变化，系统结构逐渐由单一到复合，功能由简单到复杂，是其发展过程的一般规律。分阶段来看，不合理利用期土地利用系统处于无序状态，是系统发展的初级阶段，而粗放利用期、集约利用期、过度集约期体现了人与土地的相互关系。在这一过程中，土地利用方式不断发生改变，其中，不合理利用期土地资源浪费现象最为严重，其次是粗放利用期，同时由于土地具有功能不易逆转性，t_0 越靠后即粗放利用期越长，土地资源的浪费将越严重，而紧随其后的集约利用期、过度集约期将被迫压缩；过度集约期是土地利用系统受限发展的时期，系统发展已接近极限，系统功能到达极致，无论系统内部结构如何调整优化，土地利用系统很难再维持粗放利用期和集约利用期的持续增长，土地资源在此阶段将不能满足人类生产、生活乃至生存的需要，人类被迫需要开拓新的空间利用方式来满足人们生产、生活需求，应尽量避免系统进入该时期；只有集约利用期是系统发展最为合理的时期，延长这一时期需要人们在土地利用过程中，合理选择土地利用对象与利益方式，珍惜每一寸土地，节约集约利用土地资源，减少和杜绝浪费现象，使有限的土地资源更好地满足人类社会发展的需求。

5.3.2.2 基于土地报酬递减规律的高速公路土地集约利用经济社会特征研究

根据“土地报酬递减规律”，土地资源利用收益呈现一个从递增到递减的明显变化规律。如果从总产出（TPP）、平均产出（APP）和边际产出（MPP）角度进行考查，土地资源利用集约化程度也存在从不集约到集约再到过度集约的变化过程，可以划分为以下几个阶段（如图5-3所示）：

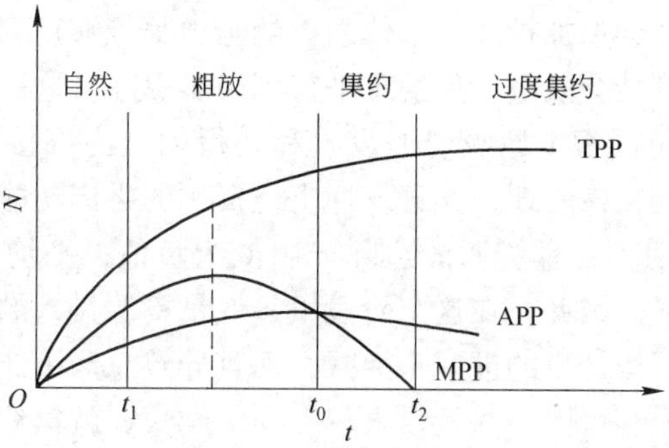

图5-3 经济社会效益与土地利用的阶段性变化示意图

（1）自然利用期。该阶段联系着上一阶段的过度集约利用期和新一阶段的粗放利用期，土地资源数量相对充裕或者产出效益相对较低，土地利用处于无序阶段，经济社会对其影响较为有限，土地利用系统的发展和经济社会的发展比较缓慢，两者的相互联系也不强烈，在图5-3中很难用明显的经济社会特征加以区分。

（2）粗放利用期。每增加一单位变量资源（如资本或劳力）投入，都能够使产出急剧增加，边际产出在递增到一定程度后逐渐转为递减（边际产出仍大于平均产出），但并不影响每一单位投入的平均产出的继续递增，总产出也一直处在递增态势。由于这一阶段所投入的变量资源在数量上并未与作为固定资源的土地达到协调一致，土地生产潜力没有被充分发掘出来，因此，如果变量资源充裕，应该进一步加大投入，以使总产出和平均产出继续提高，否则土地资源利用就处于粗放状态，达不到集约利用的目的。在发展接近 t_0 时，对土地资源的单位投入所带来的平均产出接近最大值，即达到图5-3中所示的 t_0 拐点，作为区分粗放利用和集约利用重要标志，该拐点以前，平均产出（APP）都呈现递增趋势，投入引起土地利用效益的提高十分显著，集约度变化速率不断上升；在 t_0 拐点以后，平均产出（APP）呈现递减趋势，由于追加边际投入仍能带来土地利用效益的提高，土地集约利用水平还会继续提高，但提高速率受总体集约程度的抑制作用，随投入规模的增加反而在下降。

（3）集约利用期。随着单位投入的边际产出继续递减，变量资源的边际产出开始小于平均产出，边际产出和平均产出均随着变量资源投入的增加而下降，但仍为正值，直至边际产出为0，但是这并不妨碍总产出（TPP）的继续增加，就不必担心边际产出和平均产出的递减，但一旦总产出达到最高点，即图5－3中所示的 t_2 拐点，变量资源投入也就达到了最集约的状态，不宜再继续加大投入。可见，在（t_0，t_2）的土地集约利用期，土地利用的产出效益和生产效率趋近于最大化，土地利用结构和利用程度接近于最佳状况，由于边际产出仍为正值，能够吸引经济社会追加投入，单位面积的土地都能够得到相当规模的投入水平和产生巨大的经济社会效益，集约水平得到稳步提高。这一阶段是土地利用的“黄金时期”，以单位面积土地吸引的投入和获得的产出都接近整个发展时期的最高水平，应尽量延长该时期，充分发挥土地资源的生产功能。

（4）过度集约期。变量资源的边际产出变为负值，平均产出继续递减，总产出也开始趋于下降。因此，在这个阶段里，变量资源投入的增加，不仅导致边际产出的负增长和平均产出的进一步递减，而且导致总产出递减。反映在投入产出效果上，早已经无利可图，并且投入越多损失越大，就集约利用程度而言，就体现了所谓的过度集约现象。

土地利用系统与外部环境的阶段性分析见表5－4。

表5－4 土地利用系统与外部环境的阶段性分析

t	发展阶段	阶段性质
（0，t_1）	自然利用期	TPP、APP、MPP缓慢增长
（t_1，t_0）	粗放利用期	TPP递增，APP递增，MPP递减
t_0		TPP递增，APP极大，MPP递减
（t_0，t_2）	集约利用期	TPP递增，MPP递减，APP递减
t_2		TPP极大，APP递减，MPP≈0
（t_2，+∞）	过度集约期	TPP递减，MPP<0

5.3.2.3 区域土地集约利用评价方法和指标体系的构建

区域土地利用集约水平的评价涉及面广，不同层次的评价指标和方法都有不同，国内外学者都对集约度的评价做了大量有益的研究。综合学术界的研究成果，对于区域土地集约利用水平的评价,时空尺度大,土地用途复杂,不同区域间评价的侧重点各有不同,为忽略这些差异的影响,根据土地利用与经济社会关系系统分析结果,从土地利用的经济、社会效益出发,站在宏观层面尽量全面地反映区域土地集约利用水平。基于上述评价思路,以土地利用阶段与经济社会关系的系统性分析为依据,区域土地利用评价分为定性评价和定量评价两个主要过程。

A 定性评价

定性评价的主要目的是判断区域土地利用所处阶段，是将土地利用置于区域经济社会发展之中，站在宏观层面把握区域经济社会和土地利用的总体发展趋势，初步定性判断有助于确定合乎实际的土地利用目标和方案。选择用区域土地上投入劳动力、资金量的情况综合判断土地集约利用水平，具体的指标体系如表5-5所示。

表5-5 区域土地集约水平定性评价指标体系

指 标	指 标 含 义	指 标	指 标 含 义
Lused	区域内已利用土地面积	Lcstr	区域内建设用地面积
Tpop	区域内总人口数量	TGDP	区域国内生产总值
Apop	人均用地面积	AGDP	万元国内生产总值用地
Mpop	人均与用地增长弹性系数	MGDP	国内生产总值与用地增长弹性系数

评价方法以趋势判断为主，以人口与土地利用关系为例，分别分析人口总量变化（Tpop）、人均用地面积（Apop）以及土地面积与人口的弹性系数的变化（Mpop），根据土地利用不同发展阶段的性质特征，可以得到人口与土地利用变化的趋势。

人口发展与土地利用的变化趋势分析及阶段判断见表5-6。

表5-6 人口发展与土地利用的变化趋势分析及阶段判断

序号	Lused	Tpop	Apop	Mpop	趋 势 分 析	阶段判断
1	增长	增长、不变或减少	增长	增长	土地用地扩展速度大于人口扩展速度，利用方式进一步粗放	自然利用期或不合理利用期
2	增长	增长	增长	减小	土地用地扩展速度大于人口扩展速度，利用方式较为粗放，但向集约转变	粗放利用期
3	增长	增长	减小	增长	土地用地扩展速度小于人口扩展速度	集约利用期
4	增长	增长	减小	减小	土地扩展增长缓慢，人口进一步增长，利用方式趋于集约	集约利用期或过度集约期
5	不变或减少	增长	增长	增长	已突破土地利用限制	

B 定量评价

定量评价是基于对土地利用所处阶段的定性分析，对区域土地集约利用水平进行量化的过程，其目的是客观科学地反映土地利用同经济社会的相互关系，通过选择合适的评价指标及评价方法，从宏观上进行多方面的区域土地利用集约评价，发现土地利用问题所在，从微观上评价区域内各地类的集约利用水平，作为制定集约用地标准的依据，控制各类用地规模，促进土地利用方式向集约转变。

综合评价法是定量评价最为常用的方法之一，它能够从影响土地集约利用的不同方面出发全面研究土地利用状况，并容易从评价中反映具体问题同时形成整体评价结果。其主要步骤包括两步：一是设计定量化评价指标体系以及确定各因子指标权重；二是计算各因子指标分值，在单项评价的基础上，得到区域土地利用集约指数。

(1) 评价指标体系。根据对土地集约利用的系统性分析，综合目前国内学者对土地集约利用的研究成果，从反映区域土地集约利用特征出发，确定土地承载力、土地集约利用趋势、土地产出效率和人地协调程度作为评价指标体系的准则层，并经过筛选确定了共 9 个基础指标构成指标层，完整的评价指标体系如表 5 -7 所示。

表 5 -7 区域建设用地集约评价指标体系

准则层	指标序号	指 标 层	单 位	权重
土地承载力 (0.432)	1	人口密度	人/km^2	0.633
	2	人均建设用地面积	m^2	0.26
	3	建设用地固定资产投资强度	万元/km^2	0.105
土地产出 (0.226)	4	单位面积建设用地 GDP	万元/km^2	0.484
	5	单位面积建设用地第二、三产业	万元/km^2	0.291
	6	单位建设用地社会消费品总额	万元/km^2	0.224
集约利用趋势 (0.342)	7	人口与建设用地增长弹性系数	—	0.333
	8	GDP 与建设用地增长弹性系数	—	0.333
	9	固定资产投资与建设用地增长弹性系数	—	0.333

(2) 确定指标权重。指标权重的确定即是确定各指标对于土地集约利用水平的影响程度。由于各指标的内涵以及影响程度的大小难以用数量确定，因此采用层次分析法和德尔菲法相结合的方式综合确定指标权重。层次分析法是把问题层次化，按问题性质和总目标将整个系统划分为不同层次，构成一个多层次的分

析结构模型，然后运用矩阵形式判断各层次相对于目标层的相对重要性权值，确定出各要素的权重 ω_i，最后进行综合评价。确定权重完成后，须按公式 $CI=(\lambda_{max}-n)/(n-1)$，$CR=CI/RI$ 进行一致性检验，CI 越大代表矩阵一致性越差，计算得该指标体系 $CI=0.011$，$CR=0.012$，一般认为当 $CR<0.1$ 时，认为判断矩阵具有满意一致性。

（3）指标分值计算。为了使各项数据具有可比性，须将原始数据无量纲化。从前文分析来看，土地集约利用是一个相对概念，同一区域不同时期、同一时期不同区域集约含义都可能发生改变，依据评价值与基准值的差距程度进行标准化，各指标标准化分值 $a_i=|S_{ij}-S_{i0}|/(\max S_{ij}-\min S_{ij})$，其中 S_{ij} 表示区域 j 第 i 项评价指标的实际值，S_{i0} 表示第 i 项评价指标的基准值。

（4）总体评价结果。对指标进行标准化后，按照公式 $A_i=\sum a_i w_i$ 计算总体评价分值。

5.3.3 区域高速公路发展评价指标体系

5.3.3.1 高速公路与区域经济发展的系统性分析

区域经济必须在不断扩大横向经济联系、不断与外界分工协作、不断进行商品技术与信息传递的交流中实现发展。我国区域经济发展的相对独立性增强，建立在区域分工基础上的商品交换使得区域之间的经济联系频繁而密切，高速公路建设项目有利于优化配置区域经济内部各生产要素，有助于更好地发展区际横向联系和协作，更好地开发资源，发挥优势，繁荣市场，满足需要，更好地解决国民经济统一性和区域经济相对独立性的矛盾，把区域优势转化为国民经济整体优势，实现区域经济效益和国民经济效益的最优结合。交通运输业作为国民经济的一个重要部门，是区域经济组成的要素之一，与地区各部门之间有着密切联系。高速公路建设项目则是区域内最重要的基础设施之一，是建立区域经济体系的重要环节。高速公路运输以其灵活、快捷的门到门运输特点，在交通运输方面占有重要地位。高速公路建设项目提高了区域交通运输能力，为区域经济发展奠定了坚实的物质基础，对国民经济实现有效供给提供了有力保障。高速公路项目的建设使交通运输能够满足区域社会经济发展的需求，促进区域经济结构和运输能力的协调，从而促进区域经济发展。

随着经济水平的逐渐提高，交通运输与区域经济的关系愈加趋于紧密，两者在多方位、多层次相互作用和影响，逐渐发展为一个有机的整体，交通运输业的发展水平往往代表了一个地区的经济发展水平。若交通运输的发展水平适度超前一些，区域内的部门经济或企业的发展就具备了比较好的条件，如果交通运输发展滞后，就会抑制这些部门或企业的发展，甚至对整个区域经济的发展产生不利影响。

从高速公路与区域经济的相互关系来看，高速公路促进了经济社会发展。高速公路通行能力大、速度快、经济、安全、舒适的特点，有利于提高运输效率，保障运输安全，促进资源的高效利用，在区域经济社会发展过程中发挥的作用越来越重要，主要体现在以下几方面：

(1) 不断推进区域城市化发展进程，缩小城乡差距；

(2) 促进区域农业现代化、工业化发展；

(3) 促进区域旅游业发展；

(4) 促进区域经济的协调发展；

(5) 改善投资环境，增加对外资的吸引力，促进区域外向型经济发展。

5.3.3.2 影响高速公路发展的主要因素

影响高速公路发展的因素有很多，其中最主要的影响因素有以下几个方面：

(1) 人口数量、城市化水平及城镇分布。公路交通的主要功能之一是满足人们出行的需要，在经济发展水平一定的情况下，人口的数量、城市化水平及城镇的分布，对高速公路的发展有重要影响。人口数量大、城市化水平高、城镇数量多且分布相对分散，则在满足同等交通水平条件下，需要的高速公路里程要长，反之，则需要的高速公路总里程要短。

(2) 经济发展水平、经济结构及产业布局。高速公路作为重要的交通基础设施，为社会发展和经济建设服务是公路建设的最根本前提和出发点，其建设的目标是满足经济社会发展需求，改善交通运输环境和质量。因此，区域经济发展水平、经济结构、产业布局等都直接影响着对高速公路的需求程度。

(3) 土地资源及地理特征。高速公路的发展规模直接受到土地资源的限制，当高速公路密度达到一定水平后，再增加路网里程，从路网效率、土地资源利用等意义上都是不合理的。因此，高速公路规模不可能无限制扩大，存在着一个趋于稳定的合理规模。与此同时，高速公路的发展还受到区域地理特征的影响，其中包括地形地质特征、地理区位特征等多个方面。地理特征存在明显差异的不同地区，对高速公路的需求也不相同。

5.3.3.3 区域高速公路发展评价指标体系

在上述影响高速公路-经济系统发展的几个主要因素中，经济发展水平、经济结构、产业布局、人口数量、城市化水平及城镇分布等因素是在不断变化的，而土地面积、地理特征则是相对稳定的。依据这几个方面，建立该子系统的评价指标体系，如表5-8所示。

表 5-8 区域高速公路发展评价指标体系

准则层	指标层	指标含义	单位	权重
总量	L	高速公路里程	km	0.08
社会	AL	人均高速公路里程	km/万人	0.06
	QP	高速公路旅客运输量	万人/km	0.06
	QG	高速公路货物运输量	万吨/km	0.35
经济	AGDP	万元 GDP 所需高速公路里程	km	0.15
	ARS	万元社会消费品零售额所需高速公路里程	km	0.15
结构布局	KL	高速公路国土系数	km	0.15
	DL	高速公路连通度	km/万人	0.08

A 总量指标

高速公路里程是一个区域高速公路的总长度，反映区域高速公路的总量状况。

B 社会联系指标

人均高速公路里程是高速公路里程和区域人口总数的比值，反映区域人均拥有的高速公路里程状况。

高速公路旅客运输量是区域总的旅客运输量和区域高速公路总里程的比值，反映高速公路的平均运载旅客状况，同理，高速公路货物运输量是区域的总货物运输量和区域高速公路总里程的比值，反映区域高速公路的平均运载货物状况。

C 经济联系指标

万元 GDP 所需高速公路里程是指区域高速公路总里程和区域国民生产总值的比值，反映了一个地区经济增长对高速公路的依赖程度，比值越高，说明经济发展对高速公路的需求也较高。万元社会消费品零售额所需高速公路里程是指区域高速公路总里程和区域社会消费品零售总额的比值，反映区域消费水平对高速公路的依赖程度，比值越高，说明消费品零售对高速公路也有着较高的需求。

D 路网结构布局指标

国土系数是公路网规划常用的指标之一，它是利用区域面积、人口、经济发展水平等社会经济指标来计算区域内理论高速公路网规模，可用下式表示：

$$L = K\sqrt{PA}$$

式中，L 表示公路总里程，km；K 表示区域总面积，$10^3 km^2$；P 表示区域内总人口，千人；A 表示高速公路网系数。

连通度表征公路网的通达深度，通过考察网络交通节点（公路交叉口或城镇交通枢纽）的连通状况，从路网布局方面反映公路网的结构特点，其定义为规划区域内各节点间依靠公路相互连通的强度，公式上是指构成公路网络的边数与其节点数的比值。连通度为 1 时路网为树状结构，为 2 时路网为方格状，为 3 时呈方格 + 对角线形。

路网长度、连通度、节点数之间的关系表达公式为：

$$L_{\mathrm{N}} = D_{\mathrm{N}}\zeta\sqrt{AN}$$

式中，L_{N} 表示公路网长度；D_{N} 表示路网连通度；ζ 表示非线性系数；A 表示区域面积；N 表示节点个数。

高速公路在经济活动中初步显现了时间和空间效益，大大地缩短了城市之间的时空距离，极大地方便了全社会的生产、生活和经济往来，加快了经济区域间人员、商品、技术、信息的流通，有效地降低了运输成本，实现了资源的有效配置及经济市场的快速拓展。

5.3.4 区域土地与高速公路协调度评价方法

复合系统最大的特点是复杂性，这种复杂性不仅表现在因素众多，关联关系复杂，而且表现为系统原理和机制的复杂性。这种原理和机制的复杂性可分为纵向和横向两种，纵向的复杂性表现为对于某些系统无法用少数的原理和机制去解释大量元素之间的关系，而需要用逐层分析的方法将复合系统分成若干子系统，每个子系统又分成更低层次的子系统，才能弄清其原理和机制，且各层次之间的原理又有所不同。横向的复杂性则表现为在相同层次的不同子系统之间也存在原理和机制的差异。使复合系统的整体性能达到最优（或次优），关键在于协调各子系统之间（横向和纵向）及系统内各要素之间的关系。

根据协同论的基本原理，协调程度决定了系统在达到临界区域时走向何种序与结构，或称决定了系统由无序走向有序的趋势。协调度是指系统之间或系统要素之间在发展过程中和谐一致的程度，描述了系统内部各要素或子系统间协调状况的好坏，体现系统由无序走向有序的趋势。协同论认为，系统走向有序的机理不在于系统现状的平衡或不平衡，也不在于系统距平衡态有多远，关键在于系统内部各子系统间相互关联的“相互作用”，它左右着系统相变特征和规律，协调度正是这种系统作用的量度。

复合系统协调是描述复合系统的内部构成协调、子系统功能协调、目标协调、组织管理协调以及与外部环境协调关系的函数。其值越大，系统各种关系的匹配程度和内外适应程度越高，复合系统的总体功能就越大。

在评价系统协调性的研究上，方法有很多，如层次分析法、模糊评价法等，但上述方法由于主观性强，相关约束性很难客观反映出来，这对于评价土地利用和高速公路这两个相关性较低且认识不充分的子系统来说并不合适。利用数据包络分析（DEA）可以考察土地利用和高速公路组成的复合系统集约发展在前沿面上的规模有效性和技术有效性，同时还能对决策单元进行优化，得到相对效率最优值，指出非有效单元在某些指标上的不足与调整方向，有利于辅助高速公路用地的决策。

数据包络分析（data envelopment analysis，DEA）是美国著名运筹学家 A. Charnes 等人以相对效率概念为基础发展起来的一种效率评价方法。具有单输入单输出的过程或决策单元，其效率可简单地定义为输出/输入。A. Charnes 等人将这种思想推广到具有多输入多输出的生产有效性的分析上。对具有多输入多输出的生产过程或决策单元，其效率可类似定义为输出项加权和/输入项加权，形成了仅仅依靠分析生产决策单元（DMU）的投入与产出数据，来评价多输入与多输出决策单元之间相对有效性的评价体系。这种评价体系以数学规划为工具，综合分析输入输出数据，通过线性优化得出每个指标的最优权重及 DMU 效率的相对指标，据此将所有 DMU 定级排队，确定相对有效的 DMU，并指出其他 DMU 非有效的原因和程度。

DEA 中最常用的 C^2R 模型可以表示为：

$$\min\left[\theta - \varepsilon\left(\sum_{r=1}^{t} S_r^+ + \sum_{i=1}^{m} S_r^-\right)\right]$$

$$\text{s.t.}\begin{cases}\sum_{j=1}^{n} \lambda_j x_{ij} + S_i^- = \theta x_{i0} \\ \sum_{j=1}^{n} \lambda_j y_{rj} - S_r^+ = y_{r0} \\ \lambda_j \geqslant 0,\ j = 1,2,\cdots,n \\ S_i^- \geqslant 0, S_r^+ \geqslant 0\end{cases}$$

式中，j 称为决策单元 DMU，评价指标体系由 m 个投入和 t 个产出指标组成；x_{ij} 为第 j 个决策单元对第 i 种类型投入的投入量；y_{rj} 为第 j 个决策单元对第 r 种类型产出的产出量；S_i^- 与 S_r^+ 分别为松弛变量；ε 为非阿基米德无穷小量，在计算时通常取 $\varepsilon = 10^{-6}$；λ_j，S_r^+，S_i^-，θ 为待估计参量。

5.4 高速公路交通噪声影响预测

5.4.1 交通噪声预测模型

根据拟建公路工程特点、沿线环境特征及工程设计的交通量等因素，声环境影响预测选用《环境影响评价技术导则 声环境》（HJ 2.4—2009）中推荐的公路噪声预测模式计算。

5.4.1.1 第 i 类车等效声级的预测模式

$$L_{eq}(h)_i = (\overline{L_{oE}})_i + 10\lg\left(\frac{N_i}{v_i T}\right) + 10\lg\left(\frac{7.5}{r}\right) + 10\lg\left(\frac{\psi_1 + \psi_2}{\pi}\right) + \Delta L - 16 \qquad (5-9)$$

式中 $L_{eq}(h)_i$——第 i 类车的小时等效声级，dB(A)；

$(\overline{L_{oE}})_i$——第 i 类车速度为 v_i；水平距离为 7.5m 处的能量平均 A 声级，dB(A)；

N_i——昼间、夜间通过某个预测点的第 i 类车平均小时车流量，辆；

r——从车道中心线到预测点的距离，m；

v_i——第 i 类车的平均车速，km/h；

T——计算等效声级的时间，h；

ψ_1，ψ_2——预测点到有限长路段两端的张角、弧度，如图 5-4 所示；

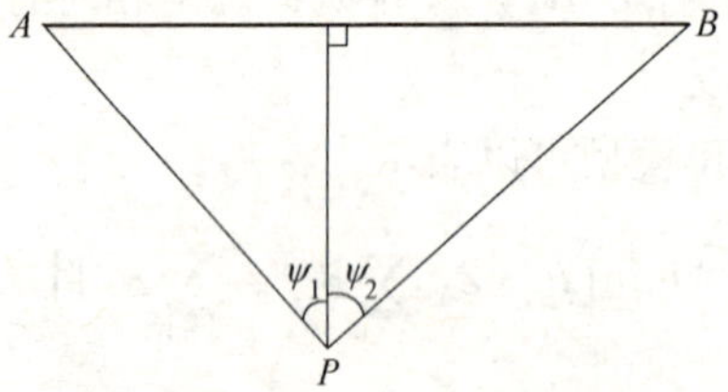

图 5-4 有限路段噪声预测示意图

AB—路段；P—预测点

ΔL——由其他因素引起的修正量，dB(A)，可按下式计算：

$$\Delta L = \Delta L_1 - \Delta L_2 + \Delta L_3 \qquad (5-10)$$

$$\Delta L_1 = \Delta L_{坡度} + \Delta L_{路面} \qquad (5-11)$$

$$\Delta L_2 = A_{atm} + A_{gr} + A_{bar} + A_{misc} \qquad (5-12)$$

ΔL_1——线路因素引起的修正量，dB(A)；

ΔL_2——声波传播途径中引起的衰减量，dB(A)；

ΔL_3——由反射等引起的修正量，dB(A)；

$\Delta L_{坡度}$——公路纵坡修正量，dB(A)；

$\Delta L_{路面}$——公路路面材料引起的修正量，dB(A)；

A_{atm}——空气吸收引起的衰减量，dB(A)；

A_{gr}——地面效应引起的衰减量，dB(A)；

A_{bar}——屏障衰减量，dB(A)；

A_{misc}——其他多方面引起的衰减量，dB(A)。

5.4.1.2 总车流等效声级

总车流等效声级为：

$$Leq(T)=10\lg(10^{0.1Leq(h)_{大}}+10^{0.1Leq(h)_{中}}+10^{0.1Leq(h)_{小}}) \quad (5-13)$$

式中 $Leq(h)_{大}$、$Leq(h)_{中}$、$Leq(h)_{小}$——大、中、小型车辆昼间或夜间，预测点接收到的交通噪声值，dB(A)；

$Leq(T)$——预测点接收到的昼间或夜间的交通噪声值，dB(A)。

预测模式的适用范围为：预测点在距噪声等效行车线7.5m以远处。

5.4.1.3 预测点昼间或者夜间环境噪声计算公式

环境噪声计算公式如下：

$$L_{Aeq预}=10\lg\left|10^{0.1(L_{Aeq交})}+10^{0.1(L_{Aeq背})}\right| \quad (5-14)$$

式中 $\Delta L_{Aeq预}$——预测点昼间或夜间的环境噪声预测值，dB(A)；

$\Delta L_{Aeq背}$——预测点预测的环境噪声背景值，dB(A)。

5.4.2 交通噪声预测参数

5.4.2.1 车型比

车型分为小、中、大三种，车型分类标准见表5-9，车型比例按照交通量调查结果确定。

表5-9 车型分类标准表

车 型	汽车总质量
小 型 车	≤3.5t，M1，M2，N1
中 型 车	3.5t~12t，M2，M3，N2
大 型 车	>12t，N3

注：小型车一般包括小货车、轿车、7座（含）以下旅行车等；大型车一般包括集装箱车、拖挂车、工程车、大客车（40座以上）、大货车等；中型车一般包括中货、中客（7~40座）、农用三轮、四轮等。大型车和小型车以外的车辆，可按相近归类。

5.4.2.2 源强修正

A 线路因素引起的修正量（ΔL_1）

a 纵坡修正量（$\Delta L_{坡度}$）

公路纵坡修正量$\Delta L_{坡度}$可按下式计算：

大型车 $\Delta L_{坡度}=98\beta$

中型车 $\Delta L_{坡度}=73\beta$

小型车 $\Delta L_{坡度}=50\beta$

式中 β——公路纵坡坡度,%。

b 路面修正量（$\Delta L_{路面}$）

不同路面的噪声修正量见表 5－10。

表 5－10 常见路面噪声修正量 （dB(A)）

路面类型	不同行驶速度修正量		
	30km/h	40km/h	≥50km/h
沥青混凝土路面	0	0	0
水泥混凝土路面	1.0	1.5	2.0

注：表中修正量为式（5－9）中的 $(\overline{L_{oE}})_i$ 在沥青混凝土路面测得结果的修正。

B 声波传播途径中引起的衰减量（ΔL_2）

a 屏障衰减量（A_{bar}）

（1）无限长声屏障衰减量。无限长声屏障衰减量可按下式计算：

$$A_{bar}=\begin{cases}10\lg\left[\dfrac{3\pi\sqrt{(1-t^2)}}{4\arctan\sqrt{\dfrac{(1-t)}{(1+t)}}}\right] & \left(t=\dfrac{40f\delta}{3c}\leqslant 1\right)\\[2ex] 10\lg\left[\dfrac{3\pi\sqrt{(t^2-1)}}{2\ln(t+\sqrt{t^2-1})}\right] & \left(t=\dfrac{40f\delta}{3c}>1\right)\end{cases} \tag{5-15}$$

式中 f——声波频率，Hz；

δ——声程差，m；

c——声速，m/s。

在公路建设项目评价中可采用 500Hz 频率的声波计算得到的屏障衰减量近似作为 A 声级的衰减量。

（2）有限长声屏障衰减量。A_{bar} 仍由式（5－15）计算，然后进行修正，修正后的 A_{bar} 取决于遮蔽角 β/θ。无限长屏障声衰减为 8.5dB，若有限长声屏障对应的遮蔽角百分率为 92%，则有限长声屏障的声衰减为 6.6dB。

（3）高路堤或低路堑两侧声影区衰减量。高路堤或低路堑两侧声影区衰减量 A_{bar} 为预测点在高路堤或低路堑两侧声影区内引起的附加衰减量。当预测点处于声照区时，$A_{bar}=0$；当预测点处于声影区，A_{bar} 决定于声程差 δ。

由图 5 -5 计算 δ，$\delta = a + b - c$。再由图 5 -6 查出 A_{bar}。

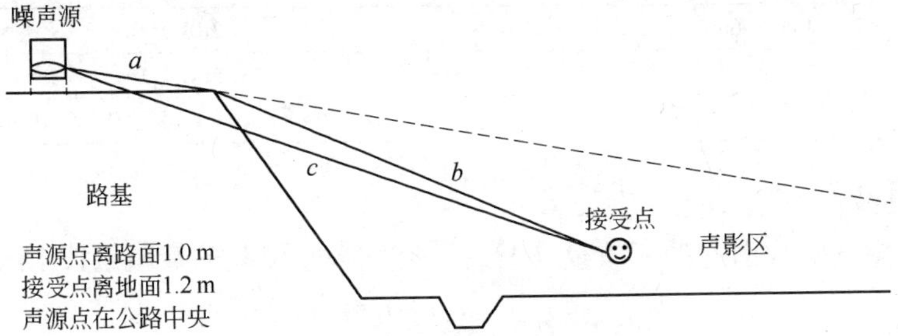

图 5 -5　声程差 δ 的计算示意图

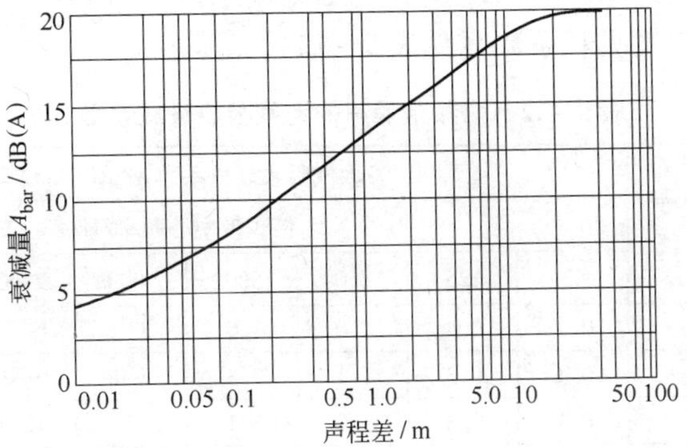

图 5 -6　噪声衰减量 A_{bar} 与声程差 δ 的关系曲线（$f = 500$Hz）

（4）农村房屋噪声附加衰减量估算值。农村房屋噪声附加衰减量可参照《户外声传播衰减　第二部分　一般计算方法》（GB/T 17247.2）附录 A 进行计算，在沿公路第一排房屋声影区范围内，近似计算可按图 5 -7 和表 5 -11 取值。

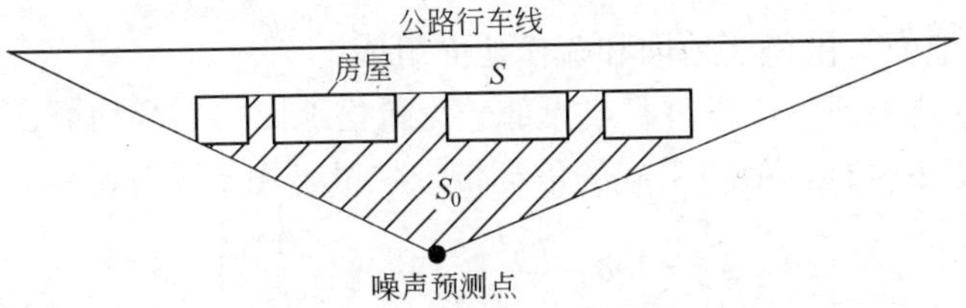

图 5 -7　农村房屋噪声附加衰减量近似计算示意图

图 5 -7 中，S 为第一排房屋的面积和，S_0 为阴影部分（包括房屋）的面积。

表 5－11 农村房屋噪声附加衰减量估算量

S/S_0	A_{bar}
40%～60%	3dB（A）
70%～90%	5dB（A）
以后每增加一排房屋	1.5dB（A），最大衰减量不大于 10dB（A）

b 衰减量 A_{atm}，A_{gr}，A_{misc}

（1）空气吸收引起的衰减量（A_{atm}）。空气吸收引起的衰减量按下式计算：

$$A_{atm} = \frac{a(r - r_0)}{1000} \tag{5-16}$$

式中，a 为温度、湿度和声波频率的函数；r 为预测点距离声源的距离；r_0 为参考位置距离声源的距离。预测计算中一般根据建设项目所处区域常年平均气温和湿度选择相应的空气吸收系数（见表 5－12）。

表 5－12 倍频带噪声的大气吸收衰减系数 α

温度/℃	相对湿度/%	大气吸收衰减系数 α/dB·km^{-1}							
		倍频带中心频率/Hz							
		63	125	250	500	1000	2000	4000	8000
10	70	0.1	0.4	1.0	1.9	3.7	9.7	32.8	117.0
20	70	0.1	0.3	1.1	2.8	5.0	9.0	22.9	76.6
30	70	0.1	0.3	1.0	3.1	7.4	12.7	23.1	59.3
15	20	0.3	0.6	1.2	2.7	8.2	28.2	28.8	202.0
15	50	0.1	0.5	1.2	2.2	4.2	10.8	36.2	129.0
15	80	0.1	0.3	1.1	2.4	4.1	8.3	23.7	82.8

（2）地面效应衰减量（A_{gr}）。地面类型可分为以下几种：

1）坚实地面，包括铺筑过的路面、水面、冰面以及夯实地面。

2）疏松地面，包括被草或其他植物覆盖的地面，以及农田等适合于植物生长的地面。

3）混合地面，由坚实地面和疏松地面组成。

声波越过疏松地面传播时，或大部分为疏松地面的混合地面，在预测点仅计算 A 声级前提下，地面效应引起的倍频带衰减量可用下式计算：

$$A_{gr} = 4.8 - \left(\frac{2h_m}{r}\right)\left[17 + \left(\frac{300}{r}\right)\right] \tag{5-17}$$

式中 r——声源到预测点的距离，m；

h_m——传播路径的平均离地高度，m。

若 A_{gr} 计算出为负值，则 A_{gr} 可用“0”代替。

其他情况可参照《户外声传播衰减　第二部分　一般计算方法》（GB/T 17247.2）进行计算。

（3）其他多方面原因引起的衰减量（A_{misc}）。其他衰减包括通过工业场所的衰减、通过房屋群的衰减等。在声环境影响评价中，一般情况下，不考虑自然条件（如风、温度梯度、雾等）变化引起的附加修正。

工业场所的衰减、房屋群的衰减等可参照《户外声传播衰减　第二部分　一般计算方法》（GB/T 17247.2）进行计算。

C　由反射等引起的修正量（ΔL_3）

（1）城市道路交叉路口噪声（影响）修正量。交叉路口的噪声修正量（附加量）见表5－13。

表5－13　交叉路口的噪声附加量

受噪声影响点至最近快车道中轴线交叉点的距离/m	交叉路口的噪声附加量/dB
≤40	3
40 < D≤70	2
70 < D≤100	1
>100	0

（2）两侧建筑物的反射声修正量。地貌以及声源两侧建筑物反射影响因素的修正，当线路两侧建筑物间距小于总计算高度的30%时，其反射声修正量为：

两侧建筑物是反射面

$$\Delta L_{反射} = \frac{4H_b}{w} \quad (\leqslant 3.2\text{dB})$$

两侧建筑物是一般吸收性表面

$$\Delta L_{反射} = \frac{2H_b}{w} \quad (\leqslant 1.6\text{dB})$$

两侧建筑物为全吸收性表面

$$\Delta L_{反射} \approx 0$$

式中　w——线路两侧建筑物反射面的间距，m；

H_b——建筑物的平均高度，取线路两侧较低一侧高度平均值代入计算，m。

5.5　高速公路建设场地地质灾害危险性预测评估

5.5.1　预测评估的目的和任务

5.5.1.1　评估的目的

高速公路建设场地地质灾害危险性预测评估工作的目的是尽量避免工程活动

引发或加剧地质灾害，最大限度地减少工程建设本身遭受地质灾害的危害，为防灾减灾及有关部门履行地质灾害防治监督管理和工程建设用地审批提供科学依据。

5.5.1.2 评估的主要任务

评估的主要任务如下：

（1）阐明工程建设区的地质环境条件基本特征。

（2）分析论证工程建设区各种地质灾害的危险性，进行现状评估、预测评估和综合评估。

（3）提出防治地质灾害的措施与建议，并作出建设场适宜性评估结论。

5.5.1.3 评估工作要求

按照国土资源部《地质灾害危险性评估技术要求》进行评估工作，一级评估应有充足的基础资料，进行充分论证，其具体要求如下：

（1）必须对评估区内分布的各类地质灾害体的危险性和危害程度逐一进行现状评估。

（2）对建设场地内、工程建设可能引发或加剧的和本身可能遭受的各类地质灾害的可能性和危害程度分别进行预测评估。

（3）依据现状评估和预测评估结果，综合评估建设场地地质灾害危险性程度，分区段划分出危险性等级，说明各区段主要地质灾害种类和危害程度，对建设场地适宜性作出评估，并提出有效防治地质灾害的措施与建议。

5.5.1.4 工作方法及工作流程

按照《地质灾害危险性评估技术要求》中所规定的工作程序，第一步进行多方面的资料收集和现场踏勘，对高速公路工程建设场地地质环境条件基本特征和建设项目的工程规模、布局和特征，进行初步分析，初步确定项目评估范围，编制评估大纲。第二步按照工作大纲要求对拟建公路沿线现场进行地质、工程地质、水文地质及地质灾害的调查，进一步了解该区地质环境条件及地质灾害现状的基本特征，调查方法采用访问与现场勘查相结合，勘查主要采用穿越法、附加追踪法，观测点位置采用手持 GPS 结合地形地物、特殊参照物等确定。第三步进入室内资料综合分析研究，通过对地质灾害类型的确定及评价要素的选取并结合地质环境条件复杂程度不同的分析进行地质灾害的现状评估、预测评估和综合评估，最终完成评估报告。工作程序如图 5－8 所示。

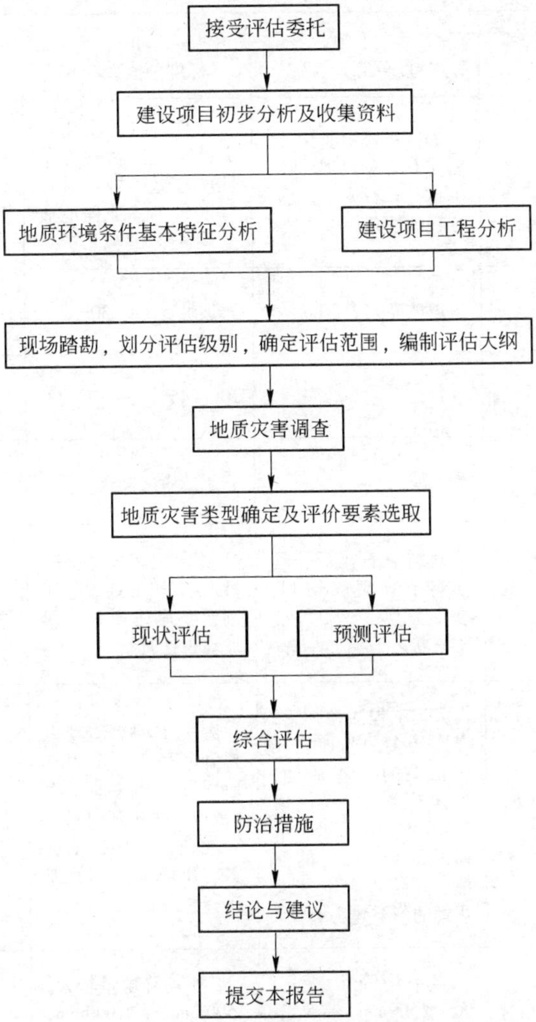

图 5－8　预测评估工作程序框图

5.5.2　工程建设引发滑坡地质灾害危险性预测

高速公路路基切坡、桥梁开挖及桥头削坡以及隧道进口、出口开挖与崩塌、滑坡的形成紧密相关，因此工程建设引发崩塌地质灾害的一般分桥梁、隧道、公路三种类型来评估。

引发滑坡地质灾害的可能性一般采用综合评判法对其稳定性进行预测，其等级标准和评判因子以及分值、权重，根据有关参考资料按表 5－14 进行预测评估，引发滑坡地质灾害的危险性大小对比参照表 5－15 进行评估。

表 5－14 滑坡地质灾害可能性预测评估分级标准及评判分值表

危险性分级 / 主要影响因素及权重		Ⅰ（标度分值 K 为 9）	Ⅱ（标度分值 K 为 6）	Ⅲ（标度分值 K 为 3）
岩性、风化程度及工程地质条件（G，权重：0.20）		岩性、岩相变化大，岩土体物理力学性质不良，岩石风化强烈，工程地质条件差	岩性、岩相变化较大，岩土体物理力学性质较差，岩石风化程度较高，工程地质条件较差	岩性、岩相变化较小，岩土体物理力学性质一般，岩石风化程度低，工程地质条件较好
地形条件（T，权重 0.30）	坡高（T_1，权重 0.10）	边坡坡高大于 30m	边坡坡高 10～30m	
	坡角（T_3，权重 0.10）	>45°	30°～45°	
	坡向（T_2，权重 0.10）	顺向坡	介于两者之间	
斜坡的稳定性（W，权重：0.20）		斜坡岩石破碎，被多组节理裂隙切割，变形强烈，或斜坡处临滑状态，稳定性差	斜坡岩石较破碎，被 1～2 组节理裂隙切割，变形较明显，斜坡稳定性较差	斜坡岩石坚硬，节理裂隙不发育，变形不明显，稳定性好
人类工程活动情况（R，权重：0.20）		人类工程活动频繁，存在较多的与地质环境相关的工程活动，如开矿采石、大规模集中抽排地下水、水库的蓄泄、渠道的渗漏、开荒造田以及大规模的削坡建房等	人类工程活动较为频繁，存在一定的与地质环境相关的工程活动，如开矿采石、大规模集中抽排地下水、开荒造田、削坡建房等	人类工程活动不频繁，仅存在少量的与地质环境相关的工程活动
自然致灾因素（I，权重：0.10）		年平均降雨量大，大于 1500mm，受常年性的地表水的冲刷、淘蚀以及溶解，区域地震烈度为Ⅵ度以上	年平均降雨量较大，1500mm ～ 1000mm，受常年性的地表水的冲刷、淘蚀以及溶解，区域地震烈度为Ⅵ度	年平均降雨量相对较小，小于 1000mm，周围无常年性的地表水，区域地震烈度小于Ⅵ度

注：预测可能性指数判别公式为 $N = KG + KT + KW + KR + KI$，划分等级为：评判指数 $N < 4$ 时，可能性小；$4 \leqslant N \leqslant 7$ 时，可能性中等；$N > 7$ 时，可能性大。

表 5－15 地质灾害危险性分级表

危险性级别	地质灾害危险性大	地质灾害危险性中等	地质灾害危险性小
成灾损失或危害程度	直接经济损失大于 500 万元，或毁坏重要建筑物及设施	直接经济损失 100～500 万元，或毁坏较重要建筑物及设施	直接经济损失小于 100 万元，或毁坏一般建筑物及设施

5.5.3 工程建设遭受泥石流地质灾害危险性预测

如果高速公路建设场地区内为低山、丘陵地貌，地表沟谷切割较深，坡降较大，则有形成泥石流的可能，必须将区内较为典型的沟谷按泥石流沟易发程度量化评分表进行评估。泥石流沟易发程度量化评分参考表见表5-16。

表5-16 泥石流沟易发程度量化评分参考表

序号	影响因素	权重	量级划分							
			严重（A）	得分	中等（B）	得分	轻微（C）	得分	一般（D）	得分
1	崩塌、滑坡及水土流失（自然和人为的）的严重程度	0.159	崩塌、滑坡等重力侵蚀严重，多深层滑坡和大型崩塌，表土疏松，冲沟十分发育	21	崩塌、滑坡发育，多浅层滑坡和中小型崩塌，有零星植被覆盖，冲沟发育	16	有零星崩塌、滑坡和冲沟存在	12	无崩塌、滑坡或发育轻微	1
2	泥沙沿程补给长度比	0.118	>60%	16	30%~60%	12	10%~30%	8	<10%	1
3	沟口泥石流堆积活动程度	0.106	河形弯曲或堵塞，大河主流受挤压偏移	14	河形无较大变化，仅大河主流被迫偏移	11	河形无变化，大河主流在高水位不偏，低水位偏	7	无河形变化，主流不偏	1
4	河沟纵坡度	0.090	>12°（21.3%）	12	12°~6°（21.3%~10.5%）	9	6°~3°（10.5%~5.2%）	6	<3°（5.2%）	1
5	区域构造影响程度	0.075	强抬升区，6级以上地震区，断层破碎带	9	抬升区，4~6级地震区，有中小支断层或无断层	7	相对稳定区，4级以上地震区有小断层	5	沉降区，构造影响小或无影响	1
6	流域植被覆盖率	0.067	<10%	9	10%~30%	7	30%~60%	5	>60%	1
7	河沟近期一次变幅	0.062	>2m	8	1~2m	6	0.2~1m	4	0.2m	1
8	岩性影响	0.054	软岩、黄土	6	软硬相间	5	风化和节理发育的硬岩	4	硬岩	1

续表 5-16

序号	影响因素	权重	量级划分							
			严重（A）	得分	中等（B）	得分	轻微（C）	得分	一般（D）	得分
9	沿沟松散物贮量	0.054	>10×$10^4m^3/km^2$	6	(5~10)×$10^4m^3/km^2$	5	(1~5)×$10^4m^3/km^2$	4	<1×$10^4m^3/km^2$	1
10	沟岸山坡坡度	0.045	>32°（62.5%）	6	32°~25°（62.5%~46.6%）	5	25°~15°（46.6%~28.6%）	4	<15°（26.8%）	1
11	产沙区沟槽横断面	0.036	V形谷、谷中谷，U形谷	5	拓宽U形谷	4	复式断面	3	平坦型	1
12	产沙区沟松散物平均厚度	0.036	>10m	5	5~10m	4	1~5m	3	<1m	1
13	流域面积	0.036	0.2~5km^2	5	5~10km^2	4	0.2km^2以下或10~100km^2	3	>100km^2	1
14	流域相对高差	0.030	>500m	4	500~300m	3	300~100m	2	<100m	1
15	河沟堵塞程度	0.030	严重	4	中等	3	轻微	2	无	1

注：表中15项因素之和≥114分，则极易产生泥石流；84~114分产生泥石流的可能性中等；40~84分产生泥石流的可能性较小；<40分不发生泥石流，为非泥石流。

5.5.4 地质灾害危险性综合评估分区原则及量化指标的确定

5.5.4.1 地质灾害危险性综合评估分区原则

采用半定量方法进行综合分区评估，评估原则如下：

(1) 在对评估区地质环境条件复杂程度总体评价的基础上，再根据拟建工程布局和特点分区段分析和研究其影响地质环境的主要因素和复杂程度，将各区段的地质环境条件作为综合评估分区的较重要的因素。

(2) 根据地质灾害历史、现状及已产生的危害程度分区进行评估，将地质灾害危险性现状评估作为综合评估的重要因素之一。

(3) 根据预测评估结果，按其灾种和危险性等级作为综合分区评估中的重要因素之一。

(4) 按灾种赋以地质环境条件和地质灾害现状评估结果和预测评估结果各

因素不同的标度分值和权重，以危险性指数最大者作为综合评估危险性分级的标准。

（5）根据“区内相似，区际相异”的原则，充分考虑地质灾害隐患点的分布、规模、危险程度、承灾对象及防治难度等来确定量化指标。

5.5.4.2 量化指标的确定

按5.5.4.1小节所述评估原则，制定地质灾害危险性综合评估因素、权重及标度分值，见表5－17和表5－18。

表5－17 地质灾害危险性综合评估因素、权重及标度分值表

类型 因素及权重	Ⅰ类 （标度分值9分）	Ⅱ类 （标度分值6分）	Ⅲ类 （标度分值3分）
灾害种类（0.1）	3个以上	1～3个	1个以下
灾害规模（0.1）	大型	中型	小型
稳定性（0.1）	不稳定	较不稳定	稳定
承灾对象社会经济属性（0.2）	威胁人口100人以上，影响资产500万元以上	威胁人口10～100人，影响资产100～500万元	威胁人口少于10人，影响资产小于100万元
现状评估结果（0.1）	危险性大	危险性中等	危险性小
预测评估结果（0.1）	危险性大	危险性中等	危险性小
地质环境条件复杂程度（0.1）	复杂	中等	简单
地质灾害防治难度（0.2）	防治难度大	防治难度中等	防治容易，难度小

表5－18 地质灾害危险性分级表

危险性等级 标准项目	危险性小	危险性中等	危险性大
危险性指数和（N）	<4.0	4.0～7.0	>7.0

5.5.5 建设场地适宜性评估分级

根据建设场地地质环境复杂程度、地质灾害危险性程度、地质灾害防治的难易程度进行场地适宜性评估，建设场地适宜性分级见表5－19。

表5－19 建设场地适宜性分级表

级别	分级说明
适宜	地质环境简单，工程建设遭受地质灾害危害的可能性小，引发、加剧地质灾害的可能性小，危险性小，易于处理

续表 5－19

级别	分级说明
基本适宜	不良地质现象较发育，地质构造。地层岩性变化较大，工程建设遭受地质灾害危害的可能性中等，引发、加剧地质灾害的可能性中等，危险性中等，但可采取措施予以处理
适宜性差	地质灾害发育强烈，地质构造复杂，软弱结构成发育区，工程建设遭受地质灾害的可能性大，引发、加剧地质灾害的可能性大，危险性大，防治难度大

5.6 公路建设项目节能评价

为深入贯彻科学发展观，落实节约资源的基本国策，调动社会各方面力量进一步加强节能工作，加快建设节约型社会，实现“十二五”规划纲要提出的节能目标，促进经济社会发展切实转入全面协调可持续发展的轨道，国务院作出了《国务院关于加强节能工作的决定》，国家发改委发布了《关于加强固定资产投资项目节能评估和审查工作的通知》，要求做好固定资产投资项目（含规划，新、改、扩建工程）的节能评估和审查工作。

因此，加强节能工作是深入贯彻科学发展观、落实节约资源基本国策、建设节约型和谐社会的一项重要措施，也是国民经济和社会发展一项长远战略方针和紧迫任务。固定资产投资项目节能评估是加强节能工作的重要组成部分，对合理利用能源、提高能源利用效率，从源头上杜绝能源的浪费，以及促进产业结构调整和产业升级具有重要意义。

节约运输系统燃油对于国民经济的发展有着重要的意义。运输产业是国民经济发展的重要组成部分，经济发展中国家的经济产业对运输系统有极大的依赖作用，在我国的一些落后地区，交通运输业的落后、低效已严重制约了当地经济的发展。公路工程建设是一个低能耗、社会效益大的基础设施建设工程，节约能源主要通过建设期间能耗（工程机械燃油消耗、电力消耗）节约、运营管理期间能源（电力消耗）节约和汽车运输燃油消耗的节约来实现。

公路建设期间的能源消耗是一次性投入，主要是人力、物力的大量投入，虽然存在着对能源的直接消耗，但其比例相对较小，节能潜力不太大。公路营运期间的能源消耗是一种长期的连续投入，主要体现在运输过程中各种公路运输工具的燃耗。随着公路交通的日益发展，汽车的燃油消耗愈来愈大，我国目前交通运输系统消耗总燃油的50%左右。因此在建设大项目过程中进行运输燃油节约对国民经济具有重要意义。

5.6.1 所采用的标准、规范

项目节能分析采用的标准、规范主要有以下几个：

(1) 国家发改委文件《国家发展改革委关于加强固定资产投资项目节能评估和审查工作的通知》;

(2) 国家发改委文件《国家发展改革委关于印发固定资产投资项目节能评估和审查指南(2006)的通知》;

(3) 国家发改委《固定资产投资项目节能评估和审查暂行办法》;

(4)《能源管理体系要求》(GB/T 23331—2009);

(5)《用能单位能源计量器具配备和管理通则》(GB 17167—2006);

(6)《综合能耗计算通则》(GB/T 2589—2008)。

在《综合能耗计算通则》(GB/T 2589—2008)中,给出了各种能源折标准煤参考系数以及耗能工质能源等价值,项目节能分析都按此计算。各种能源折标准煤参考系数、耗能工质能源等价值分别见表5-20和表5-21。

表5-20 各种能源折标准煤参考系数表

能源名称		平均低位发热量	折标准煤系数
原煤		20908kJ/kg(5000kcal/kg)	0.7143kg/kg
洗精煤		26344kJ/kg(6300kcal/kg)	0.9000kg/kg
其他洗煤	洗中煤	8363kJ/kg(2000kcal/kg)	0.2857kg/kg
	煤泥	8363~12545kJ/kg(2000~3000kcal/kg)	0.2857~0.4286kg/kg
焦炭		28435kJ/kg(6800kcal/kg)	0.9714kg/kg
原油		41816kJ/kg(10000kcal/kg)	1.4286kg/kg
燃料油		41816kJ/kg(10000kcal/kg)	1.4286kg/kg
汽油		43070kJ/kg(10300kcal/kg)	1.4714kg/kg
煤油		43070kJ/kg(10300kcal/kg)	1.4714kg/kg
柴油		42652kJ/kg(10200kcal/kg)	1.4571kg/kg
煤焦油		33453kJ/kg(8000kcal/kg)	1.1429kg/kg
渣油		41816kJ/kg(10000kcal/kg)	1.4286kg/kg
液化石油气		50179kJ/kg(12000kcal/kg)	1.7143kg/kg
炼厂干气		46055kJ/kg(11000kcal/kg)	1.5714kg/kg
油田天然气		38931kJ/m^3(9310kcal/m^3)	1.3300kg/m^3
气田天然气		35544kJ/m^3(8500kcal/m^3)	1.2143kg/m^3
煤矿瓦斯气		14636~16726kJ/m^3(3500~4000kcal/m^3)	0.5000~0.5714kg/m^3
焦炉煤气		16726~17981kJ/m^3(4000~4300kcal/m^3)	0.5714~0.6143kg/m^3

续表 5 - 20

能源名称		平均低位发热量	折标准煤系数
高炉煤气		3763kJ/m³	0.1286kg/m³
其他煤气	发生炉煤气	5227kJ/kg（1250kcal/m³）	0.1786kg/m³
	重油催化裂解煤气	19235kJ/kg（4600kcal/m³）	0.6571kg/m³
	重油热裂解煤气	35544kJ/kg（8500kcal/m³）	1.2143kg/m³
	焦炭制气	16308kJ/kg（3900kcal/m³）	0.5571kg/m³
	压力气化煤气	15054kJ/kg（3600kcal/m³）	0.5143kg/m³
	水煤气	10454kJ/kg（2500kcal/m³）	0.3571kg/m³
粗苯		41816kJ/kg（10000kcal/kg）	1.4286kg/kg
热力（当量值）		—	0.03412kg/MJ
电力（当量值）		3600kJ/(kW·h)［860kcal/(kW·h)］	0.1229kg/(kW·h)
电力（等价值）		按当年火电发电标准煤耗计算	
蒸汽（低压）		3763MJ/t（900Mcal/t）	0.1286kg/kg

表 5 - 21 耗能工质能源等价值表

品种	单位耗能工质耗能量	折标准煤系数
新水	2.51MJ/t（600kcal/t）	0.0857kg/t
软水	14.23MJ/t（3400kcal/t）	0.4857kg/t
除氧水	28.45MJ/t（6800kcal/t）	0.9714kg/t
压缩空气	1.17MJ/m³（280kcal/m³）	0.0400kg/m³
鼓风	0.88MJ/m³（210kcal/m³）	0.0300kg/m³
氧气	11.72MJ/m³（2800kcal/m³）	0.4000kg/m³
氮气（做副产品时）	11.72MJ/m³（2800kcal/m³）	0.4000kg/m³
氮气（做主产品时）	19.66MJ/m³（4700kcal/m³）	0.6714kg/m³
二氧化碳气	6.28MJ/m³（1500kcal/t）	0.2143kg/m³
乙炔	243.67MJ/m³	8.3143kg/m³
电石	60.92MJ/kg	2.0786kg/kg

5.6.2 公路工程建设期耗能分析方法

大型项目建设阶段所消耗的能源即为建设期能耗。公路建设项目在建设过程中需要消耗大量的资源，使用大量施工和运输机械（如卡车、吊车、搅拌机、挖掘机等），而建筑材料在运输和组装的过程中都需要消耗大量能源，这就构成了公路建设期能耗的结构体系，因此建设期能耗表现为公路从施工准备到竣工验收的整个建设过程中总的能耗量。

公路建设期能源消耗量可以用以下数学模型计算：

$$E_c = E_t + E_p \tag{5-18}$$

式中 E_c——公路建设期能耗；

E_t——公路建设运输能耗，主要包括建设过程中所使用的建材和构件从生产地到施工现场的总的运输能耗；

E_p——公路建设施工过程能耗，主要包括建设过程中平整场地、基坑开挖、组装建材和构件的所有施工过程中的能耗。

5.6.2.1 运输能耗计算模型

公路建设所用建材和构件，从生产地到施工现场需要利用大量的交通工具运输，所以，建材和构件的总运输能耗构成了建设初始能耗的一部分。影响建设所用建材和构件的总运输能耗 E_t 的因素主要有以下几个：

（1）公路建设所用建材和构件的种类总数 n；

（2）公路建设所用第 i 种建材和构件的总运输重量 Q_{ti}（kg）；

（3）公路建设第 i 种建材和构件的运输工具的能耗量 e_{ti}(MJ/(kg · km))；

（4）公路建设所用第 i 种建材和构件的生产地距施工现场的距离 L_i（km）。

根据以上分析可知，公路建设所用建材和构件的总运输能耗 E_t 的数学计算模型为：

$$E_t = \sum_{i=1}^{n} Q_{ti} L_i e_{ti} \tag{5-19}$$

5.6.2.2 施工过程能耗计算模型

公路一般包括一个或多个单位工程，每个单位工程可以看作是由建材和构件组装成的一个实体，在进行单位工程施工准备、基础开挖及各种建材和构件组装的过程中，需要经过一系列的施工过程来完成，每个施工过程都需要消耗一定的能源，所以，施工过程总能耗也是公路建设初始能耗的主要部分。影响公路施工过程总能耗 E_p 的因素主要有以下几个：

（1）公路的施工过程总数 m；

（2）公路第 j 个施工过程中处理建材和构件的总的施工过程数 n；

（3）公路第 j 个施工过程中处理第 i 种建材和构件的总量 $Q_{pj,i}$（kg）；

（4）公路第 j 个施工过程中处理第 i 种建材和构件的需要的能量强度 $e_{pj,i}$(MJ/kg)；

（5）公路平整场地、基坑开挖能耗 e_f。

根据以上分析可知大型项目施工过程总能耗 E_p 的数学计算模型为：

$$E_{\mathrm{p}} = \sum_{j=1}^{m} \left(\sum_{i=1}^{n} Q_{\mathrm{p}j,i}, e_{\mathrm{p}j,i} \right) + e_{\mathrm{f}} \tag{5-20}$$

根据以上计算模型和对工程量、运输量及机械使用量的估算，就可以计算公路建设项目建设期耗能总量。

5.6.3 项目建设对当地能源消费的影响

5.6.3.1 项目对所在地能源消费增量的影响评估

A 能源消费增量控制数预测

根据项目影响区域地区生产总值、综合能耗、万元GDP综合能耗等指标现状分析，按照区域国民经济和社会发展五年计划总体目标、区域节能综合性工作方案等信息资料，采用科学方法进行能源消费增量控制数的合理预测计算。

B 增量影响评估

由国家节能中心《节能评审评价指标》（通告第1号）中“固定资产投资项目对所在地（省市、地市）完成节能目标影响评价指标表”（见表5-22），根据m值范围可判定项目投入运营后对当地的能源消费影响程度，进而判断项目是否具备实施条件。

表5-22 固定资产投资项目对所在地（省市、地市）完成节能目标影响评价指标表

项目新增能源消费量占所在地“十二五”能源消费增量控制数比例 m/%	项目增加值能耗影响所在地完成“十二五”单位GDP能耗下降目标的比例 n/%	影响程度
$m \leqslant 1$	$n \leqslant 0.1$	影响较小
$1 < m \leqslant 3$	$0.1 < n \leqslant 0.3$	一定影响
$3 < m \leqslant 10$	$0.3 < n \leqslant 1$	较大影响
$10 < m \leqslant 20$	$1 < n \leqslant 3.5$	重大影响
$m > 20$	$n > 3.5$	决定性影响

5.6.3.2 项目能源消费对所在地完成节能目标的影响评估

A 交通运输增加值预测

据测算，公路建设每投资1亿元，交通运输业增加值可大约增长0.1亿元/年。由项目投资估算，可计算项目所在地交通运输业每年可因此新增增加值。

B 对所在地完成节能目标的影响

根据单位GDP能耗、单位增加值能耗等的测算定义,结合现有条件下可以获得的实际数据,认为可以通过测算项目增加值能耗对所在地规划期末单位GDP能耗的影响程度,来定量分析项目对所在地单位GDP能耗的影响。具体如下式:

$$n = [(a + d)/(b + e) - c]/c \tag{5-21}$$

式中 n——项目增加值能耗影响所在地单位GDP能耗的比例;

a——基年项目所在地能源消费总量(标准煤),t;

b——基年项目所在地生产总值,万元;

c——基年项目所在地单位GDP能耗;

d——项目年综合能源消费量(等价值标准煤),t;

e——项目年增加值,万元。

由国家节能评审中心于2011年11月11日发布的《节能评审评价指标》(通告第1号)中"固定资产投资项目对所在地(省市、地市)完成节能目标影响评价指标表"的规定,根据 n 值范围可判断项目增加值能耗对所在地完成规划期末节能目标的影响程度。

5.6.4 公路运输燃油节能分析

5.6.4.1 公路运输中影响燃油消耗的因素

影响公路运输燃油消耗的因素很多,但主要有两类:第一类是车辆本身的特性,这是由车辆本身的机械特性决定的,在出厂时就已经确定。第二类是车辆的行驶状态,这取决于车辆运行具体环境以及驾驶员的操作技能。可概括为如下几个方面:

(1) 道路条件,包括几何特征(纵坡、曲率和路面宽度等)和路面特征(平整度等);

(2) 车辆特性,包括物理特性和行驶特性(发电机效率、车辆重量等);

(3) 交通状况,如流量、交通组成,行人流量和非机动车流量等;

(4) 地区因素,如司机的驾驶行为和车速限制等。

车辆运行的燃油耗量是与道路交通条件密切相关的。当道路条件、交通条件变化时车辆运行油耗也随之改变,在良好的道路条件(路面平整度、路面宽度、平纵线形等)和良好的交通状况(快慢车分道行驶、无非机动车、横向干扰较小等)时,车辆运行状态稳定,其耗油量相对较小;而当道路、交通状况恶劣时,车辆行驶中减速次数随之增加,车辆运行状态将变得不稳定,耗油量相对稳定行驶增加很多,尤其是当停车次数增加时,起动加速所耗油将是稳定行驶状态时的几倍。

A 车辆特性对公路运输能耗的影响

车辆特性是指车辆的物理特性和运行特性，如车行技术、车速等。

车辆的技术状况是影响油耗的主要因素，我国汽车能源消耗水平与经济发达国家存在着相当大的差距。在汽车技术性能方面，如果将相同或相近车型进行燃油效率比较，我国汽车每百公里平均油耗比发达国家高20%以上，资源利用效率较低，如机动车百公里油耗比欧洲高25%，比日本高20%，比美国高10%；载货汽车百吨公里油耗比国外先进水平高一倍以上。

近年来，我国公路运输车辆的单耗基本上趋于一个稳定的水平，汽油货车每百吨公里油耗为8L，柴油货车每百吨公里油耗为6L。但美国20世纪80年代初，大型汽车运输企业的每百吨公里油耗仅为3.4L。很显然，我国公路运输蕴含着巨大的节能潜力。

B 道路条件对公路运输能耗的影响

道路几何条件对车辆燃油消耗的影响直接由平曲线半径、纵坡、路面状况、侧向净空和道路横坡等决定，此外车辆燃油消耗也通过车速而受道路几何条件的间接影响（车辆因几何条件变化而加速或减速）。

当车辆由直线驶入曲线时，车辆的燃油消耗将增加，这主要是由以下三个因素造成的：

(1) 进入曲线前因换挡减速而损失动能；

(2) 当车辆受到离心力作用时滚动阻力增加（离心力与曲线半径成反比，而与车速的平方成正比）；

(3) 曲线段车辆以较低挡位行驶，车辆内摩阻增大。

施工试验性研究表明，路线纵坡较小时（$-3\% \sim +3\%$），行车速度主要随平曲线形曲率的增加而降低，并当平曲线半径 $R \leqslant 400$m 时，车辆行驶速度才明显降低。

道路纵坡对燃油消耗影响很大，在上坡时燃油消耗随着坡度的增加而增加，但在下坡时相应的燃油节约比较有限。

路面状况对车辆油耗也有直接的影响，其主要影响因素为路面平整度，在高级及次高级路面上行驶要比非高级路面上行驶节约燃油30%～40%，因为非高级路面要克服较大滚动阻力。

C 交通条件对公路运输能耗的影响

交通条件主要是指道路服务水平，包括混合交通情况、交通流大小及离散程度、行人及横向干扰程度、行车速度以及交通设施的完善程度等，在这一方面，高等级公路的耗油明显优于其他等级公路。研究经验表明，燃油消耗量是车速的函数，而车辆的实际行驶车速在道路条件良好的情况下便是交通量、交通组成和驾驶技术等因素的集中体现。在高等级公路上行驶的车辆，由于有良好的交通状况，其车辆油耗主要取决于道路行驶质量和驾驶技术等因素；在二级及二级以下等级公路上行驶，由于交通状况极其复杂，非机动车和行人及横向干扰很大，致使车辆频繁地加速、减速和停车，其燃油消耗比高速公路大很多，据研究表明汽车每次停车起动的燃油消耗相对于汽车多跑180m左右。通畅的道路比拥挤的道路节约燃油，这主要是由于汽车以低速行驶时，发动机在非经济工况下工作。

D 其他因素对公路运输能耗的影响

驾驶员的操作水平、交通管制等也是影响公路运输能耗的重要因素。研究表明，不同操作水平的驾驶员驾驶车辆油耗相差达7%～25%；车辆平均吨位每提高1t，车辆的单耗就可降低6%；拖挂车运输比单车运输平均降低油耗30%左右；车辆的里程利用率提高1%可使汽车油耗降低3%等。因此，提高汽车使用水平，也是公路运输节能的一个重要方面。

道路条件及交通条件对各车型燃料消耗量的影响见表5－23。

表5－23 道路条件及交通条件对各车型燃料消耗量的影响

车型	道路条件		交通条件	
	平整度(IRI)	平均纵坡(G)	速度s	拥挤度(V/C)
小客车、小货车	$0.979+0.0104IRI$	$0.9586\exp(0.027G)$	$0.291+24.26/s+0.000087s^2$	$1+0.14(V/C)$
中货车	$0.990+0.0048IRI$	$0.861\exp(0.129G)-0.045$	$0.209+31.04/s+0.000068s^2$	$1+0.14(V/C)$
大客车	$0.989+0.0058IRI$	$0.861\exp(0.129G)-0.045$	$0.341+24.64/s+0.000068s^2$	$1+0.14(V/C)$
大货车、拖挂车	$0.978+0.0109IRI$	$0.811\exp(0.1525G)-0.019$	$0.542+16.81/s+0.000056s^2$	$1+0.14(V/C)$

5.6.4.2 公路运输中的主要耗能指标

路段交通运输车辆油耗计算公式如下：

路段交通运输车辆油耗(t/a)＝预测日均交通量(pcu/d)×百吨公里平均油耗(L)×燃油密度×路段公里数(km)÷100÷1000×365(d) (5－22)

参照世界银行提供的公路设计与养护软件HDMⅢ中《公路设计养护标准系列——发展中国家汽车运输成本》一书，建立油耗模型，结合我国的代表车种与燃油消耗率的关系，得出不同车种、不同车速的车型在该级别的路面下的燃油消耗情况。

小客车油耗模型为：

$$F = 55.36 + 499/V + 0.0058V^2 + 1.549RS - 0.854FL + 0.019R \tag{5-23}$$

大客车油耗模型为：

$$F = 27.274 + 3940/V + 0.00581V^2 + 2.906RS - 1.277FL + 0.0028R \tag{5-24}$$

货车油耗模型为：

$$F = 2.6652 + 2517/V + 0.0362V^2 + 4.27RS - 2.74FL + 0.0066R \tag{5-25}$$

式中 F——燃油消耗量，L/km；

V——行驶速度，km/h；

RS——上坡指标，m/km；

FL——下坡指标，m/km；

R——路面平整度（IRI），mm/km。

交通运输车辆燃油消耗指标见表5-24。

表5-24 交通运输车辆燃油消耗指标表

平均速度/km·h⁻¹	燃油消耗量/L·km⁻¹			
	小客车	大客车	中小货车	大货车
5	0.2083	0.7143	0.0365	0.7692
10	0.1667	0.5556	0.2841	0.5882
15	0.1389	0.4545	0.2326	0.4762
20	0.1190	0.3846	0.1980	0.4000
25	0.1064	0.3333	0.1761	0.3448
30	0.0962	0.2941	0.1590	0.3125
35	0.0885	0.2703	0.1460	0.2778
40	0.0833	0.2500	0.1361	0.2632
45	0.0787	0.2381	0.1280	0.2439
50	0.0758	0.2273	0.1230	0.2381
55	0.0735	0.2222	0.1215	0.2326
60	0.0719	0.2174	0.1220	0.2353
65	0.0714	0.2222	0.1245	0.2381
70	0.0719	0.2366	0.1280	0.2439
75	0.0725	0.2439	0.1335	0.2564
80	0.0741	0.2632	0.1391	0.2778
85	0.0758	0.2857	0.1451	0.2992

5.6.4.3 燃油总节约量的计算

项目建成后的油耗节约效益的计算将采用“有无比较法”，无此项目时的汽车燃油消耗与建设此项目后新路汽车燃油消耗之差额即为油耗节约量。

一般从以下三个方面考虑节约油耗：

（1）由于增加通道，缓解了交通压力，使汽车提高了行车速度，公路上的车辆油耗减少。

$$Q_1 = 365 \times 10^{-4}(I_0 - I_n)Q_t L_n \tag{5-26}$$

式中 Q_1——新增通道燃油节约量，10^4L/年；

I_0——无项目时，相关道路的平均燃油消耗，L/(km·车)；

I_n——有项目时，新路的平均燃油消耗，L/(km·车)；

L_n——新路的建设里程，km；

Q_t——第 t 年新路上的年均日交通量，辆/d。

（2）由于增加通道，使相关道路拥挤减少，汽车行驶速度提高，相关道路上的车辆油耗减少。

$$Q_2 = 365 \times 10^{-4}(I_0 - I'_n)L_n Q'_t \tag{5-27}$$

式中 Q_2——相关道路减少拥挤燃油节约量，10^4L/年；

I'_n——有项目时，相关道路的平均燃油消耗，L/(km·车)；

L_n——相关道路的建设里程，km；

Q'_t——第 t 年相关道路上的年均日交通量，辆/d。

（3）新通道缩短里程而节约油耗。

$$Q_3 = 365 \times 10^{-4} I_n Q_t (L_0 - L_n) \tag{5-28}$$

式中 Q_3——缩短里程燃油节约量，10^4L/年。

5.7 公路建设项目环境影响经济分析

5.7.1 投资项目环境影响的经济意义

在分析投资项目的环境影响时可以发现，这些影响往往呈现出若干不同的层次或发展阶段。如图 5-9 和图 5-10 所示，对于大气环境和水环境污染，可以找出三个发展阶段。在货币量化分析中，分析人员关注的重点不是表现为空气中二氧化硫、总悬浮颗粒物等的增加加重了空气污染或水中溶解氧、营养物等的增加对水污染的加重，或从更广泛的意义上讲，不是项目环境的影响使大气环境质量和水质下降的等级或改善的等级，或者矿物资源耗竭的程度或生态系统遭到破坏的程度。分析人员主要关注的是空气和水因污染而质量下降后造成的经济影响或经济损失（费用），或者空气质量和水质改善带来的经济效益，也就是图中第二阶段的影响，这是投资项目环境影响的经济意义之所在。只有这样，人们才能够通过不同的评价方法，赋予这些费用和效益适当的货币价值（图中的第三阶段），并通过费用效益的比较，筛选出能够产生较好经济效益的项目。值得注意的是，尽管空气和水污染的表现形式各不相同（图5－9和图5－10中的第一阶段），但它们对经济造成的影响却很相似（图5－9和图5－10中的第二阶段）。

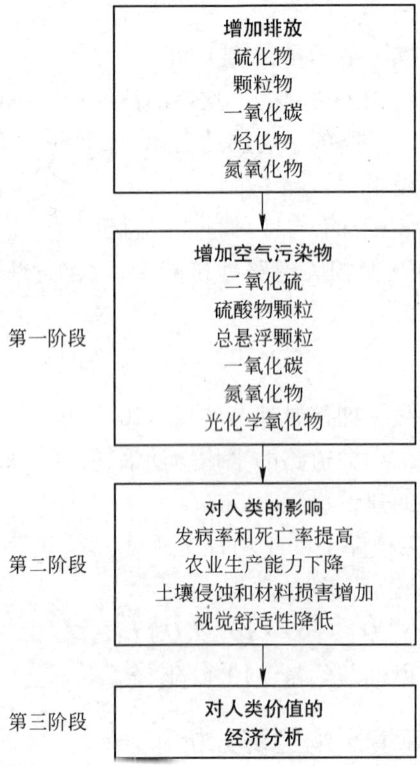

图5－9 空气污染造成费用的过程

基于这一对投资项目环境影响经济意义的认识，我们可以把前面谈到的不同项目环境影响按其经济意义进行分类。这不仅便于对项目的环境确定量化对象（环境影响的费用和效益），也便于对进行量化分析的方法进行分类，使我们更容易在量化对象与量化方法之间建立对应关系，即什么样的方法适用于什么样的费用和效益计算。本书把项目的环境影响按经济意义分为5种类型，即生产能力影响、资源影响、健康影响、舒适愉悦性影响和选择价值（有关选择价值的进一步分析，可见5.7.3.2小节）。

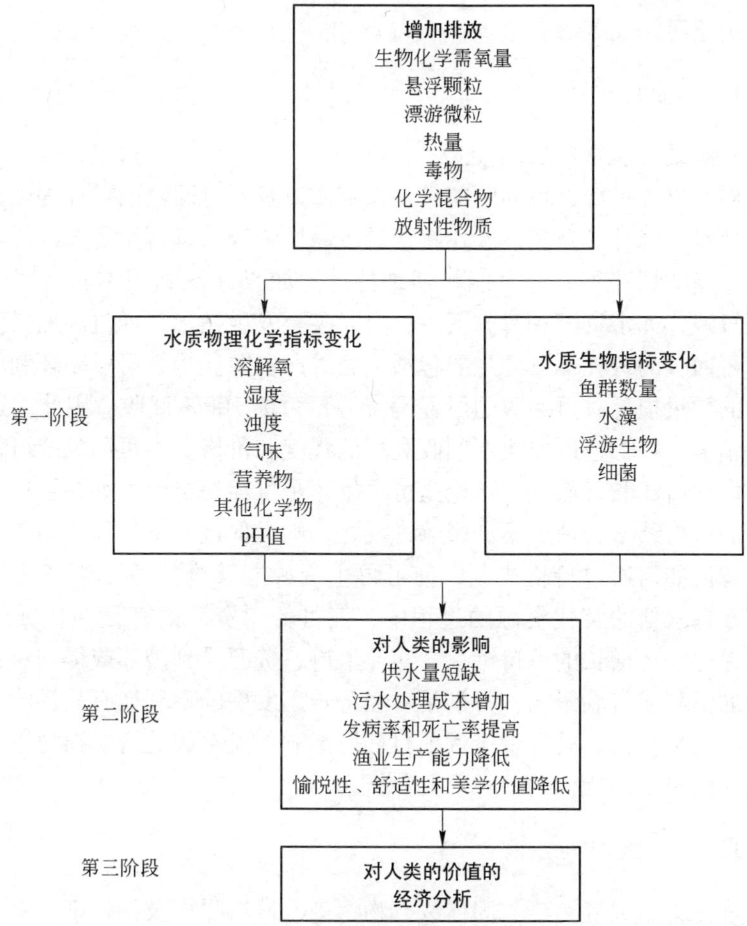

图 5-10 水污染造成费用的过程

5.7.1.1 生产能力影响

环境污染和生态恶化的主要经济影响是直接或间接造成生产能力的下降。水环境污染会加剧水资源的短缺并由此抑制用水行业的经济增长，会造成渔业减产，也会增加安全供水的费用。大气污染形成的酸雨会破坏工地肥力、森林生态系统和水生态系统，使林业、农业减产，动植物受到威胁，对建筑物造成侵蚀。全球气候变暖导致的海平面上升会危及沿海地区的资源，还会影响生态系统、农业和渔业生产。城市噪声和拥挤会增加城市管理的费用如交通管理费用，同时交通拥挤造成的时间损失也是经济损失的重要表现形式。生态系统的破坏会造成物种濒危，也会使旅游业蒙受损失。环境污染和生态恶化间接造成生产能力的下降，主要是指清理污染、治理环境和恢复生态系统需要巨额费用开支，这必然会挤占本可用于经济发展的资金。

5.7.1.2 资源影响

自然资源既可能是项目的投入物，也有可能是产出物。这里，我们把资源分为三类，即可再生资源、可回收的可耗竭资源以及不可回收的可耗竭资源。可再生资源包括水、森林、鱼类、农作物、野生动植物等。可再生资源的可再生性在开发利用得当的情况下，有可能长期维持，但如果开发利用不当，也会遭到破坏，出现短缺，如水资源和森林资源，有时甚至发生枯竭，如过度捕捞使渔业资源枯竭。可回收的可耗竭资源主要包括金属矿产资源。尽管可以循环利用，但由于使用中的微量损耗，可回收的可耗竭资源不可能100%回收。因此，这类资源最终也会枯竭，枯竭速度取决于回收利用的程度和价格。不可回收的可耗竭资源主要是指煤、石油和天然气。不论是可再生还是可耗竭资源，如果管理失当，均会对经济的可持续增长造成不利影响；反之，则会促进经济的持续增长。关键的问题是，我们如何通过价格机制，使可再生资源能够维持适于经济增长的供应量，同时在寻求新的替代资源的过程中，使可耗竭资源的存量在代际间合理配置，以便保持经济增长的可持续性。实质上讲，资源受到破坏或得到保护也是对生产能力的不利或有利影响，特别是对经济长远发展的不利或有利影响。对资源的价值进行定量分析，是评价投资项目环境影响可能造成的资源损耗以及社会经济系统由此而付出的代价的一种重要分析途径。

5.7.1.3 健康影响

水环境污染、大气污染、固体废弃物污染、城市噪声及拥挤都会对人类的健康产生不良甚至致命的影响。生活用水的污染可能引发各种疾病传播，如肝炎、伤寒、霍乱、痢疾、脑炎和寄生虫等疾病。水如果受到有毒物质或放射性物质的污染，会通过食物链传播，造成更大的危害，使人的身体器官因中毒发生病变，如引发多种癌症，严重时可能危及生命。大气污染主要的健康影响是引发呼吸系统疾病和眼病，并且会使呼吸和心脏系统疾病患者的死亡率上升以及引发癌症，如肺癌和臭氧层破坏导致的皮肤癌发病率的增加。有害固体废弃物会污染土壤、水源和大气，从而经由食物链、饮用水或不洁空气影响人体健康如疾病、中毒或死亡。工业污染事故对人类健康的危害也不能忽视，如前苏联的切尔诺贝利核电站污染事故和印度博帕尔市的美国联合碳化物公司农药泄漏事故，就曾造成数百万人伤亡。此外，城市垃圾往往是蚊、蝇滋生和细菌繁衍的场所，可能成为流行病的来源。城市噪声和空间拥挤所造成的健康影响主要是传染病传播、交通事故造成伤亡、听力下降以及长时间旅行的疲劳。

环境健康影响的经济意义表现在两个方面：(1) 人的健康状况下降、疲劳、疾病和死亡，会导致人的劳动能力下降或丧失，从而导致收入下降，即人力资本贬值；(2) 疾病增加导致医疗和预防费用增加。

5.7.1.4 舒适愉悦性影响

环境可以向人类提供各种舒适愉悦性服务。葱郁的山峦、清澈的溪水、绚丽多彩和生机勃勃的野生动植物、清新通透的空气、历史悠久的文化古迹和名胜、整洁而美丽的城市等，都会给人类带来舒适和愉悦感，具有各种旅游、观赏、娱乐和休闲价值，而且这种价值会随生活水平的提高而增值。然而，环境污染和生态恶化，以及由此而形成的秃山、恶水、污浊的空气、嘈杂肮脏的城市和“整旧如新”的名胜古迹，必然会降低甚至破坏环境的舒适和愉悦性，从而减少它为我们提供的这类服务的价值。

当然，投资项目的环境影响是双方面的，即环境污染和生态破坏会通过降低生产能力、浪费资源、危害人类健康或减少环境提供的舒适愉悦性服务等形式造成经济损失，而治理污染和恢复、改善生态系统的种种努力，也会因增加生产能力，改善资源开发利用的效率，增进人类的健康水平或提高环境的舒适愉悦性，产生巨大的经济效益。因此，在对投资项目进行经济分析时，应同时考虑环境影响的费用和效益这两个方面。不同环境影响产生的效果见表 5－25。

表 5－25 不同环境影响产生的效果

环境影响类型	生产能力	健康	舒适愉悦性
大气环境污染	酸雨对森林和水生动植物造成威胁，破坏土地肥力，使建筑物受到侵蚀	室内、外空气污染和臭氧层破坏每年造成大量疾病和死亡（包括呼吸系统疾病、心脏系统疾病、眼病以及肺癌和皮肤癌），全球大气变化带来的自然灾害危险	能见度降低导致视觉舒适愉悦性下降
水环境污染	水资源短缺抑制经济可持续增长，渔业减产，增加安全供水的成本	每年导致数百万人死亡和患病	垂钓、泛舟、畅游等娱乐价值丧失，气味令人生厌
噪声污染	人的生产能力下降，降低噪声的成本支出增多	听力障碍	
固体废弃物	高收集与处理成本和高预防成本，水源污染	工业区和城市地区有毒污染危害健康，工业污染事故发生	嗅觉和视觉舒适愉悦性下降
资源破坏和枯竭	水、森林、土地、矿物等资源的破坏和枯竭使经济的长期增长能力下降		生物多样性损失，户外娱乐价值下降
生态环境破坏	旅游业受损，物种濒危		

5.7.2 对投资项目环境影响范围的界定

与财务分析相比，经济分析的一个难点是除了要测算项目的直接费用和效益外，还要考虑项目可能产生的间接费用和效益，也就是项目的外部效果，同时在可能的情况下，赋予外部效果适当的货币价值。投资项目的环境影响是典型的外部效果。由于投资项目环境影响的复杂性，很多环境变化所带来的影响，无论是有利的还是不利的，都只会在很久以后才能显现出来，甚至是在项目运营活动早已结束的情况下环境影响才开始显现。类似地，项目环境影响的空间范围往往也会远远超过项目自身的地理边界。因此，在经济分析中，为对项目的环境影响进行定量分析，必须首先解决环境影响范围的界定问题，包括对空间范围和时间跨度的界限进行确定。

5.7.2.1 项目环境影响的空间范围

对环境影响效果进行识别和分析的调查范围通常会远远超出项目自身的地理范围，特别是涉及水污染或空气污染的情况下更是如此。项目环境影响的空间范围，有时比较容易界定，有时则很难界定，因为在有些情况下，影响的范围界限十分模糊。例如，化工厂排放物对饮用水、渔业和农业土产的影响范围就比较容易确定，但确定其对空气污染影响的范围就会有很多困难，原因是造成空气污染的污染物可能有多种来源，如造成酸雨的污染物除 SO_2 外，还有 NO_x，同时，同种污染物也有可能来自不同的项目。所以，在界定项目影响的空间范围时，分析人员必须与环境科技人员密切合作，采用目前环境影响评价的程序和方法，对上述影响进行调查、测量、跟踪、监控和分析，并且运用自己的专业经验进行判断，根据不同项目的具体情况，确定出经济分析需要考虑的环境影响空间范围。

5.7.2.2 项目环境影响的时间跨度

因为环境影响存在的时间往往远远超过项目运营周期的时间，因此应将分析的时间界限扩展到可以将与环境影响有关的所有费用和效益都包含进来，哪怕这些影响会远远超过常规的项目周期。如果时间区间选择得太短，就会忽略很多环境影响，包括有利影响和不利影响。例如，如果一项投资活动导致了渔业资源的永久性损失，分析中就应当包含这一资源在未来所有损失的现值，即便这项投资项目运营活动本身只会延续几年也应这样处理。

在有些情况下，项目环境影响的时间跨度也同样难以界定。比如，环境影响往往有一个累积的过程，这一过程可能始于拟建项目以前的开发活动，并且可能延续到项目寿命期结束以后。这里，同样需要分析人员与环境影响评价人员共同努力确定项目环境影响的时间跨度。如果影响的时间跨度不超过项目的寿命期，可按正常程序赋予预计造成的费用或产生的效益的适当的货币价值，然后计入项目的经济费用效益流量。如果预计影响的时间跨度超出项目的寿命期，可采用两种方法处理：一是按超出部分的时间（年限）延长项目的计算期；二是把超出部分的货币化价值折算到项目的最后一年，计入项目的费用效益流量表。需要注意的是，如果项目环境影响延续的时间过长，比如20年以上，采用社会折现率将20年以后或更长时间影响造成的费用或产生的效益折算为现值的数额会很小，对分析结果不会有实质性的影响。此时，可采用降低折现率的办法计算项目的动态评价指标。

选择适当的折现率也是一个重要的决策问题，因为如果折现率定得过高，实际上就会使多年以后出现的效益或成果的现值很低。考虑到折现率的重要性，在经济分析中可以使用不同的折现率进行敏感性分析，以便为决策者提供重要的决策信息；对各种备选方案的费用效益（包括环境费用和效益）随时间变化的不同情况进行比较。

5.7.3 环境影响货币量化分析的理论基础

在对投资项目的环境影响进行货币量化分析时，虽然环境影响的识别是一项有相当难度的工作，但对于分析人员来说，真正的挑战在于如何赋予识别出的费用和效益适当的货币价值，以便对投资项目的环境影响进行定量分析。

环境影响货币量化分析建立在古典经济学、福利经济学、发展经济学、资源经济学、环境经济学和环境科学等学科理论的基础之上，其理论基础主要来源于微观经济学以及外部效果理论、经济效益理论、物质循环理论、福利经济理论等。

新古典福利经济学是投资项目经济分析的理论基础，同时也是投资项目环境影响货币量化分析的经济学理论基础。为了研究环境影响的估价或确定环境影响的经济价值，我们有必要回顾一下新古典福利经济学等对有关经济价值、价格的相关论述，探讨经济分析中对环境影响进行估价的经济原理，包括环境影响经济价值的经济学含义，以及各种估价方法在不同类型项目环境影响货币量化分析中的选用。

5.7.3.1 环境影响货币量化分析的经济学理论基础

A 效用、消费者选择与需求曲线

研究环境影响的经济价值，首先应理解经济学有关效用的含义。效用是指消费者从消费货物和服务中得到的满足。效用理论是福利经济学的基础，效用是构成福利的核心内容，效用最大化是福利经济学研究的主题。在一定消费量范围

内，消费越多，消费者得到的总效用越大。人们增加一个单位消费时获得的满足称为边际效用。

在单位时间内，一个人消费的某种货物或服务的数量不断增加时，从该货物或服务每一增加单位（边际单位）中获得的效用逐渐减少，呈现从正到零再到负的变化，即边际效用递减。例如，在人们异常口渴的时候，喝一瓶矿泉水会感到十分满足，喝第二、第三和第四瓶时满足感会逐渐下降，喝到第五瓶的时候可能已经感到难受了。

人们消费的货物和服务是多种多样的。当收入为确定时，一个人总是会选择能够为自己带来效用最大化的货物和服务组合。即他总是会选择能够最大限度满足自己偏好的货物和服务组合，以便使"花费在每个货物或服务上的最后一分钱所得到的边际效用相等"。

在其他条件不变的情况下，当某种货物或服务的价格下降时，为了获得最大化的效用，消费者会选择更多地购买该种货物和服务。对于一般性的货物或服务，价格越高，需求量越少，价格越低，需求量越大。

B 支付意愿与消费者剩余

支付意愿（willingness to pay，WTP）是指消费者为取得一定量的货物或服务而愿意支付的最大金额。需求曲线是在消费者选择或消费者效用最大化的基础上推导出来的，所以，我们可以根据它来确定消费者对一种货物或服务的支付意愿。在市场经济中，支付意愿体现了消费者对所消费货物和服务经济价值的评价，因而也就代表着消费者作为一个整体通过消费货物和服务获得的效益总和。

消费者对某种货物或服务的支付意愿，通常高于为其实际支付的价格，高出的部分称为"消费者剩余"（consumer surplus，CS）。消费者剩余也可用下面公式来表达：

$$\text{消费者剩余} = \text{支付意愿} - \text{货物或服务的价格}$$

货物或服务的价格越低，消费者剩余在支付意愿或消费者效益中所占的比重就越大；如果货物或服务没有市场交易即没有价格，如清新空气或洁净水一类的环境服务，支付意愿就等于消费者剩余。

C 生产成本与供给

消费者通过购买货物和服务表达自己的支付意愿，从而获得效用、满足或效益。然而，从生产者的角度讲，为了向消费者提供货物和服务，必须投入资源（生产要素），而使用任何稀缺的资源都要付出代价，即生产成本。经济学中的成本概念与会计成本不同，它也不是财务分析中的现金支出，而是机会成本。机会成本是指当把资源用于一种目的而非另一种目的时，放弃的另一种目的的可能带来的效益。比如，把一片既具有景观效果又具有农业生产潜力的土地用于娱乐目的，就不能再用于农业生产，此时，这片土地用于农业生产时可能创造的收入，就是将其用于娱乐目的时的机会成本。对于某些属于公共物品的资源来说，如公共渔场或水资源，现实中没有市场价格或是免费使用，表现为财务成本为零，但机会成本是客观存在的。比如，当稀缺的水资源用于生活消费时，就不能用于工业或农业生产。因此，这部分水资源的机会成本，就是将其用于生产时可能创造的效益。

D 理想市场、市场均衡与社会净效益

所谓理想市场，是指完全竞争的市场。这一市场有众多相互独立的参与者（生产者和消费者），他们中的每个人都是价格的接受者，而不是价格的确定者，每个人都追求自身利益的最大化，都充分掌握有关商品价格的信息。在这一市场中，没有政府的任何干预，如税收或补贴，数量限制或价格管制。

a 完全竞争市场的一般特征

在完全竞争的市场中，由于需求和供给的共同推动作用，货物和服务的数量和价格总是向一个均衡点变动，达到均衡数量和均衡价格，实现市场均衡，经济学中称之为一般均衡。在经济学中，一般均衡具有如下特征：

（1）消费者在一定的收入限制条件下达到效用最大化。

（2）生产者在一定的技术限制条件下达到利润最大化。

（3）资源得到有效配置，市场没有剩余，企业没有超额利润。

b 竞争市场条件下环境影响的经济价值

在货币量化分析中，我们是从个人福利的角度，以货币价值的形式，衡量环境影响的费用和效益。环境影响的费用，是用于提供环境服务的资源的机会成本，而环境影响效益，则是个人对环境服务的支付意愿。通过上述分析，我们可以看出，在完全竞争市场条件下，市场机制本身能够有效配置资源，实现社会福利最大化，市场价格代表着个人的支付意愿和资源的机会成本，因而也就是福利的衡量标准，市场价格估算的就是包括环境服务在内的货物和服务的经济价值。因此，对于竞争性市场提供的货物和服务，我们可以用市场价格来直接或间接地确定环境影响的经济价值。

c 市场价格失真情况下环境影响的经济价值

然而，由于投资项目的环境影响具有明显的外部效果如产权不明晰、垄断、公共物品、信息不对称等多种特征，导致市场失灵，以及税收、补贴、数量限制等形式的政府不适当干预，使得市场机制本身不能有效配置资源。此时，市场价格往往不能反映环境资源的真实经济价值（支付意愿或机会成本），与环境影响有关的一些货物或服务甚至没有市场交易和市场价格。所以，在市场价格扭曲或失真的情况下，对投资项目的环境影响进行货币量化分析时，我们将无法依据市场价格来直接或间接确定环境服务的经济价值，而必须采用影子价格测算环境影响的经济价值，或者将相关环境服务的市场价格调整为经济价值；在相关的环境服务没有市场价格的情况下，则需要求助于意愿调查评价等方法，推断人们对环境影响的支付意愿，从而确定这些环境服务的经济价值。

E 支付意愿与受偿意愿

在进行货币量化分析时,对于没有交易市场和市场价格的货物和服务,包括环境服务,可以通过调查的方法了解人们的支付意愿,从而推断出这类货物和服务的经济价值。在调查时,对被调查者提出的问题,既可以是他们对环境状况改善的最大支付意愿,也可以是他们愿意承受某种环境状况恶化而要求得到的最低限度补偿,即受偿意愿(willingness to accept compensation,WTA)。原则上讲,支付意愿和受偿意愿没有实质性的区别,两者表达的都是人们的偏好和选择,都适用于效益和费用的评价,因而是评价非市场交易环境服务经济价值普遍采用的方法。

但是，支付意愿和受偿意愿不一定相等，因为前者要受收入的限制，而当人们因放弃环境状况的改善而要求得到补偿时却没有上限。尽管对于大多数货物和服务来说，采用支付意愿和受偿意愿得出的结果差异不大，然而，当项目环境影响造成的损失很大以及损失涉及的货物和服务难以重置时，受偿意愿值可能会大大高于支付意愿值。

5.7.3.2 环境价值理论

对环境价值的理论判断是环境影响货币量化分析必须回答的问题。从逻辑上讲，在确定如何计算环境影响的经济价值之前，先要明确什么是环境影响的经济价值。经济学家把环境看作是一种资产，它可以为人类的经济活动（生产和消费）提供包括原材料、生命保障系统、舒适愉悦性和分解与容纳废弃物在内的服务。像其他任何资产的经济价值一样，环境的经济价值取决于环境为人类所提供服务的经济价值。福利经济学认为，一切经济活动的目的，都是为了增加个人的福利，每个人都有能力判断自己的福利状况，而个人福利的加总就是社会总福利。个人福利的高低，不仅取决于其所消费的私人物品与政府提供的公共物品和服务的多寡，也取决于其从环境系统中得到的非市场物品与服务的数量和质量，如健康、视觉享受、户外活动的机会等。基于福利经济学对经济活动目的的认识，可以认为，环境的经济价值就是环境所提供的服务能够为社会带来的福利。

投资项目的环境影响，或是通过减少污染，提高资源的开发利用效率或改善生态系统增加环境服务的数量和质量，从而提高个人的福利；或是由于污染，降低资源的开发利用效率或生态破坏，减少环境服务的数量和质量，从而降低个人的福利。据此，环境影响的经济价值可以定义为其引起的福利变化，具体地说，就是环境变化对生产能力（生活水平）、健康状况、舒适愉悦性服务（生活质量）和选择价值的影响。对于一个投资项目来说，能够产生提高生产能力、改善健康状况和增强环境舒适愉悦性的环境影响即增加福利的环境影响，这可以称之为项目环境效益。反之，降低生产能力、损害健康状况和减少环境舒适愉悦性的环境影响即降低福利的环境影响，这可以称之为项目的环境费用。

对环境资源的价值可以进行多种分类，从总体上一般分为两大类。一类是与人类的存在、利用和偏好无关的价值，是环境资源自身所具有的价值，如一种动植物对另一种动植物所具有的价值、一种动植物对生态系统所具有的价值、一种生态系统对另一种生态系统所具有的价值，这种价值被称为环境资源的内在价值（intrinsic value），这属于生态伦理学范畴内的价值；另一类是与人类的生存和发展相关的价值，既可能是一种认识价值，也可能是一种赋予价值，被称为社会价值（social value），也称为工具价值、手段价值和外在价值，主要包括经济价值、文化价值、伦理价值、生理价值、心理价值以及生态价值（与人类的生存和发展相关的生态服务价值）等内涵。对投资项目的环境影响进行货币量化分析，所关注的就是这种社会价值。

A 劳动价值、边际效用价值和均衡价值

价值是经济学研究的核心问题。在实践中，一般采用劳动价值论、边际效用价值论、均衡价值论等价值理论从不同角度分别阐释环境资源的价值。

a 劳动价值论

劳动价值论由英国经济学家亚当·斯密和大卫·李嘉图创立，后经马克思进一步发展。该理论认为物化在商品中的社会必要劳动量决定商品价值，提出了劳动二重性理论，指出价值与使用价值共处于同一商品体内，使用价值是商品的自然属性，是由具体劳动创造的；价值是商品的社会属性，是由抽象劳动创造的。物的有用性使物具有使用价值，使用价值是价值的物质承担者，离开使用价值，价值就不会存在。价值只是无差别的人类劳动的单纯凝结，是抽象人类劳动的体现或物化。其核心观点包括两个方面：（1）劳动是价值的唯一源泉；（2）劳动所创造的价值量是以社会必要劳动时间来衡量的。

利用劳动价值论来考察环境资源的经济价值，一种观点认为，由于劳动是价值的唯一源泉，环境资源不存在物化劳动，因此没有价值，致使环境资源被无偿使用，因此认为劳动价值论不适用于对投资项目的环境影响进行货币量化分析。另一种观点认为，劳动价值论是在经济尚不发达、环境资源问题还不突出的年代提出的，其价值论的假设前提是环境资源的取用不受任何限制，是经济体系的外生变量，因此所提出的未投入劳动的天然产物不具有价值的判断是正确的。当今

世界经济高度发达，环境资源问题已经成为世界性重大问题，环境资源的供给已难以满足日益增长的经济需求，因此，人类必须参与环境资源的再生产，从而不可避免地要投入人类劳动，因此环境资源也就有了价值，其价值量的大小应等于在环境资源的再生产过程中人类所投入的社会必要劳动时间。

b 边际效用价值论

边际效用价值论又称主观价值论，兴起于19世纪70年代，是现代微观经济学的重要理论支柱之一。其核心观点包括：（1）效用是价值的源泉，但效用必须与“稀缺性”相结合，才构成价值形成的充分条件。因为只有在物品相对于人的欲望来说稀缺的时候，才构成人的福利（甚至生命）的不可缺少的条件，从而引起人的评价即价值。（2）边际效用是衡量商品价值大小的尺度。价值取决于边际效用量，即满足人们欲望的最后一单位商品的效用。（3）强调需求和心理因素作用，认为一种商品的边际效用和价值，决定于消费者或购买者的主观评价。（4）普遍遵循“戈森第一法则”即“边际效用递减法则”，表明随着消费量的增加，边际效用递减。

c 均衡价值论

均衡价值论是新古典学派的创始人阿弗里德·马歇尔提出的价值理论,强调以均衡价格来衡量商品的价值,因此也称均衡价格论,是各种传统价值论综合的产物。

该理论把供求论和边际效用论、生产费用论等融合成一体，认为价值是由生产费用和边际效用共同构成的，二者缺一不可。商品的边际效用可以用买主愿意支付的货币数量即价格加以衡量，在此基础上提出了“消费者剩余”的概念，并引用需求弹性概念来衡量价格的变化引起需求的变化，认为商品的供给价格应等于其生产要素价格，供给的数量随着价格的提高而增多，随着价格的下降而减少。当供求均衡时，所生产的商品量为均衡产量，其售价为均衡价格，并且表现为供给和需求价格相一致时的价格。

B 使用价值和非使用价值

a 使用价值

环境经济学认为，环境价值可以分为使用价值和非使用价值。所谓使用价值，是指当某一物品被使用或消费的时候，满足人们某种需要或偏好的能力。对于环境物品而言，使用价值是指现在或未来的环境物品能被当代人直接或间接地使用并能增加人类福利的价值。使用价值包括直接使用价值和间接使用价值。

直接使用价值是指环境资源直接满足人们生产和消费需要的价值，体现为环境资源对目前的生产和消费所带来的直接贡献，一般表现为环境资源的物质性服务功能所具有的价值。

间接使用价值是指环境资源间接满足人们生产和消费需要的价值。例如，环境资源所提供的营养循环、水域保护、减少空气污染、小气候调节等生态服务功能，虽然不能直接进入生产和消费过程，但却为生产和消费的正常进行创造了必要条件，都属于间接使用价值的范畴。环境容量的资源服务功能、环境舒适性资源服务功能以及环境自维持性资源服务功能都属于间接使用价值。

b 非使用价值

非使用价值是指某些物品所具有的独立于人们对它进行使用的价值。在经济学的一些著作中，非使用价值又被称为“存在价值”、“内在价值”等。对于环境资源而言，非使用价值则是指通过当代人的努力，为后代人留下能够带来福利的环境资源价值。

人们一般认为，对于某一物品而言，只有人们使用，其价值才能体现出来。就具体内涵而言，非使用价值是一种模糊的、难以清楚表达的价值，学术界对其争议颇大。总体而言，引发非使用价值主要来自于人们的一些动机，主要包括替代动机、遗产动机、礼物动机、利他主义以及与伦理相关的同情动机、管理动机、权利动机和义务动机。

(1) 替代动机，替代价值是指人们为别人消费环境资源的支付意愿，替代消费通过想象来体验或享受别人对环境资源效益的消费。

(2) 利他主义动机，是指为其他人和其他生物着想所体现的价值，包括代内利他主义、代际利他主义和内在价值。

(3) 遗产动机，是人们为了自己的子孙后代能利用环境资源所表现的支付意愿。遗产价值涉及后代人的利用问题，属于选择价值。

(4) 礼物动机，是人们为了使自己亲近的人能利用环境资源所表现的支付意愿。其价值涉及代内替代消费，属于选择价值。

(5) 同情动机，是指人们对环境资源被破坏表示出其同情心，并为保护环境资源所表现出的支付意愿，属于存在价值的范畴。

(6) 权利动机，是人们在“万物有灵，尊重生命”的伦理指导下，认为环境资源有存在的权利，并为保护其存在的权利所表现出的支付意愿。

(7) 义务动机，是指人们认为自己有保护环境资源的义务，并为履行其保护义务所表现出的支付意愿。

(8) 伦理动机，是指人们从伦理角度认为，环境资源应该得到保护，并为其保护所表现出的支付意愿。伦理动机表现为多种方面，上述同情动机、权利动机和义务动机都与此相关或从属于伦理动机。

C 存在价值和选择价值

a 存在价值

存在价值是非使用价值的重要形式，它是一种与任何使用方式都没有关系的价值，与物种生存的必要性、环境伦理、人类道德和人类认识的不确定性等因素有关，用于反映人类为了某种环境物品能够存在下去所愿意支付的价值。存在价值更多地表现为一种理念，其货币量化分析是非常困难的，一般采用意愿调查评价法（CVM）求得其货币价值，反映的是一种基于同情或永久性观赏的动机，从人类自身的角度出发所进行的一种价值判断。

b 选择价值

选择价值是人们赋予一种资产超出其目前实际使用价值的价值。人们有时不能确定某种资产未来的可获得性及其所产生服务的价值。如果现在永久性地丧失了这种资产，人们就会丧失未来利用该资产为自身造福的选择，这就意味着自己福利（或社会福利）水平的降低。为了保留未来需要时能够使用该资产的选择，或者为了避免未来需要时无法获得该资产的风险，人们愿意为它支付高于目前价值的价值，即所谓的“选择价值”。

就环境资产及其提供的服务而言，选择价值主要出现于项目开发活动对环境造成的不可逆后果的情况中，而这里的环境主要是指生物多样性以及野生动物栖息地和野生植物生长地。例如，水利工程、采矿和大型农业开发项目，可能会占用林地或草地并永久性（不可逆）地改变当地的生态环境，即野生动物栖息地和野生植物生长地的丧失及野生动植物的消失。在这种情况下，今天作出的不可逆决策就会降低未来的社会福利，因为未来的所有决策都将受到过去不可改变决策的限制。根据放弃的效益就是费用，节约的费用就是效益这一原则，投资项目如果有可能对环境造成不可逆的影响（放弃选择价值），选择价值就应计为项目的费用，如果有可能避免这样的影响（保留选择价值），选择价值就应计为项目的效益。选择价值的种类很多，主要是生物多样性损失、动物栖息地和植物生长地损失。

选择价值依据可预测性程度划分，可以分为“近期未来”的选择价值和“远期未来”的选择价值。前者是指当代及 1 ~ 2 代以内，后者是指 3 代以上及至永远；前者具有一定程度的可预测性，其估算在一定程度上可参考现时价值进行评价，后者随着时间尺度的延长愈来愈不具有可预期性，由于对远期未来的人类偏好及价值判断标准的演变难以把握，其价值估算具有极大的不确定性。对于这些将来利用目的不明确、离现在比较遥远的未来使用价值，可称之为准选择价值（quasi - option value）。在进行环境资源价值估算时，考虑到计算的可行性，实际上仅计算“近期未来”的选择价值，以提高选择价值计算结果的可信性。

c 舒适性资源的存在价值和选择价值

存在价值和选择价值的理念在舒适性资源的价值研究中得到了体现。对于一些稀有的生物物种、珍奇的自然景观、重要的生态环境系统，即所谓舒适性资源，出于科学研究、生物多样性保护和人类认识的不确定性等原因，对其破坏具有不可逆性（irreversibility），应重新认识舒适性资源的价值构成。舒适性资源具有以下特征：

（1）唯一性。人类对于舒适性资源的需求总是不断增长的，而这类资源在自然界的储量却是有限的，提供的服务也是不可替代的，因而其供给不可能随着需求的增长而增长。

（2）真实性。自然环境是亿万年来自然力作用的结果，以人类目前所掌握的科学技术，还无力复制真实的自然环境。即使是复制了，也不可能包含自然界的全部信息。

（3）认识的不确定性。人类对大自然的认识和探索是没有止境的。人类只要不放弃这种探索，就总是能够从中发现新的信息，获得新的满足。

（4）不可逆性。对这类资源的破坏是单向的，被破坏就意味着永远丧失。

当代人直接或间接利用舒适性资源所获得的收益就是这类环境资源的“使用价值”；当代人为了保证以后能够利用这类资源而作出的支付和后代人因此而获得的收益，就是舒适性资源的“选择价值”；人类不是出于任何功利的目的，不是为了使用，只是为了环境资源的存在而表现出来的支付意愿，就是舒适性资源的“存在价值”。

d 遗赠价值

遗赠价值源于人们的遗赠动机，它与人们愿意把某种资源保留下来遗赠给后代人有关，通常表现为人们为了后代利益而对环境进行保护的支付意愿。从某种意义上说，它同资源的使用有关，所以遗赠价值应该是一种使用价值，并应归入选择价值的范畴。因为人们相信，把资产遗留给后人，是为了让后人在使用它们的时候得到满足。同时，这种价值不是人们自己使用时所产生的，无论是直接使用还是间接使用都是如此。

D 环境资源经济价值的构成

根据上述分析，一种环境资源的总经济价值（total economic value，TEV），应该等于它的直接使用价值（direct user value，DUV）、间接使用价值（indirect user value，IUV）、选择价值（option value，OV）与存在价值（existence value，EV）之和，即

$$TEV = DUV + IUV + OV + EV$$

式中，DUV，IUV 和 OV 属于使用价值，EV 属于非使用价值。其中，DUV 作为直接使用价值是可以经由市场直接估算的，而 IUV（现时的间接使用价值）和 OV（未来的使用价值）由于是非直接使用的价值，基本上不能由市场直接表达。

由于环境资源的非使用价值（EV）在实际工作中难以计算，因此，在进行投资项目环境影响的货币量化分析中，只计算环境资源的使用价值，即将环境资

源的经济价值构成表述为：

$$TEV = DUV + IUV + OV$$

也就是说，环境资源的经济价值就是环境资源所有的使用价值之和，而环境资源的使用价值又可进一步分解为直接使用价值、间接使用价值以及选择价值。

选择价值有时也称为期权价值，具体包括三个部分：自己将来的使用价值、自己后代的使用价值以及其他人将来的使用价值。

5.7.3.3 环境外部效果理论

外部效果理论是环境价值货币量化分析的重要理论基础之一。外部效果是指在没有市场交易的情况下，一个生产单位的生产行为（或消费者的消费行为）影响了其他生产单位（或消费者）的生产过程（或生活水准）。当存在正外部效果时，边际社会效益（MSB）大于边际私人效益（MPB），两者的差值是外部环境效益（MEB）。当存在负外部效果时，边际社会成本（MSC）大于边际私人成本（MPC），两者的差值是外部环境成本（MEC）。只要存在经济行为脱离竞争性市场的生产者或消费者，外部效果就必然存在。

A 外部效果的种类

外部效果可以从不同的角度进行分类，主要包括公共外部效果、私人外部效果、可转移的外部效果、技术外部效果和货币外部效果。

a 公共外部效果和私人外部效果

公共物品具有供给的普遍性和消费的非排他性特征。比如，城市空气被污染，受其影响的不仅仅局限于某一部分人，而是居住在这一区域的所有人，是一个公“损害”，空气污染向该地区的所有人产生了负外部效果影响。又如，城市绿化可为很多人提供赏心悦目的环境，这就是一个公共“福利”，享受城市绿化的所有人都获得了正外部效果影响。这就是公共物品供给的普遍性特征。公共物品的另一重要特征就是增加一个人对某种物品的消费不会减少或影响他人对该物品的利用，即具有消费的非排他性特征。

外部效果分为可减少的外部效果和不可减少的外部效果。不可减少的外部效果是指这种外部影响具有普遍性和消费的非排他性特征，是具有公共物品特征的外部效果。环境物品一般都是公共物品，其外部不经济性往往是不可减少的。例如，污染的空气、河流和城市噪声等，一旦造成影响，其影响就是普遍的。

与不可减少的外部效果相对应的是可减少的外部效果，即私人外部效果。其特征表现为如果某一部分人受到的影响多一些，就意味着能够减少对其他人的影响。例如某建筑商向周围倾倒建筑垃圾，在一个地方堆放多一些，就意味着在另外一个地方堆放少一些，这与空气污染所产生的外部影响性质明显不同。私人外部效果能够明确界定受害者范围，并容易研究如何以最低的社会成本减少对特定人群的外部不经济性影响。

b 可转移的外部效果

可转移的外部效果是指受害者有机会通过一定的手段或渠道将其所受到的外部影响向第三方转移。对于可转移的外部效果，受害者为了避免自己遭受负外部效果的损害，可以将负外部效果影响转移给他人。在这种情况下，受害者同时又是负外部效果影响的转移者。对于这种现象，需要负责外部效果管理的政府部门可采取一定的措施，去引导负外部效果的制造者和转移者采取符合社会福利最大化的行动。除了对负外部效果的制造者采取有效措施外，还要向负外部效果的转移者采取干预措施，以解决各种形式的负外部效果转移，不仅要求对负外部效果的制造者采取惩罚措施，而且还要让负外部效果的转移者支付等于其向他人转移负外部效果所引起的社会边际损害成本，从而促使受害者在保护自己免受负外部效果影响的同时，其所从事的各种活动不得进一步损害别人。所有负外部效果的制造者和转移者，无论他们在社会中发挥什么作用，都必须为他们强加给别人的损害付出代价。

c 技术外部效果和货币外部效果

技术外部效果一般会影响资源的配置格局，但并不是所有的外部效果都将产生资源配置不当的问题，在完全竞争的环境条件下，当一个人的经济活动影响到另一个人的财务状况时，不一定就会产生资源配置不当，这种外部影响是一种假象的外部效果，即货币外部效果。

货币外部效果来源于投入物和产出物的货币价格变化，但没有真实的资源变动。而技术外部效果是真正的外部效果，其外部影响带来了真实的资源转移。如果某种外部效果确实影响到实际的社会生产和消费，如工业污染造成的产品使用寿命缩短、人类健康状况恶化等，则称之为技术外部效果。这种外部效果由于导致了资源配置的实质性变化，从而可以改变生产者的生产函数或消费者的效用函数，并改变生产者的产出水平或消费者的效用水平，改变资源投入的分配状况及效用水平。货币外部效果仅表现为这些资源的货币表现水平发生了变化，资源的投入及分配情况没有发生变化，相关社会成员的原有效用水平保持不变。从经济费用效益分析的观点看，技术外部效果代表了实质性的变化，对社会资源配置有实质性影响，应予以考虑和计算；而货币外部效果仅代表收入的再分配，是一种转移支付，计入后会造成重复计算，因此一般不予考虑和计算。

同时，我们也应看到，在市场经济的运行机制下，纯粹的技术外部效果或货币外部效果都可能是不存在的，价格的变动通过市场机制的信号传递作用，将引导资源配置发生变化。在实践中，我们对技术外部效果和货币外部效果进行分类，就是要在对投资项目的环境影响进行货币量化分析时，尽可能地分析引起资源配置发生变化的真实经济影响，尽可能地区分通货膨胀等货币性变化因素所带来的影响，使经济分析建立在对资源配置效率进行分析的基础之上。

B 外部效果理论在环境影响货币量化分析中的应用

在过去环境资源十分充沛的情况下，环境资源作为公共财产被无偿使用。随着经济的不断发展，环境资源变得日益稀缺，其相对价格不断提高，环境资源的零价格制度导致了生产消费环境资源的私人边际成本与社会边际成本以及私人边际收益与社会边际收益的巨大差异，环境资源的生产和消费出现了外部效果问题。从理论上看，解决环境外部效果问题的经济手段分为庇古手段和科斯手段。

a 庇古税问题

要有效地纠正外部效果影响，必须由政府或政府授权的机构给外部效果一个合理的价格，即给正外部效果确定一个正价格，给负外部效果确定一个负价格，从而使得外部效果内部化。这一设想就是英国经济学家庇古提出的征收环境税或环境影响费，被称为“庇古税”或“庇古费”。庇古税或庇古费是通过政府行为给外部不经济性一个合理负价格的经济手段，将污染者强加给他人的外部成本内部化，从而强迫污染者在生产经营活动中不仅要考虑他们常规的生产成本，还要考虑自身活动给社会带来的额外成本。因此，庇古手段侧重于采用政府干预的方式来解决环境资源生产和消费中出现的外部效果问题。补贴或惩罚的数额的确定，就提出了对其影响进行货币量化分析和评价的要求。

b 产权安排问题

科斯手段侧重于运用产权理论通过市场机制来解决环境资源生产和消费中的外部效果问题，从产权安排和产权效率的角度研究如何将外部效果内部化。从经济学的角度看，产权不明晰是引起外部不经济性的重要原因。根据“科斯定理”，如果负外部效果的制造者和受害者之间不存在交易成本，只要其中一方拥有永久产权（不管何方），都将会产生最优经济效果。这意味着在有些情况下，能够通过重新明确财产所有权来解决外部不经济性问题。然而，重新确定产权需要具备一定的条件，即清正廉洁的法治政府、严密健全的法制体系、公开公正的社会监督机制。如果缺乏这些条件作为保障，在重新确定产权的过程中，就有可能出现公共资产流失的现象，高价值的公共物品以较低的价格流入到个别私人手中，导致个别人从中牟取暴利，造成社会不公和贫富间两极分化。为了对明晰产权的公平性建立监督约束机制，客观上也需要对环境资源的经济价值进行分析评价。

6 交通运营状况对项目目标可持续发展的影响分析

6.1 概述

要实现高速公路项目的最终目标，即产生较好的社会效益和经济效益，最根本的就是要保证高速公路项目能够确保通行能力，维持一个较高的服务水平，稳定发挥高速公路对当地社会经济发展的带动作用。

影响高速公路通行能力与服务水平的因素比较多，既有外部的，也有内部的，既有促进既定目标持续实现的因素，也有制约既定目标持续实现的因素。目标持续性评价就是要研究这些条件的变化情况及其对目标持续性的影响，以便提出切实有效的措施，保证目标的持续实现。

健全的法律法规体系和完善的技术标准是高速公路持续发展的基础。随着公路事业的发展，与公路建设和管理相关的法律、法规及技术规范也在不断地发展和完善。

《中华人民共和国公路法》（以下简称《公路法》）于1998年1月1日正式开始实施，标志我国公路事业开始进入法制化的轨道。根据《公路法》的实施情况和“费改税”政策的推行，第九届全国人大常委会第十二次会议已经审议通过了《中华人民共和国公路法》修正案，新修正的《公路法》将进一步促进我国公路事业的发展。交通部根据行业的发展情况及时制定了若干办法和规定，包括《公路工程施工招标投标管理办法》、《公路工程施工监理办法》、《公路工程竣工验收办法》、《公路建设市场管理办法》、《关于在全国开展车辆超限超载治理工作的实施方案》、《收费公路管理条例》等，使得高速公路的运营管理有法可依，为高速公路项目的持续发展巩固了基础。

2004年10月28日，第十届全国人大常委会第五次会议通过了《中华人民共和国道路交通安全法》，对车辆、驾驶员、道路通行条件、行人、乘车人员的通行、交通事故处理等做出了具体规定，对高速公路单独列出了特别规定，对什么车辆不得进入高速公路，限定最高时速，当发生交通事故时应如何处理，如何保证正常行驶，不得在高速公路上拦截车辆检查都做出了明确规定。《中华人民共和国道路交通安全法》的颁布实施，为降低道路交通事故，规范道路交通管理提供了法律保障。以安全的方式向人员、地点和货物提供服务是国际经济合作组织（OECD）界定的可持续交通系统四项内容之一。《中华人民共和国道路交通安全法》的出台，对高速公路进一步降低交通事故，保障交通安全，促进目标可持续发展有重要意义。

第417号国务院令公布了《收费公路管理条例》，已于2004年11月1日起施行，这是规范收费公路设置和经营的一部重要法规，涉及收费公路的建设、经营、管理等各个方面，通过法律手段对收费公路经营管理者的行为加强监管和规范，有利于目标可持续发展。

6.2 工程建设质量对项目目标持续性的影响

公路建设项目目标持续性实现的技术能力取决于工程质量，工程质量是保证建设项目持续性发挥使用功能的首要因素，是高速公路持续发展的基础。主要表现在工程建设质量和工程养护质量两个方面。

以湖南省耒宜高速公路为例。该项目在建设期间，湖南省交通厅成立了耒宜高速公路建设公司，全面负责耒宜高速公路的各项工作。工程建设过程中，实行“政府监管、法人督察、社会监理、企业自检”的四级质量保证体系，坚持质量创新，强化全员意识，实行全方位、全员化质量管理，从业主、监理到施工单位，都对工程质量比较重视。2004年1月，交通部竣工验收委员会对耒宜高速公路进行了竣工验收，经评审确认该工程综合评分为92.9分，评定工程质量等级为优良。良好的工程质量为耒宜高速公路持续发展奠定了坚实可靠的基础。

但是，全线竣工通车9年来，由于内部因素和外部条件的影响，特别是超载车辆的影响，不同程度的产生了一些质量病害，主要表现为路基沉陷、边坡坍塌、路面损坏。其中，路面损坏的程度较为严重，对道路的通行能力影响比较明显，长期的封闭车道施工，降低了车辆的运行速度与通行能力，也容易诱发交通事故。总之，公路项目在使用过程中，受内部因素和外部条件的影响，使用性能会逐年下降，即项目目标持续性实现的技术能力降低，影响项目目标持续性实现和发展。

耒宜高速公路在工程建设的全过程中，自始至终坚持以质量为本，积极响应交通运输部（原交通部）开展公路建设质量年活动的号召，全面贯彻落实交通运输部和省交通运输厅、省重点办、省高速公路建设开发总公司关于重点工程建设项目质量要求的文件精神，精心组织，科学安排，采取了一系列行之有效的质量管理措施，通过驻地监理严格监督、狠抓落实，确保工程质量全部达到优良工程标准。

6.3 公路配套设施建设对项目目标持续性的影响

高速公路的配套设施主要有安全设施、管理和服务设施、机电系统、立交出入口等。高速公路的配套设施在保障高速公路运营管理的高效率、低成本以及为车辆创造安全顺畅的行车环境方面发挥了重要的作用。本节以湖南省耒宜高速公路为例评价配套设施的影响情况。

6.3.1 交通安全设施

耒宜高速公路全线设置了标志、标线、护栏、隔离栅、轮廓标、防眩设施、里程标、防抛网、公路界碑等。耒宜高速公路交通标志设计主要以完全不熟悉耒宜高速公路及沿线路网系统的司机为使用对象，通过适时、适量地提供交通信息，使司机能够正确选择路线及方向。针对中央分隔带波形钢护栏防撞性能差，导向功能弱，不利于中央分隔带防渗水及防眩的缺点，耒宜高速公路采用了既可防撞又便于绿化，防眩效果好的整体型单坡面槽形混凝土护栏。耒宜交通标志版面内容采用中、英两种文字对应标志，在主线还设置了车道指示路面标记和车距确认标线，所有标线及标记均采用白色热熔反光涂料。

耒宜高速的交通安全设施设置完善、合理，通车以来沿线的安全设施在运营期对交通事故等原因造成的损失及时进行了修复和补充，保持着良好的使用状态，发挥了保证道路安全、通畅的作用。

6.3.2 管理和服务设施

耒宜高速公路的管理处设在郴州，耒宜高速公路管理处主要负责本路段车辆通行费的征收、公路养护及路产路权的维护。

耒宜高速公路全长 135.287km，沿线设有永兴、良田两处服务区。根据规范规定，全线设置两处服务区，间距是合适的。从目前运营情况看，耒宜高速公路作为国家南北高速公路的主动脉的组成部分，车流量特别大，其中大部分是大型载货汽车和超长集装箱运输车辆，在特殊时期，如燃油供应紧缺、节假日及2008 年的冰灾时服务区车辆排队长达 2 ~ 3km，危及行车畅通和安全。同时由于目前服务区的主要服务对象是货车，货车的车位占有面大，停留时间长，服务区、停车区的面积偏小，服务设施不齐全，造成整体服务水平较低，从目前的使用情况看，耒宜高速公路服务区已不能完全满足高速公路 A 级服务设施的要求，建议扩建或增加服务区数量。

耒宜高速公路小塘收费站于 2001 年建成，原设计收费车道只有 13 个，日均服务车辆超过 20000 辆，而且主要为大货车和拖挂车，收费任务十分繁重，春运、节假日期间，拥堵严重，收费广场俨然成为停车场，车流排队长度超过10km，每辆车的平均延误时间超过 1 小时，服务水平急剧下降，已无法满足日趋增长的通行要求及计重收费的需要。而且经常引起收费管理人员与道路使用者的纠纷与冲突，甚至酿成故意伤害等治安、刑事案件，根据实际情况，耒宜高速小塘收费站增设了3个收费车道，评价认为增设收费车道完全有必要。

6.3.3 机电设施

耒宜高速公路的机电系统主要包括收费及通信系统。

(1) 收费系统。耒宜高速公路收费系统共设有1个收费分中心及8个收费站。当时收费系统采用封闭式收费体制，为“人工判车型和车种，人工收费，多次重复使用的非接触式IC卡作为通行券，卡机收发卡，打印票据，计算机管理，闭路电视监控，非正常收费车辆在车道采集图像并存储”的半自动收费方式。收费系统按收费车道、收费站和监控分中心三级计算机实时监控管理网络，收费数据和交通流量参数逐级向上传输，确保了系统的实用、安全和可靠。

(2) 通信系统。通信系统主要是为高速公路运营管理、监控系统和收费系统提供必要的语音、数据和图像传输通路，耒宜高速公路通信系统采用光纤数字传输系统和程控数字交换系统形成一套数字综合通信网。

6.3.4 出入口设置

耒宜高速公路沿线共设8个立交出入口，互通式立体交叉最大间距25.9km，最小间距9.4km，平均间距18.8km。从目前运营情况看，出入口的设置基本合理，符合《公路路线设计规范》的一般规定。一般而言，立交间距小有利于吸引车辆上下高速公路，从而增强高速公路对车辆的吸引；但立交过密后，高速公路的运营管理成本上升，设施的利用率降低。

耒宜高速公路的配套设施在高速公路开通运行以来，发挥了重要的作用。交通安全设施设计合理，造型美观，清晰易辨，为安全、快速行车提供了保障，管理和服务设施的设计布点合理科学、服务项目齐全，给过往车辆提供了方便，收费、监控和通信系统给耒宜高速公路的管理提供了物质保障，配电系统操作方便、安全，为整个交通工程的正常运行提供了动力能源。出入口的设置合理科学，增强了高速公路对车辆的吸引力，为高速公路提供了效益来源。

根据通车以来的运营情况，耒宜高速公路的配套设施在保证高速公路运营管理的高效率、低成本以及为车辆创造安全顺畅的行车环境，提供良好的服务等方面发挥了重要的作用，基本能够适应项目目标持续性发展的要求。

6.4 管理养护水平对项目目标持续性的影响

耒宜高速公路管理处自2001年12月28日开通运营以来，全面推行“以政治引导人，以事业激励人，以制度管理人，以感情温暖人，以环境留住人”的工作思路，大力实施“依法治路、科技兴路”的工作方针，基本达到了养护作业机械化、收费工作自动化、路政管理法制化、综合服务标准化、队伍管理军事化、道路环境美绿化、社会监督制度化、综合管理现代化的“八化”要求。耒宜高速公路通车以来，内部管理逐渐走上了正规和科学化的轨道。

养护是保持高速公路运营效率最基本的工作，高速公路养护工作较一般公路技术性更强、机械化程度更高。根据高速公路养护点多、面广、分散、线长的特点，经过充分论证，实行日常养护由工程科直接管理，大中修养护通过招投标承包给专业队伍进行的方案。管理处每年根据道路的使用功能、路面类型、路面宽度、交通流量、使用年限、维护维修的难易程度等因素，核定每公里正常维护维修经费，年初下达计划由工程科负责实施，制定了一系列管理措施，如严格执行湖南省高速公路公司制定的《高速公路养护管理暂行考核细则》，实行“养护工作月报”制度，保证了养护的质量，严格控制路面养护质量和进度。

管理处重点抓好收费管理，收费收入稳步增长，2006 年根据省内统一安排，耒宜高速公路开始实施计重收费，随着计重收费的推广实施，超载超限现象得到了有效遏制。对于收费员的管理，管理处非常重视职工基本技能的培训，除了系统的在职培训，管理处还组织不定期的培训。在培养企业文化方面，管理处定期出版简报，使之成为提高管理水平的文化载体。完善的运营机制与先进的管理水平保障了项目目标持续性发展。

6.5 道路服务水平对项目目标可续性的影响

交通量的持续增长，使高速公路的通行能力和服务水平受到严峻考验。交通量发展到一定的程度，高速公路的服务水平将达到极限状态，交通量的进一步增长，将会降低高速公路的服务水平，影响通行能力，从而影响目标的持续性发展。

（1）高速公路路段单车道小时可能通行能力。高速公路单车道小时可能通行能力计算如下：

$$C = C_0 f_{cw} f_{sw} f_{Hv} \tag{6-1}$$

式中 C——实际条件下的通行能力，pcu/(h · 车道)；

C_0——基本通行能力，pcu/(h · 车道)，高速公路 $v_{设计} = 100$km/h 时，取 2100pcu/(h · 车道)；$v_{设计} = 80$km/h 时，取 2000pcu/(h · 车道)；

f_{cw}——行车道宽度对通行能力的修正系数，高速公路 $f_{cw} = 1$；

f_{sw}——路肩宽度对通行能力的修正系数，高速公路 $f_{sw} = 1$；

f_{Hv}——交通组成对通行能力的修正系数：

$$f_{Hv} = 1/[1 + \sum P_i(E_i - 1)]$$

P_i——车型 i 的交通量占总交通量的百分比；

E_i——车型 i 的车辆折算系数。

评价分析中交通量采用折算标准小客车为单位，假设交通组成为理想条件，即均为标准小客车，因此取 $f_{Hv}=1.0$。

将上述参数代入计算公式，高速公路小时通行能力分别为：

$v_{设计}=100$km/h 时　$C_{高速}=2100\times1\times1\times1=2100$pcu/(h·车道)

$v_{设计}=80$km/h 时　$C_{高速}=2000\times1\times1\times1=2000$pcu/(h·车道)

（2）高速公路路段单车道日可能通行能力。考虑设计小时交通量系数和方向分布不均匀系数，将小时可能通行能力换算为日可能通行能力：

$$C_{日}=C/(2KD) \tag{6-2}$$

式中　$C_{日}$——高速公路单车道日可能通行能力，pcu/(d·车道)；

K——设计小时交通量系数，$K=0.11$；

D——方向不均匀系数，$D=55\%$。

根据上述公式和参数，高速公路基本路段的日可能通行能力分别为：

$v_{设计}=100$km/h 时　$C_{日}=17355$pcu/(d·车道)

$v_{设计}=80$km/h 时　$C_{日}=16529$pcu/(d·车道)

（3）高速公路路段单车道设计通行能力。参考《公路通行能力研究》（交通运输部公路科学研究所编）中有关参数，按下式计算各级服务水平的单车道设计通行能力，结果见表6-1：

$$C_{D}=C_{日}(V/C) \tag{6-3}$$

式中　C_{D}——高速公路单车道设计通行能力，pcu/(d·车道)；

$C_{日}$——高速公路单车道可能通行能力，pcu/(d·车道)；

V/C——理想条件下，最大服务交通量与基本通行能力之比。

各级服务水平的 V/C 见表6-2。

（4）四车道高速公路设计通行能力。四车道高速公路各级服务水平的设计通行能力见表6-3。

（5）通行能力分析结论。从通行能力来分析，四车道、100km/h 设计速度高速公路项目，在不受其他因素制约的前提下，达到二级服务水平的日设计通行能力为46512pcu/d（见表6-3）。根据项目交通量预测的结果，就可以评价项目服务水平，进而进行道路的改扩建及平行高速公路项目的新建决策。

表6-1　高速公路基本路段单车道设计通行能力

服务水平	设计通行能力/pcu·(d·车道)$^{-1}$		备　注
	$v=80$km/h	$v=100$km/h	
一	4132	5380	
二	9917	11628	
三	12397	14925	
四	16529	17355	

表6－2 高速公路服务水平划分表

公路等级	高速公路							
设计车速	100km/h				80km/h			
服务水平等级	一	二	三	四	一	二	三	四
密度 /pcu·(km·车道)$^{-1}$	≤7	≤18	≤25	≤45 >45	≤7	≤18	≤25	≤45 >45
速度/km·h^{-1}	≥92	≥79	≥71	≥47 <47	≥74	≥66	≥60	≥45 <45
V/C	0.31	0.67	0.86	接近1.00 >1.00	0.25	0.60	0.75	接近1.00 >1.00
最大服务流量 /pcu·(h·车道)$^{-1}$	650	1400	1800	<2100 0~2100	500	1200	1500	<2000 0~2000
交通流状态	自由流	稳定流	饱和流	强制流	自由流	稳定流	饱和流	强制流

注：*V/C*是指在理想条件下，最大服务交通量与基本通行能力（C_0）之比，基本通行能力（C_0）是四级服务水平上半部的最大交通量。

表6－3 四车道高速公路设计通行能力

服务水平	设计通行能力/pcu·d^{-1}		备注
	$v=80$km/h	$v=100$km/h	
一	16528	21520	
二	39668	46512	
三	49588	59700	
四	66116	69420	

7 特重交通与恶劣条件对目标可持续发展的不利影响

7.1 特重交通对目标可持续发展的不利影响

超限超载运输首先表现为对车辆自身技术状况的影响，进而引发交通事故。由于严重超限超载，车辆的技术状况大大降低，行驶稳定性、刹车性能、悬挂承荷能力、转向可靠度趋差，轮胎爆胎可能性增大。同时，超载幅度过大对车轴、钢板弹簧等部件造成损坏，易导致车轴突然断裂、钢板弹簧失效等。

研究表明，车辆超限超载直接影响车辆的转向和刹车系统。遇到紧急刹车，刹车距离将远远超出正常距离，特别是在下坡时，更是无法控制，尤其在打轮躲闪时，会使车辆失去重心，引发翻车。超限超载车辆特别是运煤炭、沙石、水泥、木材的车辆，由于急刹车、转弯、颠簸，常出现货物散落现象，散落后得不到及时清理，对后面的行车安全造成极大威胁。一旦超载车辆发生故障或交通事故，往往造成道路多条车道甚至全部车道被占，形成长距离、长时间的严重交通拥堵。以北京延庆县为例，因事故堵车时间最长的一次达两天三夜，距离最长达45公里。

由于超限车辆一般车速都很低,车体大,影响后车通行,常常造成交通阻塞,使公路的使用效率大大降低。特别是高速公路,货车的设计时速一般在70公里以上,而严重超限车辆一般只能行驶三四十公里,有的更低,造成高速公路低速行驶的局面。由于车速极慢,超载后的汽车无法达到正常速度行驶,汽车长时间超负荷工作,磨损加剧,极易诱发司机疲劳驾驶,从而导致交通事故屡屡发生。

超载车的尾气和噪声严重超标。由于超载车辆燃油系统负荷过大，尤其是燃油净化系统不能正常运转，可燃混合气混合不均匀，燃烧不完全，尾气严重超标，致使车辆行驶过程中浓烟滚滚，有的甚至只见黑烟不见车。而且高分贝喇叭不断鸣响，噪声刺耳，沿途遗撒现象严重，对周边的生态和大气环境造成了严重污染。特别是在阴雨潮湿和低气压的天气，易在收费站周围形成一个空气污染岛，有害物不易散发，收费人员受这种环境危害首当其冲。有关资料表明，汽车停车、起动都是在收费站处操作完成，汽车瞬间释放的有害气体和生物污染物得不到合理稀释和转换，二氧化硫、一氧化碳、二氧化碳、氯、氨等有害物含量升高，空气品质劣化，使司机和收费的工作人员出现各种呼吸道疾病症状，表现为困倦、乏力、胸闷、过敏、精神恍惚、工作效率下降等。长期在此环境下工作，严重影响人们的身体健康。另一方面，车辆超限超载极易引起零部件老化，影响到车辆性能的正常发挥，其中，噪声大是主要的表现形式。汽车噪声不仅让人心烦，还可能对人体的健康带来危害，尤其对职业司机的危害更加明显。有关调查表明，机动车辆噪声已经占到了城市噪声的85%。人们长时间接触噪声，会出现耳鸣、多梦、心慌及烦躁，或直接引起听力下降甚至耳聋。另据不完全统计，由车辆噪声间接引发的交通事故占整个交通事故的60%。

7.2 恶劣地理与气候条件的不利影响

恶劣的地理与气候条件严重影响公路建设项目的可持续发展。本节以京港澳高速公路粤北段为例评价其不利影响。

京港澳高速公路粤北段（习惯上称广东京珠北）是指湘粤界至广东韶关段，它穿越在崇山峻岭之中，全路段风景秀丽，设有多处观景台，但由于其弯多坡长，事故多，有“死亡高速”、“中国最具挑战性的高速公路项目”、“中国高速公路百慕大”之称。

（1）弯多坡长。2003 年 10 月，公安部、交通部和国家安全生产监督管理局研究确定了全国 29 处公路危险路段，其中包括京珠北南行 38 ~ 52km 路段。该路段为整个京珠北“危险系数”最高的一段路。仅京珠北开通八个月，这段路的事故死亡人数，就占了京珠北韶关段的四成。在位于红云镇及大桥镇地段的该处公路看到，一条长长的陡坡从山中蜿蜒而过，在下坡的同时由于山势走向变化，弯多弯急，给过往车辆尤其是大货车造成严重交通隐患。这一段路的下坡路程长达 13km，当南下车辆喘着粗气爬上 805m 高坡后，接下来便是一段 13km 的下坡路。长途跋涉的货运司机们遇到下坡时就不知不觉加快了车速，但在长下坡过程中发现车速越来越快时，各种车辆尤其是超载大货车不得不在这段长长的下坡过程中不停地踩刹车制动降速，制动刹车片长时间摩擦发热，易致制动失效，一起起重大事故便由此而生。

（2）常年雾区。京珠北路段气候多变，全线中部约 25km 范围内为常年雾区，80% 的天数潮湿多雾，尤其以春季最为严重，有 30% 的时间出现大雾，能见度通常小于 200m。其中最严重的是大桥到梅花收费站之间的 K39 ~ K52 路段属常年雾区，此间行车常可遭遇大雾弥漫。车辆途经该路段时，坐在车里打开车窗，雾气霎时涌入车中，汽车在浓雾中减速前进，竟然让车中乘客有了在云雾中飞行般飘飘然的感觉，所以乘客戏称“雾锁京珠北”。公路两旁每隔几十米便出现了一盏照明强光灯，全线共有 1006 盏这样的雾灯，这是京珠北在国内首创的雾灯诱导交通设备，雾区沿途的警示系统还能够针对能见度帮助车辆确定速度和车距，以策安全和无需遇雾便封路。

（3）冬季冰雪。京珠高速公路穿行于粤北崇山峻岭之中，冬天气温在0℃以下时有发生。许多超载大货车在行驶途中为防止刹车皮发热疲软导致刹车失灵，司机常在轮胎上洒水降温，造成路面湿滑。遇寒流侵袭时，气温骤降便会出现结冰，其中以云岩、大桥、红云这一地段出现冰封险情最多，特别是这些高寒地带的桥梁远离地面，没有地热，遇低温时更容易出现结冰。

（4）超载严重。行驶在京珠北的南下广东的大货车90%都严重超载，这些车的载重量一般超出核载吨数2～4倍。有些大货车的载重量甚至相当于一节火车车厢（60t）的载重量，所以人们形象地称这些大货车是“公路火车”。这些沉重的车辆在通过京珠北长坡路段时，由于重心的作用致使惯性冲力加大，加上踩刹车过久易使刹车过热致失灵，非常容易酿成追尾事故。行驶在京珠北路段的车辆，常常因为前面的一两台大货车爬坡吃力，通常只有每小时20～30km的速度，行驶缓慢，导致紧随其后的所有车辆都不得不压低速度。当遇上数辆大货车并排慢行时，不过十几分钟，大小汽车就足以形成或长或短的车龙慢慢行驶，高速公路成了“慢速公路”。

京珠北由于弯多坡长、常年雾区、冬季冰雪以及超载严重，已经成为京珠高速公路的瓶颈地段，严重地制约了南北大动脉的畅通。特别是在2008年年末岁初的冰雪灾害中，京珠高速粤北段更加突显了其交通条件的不足。

7.3　突发事件对可持续发展的影响与应对措施

7.3.1　风险预警

7.3.1.1　预警的概念

人类的预警行为早已存在，从古代的烽火台到现代的防空警报、经济预警和天气预报。可以说，预警以及风险预警已经深入到社会经济发展的各个领域，在风险管理过程中发挥着重要的作用。

预警（early warning）一词最早源于军事，它是指通过各种预警工具如预警飞机、预警雷达、预警卫星等，提前发现、分析和判断敌人的进攻信号，并把这种进攻信号的威胁程度及时报告给指挥部门，以提前采取应对措施。

在自然灾害方面，有地震预测预警、台风预警、泥石流预警等。主要通过先进的预测工具对地震波、热带气流、泥石流多发区的暴雨和地质变动进行探测和分析，如果是成灾信号，则利用电讯信号与地震波、台风、泥石流的时差向受灾区发出警告，通过建立快速反应机制，最大限度地减少不可抗风险造成的人员伤亡和灾害损失。

在经济领域，预警研究包含宏观经济预警和微观经济预警两个层面。前者包括国民经济运行状况预警、进出口预警、通货膨胀预警等；后者主要是指企业预警，包括企业财务风险预警、项目融资预警、环境预警等。经济预警最早产生于第二次世界大战后的美国。20 世纪 30 年代，美国经济统计学家穆尔采用多指标综合方法——扩散指数（diffusion index，DI）法，构建了美国宏观经济预警系统。20 世纪 60 年代，出现了构造预警系统的另一种基本方法——合成指数（CI）法。从 20 世纪 70 年代后期起，经济预警系统在信息识别等方面得到了进一步的发展，在国际化方面表现得更为显著。

近年来，我国有许多行业和领域已开始重视进行预警理论的研究和预警系统的开发使用。鉴于预警理论在工商业、银行业和其他领域的深入研究和成功应用，我们完全可以把预警理论应用于基础设施投资建设领域和工程项目的风险管理过程。

所谓预警，就是预先警示、提前报警的意思。预警是指根据系统外部环境及内部条件的变化，对系统未来的不利事件或风险进行预测和报警。预警管理需要且必须通过利用预警系统来实现。

7.3.1.2 预警的特点

预警的特点如下：

（1）超前性。风险预警管理虽然重视发挥在风险发生情况下的应急处理和补救功能，但其重点是预先做出警示和超前防范。其特点是超前性，将过去那种“救火式”的事后管理改为事前的预防管理。

（2）警示性。在高速公路运营过程中，如果某些风险因素或其某个方面达到风险预警的警戒状态时，风险预警管理系统通过预测，可以按照预警准则及时地输出相应的信息或发出警告，以引起风险管理者或各参与方的警觉，因而具有警示性。

（3）即时性。风险预警管理系统与项目管理系统等其他各种管理系统一样，是一个长期和连续运行的系统。通过对高速公路运营过程中的各项活动进行动态跟踪监控，即时显示运营管理所处的风险状态。同时，应根据实际预警实践积累的经验和实际情况的变化进行不断更新，以修正系统存在的缺陷，完善系统的功能，确保风险预警的敏感性和准确性。

（4）系统性。由于高速公路运营过程中不确定性因素太多，所以其预警管理系统也是一个复杂的系统。系统需要处理涉及高速公路运营诸多方面的信息，处理过程中需要采用综合、系统的方法，输出明确的、系统的、易被管理者识别和接受的综合信息。

7.3.1.3 预警的作用

高速公路运营风险预警是对高速公路运营过程中各环节的风险进行推断、预测，根据风险程度预先发出警报和相关信息，其作用如下：

（1）警示。实行风险预警，可以使管理者及时认识潜在风险，了解风险发生的条件与规律，便于在风险管理中着眼未来，着眼于对风险的预防预控。借助风险预警系统的警示作用，通过信息的有效输出，在风险发生之前进行风险管理，风险管理从被动管理转向主动管理。

（2）控制。进行风险预警的目的是实现风险的有效控制和防范。传统的风险管理主要侧重于对风险的事后控制，即等到风险发生时采取有效措施进行补救。采取风险预警的方式，形成以事前控制为主，并与事中控制和事后控制相结合的风险控制机制。在风险事件发生之前，对风险的成因进行控制，并采取措施使风险事件不至于真正发生、发生的可能性最小或发生后导致的损失最小，这就是风险预警控制作用的真正体现。

（3）自律。自律是指高速公路运营过程所具有的自我控制、调节和规范的机制和功能。风险预警通过建立风险预警机制和风险应对措施机制，并融入到运营管理机制中，使高速公路运营具有适应外部环境和内部条件变化的能力，使高速公路运营过程中各生产要素得到有效配置和合理使用，进而有机协调地发展。

7.3.2 风险预警指标体系构建的原则

在构建风险预警系统之初的建立预警指标体系阶段，应本着系统和科学的态度选择预警指标，为预警系统的构建打下坚实基础。对于具体的工程项目，所建立风险预警指标体系应能够准确、全面、有效地反映工程项目生命周期中可能出现的各种显现的和潜在的风险因素。为了保证构建的指标体系对于工程项目风险预警的有效性，除遵循指标的独立性、时效性、规范性和系统性等原则外，还需要遵循以下原则：

（1）相关性原则。相关性原则指的是与工程项目风险水平的监测相关。要求列入指标体系中的每一项指标都能从某一个角度正确地反映工程项目风险管理的内容及其状态，使指标与指标之间成为相互联系的有机整体，在设计指标体系时，可以采用纵向和横向的分类方法。预警指标横向分类的设置应有助于反映工程项目实施各个阶段、各个环节的风险及其结构，并能预示项目风险的发展趋势。预警指标纵向分类的设置有助于反映项目对于不同阶段风险预警的要求，同时也满足了对预警指标早期、中期和后期进行监测的要求。

（2）全面性原则。风险预警指标体系应能全面、系统并相互联系地监测项目的风险水平，即所采用的预警指标，应具有高度的概括性。一方面应考虑到影响项目风险产生的各个主要方面，做到监测指标不重复，不遗漏，以便从各个不同的主要侧面对项目的风险做出全面评价。另一方面还应考虑指标项目之间的系统性和相互联系性，使监测指标体系能够全面真实反映项目的风险程度。

（3）灵敏性原则。所选取的风险预警指标能够敏感地反映工程项目风险中的某一方面，即当风险出现变动时，能够在预警指标值上迅速反映出来。因此在设计预警指标时，充分考虑到这些指标与风险的相关程度，尽量选取与风险程度相关程度大的指标。

（4）重要性原则。重要性原则有两层含义：一是全面性和重要性要相结合。强调预警指标体系的全面性，因为它有助于从不同侧面和不同方面揭示工程项目风险水平，但是过于全面的指标体系会对风险的监测变得模糊不清。因此所选的多个指标应能够综合反映项目风险的水平，而并非所有与风险有关系的方面。二是当收集取得某项指标的成本费用很大时，如果该项指标很重要，即它在指标体系中是不可缺的，则仍应进行该项指标的收集评价工作，否则应舍去。

（5）可操作性原则。可操作性是指该指标体系中各指标项目的易懂性和指标项目的可获取性。预警是一种预报，即在项目风险发生之前，就能及时发出警报，这就要求所设计的风险预警指标体系应能明确反映工程项目风险，同时做到预报信号明确，判断简明，不能把指标搞得过于复杂。在设计指标体系时，首先是所列的指标数据应易于收集，准确性、可靠性容易保证；其次是指标数量不宜过多，尽量避免功能重复；再次是对个别指标的计算应略作调整，避免过于复杂的计算；最后是便于综合评价，一律采取正指标。

（6）成本效益原则。在工程项目风险预警指标体系及指标项目的设置过程中应充分考虑成本效益原则。有些评价指标即使有实用价值，但如果为获取该项指标数据所花费的成本大于其所能提供的收益，一般会用其他取得成本较低的指标项目来加以替代。

7.3.3 风险预警指标的检验与最终确定

预警指标检验的目的是为保证风险预警结论的准确性。预警指标检验包括前期检验和后期检验。

7.3.3.1 前期检验

前期检验主要指对指标的相关性进行检验。预警指标体系用于风险预警时，各底层指标之间还可能存在一定的相关性，即部分指标在描述运营过程中某方面风险时可能存在相互重叠的现象。这种情况下，不仅会加大预警的工作量，而且很难准确把握不同指标之间的相对权重，导致运营管理者对风险指标权重估计错误，引起预警结论偏离。为此，有必要对风险指标的相关性做相应处理。通常采用的相关性处理方法有相关系数矩阵法、主成分分析法等。其中以主成分分析法使用最为普遍。

主成分分析法，也称因子分析法，是多元统计分析的重要组成部分，最早是由著名的美国心理学家、统计学家 Charles Spearman 于 1904 年提出的。它使各个测量相同本质的变量归入一个因子，使分散而复杂的测量趋向整体和简单化，同时，便于掌握各个测量要素背后隐含的内在因素，从而找出各复杂因子的主要成分，实现指标的简化。该方法抓住有代表性的少数指标去进行评价，达到了指标筛选的科学化。

主成分分析法的步骤如下。

设有 n 个初拟的指标，m 个评价等级的数据样本，X_{ij} 为第 i 个指标的第 j 个评价等级的数据样本（$1 \leqslant i \leqslant n$，$1 \leqslant j \leqslant m$），则主成分分析的原始数据矩阵 $\boldsymbol{X}$ 为：

$$\boldsymbol{X} = \begin{bmatrix} X_{11} & \cdots & X_{1m} \\ \vdots & & \vdots \\ X_{n1} & \cdots & X_{nm} \end{bmatrix} \tag{7-1}$$

矩阵每行均值为：

$$\overline{X}_i = \frac{1}{m} \sum_{j=1}^{m} X_{ij} \tag{7-2}$$

每行方差为：

$$V_i = \sum_{j=1}^{m} \frac{1}{m} X_{ij}^2 - \left(\sum_{j=1}^{m} \frac{1}{m} X_{ij} \right)^2 \tag{7-3}$$

设 C_{ij} 是和的协方差，可求出 X 的协方差矩阵 $\boldsymbol{C}$，其中：

$$C_{ij} = \frac{1}{m} \sum_{k=1}^{m} (X_{ik} - \overline{X}_i)(X_{jk} - \overline{X}_j) \tag{7-4}$$

求出 $\boldsymbol{X}$ 的相关的系数矩阵 $\boldsymbol{R}$，其中：

$$r_{ij} = \frac{C_{ij}}{\sqrt{V_i V_j}} \tag{7-5}$$

求解行列式 $|r - \lambda I| = 0$ 的 n 个根，即相关系数矩阵 $\boldsymbol{R}$ 的特征值 λ_1，λ_2，$\cdots$，λ_n。

为了能用尽量少的主成分个数反映原始变量间的变异信息，将特征值按从大到小顺序排列，计算其累计贡献率，即

$$\frac{\sum_{i=1}^{k} \lambda_i}{\sum_{i=1}^{n} \lambda_i} (1 \leqslant k \leqslant n) \tag{7-6}$$

选取累计贡献率在 80% 的前几个特征值，对应于特征值的特征向量为：

$$\boldsymbol{L}^{i'} = (L_1^{i'}, L_2^{i'}, \cdots, L_n^{i'}) \quad (i = 1, 2, \cdots, n) \tag{7-7}$$

并且满足

$$L^{i'} \cdot L^{j'} = \sum_{k=1}^{n} L_k^{i'} \cdot L_k^{j'} = \begin{cases} 1(i = j) \\ 0(i \neq j) \end{cases} \tag{7-8}$$

求出主成分，然后进行归类、分析。

7.3.3.2 后期检验

后期检验主要是对预警指标的功效性进行检验。预警指标的功效是预警指标体系用来评价工程风险的有效性，即预警结果与实际情况的吻合程度。通常采用迭代法，利用预警输出结果和实际警情、专家诊断相互比较。根据比较结果，不断地调整预警指标体系，促进预警指标体系的科学性和合理性。在具体操作中，如果某一底层指标发出警报，而根据实际调查或专家诊断，工程实施过程中也出现了相应的警情，说明该指标确实能够正确反映工程实施某方面的风险，则该指标保留；如果通过比较，发现该指标发出的警报与实际警情的发生不能吻合，说明该指标的选择存在一定的问题。应通过进一步分析，检验指标权重和警限设置的正确性，以最终确定该指标的取舍。

7.3.4 风险预测方法

风险预测实际上是对风险发生的可能性及其损害结果进行分析评价的过程。准确科学的预测必须以经过实践检验取得实效的预测方法体系为依据。一般将预测分为定性方法和定量方法。

7.3.4.1 定性预测方法

定性预测方法主要依靠经验、专业水平，有些时候甚至通过专家的直觉判断，结合实际情况进行预测。表面看来，定性方法似乎缺乏可信度，但是当问题很复杂，无法应用精确的定量方法时，定性预测就成为唯一可行的方法，而且可能产生意想不到的良好预测结果。常用的定性预测方法有市场调查预测方法、头脑风暴法、德尔菲法等。

7.3.4.2 定量预测方法

与定性方法相比，定量方法的科学性、精确性和可操作性要更强一些。定量方法的基础是各种数学模型，模型的不同就形成了各种定量预测方法，而且每一种数学模型，或者说预测方法，都有其适用的范围和处理方法。常用的定量预测方法有移动平均法、指数平滑法、回归分析预测方法、马尔柯夫预测法、灰色系统理论等。

传统的预测方法通常需要大量基础数据的要求，制约了这些方法在风险管理中的应用。而灰色系统理论恰恰克服了这种制约，可根据少量数据进行建模，得出较满意的结论。而且该方法也不需要数据服从典型的概率分布。灰色预测理论的这些优势使其在风险预警中得到广泛使用。

7.3.5 风险警报准则

警报准则是指一套判别标准或原则，用来决定在不同情况下，是否应当发出警报，以及发出何种程度的警报。警报准则的设置必须要把握好尺度，如果准则设计过松，会发生漏报，即对现实存在的风险无法发出正确的警报；如果准则设置过严，会导致误警，即不该发出警报时发出了警报。

对风险状况的预警界限可以用三个数值（称为“检查值”）来表述。以这三个检查值为界限，确定“双红旗”、“单红旗”、“黄旗”、“绿旗”四种信号，分别表示运行状态处于“危机状态”、“风险状态”、“亚风险状态”和“经营正常状态”。每当预警指标的变化超过临界值时，信号系统就会亮出相应的信号。三个检查值的确定需要分析高速公路运营的特点、所处的内外部环境以及管理目标等，因此对于不同的项目，具体的检查值是不同的。“检查值”一般可分三种情况设置，即指标预警、因素预警和综合预警。

7.3.5.1 指标预警

指标预警，是指根据预警指标数值大小的变动来发出不同程度的警报。

假设要进行警报的指标为 x，设定其安全区域为 $[x_a, x_b]$，其初等危险区域为 $[x_c, x_a]$ 和 $[x_b, x_d]$，其高等危险区域为 $[x_e, x_c]$ 和 $[x_d, x_f]$，参见图 7－1，则基本警报准则如下：

（1）当 $x_a \leq x \leq x_b$ 时，不发出警报（绿旗）；

（2）当 $x_c \leq x \leq x_a$ 或 $x_b \leq x \leq x_d$ 时，发出一般警报（黄旗）；

（3）当 $x_e \leq x \leq x_c$ 或 $x_d \leq x \leq x_f$ 时，发出二级警报（单红旗）；

（4）当 $x \leq x_e$ 或 $x \geq x_f$ 时，发出三级警报（双红旗）。

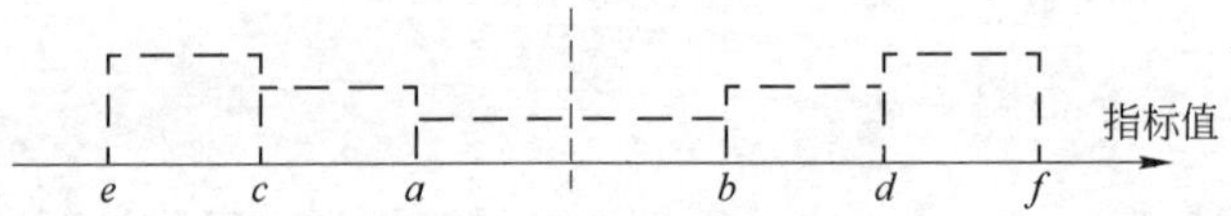

图 7－1 预警域值图

对于指标预警法的应用，可能会出现的问题是：如果严格按照上述指标预警方式来操作，出现偶然性、一次性的波动，也会导致警报发生，甚至产生虚警的可能。因此，当某一指标发生波动时，可以留一定的观察期来观察其发展的趋势：若指标在某一时刻落入危险区，但很快恢复正常，且可以在安全区稳定一段时间，则应当推测该因素有偶然变化的可能；如果一因素突然进入危险区，并在危险区保留一段时间，则可推定有某一因素发生较大变化且对项目运营构成持久的不利影响；如果一因素突然进入危险区并继续向高等危险区迁移，则说明项目运营面临了相当严重的风险因素，应当立即发出警报并采取措施制止事态的进一步恶化；如果一因素在危险区发生上下波动，则这种波动大多是由系统性风险因素所造成，如果无力对此风险因素进行控制，则应该采取风险回避策略来尽量减少该风险因素对项目运营的不利影响。

对于每一个预警指标，可以建立移动离差系数来考察风险因素的不确定性或波动程度。

设当前时刻为 t，移动窗口的长度为 T，则预警指标的移动离差系数为：

$$M_t = \sqrt{\sum_{i=1}^{T}(x_{t+1-i} - e_t)^2/T} \tag{7-9}$$

式中

$$e_t = 1/\left(T\sum_{i=1}^{T}x_{t+1-i}\right) \tag{7-10}$$

或者

$$e_t = \frac{1}{2}(x_a + x_b) \tag{7-11}$$

当 M_t增加时，反映指标的不确定性增加，因而需引起工程管理者的警觉。

7.3.5.2 因素预警

在风险因素中既存在可计量的因素，也存在不可直接计量的因素，对于可计量的风险因素，可以采用指标预警的方法；对于不可直接计量的风险因素，适于采用因素预警法。因素预警有两种形式。其一，当风险因素 x 出现时，发出警报；当风险因素 x 不出现时，不发出警报。这是一种“非此即彼”的警报方式。若视这种风险因素为随机变量，设 $P(x)$ 表示风险因素发生的概率，则可有第二种因素警报模式：当 $0 \leqslant P(x) < P_b$ 时，不发出警报；当 $P_a \leqslant P(x) < P_c$ 时，发出初级别警报；当 $P(x) \geqslant P_c$ 时，发出高级别警报。

7.3.5.3 综合预警

将指标预警方法与因素预警方法相结合就是综合警报模式。

设有 n 个风险因素 x_1，x_2，…，x_n，每一个风险因素发生的概率分别为 P_1，P_2，…，P_n，每一个风险因素一旦发生带来的风险损失分别为 L_1，L_2，…，L_n，每一个风险因素的不可控程度分别为 R_1，R_2，…，R_n，则定义综合风险指标为：

$$R = \sum_{i=1}^{n} P_i L_i R_i \tag{7-12}$$

R 代表了工程所面临的市场风险的总体程度，定义其移动离差系数为：

$$S_n = \sqrt{\sum_{i=1}^{T} (R_{t+1-i} - e_t)^2 / T} \tag{7-13}$$

式中

$$e_t = 1/(T \sum_{i=1}^{T} R_{t+1-i}) \tag{7-14}$$

建立警报准则如下：

（1）当 $S_n < S_0$ 时，不发出警报；

（2）当 $S_0 \leqslant S_n < S_1$ 时，发出初级别警报；

（3）当 $S_n \geqslant S_1$ 时，发出高级别警报。

其中，S_0，S_1 为风险分级标准。

8 公路建设项目可持续发展评价方法

8.1 社会影响评价指标权重确定的层次分析法

8.1.1 层次分析法的基本原理

层次分析法最早由 Saaty 教授在 20 世纪 70 年代中期提出，是社会经济系统决策的有用工具，简称为 AHP。AHP 作为一项决策工具，就必不可少地要运用到数学的推导，而在研究其数学原理之前，了解 AHP 的四个基本原理，将更有助于掌握和应用 AHP 解决现实问题。

（1）社会经济系统测度方式的原理。以往人们总是乐意凭借自己的经验和知识来判断社会经济系统中的大量决策问题，略去了对决策因素的测度，这会造成决策的重大失误。AHP 的测度方式在充分利用人的经验和判断的基础上，采取相对标度形式，统一对有形与无形、可定量和不可定量的因素进行测度。测度的基本步骤是：将问题划分为各种因素，把具有相同属性的因素编为组，形成递阶层次结构，利用 AHP 中规定的比例标度对同一层次有关因素的相对重要性进行比较，按递阶层次从上到下的顺序对测度进行合成，得到各个方案相对于决策目标的测度。

（2）递阶层次结构的原理。面对一个复杂的无结构问题，可将其分为不同组成部分或因素，即目标约束、准则、子准则、方案等，每一个因素称为元素。按照属性的不同把这些元素分组形成互不相交的层次，上一层次的元素对相邻的下一层次的全部或某些元素起到支配作用，形成按层次自上而下的逐层支配关系。运用 AHP 时，复杂问题被分解为递阶的层次结构，从最高层到最低层向下起着支配作用，每一个层次都要通过两两比较导出它们包含的元素相对重要性的排序权值，最后仍然通过层次的递阶关系，得到决策因素总的相对重要性的排序权值。

（3）两两比较标度的原理。在 AHP 提出社会经济因素的测度方式时，在测度过程中，存在着两种标度。一种为规定性标度，它用于在某一准则下两个元素的相对重要性的测度，属于比例标度，标度值为 1 ~9 之间的整数及其倒数，测度方式是两两比较判断，其结果表示为正的互反矩阵。另一种标度是导出性标度，用于被比较元素相对重要性的测度，标度值为区间(0,1)上的实数，利用两两比较判断矩阵，通过一定的数量方法导出测度结果。在公路建设项目社会影响评价指标两两相对重要性比较时将采用 1～9 标度法，表现形式如表 8－1 所示。

（4）排序原理。AHP 单一准则下的排序问题，实质上是由一组元素两两比较重要性的测度计算这组元素相对重要性的导出测度。这里由元素两两比较得到的重要性测度表示为判断矩阵 $\boldsymbol{A}=(a_{ij})_{n\times n}$，再由两两比较的测度导出排序的测度。

表 8－1　1～9 数量标度

标 度	说 明
1	两元素相比较，同等重要
3	两元素相比较，一元素比另一元素稍微重要
5	两元素相比较，一元素比另一元素明显重要
7	两元素相比较，一元素比另一元素重要得多
9	两元素相比较，一元素比另一元素极端重要
2，4，6，8	取上述两相邻判断的中值
上述数值倒数	若元素 i 与元素 j 相比较得判断 r_{ij}，则元素 j 与元素 i 比较得判断 $r_{ji}=1/r_{ij}$

8.1.2　评价指标递阶层次结构的建立

运用 AHP 解决公路建设项目社会影响评价指标权重确定的问题，首先是建立评价指标的递阶层次结构，如图 8－1 所示。

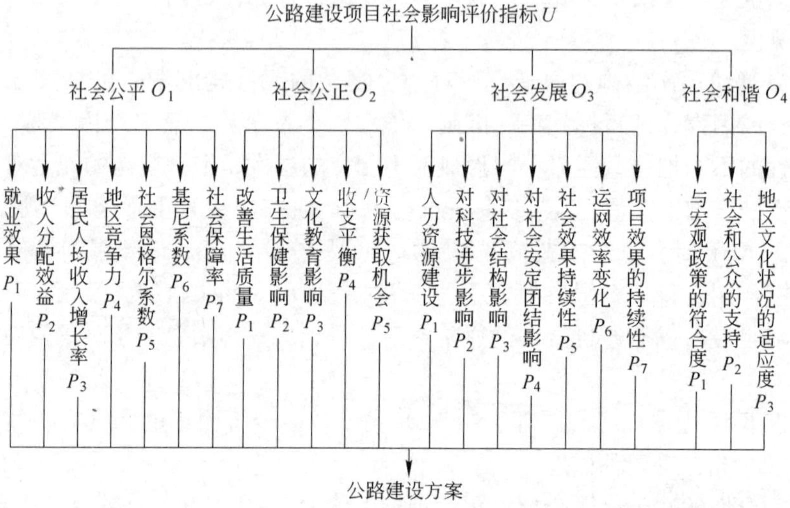

图 8－1　递阶层次结构图

8.1.3 判断矩阵的建立

建立了公路建设项目社会影响评价指标的递阶层次结构，从而上下层次之间元素的隶属关系也就被确定了。针对上一层某元素，对同一层次元素之间相对重要性做出比较，两两比较结果可采用表 8－1 中所示 1～9 标度法，得出两两比较判断矩阵 **A**，可表示为：

$$\boldsymbol{A}=[a_{ij}]_{n\times n} \tag{8-1}$$

式中，a_{ij}就是针对准则 C_k，元素 A_i 相对于元素 A_j 的重要性的比例标度。判断矩阵的性质为：$a_{ij}>0$、$a_{ij}=1/a_{ji}$、$a_{ii}=1$。当判断矩阵 **A** 满足 $a_{ij}\times a_{jk}=a_{ik}$时，**A** 被称为一致性矩阵。

8.1.4 评价指标权重的计算

根据判断矩阵，计算针对上一层次某元素，本层次之间相联系元素相对重要性的权重，即层次单排序。然后采用特征根法，即计算满足下式的特征向量 **W**，其分量 W_i 为相应元素的相对权值。

$$\boldsymbol{AW}=\lambda_{\max}\boldsymbol{W} \tag{8-2}$$

式中，$\lambda_{\max}$是 **A** 的最大特征根，所得特征向量 **W** 经归一化后可作为权重向量。

然后，进行一致性检验。首先计算：

$$CI=\frac{\lambda_{\max}-n}{n-1} \tag{8-3}$$

再计算一致性比例：

$$CR=CI/RI \tag{8-4}$$

式中，*RI* 为相应的平均随机一致性指标。龚木森、许树柏（1986）得出的平均随机一致性指标如表 8－2 所示。

表 8－2 平均随机一致性指标数

阶数	1	2	3	4	5	6	7	8	9
RI	0	0	0.52	0.89	1.12	1.26	1.36	1.41	1.46

当 $CR<0.1$ 时，认为判断矩阵一致性可以接受，否则须重新构造判断矩阵。

例如，根据若干名专家对某高速公路建设项目社会影响评价各指标相对重要性进行评价，得出各个判断矩阵分别为：

$U-O$ 层判断矩阵

$$\boldsymbol{A}=\begin{bmatrix}1 & 1 & 1/7 & 1/7\\ 1 & 1 & 1 & 1/5\\ 7 & 7 & 1 & 1/3\\ 5 & 5 & 1/3 & 1\end{bmatrix}$$

$O-P$ 层判断矩阵

$$A_1=\begin{bmatrix}1 & 3 & 3 & 5 & 7 & 7 & 5\\ 1/3 & 1 & 1 & 3 & 5 & 5 & 3\\ 1/3 & 1 & 1 & 3 & 5 & 5 & 3\\ 1/5 & 1/3 & 1/3 & 1 & 3 & 3 & 1\\ 1/7 & 1/5 & 1/5 & 1/3 & 1 & 1 & 1/3\\ 1/7 & 1/5 & 1/5 & 1/3 & 1 & 1 & 1/3\\ 1/5 & 1/3 & 1/5 & 1 & 3 & 3 & 1\end{bmatrix};A_2=\begin{bmatrix}1 & 1/3 & 1/3 & 1 & 5\\ 3 & 1 & 1 & 3 & 7\\ 3 & 1 & 1 & 3 & 7\\ 1 & 1/3 & 1/3 & 1 & 5\\ 1/5 & 1/7 & 1/7 & 1/5 & 1\end{bmatrix};$$

$$A_3=\begin{bmatrix}1 & 1/3 & 1/5 & 1/3 & 1/7 & 1/5 & 1/3\\ 3 & 1 & 1/3 & 1 & 1/5 & 1/3 & 1\\ 5 & 3 & 1 & 3 & 1/3 & 1 & 3\\ 3 & 1 & 1/3 & 1 & 1/5 & 1/3 & 1\\ 7 & 5 & 3 & 5 & 1 & 3 & 5\\ 5 & 3 & 1 & 3 & 1/3 & 1 & 3\\ 3 & 1 & 1/3 & 1 & 1/5 & 1/3 & 1\end{bmatrix};\ A_4=\begin{bmatrix}1 & 4 & 8\\ 1/4 & 1 & 4\\ 1/8 & 1/4 & 1\end{bmatrix}$$

在得出各个判断矩阵的基础上，利用特征根法计算出判断矩阵最大特征值 $\lambda_{\max}$，对应特征向量 $W=(W_1, W_2, \cdots, W_n)^{\mathrm{T}}$ 为指标权重向量。如矩阵 A 中，这里 $n=4$，O 层相对于 U 层的权重向量为 $W=(0.0691, 0.0691, 0.5749, 0.2869)^{\mathrm{T}}$。进行一致性检验：

$\lambda_{\max}=4.0736$；$CI=\dfrac{\lambda_{\max}-n}{n-1}=0.0245$；$CR=\dfrac{CI}{RI}=\dfrac{0.0245}{0.89}=0.0272<0.1$，结果表明，该判断矩阵可以接受。

采取如上步骤可得：

对于 A_1，$\lambda_{\max}=7.2475$；$CI=0.0413$；$CR=0.0303<0.1$；$W=(0.3411, 0.1988, 0.1988, 0.0956, 0.0351, 0.0351, 0.0956)^{\mathrm{T}}$。

对于 A_2，$\lambda_{\max}=5.0951$；$CI=0.0238$；$CR=0.0212<0.1$；$W=(0.1362, 0.3447, 0.3447, 0.1362, 0.0381)^{\mathrm{T}}$。

对于 A_3，$\lambda_{\max}=7.1468$；$CI=0.0245$；$CR=0.018<0.1$；$W=(0.0325, 0.0715, 0.1819, 0.0715, 0.3891, 0.1819, 0.0715)^{\mathrm{T}}$。

对于 A_4，$\lambda_{\max}=3.0536$；$CI=0.0179$；$CR=0.0344<0.1$；$W=(0.9496, 0.2991, 0.0942)^{\mathrm{T}}$。

从而，可以列出 P 层各元素对于目标层 U 的层次总排序，如表 8-3 所示。

最后得出，各指标权重分配，如表 8-4 所示。表 8-4 中数据即为通过层次分析法计算得出的某高速公路建设项目社会影响评价指标的权重值。

表 8－3 公路建设项目社会影响评价指标递阶层次总排序

层次 O / 层次 P	O_1	O_2	O_3	O_4	层次总排序权值 P_i	排 序
	0.0691	0.0691	0.5749	0.2869		
W_{11}	0.3411				0.0236	11
W_{12}	0.1988				0.0137	15
W_{13}	0.1988				0.0137	14
W_{14}	0.0956				0.0066	18
W_{15}	0.0351				0.0024	21
W_{16}	0.0351				0.0024	22
W_{17}	0.0956				0.0066	19
W_{21}		0.1362			0.0094	16
W_{22}		0.3447			0.0238	10
W_{23}		0.3447			0.0238	9
W_{24}		0.1362			0.0094	17
W_{25}		0.0381			0.0026	20
W_{31}			0.0325		0.0187	13
W_{32}			0.0715		0.0411	7
W_{33}			0.1819		0.1046	3
W_{34}			0.0715		0.0411	6
W_{35}			0.3891		0.2237	1
W_{36}			0.1819		0.1046	4
W_{37}			0.0715		0.0411	8
W_{41}				0.7071	0.2029	2
W_{42}				0.2227	0.0639	5
W_{43}				0.0701	0.0201	12

表 8－4 公路建设项目社会影响评价指标权重分配

公路建设项目社会影响评价 U，权值＝1												
社会公平指标 O_1 0.0691				社会公正指标 O_2 0.0691			社会公平指标 O_3 0.5749				社会和谐 O_4 0.2869	
P_1	P_2	P_3	P_4	P_1	P_2	P_3	P_1	P_2	P_3	P_4	P_1	P_2
0.024	0.014	0.014	0.007	0.009	0.024	0.024	0.019	0.041	0.105	0.041	0.203	0.064
P_5	P_6	P_7		P_4	P_5		P_5	P_6	P_7		P_3	
0.003	0.003	0.007		0.009	0.003		0.224	0.105	0.041		0.020	

公路建设项目社会影响评价涉及的内容比较广泛，面临的社会问题比较复杂。首先在充分利用人的经验和判断的基础上，采取相对标度形式，统一对有形与无形、可定量和不可定量的因素进行测度；然后把具有相同属性的因素编为组，形成公路建设项目社会影响评价指标的递阶层次结构，从而上下层次之间元素的隶属关系也就被确定了；最后针对上一层某元素，对同一层次元素之间相对重要性做出比较，得出两两比较判断矩阵，根据判断矩阵，计算针对上一层次某元素，本层次之间相联系元素相对重要性的权重值，即公路建设项目社会影响评价指标的权重。

8.2 改进 BP 神经网络模型在社会影响评价中的应用

近几年来我国公路建设呈现了投资额不断增大，公路等级不断提高，公路总量持续增长和公路建设发展迅速等特点，但对公路建设项目社会影响评价起步较晚，缺乏较系统和规范的理论体系及相应的技术手段，可操作性差。由于公路建设项目的各种影响因素具有随机性，导致对项目各影响因素的变化规律或分布规律的预测精度不高。且影响因素的相关性、权重确定的主观性、量化计算的难度、评价样本出现噪声数据等问题都会影响综合评价方法的有效性。

人工神经网络方法具有良好的容错性与联想记忆功能、非常强的自适应自学习功能和高度的非线性全局作用等特点，用于解决上述问题可以起到很好的作用。由于传统的 BP 神经网络存在局部极小值问题及算法收敛速度慢等缺点，这里将引入改进的 BP 神经网络模型进行社会影响综合评价，用以正确分析与准确估计其综合影响程度，达到有效评价和决策，确保项目最终目标的顺利实现。

8.2.1 改进 BP 神经网络模型

8.2.1.1 传统的 BP 神经网络模型

在各种神经网络模型中，当前应用最广泛的是 BP 神经网络模型。BP 神经网络是典型的多层网络，有输入层、隐含层和输出层，同层节点间无关联，异层神经元间前向连接（见图 8－2）。它采用误差反传播算法，即沿误差负梯度的方向调整处理单元间的权重值来实现，该算法可以实现由输入到输出的非线性映射。

8.2.1.2 BP 改进算法

普通 BP 算法是采取固定学习速率，学习速率会影响权值和阈值更新的比率，为了保证训练过程的稳定和收敛，一般选取较小的学习速率，这样会导致学

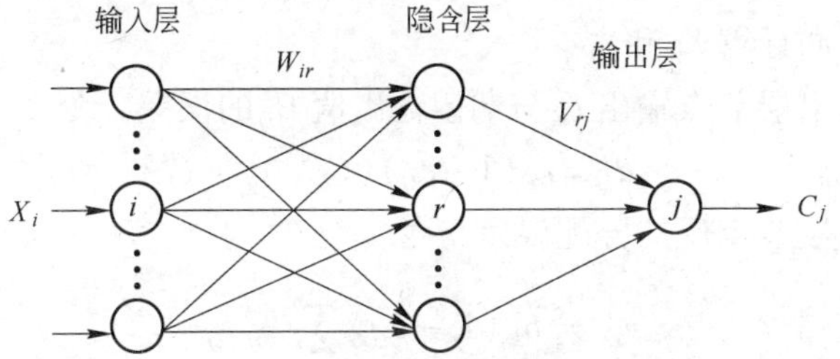

图 8－2　典型的 3 层 BP 网络拓扑结构

习时间增加。另外，BP 算法虽有很强的非线性映射能力，但它的缺点之一是学习收敛速度太慢，网络的学习、记忆具有不稳定性，为了改进这些不足，这里利用改进 BP 算法（trainbpx）训练前向网络，进行社会影响评价。改进 BP 算法与普通 BP 算法的主要区别在于，改进 BP 算法采用动量因子和自适应学习速率。动量法降低了网络对于误差曲面局部细节的敏感性，有效地抑制网络陷于局部最小；自适应学习速率是先给一个初值，然后利用乘法使之增加或减小，考虑误差在梯度上的影响及在误差曲面上变化趋势的作用来修正网络权值以保持学习速率快而且稳定。一方面改进 BP 算法可以找到更优解，另一方面可以缩短训练时间。调用 Matlab 工具箱中的 trainbpx 函数，即可进行快速 BP 法的训练。具体网络算法思想如下：

设输入层节点 i 到隐含层节点 r 间的连接权值为 W_{ir}，隐含层节点 r 到输出层节点 j 间的连接权为 V_{rj}，有 p 个学习样本。对第 k 个样本（$k=1, 2, \cdots, p$），有输入（$X_{k1}, X_{k2}, \cdots, X_{kn}$），则隐含层节点 r 的净输入为：

$$net_{kr} = \sum_{i=1}^{m} W_{ir}X_{ki} \tag{8-5}$$

隐含层节点 r 的输出函数为：

$$b_{kr} = f(net_{kr}) = f(\sum_{i=1}^{m} W_{ir}X_{ki}) \quad (r = 1,2,\cdots,u) \tag{8-6}$$

输出层节点的输出函数为：

$$c_{kj} = f(\sum_{r=1}^{u} V_{rj}b_{kr}) \quad (j = 1,2,\cdots,n) \tag{8-7}$$

式中，f 为转换函数，这里采用常用的 Sigmoid 型函数，其函数形式如下：

$$f(x) = \frac{1}{1+\mathrm{e}^{-x}} \tag{8-8}$$

具体网络学习过程如下：

（1）V_{rj}，W_{ir}随机赋一个较小的值。

（2）给定输入 X_{ki}（$i=1, 2, \cdots, m$；$k=1, 2, \cdots, p$）和目标输出 C_{kj}($j=$

1，2，…，n；$k=1$，2，…，p）信号，即导师信号。

（3）依次正向计算 b_{kr} 和 c_{kj}。

（4）计算输出层节点输出 c_{kj} 与期望输出值 C_{kj} 的误差，令

$$d_{kj}=c_{kj}(1-c_{kj})(C_{kj}-c_{kj}) \quad (8-9)$$

（5）向隐含层节点反向分配误差，令

$$e_{kr}=b_{kr}(1-b_{kr})\sum_{j=1}^{n}V_{rj}d_{kj} \quad (8-10)$$

（6）连接权 V_{rj}，W_{ir} 的权值修正量为：

$$\Delta V_{rj}(t+1)=\eta b_{kr}d_{kj}+\alpha\Delta V_{rj}(t) \quad (8-11)$$

$$\Delta W_{ir}(t+1)=\eta x_{ki}e_{kr}+\alpha\Delta W_{ri}(t) \quad (8-12)$$

式中，η 为学习率（$\eta>0$）；α 为动量项参数（$0\leqslant\alpha<1$）；t 为网络迭代步数。学习率 η 的大小对网络的收敛性和稳定性有很大影响，学习率 η 的选取影响算法的成败。这里引入自适应算法确定学习率 η，即

$$\eta(t+1)=\eta(t)\frac{E_1(t)}{E_1(t-1)} \quad (8-13)$$

$$E_1=\frac{1}{N}\sum_{k=1}^{N}E_k, E_k=\frac{1}{2}\sum_{j}^{m}(C_{kj}-c_{kj})^2, \Delta E=E_1(t+1)-E_1(t) \quad (8-14)$$

式中，E_1 为全局平均误差；E_k 为单个样本误差；N 为学习样本容量。学习率 η 初始值和动量项参数 α 一般可根据经验选取。动量项参数 α 一般取值为 0.9。

若达到误差精度要求 ε（$0<\varepsilon<1$），即 $\Delta E<\varepsilon$；或达到最大迭代次数 T_0 要求，即 $t\leqslant T_0$，则学习过程结束，否则重复步骤（2）。

8.2.2 公路建设项目社会影响评价神经网络模型

8.2.2.1 网络输入层变量及节点数的选取

建立科学合理的评价指标体系是进行科学公正评价的基础。按照全面性、科学性、系统层次性、可比性等原则将公路建设项目社会影响评价指标分为三个层次，见表 8－5（表 8－5 中的指标体系基本上同图 8－1，增加了两个社会和谐指标）。第一个层次为目标层，第二个层次由 4 个准则层构成，第三个层次则由各准则层之下的若干相关指标构成（或也可再按子准则层继续划分）。所以输入层节点的个数为 X_{11} 到 X_{45} 共 25 个。

8.2.2.2 网络的隐含层数

对于隐含层的层数，一般认为，只有一个隐含层的神经网络，只要隐含层节

点数足够多，就可以以任意精度逼近一个非线性函数。因此，选取 BP 神经网络的隐含层层数为 1。

表 8-5 公路建设项目社会影响评价指标体系

目标 A	分类评价指标 B	单项评价指标 C
公路建设项目社会影响评价 X	社会公平 X_1	就业效果 X_{11}
		收入分配效益 X_{12}
		居民人均收入增长率 X_{13}
		地区竞争力 X_{14}
		社会恩格尔系数 X_{15}
		基尼系数 X_{16}
		社会保障率 X_{17}
	社会公正 X_2	改善生活质量 X_{21}
		卫生保健影响 X_{22}
		文化教育影响 X_{23}
		收支平衡 X_{24}
		资源获取机会 X_{25}
	可持续发展 X_3	人力资源建设 X_{31}
		对科技进步影响 X_{32}
		对社会结构影响 X_{33}
		对社会安定团结影响 X_{34}
		社会效果持续性 X_{35}
		运网效率变化 X_{36}
		项目效果的持续性 X_{37}
		生态治理效益 X_{38}
	社会和谐 X_4	与国家方针政策的符合程度 X_{41}
		与地区发展政策的符合程度 X_{42}
		公众支持与参与程度 X_{43}
		社会组织支持与参与程度 X_{44}
		地区文化状况对项目适应程度 X_{45}

8.2.2.3 输出层节点的选取

输出层节点数应该等于目标参数的数目。在建立模型的过程中，制定了公路建设项目社会影响综合评价等级空间即输出层神经元的数目选为 1。D 取 5 个等级，即 $D=$ {很大，较大，一般，较小，很小}，设社会影响综合评价值区间

[0, 0.2] 表示为很小，类推 (0.2, 0.4] 为较小，(0.4, 0.6] 为一般，(0.6, 0.8] 为较大，(0.8, 1] 为很大。根据神经网络模型得到的综合评估值所属区间，确定综合评价的等级。即输出层神经元的数目选为 1。

8.2.2.4 改进 BP 神经网络模型的构建

公路建设项目社会影响评价的神经网络结构确定为 (25, u, 1)，即输入层节点个数对应子要素层中的影响因素个数为 25；输出层节点对应社会影响评价值；隐含层为 1 个，隐含层节点个数为 u，可根据训练样本数来确定一个适当的隐含层节点数 u。常用经验公式有：$u=\sqrt{n+m}+a$ $(1\leqslant a\leqslant 10)$、$u=\log_2 m$ 和 $u=2m+1$ 等。本模型隐含层节点数 u 初始值采用以下式子计算：

$$u=\max(\sqrt{n+m}+a,\log_2 m,2m+1)$$

式中，m 为输入层节点数，n 为输出层节点数。动量因子和学习速率是影响 BP 神经网络训练速率和收敛度的两个重要因素。到目前为止，还没有严格的、系统的理论规则来选择动量因子和学习速率。本模型中使用的是 Matlab 软件中的内部函数 trainbpx，其中学习速率一项是由函数自我调整的。因此，只需要选择合适的动量因子，把动量因子从 0.1 到 0.9 逐个比较，最后，确定最合适的动量因子为 0.9。

8.2.2.5 神经网络模型的训练与检测

学习训练与检测过程即在现有公路建设项目中选择典型样本对网络进行学习训练，经过反复迭代，使全局平均误差降低到满意的程度，并用已有公路建设项目检测样本数据输入模型，比较检测样本输出值与检验输出值的符合程度，从而确定稳定的网络结构。

8.2.2.6 神经网络模型的应用

模型应用过程就是将需要进行社会影响评价项目的各影响因素进行数值化，并输入已学习训练好的网络模型，可得到理想的公路建设项目社会影响综合评价值。根据以上神经网络模型得到的综合评估值所属区间，确定综合评价的等级。若综合评价等级在较小以下，应向投资者和决策者预报社会影响评价等级和提供相应的建议。

8.2.3 实例分析

现以包头至茂名高速公路湖南省怀化至通道段项目社会影响评价为例。包头至茂名高速公路属于国家高速公路网中的一纵，怀化至通道段是湖南省境内的一段，同时也属于湖南省高速公路网规划的“五纵七横”中第五纵的一段，全长

210km，路线起点位于邵怀高速公路竹田互通，终点在会同与广西界的青龙界。

结合本项目的具体情况，通过专家调查咨询问卷，根据模糊综合评判法，得到本项目各影响因素指标值，见表 8－6。同时，收集了 15 条公路项目的相关数据，选定多位专家，根据模糊综合评判法，得到这些公路建设项目社会影响评价指标值和综合评价值。选 12 个项目的数据作为训练样本，另选取 3 个项目的数据作为检验样本。

表 8－6 包茂高速公路怀化至通道段社会影响因素评价值（输入值）

因素	X_{11}	X_{12}	X_{13}	X_{14}	X_{15}	X_{16}	X_{17}	X_{21}	X_{22}	X_{23}	X_{24}	X_{25}	X_{31}
输入值	0.7432	0.7429	0.7514	0.8421	0.7638	0.7987	0.8015	0.7960	0.8043	0.8099	0.8027	0.7786	0.7275
因素	X_{32}	X_{33}	X_{34}	X_{35}	X_{36}	X_{37}	X_{38}	X_{41}	X_{42}	X_{43}	X_{44}	X_{45}	
输入值	0.7422	0.7377	0.8849	0.8245	0.8241	0.8335	0.7801	0.8473	0.8861	0.8891	0.8830	0.8922	

根据前述改进 BP 神经网络模型的设计，选取 25 个社会影响评价值作为输入，输出层一个节点为综合评价值，隐含层节点初始值按公式 $u=\max(\sqrt{n+m}+a,\log_2 m,2m+1)$选取，结果是 $2m+1$ 取 51 个，则该公路项目社会影响评价 BP 模型结构初始确定为(25,51,1)。调用 Matlab 神经网络工具箱中的函数 trainbpx()算法训练样本，在模型样本训练过程中不断调整来确定隐含层节点个数。

网络结果和运行参数见表 8－7，网络最大训练次数为 1500 次，得到实际误差为 0.01362。整个过程在 Matlab6.5 上实现。

表 8－7 改进 BP 神经网络参数

类　型	参　数	改进 BP 神经网络
网络结构	总层数	3
	隐含层数	1
	输入层节点数	25
	隐含层节点数	13
	输出层节点数	1
	训练样本数	12
	检验样本数	3
训练参数	迭代次数	1500
	误差	0.01362

在选取该公路进行社会影响评价时，应用已训练好的改进 BP 神经网络，分别将 25 个影响因子的模糊评价值作为输入，得到该公路的社会影响评价综合值。改进 BP 神经网络输出的综合值为 0.71912，在区间(0.6,0.8]内，评价综合值等级属

于较大。说明该公路的社会影响是比较大的,能较好地实现其社会目标。

由此可见,快速 BP 算法从训练速度、收敛精度等方面均优于普通 BP 算法,对于有大量训练样本和多输入因子的 BP 模型建议推荐使用,可作为改进 BP 算法之一。

社会影响评价是项目评价的深入和发展,目前在理论与方法上都不是很完善。世界上许多工程项目的建设经验表明:任何建设项目,如果只考虑经济因素和技术因素,而忽视社会人文因素和环境因素的影响,最终都是难以达到其预期目标的。这也是世界上越来越重视项目社会影响分析和评价的原因。

8.3 多级模糊综合评判法在社会经济影响评价中的应用

高速公路项目的社会经济影响是项目建成通车后,在一定时期内对区域社会、经济等方面产生的影响和作用,是项目后评价的主要内容之一。高速公路项目的社会经济效益和影响具有广泛性、长期性、动态性和间接性等特点,社会经济效益更多地表现为潜在或无形效益,难以进行量化计算,加之社会经济效益评价包括的内容广泛,涉及的因素复杂,所以沿用一些常规手段和方法将难以对整个系统作出令人满意的评价结果,目前已有的各种评价方法,在实际应用中还摆脱不了评价过程中的随机性和评价专家主观上的不确定性。因此,需要有一类综合评价方法,既能充分考虑评价专家的经验和直觉思维的模式,又能降低评价过程中人为的不确定性因素,既具备综合评价方法的规范性又能体现出较高的问题求解效率。本节将多级模糊综合评价方法应用于高速公路社会经济影响评价,旨在建立更加接近人类思维模式的定性与定量相结合的评价模型。

8.3.1 社会经济影响评价指标体系的构建

8.3.1.1 评价指标体系建立的原则

高速公路社会经济影响评价指标体系,是根据高速公路社会经济影响评价的内容而设置的,为了评价高速公路建设项目所产生的社会经济影响作用,并使指标体系便于操作运算,建立评价指标体系时应遵循以下原则:

(1)系统性原则。评价指标体系,一方面要尽可能完整、全面、系统地反映评价内容的全貌;另一方面要力求抓住主要因素,突出重点,不应面面俱到。应根据项目的特点及存在的关键问题进行指标设置。

(2)完备性和相关性原则。评价指标体系能全面并综合地反映评价的各种因素,但指标体系中应排除指标间的相容性,消除重复设置指标而造成评价结果失真的不合理现象。不应出现过多的信息包容、涵盖而使指标内涵重叠。但是完全独立的指标不能构成一个有机的整体,因此指标之间应有逻辑关系。

(3)可评价性和适用性原则。所选的评价指标应有数据可比性、量化可能性和技术可比性。指标所构建的体系能对评价项目的总体建设水平给出定性和定量评价。同时,设置的指标是能够计算或观察感受到的,能够尽可能利用已有的或常规的统计数据和调查方法加以确定,便于应用操作,具有适用性。

(4)定量与定性相结合的原则。社会经济影响评价指标应尽可能地量化,但由于项目的特点,存在一些难以定量而只能定性分析的指标,因此应进行定量与定性相结合的分析。

(5)层次性原则。社会经济影响评价指标体系是一个复杂的大系统,可以分解成若干评价子系统。因此,应在不同层次上采用不同的指标,即在不同的层次上应用不同的指标体系,有利于决策者在不同层次上对评价中的各子系统进行把握。

8.3.1.2 评价指标体系的建立

按照上述的建立高速公路社会经济影响评价指标体系的原则,建立一套高速公路社会经济影响评价指标体系,见表8-8。

表8-8 高速公路社会经济影响评价指标体系

二级指标	一级指标
区域经济发展 u_1	经济增长的影响 u_{11}
	产业结构优化的影响 u_{12}
	农业的影响 u_{13}
	工业的影响 u_{14}
区域资源开发影响 u_2	资源开发的影响 u_{21}
	国土开发和土地利用 u_{22}
	旅游资源开发 u_{23}
区域社会发展影响 u_3	促进区域生活水平提高 u_{31}
	人口结构与就业影响 u_{32}
	区域出行变化的影响 u_{33}
	区域运输网的完善 u_{34}
	促进人们思想观念转变 u_{35}
	对城镇化水平的提高 u_{36}

8.3.2 模糊综合评判模型的建立

8.3.2.1 因素集的建立

因素集是指由影响评价对象取值的各因素组成的集合。模糊综合评判法把因

素集 U 按各因素的不同属性划分为 m 个互不相交的子集 $U=\{u_1,u_2,\cdots,u_m\}$，第一层次的因素 $u_i(i=1,2,\cdots,m)$ 又由第二层次中的 n 个因素决定，即 $u_i=(u_{i1},u_{i2},\cdots,u_{in})$。

8.3.2.2 评价集的确定

评价集是评价者对评判对象可能作出的各种评价的评价结果组成的集合，通常用大写字母 V 来表示，即 $V=\{v_1,v_2,\cdots,v_n\}$。在高速公路经济效益评价中，为了方便对各评价指标进行定量或模糊定量分析，从而更好地确定其所属的评价等级，把指标评价集划分为 5 个评价等级，即

$$V=\{v_1,v_2,v_3,v_4,v_5\}=\{\text{优},\text{良},\text{中},\text{次},\text{差}\}$$

8.3.2.3 各因素权重的确定

权重是影响综合评价结果的重要因素，它反映各因素之间的相对重要程度。设 a_i 为第 i 个因素的权重，则因素权重集为 $A=\{a_1,\ a_2,\ \cdots,\ a_n\}$，显然因素权重集是评判集上的模糊子集，各权重应满足归一性和非负性，即

$$\begin{cases}\sum_{i=1}^{n} a_i = 1 & (i=1,2,\cdots,n)\\ a_i \geqslant 0 & (i=1,2,\cdots,n)\end{cases} \tag{8-15}$$

确定权重的方法较多，这里采用层次分析法（AHP）。层次分析法是将复杂问题分解成有序的递阶层次结构，通过两两比较的方法确定层次中诸因素的相对重要性。

8.3.2.4 单因素模糊评价

根据因素集与评价集的关系，建立 U 对应 V 的模糊映射 $U\to F(V)$。按照既定评价尺度对各评价指标进行评定，是一种模糊映射。对同一评价指标，评价人员可以作出不同的评定，因此评价结果只能用评价指标 u_i 作出评价尺度 v_j 的可能程度的大小来表示。这种可能程度即隶属度 r_{ij}。因为有 m 个评价尺度，所以对第 i 个评价指标 u_i 有一个相应的单因素模糊评价向量（隶属度向量）$\boldsymbol{R}_i$，$\boldsymbol{R}_i=(r_{i1},\ r_{i2},\ \cdots,\ r_{in})$（$i=1,\ 2,\ \cdots,\ n$）。各评价指标集的隶属度可用隶属度矩阵 $\boldsymbol{R}_t$ 表示：

$$\boldsymbol{R}_t=\begin{bmatrix} r_{11}^t & r_{12}^t & \cdots & r_{1n}^t\\ r_{21}^t & r_{22}^t & \cdots & r_{2n}^t\\ \vdots & \vdots & & \vdots\\ r_{m1}^t & r_{m2}^t & \cdots & r_{mn}^t\end{bmatrix} \tag{8-16}$$

在矩阵 $\boldsymbol{R}_t$ 中，元素 $r_{ij}^t=\frac{d_{ij}^t}{d}$，式中，$d$ 表示参加评价的专家人数；d_{ij}^t指第 i 个评价指标 u_i 作出第 j 个评价尺度 v_j 的专家人数。r_{ij}^t值大说明 u_i 作出评价 v_j 的可能性就大。

8.3.2.5 多级模糊综合评判

如表 8-8 所示，13 个一级指标分属于区域经济发展、区域资源开发影响和区域社会发展影响 3 个二级指标。按以上方法，得到权重向量 $\boldsymbol{A}$ 和关系矩阵 $\boldsymbol{R}$。

对于区域经济发展有：

$$\boldsymbol{A}_1=[a_{11},a_{12},\cdots,a_{14}]$$

$$\boldsymbol{R}_1=\begin{pmatrix} r_{11}^t & r_{12}^t & \cdots & r_{15}^t \\ r_{21}^t & r_{22}^t & \cdots & r_{25}^t \\ \vdots & \vdots & & \vdots \\ r_{41}^t & r_{42}^t & \cdots & r_{45}^t \end{pmatrix}$$

$$\overline{\boldsymbol{R}}_1=\boldsymbol{A}_1\boldsymbol{R}_1=[r_{11},r_{12},r_{13},r_{14},r_{15}] \tag{8-17}$$

同理，对于区域资源开发影响、区域社会发展影响有：

$$\overline{\boldsymbol{R}}_2=\boldsymbol{A}_2\boldsymbol{R}_2=[r_{21},r_{22},\cdots,r_{25}] \tag{8-18}$$

$$\overline{\boldsymbol{R}}_3=\boldsymbol{A}_3\boldsymbol{R}_3=[r_{31},r_{32},\cdots,r_{35}] \tag{8-19}$$

式中，$\overline{\boldsymbol{R}}_i$（$i=1$，2，3）为各类评价结果。

二级评价是在一级评价的基础上得出的，按上述方法得到二级指标的权重向量：

$$\boldsymbol{A}=[\boldsymbol{A}_1,\boldsymbol{A}_2,\boldsymbol{A}_3]$$

$$\boldsymbol{R}=\begin{bmatrix}\overline{\boldsymbol{R}}_1\\ \overline{\boldsymbol{R}}_2\\ \overline{\boldsymbol{R}}_3\end{bmatrix}=\begin{bmatrix} r_{11} & r_{12} & r_{13} & r_{14} & r_{15} \\ r_{21} & r_{22} & r_{23} & r_{24} & r_{25} \\ r_{31} & r_{32} & r_{33} & r_{34} & r_{35} \end{bmatrix} \tag{8-20}$$

评价结果为：

$$\boldsymbol{B}=\boldsymbol{AR}=[b_1,b_2,b_3,b_4,b_5] \tag{8-21}$$

式中，$\boldsymbol{B}$ 为综合评价结果；b_i（$i=1$，2，…，5）为各项指标结果。

8.3.2.6 确定模糊综合评价结论

采用最大隶属度原则，得出评价结论。取与最大的评判指标 b_i 相对应的评价集元素为评价结果，即

$$V=\{V_j \mid V_j\rightarrow \max b_i \mid\} \tag{8-22}$$

8.3.3　应用实例

应用上述方法，以湖南省耒宜高速公路为例进行评价。耒宜高速公路是京港澳高速公路的一段，是湖南省南北运输的大通道，全长135.372km。耒宜高速公路的建成通车，使沿线地区纳入高速公路影响区，获得高速公路的巨大交通运输优势，对沿线地区社会经济产生巨大的影响。

（1）评价指标权重的确定。采用上述方法得出：

$$\boldsymbol{A}_1 = [0.30 \quad 0.24 \quad 0.29 \quad 0.17]$$

$$\boldsymbol{A}_2 = [0.25 \quad 0.40 \quad 0.35]$$

$$\boldsymbol{A}_3 = [0.13 \quad 0.13 \quad 0.13 \quad 0.20 \quad 0.16 \quad 0.25]$$

$$\boldsymbol{A} = [0.44 \quad 0.31 \quad 0.25]$$

（2）一级评价。对耒宜高速公路区域经济发展进行评价：

$$\boldsymbol{R}_1 = \begin{bmatrix} 0.10 & 0.45 & 0.40 & 0 & 0.05 \\ 0.15 & 0.60 & 0.25 & 0 & 0 \\ 0.10 & 0.40 & 0.45 & 0.05 & 0 \\ 0.15 & 0.65 & 0.15 & 0.05 & 0 \end{bmatrix}$$

耒宜高速公路的区域经济发展指标隶属度矩阵为：

$$\boldsymbol{B}_1 = [0.1205 \quad 0.5055 \quad 0.3360 \quad 0.0230 \quad 0.0150]$$

区域资源开发指标隶属度矩阵为：

$$\boldsymbol{B}_2 = [0.2175 \quad 0.2750 \quad 0.3675 \quad 0.1700 \quad 0.0000]$$

区域社会发展指标隶属度矩阵为：

$$\boldsymbol{B}_3 = [0.1885 \quad 0.4075 \quad 0.3100 \quad 0.0940 \quad 0.0000]$$

（3）二级评价。由式（8－21）得二级模糊综合评价结果为：

$$\boldsymbol{B} = [0.1680 \quad 0.4100 \quad 0.3390 \quad 0.0860 \quad 0.0060]$$

从综合计算结果可以看出，优占16.8%，良占41.0%，中占33.9%，次占8.6%，差占0.6%。最后根据最大隶属度原则对耒宜高速公路的社会经济效益评价等级进行评价，认为耒宜高速公路的社会经济效益评价等级为“良”。综合考虑各方面的因素，各项指标基本达到预期水平，与其周围环境是比较协调的，带动了沿线各地区的经济发展。

8.4　社会经济影响评价指标类型一致化处理及指标无量纲化

公路建设项目社会经济影响评价是通过调查研究，运用经济学及其他有关理论方法，分析评价公路建设项目对区域社会经济发展的影响，包括对土地利用、就业、地方社区发展、生产力布局、扶贫、技术进步等方面的影响和评价。要完成建设项目的社会影响评价，必须要建立评价指标体系，在建立项目社会影响评价指标体系之前，必须明确社会影响评价的内容因具体评价项目的不同而不同，不同项目的社会影响评价指标体系是各异的，而且由于公路项目社会影响评价具有广泛性、复杂性以及抽象性的特性，决定了社会影响评价的指标具有量化难的问题。而且，由于社会影响评价涉及诸如性别公正、公众参与度、社会安全、居民精神文化生活的改善、生活习俗的改变、社会各种规章制度的完善、技术进步的影响与扩散、妇女与儿童问题、分配公正问题等无法用货币或物质形式表达的指标，使得社会影响评价指标缺乏统一的可相互比较的衡量标准，多个指标中，可能既有极大型指标、极小型指标，又有居中型指标或区间型指标。所以，针对指标量化计算难的问题，需要对评价指标进行预处理。

8.4.1 评价指标类型的一致化处理方法

一般来说，多个指标中，可能既有极大型指标、极小型指标，又有居中型指标或区间型指标，因此必须在进行综合评价之前，将评价指标的类型进行一致化处理。

（1）极小型指标。对于极小型指标 x，我们期望其取值越小越好。令

$$x^* = M - x \text{ 或 } x^* = \frac{1}{x}(x>0) \tag{8-23}$$

式中，M 为指标 x 的一个允许上界。

（2）居中型指标。对于居中型指标 x，我们期望其取值越居中越好。令

$$x^* = \begin{cases} \dfrac{2(x-m)}{M-m} & m \leqslant x \leqslant \dfrac{M+m}{2} \\ \dfrac{2(M-x)}{M-m} & \dfrac{M+m}{2} \leqslant x \leqslant M \end{cases} \tag{8-24}$$

式中，m 为指标 x 的一个允许下界；M 为指标 x 的一个允许上界。

（3）区间型指标。对于区间型指标 x，我们期望其取值以落在某个区间内为最佳指标。令

$$x^* = \begin{cases} 1.0 - \dfrac{q_1 - x}{\max\{q_1 - m, M - q_2\}} & x < q_1 \\ 1.0 & q_1 \leqslant x \leqslant q_2 \\ 1.0 - \dfrac{x - q_2}{\max\{q_1 - m, M - q_2\}} & x > q_2 \end{cases} \tag{8-25}$$

式中，$[q_1, q_2]$为指标 x 的最佳稳定区间；M，m 分别为 x 的允许上、下界。

8.4.2 社会经济影响评价指标无量纲化原理与方法

指标体系中各指标均有不同的量纲，例如路网密度的单位就有 km/km^2、

km/万人等，给综合评价带来了许多的困难。将不同量纲的评价指标，通过适当的变换，化为无量纲的标准指标，称为指标的无量纲化。无量纲化也叫指标数据标准、规范化，是通过数学变换来消除原始指标单位影响的方法。

8.4.2.1 无量纲化方法

无量纲化的常用方法有标准化处理法、极值处理法和功效系数法。

（1）标准化处理法。即取

$$x_{ij}^* = \frac{x_{ij} - \bar{x}_j}{s_j} \tag{8-26}$$

显然 x_{ij}^* 的平均值和均方差分别为 0 和 1，x_{ij}^* 称为标准观测值。式中，$\bar{x}_j$，s_j（$j=1, 2, \cdots, m$）分别为第 j 项指标观测值 x_{ij} 的（样本）平均值和（样本）均方差。

（2）极值处理法。如果令

$$M_j = \max_i \{x_{ij}\}, m_j = \min_i \{x_{ij}\}$$

则

$$x_{ij}^* = \frac{x_{ij} - m_j}{M_j - m_j} \tag{8-27}$$

是无量纲的，且 $x_{ij} \in [0, 1]$。

（3）功效系数法。即令

$$x_{ij}^* = c + \frac{x_{ij} - m_j}{M_j - m_j} d \tag{8-28}$$

式中，M_j，m_j 分别为指标 x_j 的满意值和不允许值；c，d 均为已知正常数，通常取 $c=60$，$d=40$。

8.4.2.2 定量指标无量纲化

定量指标的无量纲化采用功效函数。函数通常有直线型和曲线型两大类。以下是一些较常见的函数：

（1）线函数。

$$f(x) = \begin{cases} 1 & M \leqslant x \\ \dfrac{M - x}{M - m} & m < x < M \\ 0 & x \leqslant m \end{cases}$$

$$f(x) = \begin{cases} 0 & M \leqslant x \\ \dfrac{x - m}{M - m} & m < x < M \\ 1 & x \leqslant m \end{cases} \tag{8-29}$$

$$f(x)=\begin{cases}0 & M\leqslant x\\ \dfrac{M-x}{M-b} & b\leqslant x<M\\ 1 & a\leqslant x<b\\ \dfrac{x-m}{a-m} & m\leqslant x<a\\ 0 & x\leqslant m\end{cases}$$

式中，M，m，a，b 由专家给定或者按通常习惯给出。

（2）Sigmoid 函数。

$$f(x)=\frac{1}{1+e^{-a(x-c)}} \tag{8-30}$$

式中，a，c 决定曲线的形状。

（3）高斯函数。

$$y=e^{-\frac{(x-c)^2}{\sigma^2}} \tag{8-31}$$

式中，c 决定高斯曲线的中心；σ 决定它的宽度。

无量纲化函数的选取能否真实地反映某项指标的水平，跟操作者的知识背景以及相关领域数据样本收集是否充分有关。

8.4.2.3 定性指标无量纲化

对于定性指标，请专家对指标进行评价，然后采用层次分析法、模糊综合评判法等将评价指标数值化。一般按照一定标准请专家进行评分，再对专家打分结果采用模糊统计的方法处理。模糊统计是请参与评价的各位专家，按划定的评价集 V，给指标 U 确定等级，也就是对指标选择评语。然后统计各指标等级的频数 m_{ij}，并求得算术平均数，即隶属度 r_{ij}。

$$r_{ij}=\frac{m_{ij}}{n} \tag{8-32}$$

式中　m_{ij}——第 i 个指标第 j 级评语的频数；

n——专家人数；

r_{ij}——关于第 i 个指标第 j 级评语的隶属度，$r_{ij}\in[0,1]$。

8.4.3 社会经济影响评价指标的无量纲化

可将社会经济影响评价指标分为成本型、效益型、合理型、区间型等。对于成本型，其指标值越小越好；对于效益型，其指标越大越好；对于合理型，其指标既不能太大又不能太小；对于区间型，属性值在某一固定区间为好。对于论域

中 m 个指标来说，可分解为4个子集，即 U_1 为成本型指标子集，U_2 为效益型指标子集，U_3 为合理型指标子集，U_4 为区间型指标子集。

r_{p1}，…，r_{pm}为论域 U 上向量 $\boldsymbol{X}_p$ 经隶属函数量化后的评价向量元素，记为 $\boldsymbol{R}_p=(r_{p1}, \cdots, r_{pm})^{\mathrm{T}}$（隶属度向量）；$W_{ij}$（$i=1, 2, \cdots, m$；$j=1, 2, \cdots, n$）表示输入层单元 j 到输出层的连接权值；Q_p 为样本模式 p 的网络输出，即评分方案最后总得分。

对于 $u_i \in U$，设其定义域为 $d_i=[m_i, M_i]$，其中 m_i、M_i 分别表示评价指标 u_i 的最小值和最大值。定义单位映射函数 $\gamma_{pi}=\beta_{di}(x_{pi})$（$i=1, 2, \cdots, m$），代表决策者对样本模型 p 的评价指标 u_i 的属性值 x_{pi}的满意度，且 $x_{pi} \in [0, 1]$，其中 $\beta_{di}(\cdot)$ 是把 $d_i=[m_i, M_i]$ 映射成单位区间 $[0, 1]$ 的映射函数。

根据评价指标的类型，可给出如下映射函数：

成本型指标映射函数（$u_i \in U_1$）

$$\gamma_{pi}=\beta_{di}(x_{pi})=\begin{cases} 1 & x_{pi} \leqslant m_i \\ \dfrac{M_i-x_{pi}}{M_i-m_i} & x_{pi} \in d_i \\ 0 & x_{pi} \geqslant M_i \end{cases} \tag{8-33}$$

效益型指标映射函数（$u_i \in U_2$）

$$\gamma_{pi}=\beta_{di}(x_{pi})=\begin{cases} 0 & x_{pi} \leqslant m_i \\ \dfrac{x_{pi}-m_i}{M_i-m_i} & x_{pi} \in d_i \\ 1 & x_{pi} \geqslant M_i \end{cases} \tag{8-34}$$

合理型指标映射函数（$u_i \in U_3$）

$$\gamma_{pi}=\beta_{di}(x_{pi})=\begin{cases} \dfrac{2(x_{pi}-m_i)}{M_i-m_i} & x_{pi} \in [m_i, M(d_i)] \\ \dfrac{2(M_i-x_{pi})}{M_i-m_i} & x_{pi} \in [M(d_i), M_i] \\ 0 & x_{pi} \notin [m_i, M_i] \end{cases} \tag{8-35}$$

其中 $M(d_i)=\dfrac{m_i+M_i}{2}$。

区间型指标映射函数（$u_i \in U_4$）

$$\gamma_{pi}=\beta_{di}(x_{pi})=\begin{cases}0 & x_{pi}<m_i\\ \dfrac{x_{pi}-m_i}{S_1-m_i} & m_i\leqslant x_{pi}\leqslant S_1\\ 1 & S_1<x_{pi}<S_2\\ \dfrac{M_i-x_{pi}}{M_i-S_2} & S_2\leqslant x_{pi}\leqslant M_i\\ 0 & x_{pi}>M_i\end{cases} \tag{8-36}$$

式中，$[S_1, S_2]$ 为指标的最佳稳定区间。

此外对于那些不能明确可测只能进行定性评价的指标，由专家对其评价后进行打分，可根据模糊算子赋值量化定性指标。

8.5 基于属性理论的可持续发展综合评价

8.3 节介绍了模糊综合评价法，但其在单指标模糊隶属度函数构造、指标权重确定方面仍有不足。基于属性理论的综合评价方法目前应用也比较广泛，该评价法是运用属性理论对某对象进行综合评价的一种方法，其评判的实质为根据各指标值来综合判定评价对象的好坏。

8.5.1 单指标隶属度分析

定义评价因素集 $X=\{I_1, I_2, \cdots, I_m\}$，$I_i$ 为单项评价指标；$C=\{C_1, C_2, \cdots, C_k\}$ 为评价等级的集合，如可令 $C_1=\{$优$\}$，$C_2=\{$良$\}$，$C_3=\{$中$\}$，$C_4=\{$差$\}$。若有 m 个评价指标 I_1，I_2，…，I_m，单项质量划分为 K 个级别，其划分形式见表 8-9。

表 8-9 单指标评价类别划分标准

分类	C_1	C_2	…	C_k
I_1	$a_{10}-a_{11}$	$a_{11}-a_{12}$	…	$a_{1k-1}-a_{1k}$
I_2	$a_{20}-a_{21}$	$a_{21}-a_{22}$	…	$a_{2k-1}-a_{2k}$
⋮	⋮	⋮	⋮	⋮
I_m	$a_{m0}-a_{m1}$	$a_{m1}-a_{m2}$	…	$a_{mk-1}-a_{mk}$

设第 j 个指标值为 t_j，其隶属类别 C_k 的程度用隶属度 r_{jk} 表示，则可构造单指标隶属度函数 r_{jk}：

$$r_{j1}(t)=\begin{cases}1 & t<a_{j1}-d_{j1}\\ \dfrac{|t-a_{j1}-d_{j1}|}{2d_{j1}} & a_{j1}-d_{j1}\leqslant t\leqslant a_{j1}+d_{j1}\\ 0 & a_{j1}+d_{j1}<t\end{cases} \tag{8-37}$$

$$r_{jk}(t)=\begin{cases}0 & t<a_{jk-1}-d_{jk-1}\\ \dfrac{|t-a_{jk}+d_{jk-1}|}{2d_{jk-1}} & a_{jk-1}-d_{jk-1}\leqslant t\leqslant a_{jk-1}+d_{jk-1}\\ 1 & a_{jk-1}+d_{jk-1}<t\end{cases} \tag{8-38}$$

$$r_{jk}(t)=\begin{cases}0 & t<a_{jk-1}-d_{jk-1}\\ \dfrac{|t-a_{jk-1}+d_{jk-1}|}{2d_{jk-1}} & a_{jk-1}-d_{jk-1}\leqslant t\leqslant a_{jk-1}+d_{jk-1}\\ 1 & a_{jk-1}+d_{jk-1}\leqslant t\leqslant a_{jk}-d_{jk}\\ \dfrac{|t-a_{jk}+d_{jk}|}{2d_{jk}} & a_{jk}-d_{jk}\leqslant t\leqslant a_{jk}+d_{jk}\\ 0 & a_{jk}+d_{jk}<t\end{cases} \tag{8-39}$$

式中，$j=1$，2，…，m；$k=2$，3，…，$k-1$。

令
$$b_{jk}=\frac{a_{jk-1}+a_{jk}}{2}\ (k=1,\ 2,\ \cdots,\ k)$$
$$d_{jk}=\min(|b_{jk}-a_{jk}|,\ |b_{jk}+1-a_{jk}|)$$

指标 i 隶属各类别的程度可用属性集合 r_j 表示：

$$r_j=\frac{r_{j1}}{C_1}+\frac{r_{j2}}{C_2}+\ldots+\frac{r_{jK}}{C_K}\quad (j=1,2,\cdots,m) \tag{8-40}$$

依据单指标属性集合建立 m 个指标的属性评价矩阵：

$$\boldsymbol{R}=\begin{pmatrix} r_{11} & r_{12} & \cdots & r_{1K}\\ r_{21} & r_{22} & \cdots & r_{2K}\\ \vdots & \vdots & & \vdots\\ r_{m1} & r_{m2} & \cdots & r_{mK}\end{pmatrix} \tag{8-41}$$

8.5.2 多指标属性综合隶属度

若 w_1，w_2，…，w_m 为第1，2，…，m 个指标的权重值，指标权重向量表示为 $\boldsymbol{W}=(w_1,\ w_2,\ \cdots,\ w_m)$，则属性综合评价模型可用下式表示：

$$\boldsymbol{D}=\boldsymbol{WR}=(r_1,r_2,\cdots,r_K) \tag{8-42}$$

式中，r_i 为项目隶属第 C_i 类的综合隶属度。

8.5.3 评价准则

识别采用置信度准则。设评价集 $\{C_1,\ C_2,\ \cdots,\ C_5\}$ 为有序集，$C_1>C_2>\cdots>C_5$，λ 为置信度，$0.5<\lambda\leqslant 1$。如果：

$$k_0=\min\{k:\sum_{i=1}^{k}r_x(C_i)\geqslant\lambda,1\leqslant k\leqslant K\} \tag{8-43}$$

则认为 x 属于 C_{k0}级别。

8.5.4 应用实例

某高速公路是我国重点交通建设项目，为新建双向四车道、全部控制出入的收费高速公路。评估组根据各指标的测试方法结合无量纲化理论和专家意见，建立了项目可持续发展评价各单项指标的评分标准，具体评分结果见表 8－10，评价类别分别为优、良、合格、不合格。

表 8－10 高速公路项目可持续发展评价各指标评价结果

评价指标	单指标评价类别标准（分值）				评分
	优	良	合格	不合格	
社会经济可持续发展评价 I_1	100～85	85～70	70～60	60～0	89
环境资源可持续利用评价 I_2	100～85	85～75	75～60	60～0	72
建设项目运营可持续发展评价 I_3	100～80	80～70	70～60	60～0	78
管理体制与政策可持续发展评价 I_4	100～90	90～80	80～60	60～0	82

把表 8－10 各单项指标的评分结果值代入式（8－37）～式（8－39），可得到各单指标的隶属 5 个评价类别的隶属度，每个单项指标隶属度的计算结果可写成式（8－40）的形式，再综合得出 7 个指标隶属度，建立如下属性评价矩阵式：

$$\boldsymbol{B}=\begin{bmatrix}0.276 & 0.654 & 0.107 & 0\\ 0.405 & 0.307 & 0.288 & 0\\ 0.106 & 0.162 & 0.132 & 0\\ 0.105 & 0.695 & 0 & 0\end{bmatrix}$$

利用 1～9 标度层次分析法求得公路建设项目可持续发展综合评价的 4 个指标的权重分别为$(W_1,W_2,W_3,W_4)=(0.2149,0.2115,0.2859,0.2877)$。然后利用式(8－41)计算综合多指标属性综合隶属度为(0.237,0.522,0.241,0)，运用属性识别原则，判定该公路建设项目后评价综合评价结果为良。

8.6 基于价值工程理论的绿色高速公路评价

8.6.1 绿色高速公路理论

8.6.1.1 绿色交通

A 绿色交通内涵

目前关于“绿色交通”并没有确切的定义，有关分析也众说纷纭。绿色交通体系是1994年由Chris Bradshaw教授提出来的，其主要理念是利用优先排序的理念对绿色交通工具进行定位，其顺序为步行、自行车、公共交通、共乘车以及个人驾驶的自用车。在我国，依次为步行、非机动车（自行车、电动车）、公共交通、计程车、私人机动车、货车与客运和空运、摩托车。国内许多专家对绿色交通提出了不同的观点。同济大学杨晓光教授认为绿色交通即协调的交通，是交通与周边环境、与未来定位、与社会发展方向、与资源整合等各方面资源相协调的交通系统。中国城市规划设计研究院王静霞院长认为绿色交通的最终目的和发展方向是尽可能地减少城区交通拥挤，降低周边环境污染，以最少的交通建设维护费用建设成能够完善城市环境多元化的城市交通工具以使社会交通运输体系与社会活动相协调，并且提出了“和谐”的整体框架，即通达、有序、安全、舒适和低能耗、低污染三合一。台湾大学张学孔教授强调绿色交通是与可持续发展相适应的理念，要发展可持续发展的交通理念必须先建设可持续发展的公共交通。鼎汉国际工程顾问股份有限公司沈添财副总经理对绿色交通作了更为详细的解释：绿色交通即尽可能地减少机动车辆的使用，尤其是个人机动车的使用；倡导步行、非机动车和公共交通；减少高污染燃料车的使用，倡导使用清洁、无污染燃料和可再生燃料的车辆。绿色交通的核心是倡导效率、资源和环境的优化组合，即尽可能用最少的交通费用（时间成本、空间占用成本、出行成本）能够达到最期望的交通服务水平，并且在城市环境和资源的最大允许范围内保证城区交通系统的正常运转。

总结以上观点，“绿色交通”理念总目标是能够建设出简单、快捷、方便、低污染、美景观并且实现生态和环保理念，以公共交通为主体的多元化城市交通系统，其目的是能够缓解道路交通压力，净化城市环境，减少环境污染，促进资源的优化整合。在此基础之上，运用科学的方法和技术，采用合理的措施，打造出交通的便利、和谐，保证交通参与个体的安全性和舒适性，并且建设成能够合理利用各方面资源和能源，协调生活环境与生态环境的交通体系，即追求城市整体交通的通达有序、安全舒适、环保节能。

B 绿色交通的分类

将绿色交通按照交通运输方式进行分类，可以分为如下几类：

(1) 城市绿色交通。狭义的绿色交通，即城市绿色交通，城市绿色交通系统即三种绿色交通方式——步行、自行车交通、公交车与绿色交通的保障体系相互运作、相互影响的有机整体。该支持保障系统又分为土地优化利用、交通运行政策法规、交通管理方法、交通意识、交通设施体系、交通运输工具、交通运营周边环境等全方位的物质体系和社会经济体系。绿色交通的首要任务是能够满足交通的首要任务——满足人和物的位移，满足位移的同时也能够满足城市交通及周边可持续发展的要求，正确引导城市合理用地及区域规划优化，能够以较少的成本达到全社会低耗、高效、低污染的日常出行的目的，促进城市交通与社会经济的协调发展和可持续发展。

（2）绿色铁路。“绿色铁路”是2004年西南交通大学“绿色铁路项目组”提出的，随后在国家自然科学基金委员会、原铁道部、环保部等有关部门的支持下，以云南、西藏、上海等地区大型项目如青藏铁路、京沪高速铁路等项目为依托，先后对绿色铁路及绿色高速铁路等理念和评价指标模型进行了深入研究和讨论，对绿色铁路进行了定义：绿色铁路即在铁路的设计阶段、施工阶段和运营维护阶段等全寿命周期过程中，运用各种绿色理念和绿色技术和方法，使铁路的周边环境建设、节能降耗、人文景观建设、安全舒适等各方面能够实现人与自然、人与社会的和谐统一，且具有可持续发展潜力的新型铁路。

（3）绿色公路。绿色公路是指与交通系统中其他因素（车、人等），以及交通系统外诸因素（环境、能源、资源、经济、相关人和组织等）具有和谐关系的公路。这是一种理想的公路。作为绿色交通的子领域，绿色公路同样具有时代性和地域性。我们也可以把与交通系统中某些其他因素或交通系统外某些因素的矛盾得到一定程度的协调的公路称为绿色公路。

（4）其他。对于其他的运输方式，如水路、航空、管道等，虽然目前都还没有提出明确的绿色定义，但是在绿色理论和可持续发展的大背景下，越来越多的学者开始将这些工程与环境学、生态学、经济学、社会学等有机结合在一起，根据可持续发展和绿色建筑研究所取得的方法和经验为其研究绿色建造和评价提供借鉴。

8.6.1.2 绿色高速公路

A 高速公路的绿色转向

在经济增长、人口增加呈上升趋势的今天，党中央不止一次提出并强调，要建立以人为本、全面协调可持续的科学发展观，建立资源节约型、环境友好型社会，以实现构建社会主义和谐社会的雄伟战略目标。当前亟待完成的任务，即是努力缓解资源不足与需求递增之间的矛盾，不断改善生态环境，实现可持续发展。如何在全国交通建设行业实现党中央的宏伟战略目标，是我们交通人面对的最大挑战。当前我国高速公路建设过程中显现出的一些矛盾和问题如下：

（1）高速公路建设需求与资源环境的矛盾。高速公路建设逢山开路，涉水架桥，穿越田地村庄，环绕城镇等，与环境保护的矛盾非常突出，涉及自然生态环境、人文景观保护、城乡群众生活和经济社会再发展，稍有疏忽，可能使自然景观失去原始状态，文物古迹遭到破坏，群众生活受到严重干扰，经济发展受到阻碍。怎样在高速公路规划、设计、施工、运营和养护的全过程中，不断推进设计集约化、管理系统化，全面贯彻科学发展观，保护好环境，着力打造和谐交通，把对环境的影响降低到最低程度，是当前一个严峻的课题。

（2）高速公路建设与运营安全的问题。我国是世界人口大国，同时也是交通事故大国，在社会经济高度发展的今天，人们对交通安全问题也越发重视。高速路网的日益完善，使得交通量和汽车保有量也不断增多，交通安全形势不容乐观。高速公路建设和运营应始终树立"以人为本、安全至上"的建设和经营理念，提早贯彻风险防范意识，采取多种措施提高建设和运营的安全性能，减少事故发生率，降低生命财产损失率。

30 多年的快速发展，导致高速公路与环境、能源、资源关系日趋紧张，生态环境恶化等问题更加突出。为此需要反思高速公路发展的价值观，重新审视高速公路与人、高速公路与社会、高速公路与自然的关系，透过高速公路思考人类生存的方式和意义。可持续发展战略成为我国发展的根本战略，科学发展、人与自然和谐发展是人类发展的理智选择。保护生态环境，建设资源节约型、环境友好型社会，逐渐转变为以较低资源代价和较低环境代价的交通发展方式，实现经济效益与社会效益并存，交通发展可持续，是我国交通较好发展的必经之路。

总而言之，现代高速公路的发展需重视交通发展理念的重要性，并且不同时期的交通发展需要相应的交通理念的呼应与引导。在高速公路管理与规划中贯穿人、自然和社会和谐统一发展的理念，使其具有预见性、适应性和组织性。这样，在整体的价值观统领下，将交通理念付诸实践，在实践中调整理念，从而使高速公路事业获得稳定而完整的发展。为此需要转变高速公路发展观念，实现交通理念绿色转向，推进绿色高速公路的兴起。

B 绿色高速公路的内涵

绿色高速公路并不是一种新兴的高速公路发展模式，而是在可持续发展的基础上提出的发展交通事业的全新理念和实践目标。它强调的是高速公路的"绿色性"。人们通常从生态学的角度理解"绿色"，即"绿色"泛指保护地球生态环境的行为、思想等。本书所提的"绿色"包含两个方面的涵义：一是保护有限自然资源和创造和谐生态环境，以维护人类社会的可持续发展；二是依据"'红色'表示禁止、'黄色'表示警示、'绿色'表示通行"的惯例，以"绿色"表示合乎科学性、规范性，以"绿色"表示保护人类通行无阻的可持续发展行为。绿色象征和平，标志着环境污染的消除，代表着人类与自然的和谐相处。将绿色理念引入高速公路，有机融合，互补发展，给人们带来流畅、安全、舒适、和谐的公路交通，以满足人们的通行需求，使交通系统得以持续发展。绿色高速公路，不仅涵盖了高速公路系统内部优化，而且包括了内、外高速公路系统的协调发展，互利共生。绿色高速公路更深层次上的含义是和谐的高速公路，包含高速公路与人类、社会的和谐，与资源、生态、环境的和谐，与未来的和谐。

C 绿色高速公路的原则

根据绿色高速公路的涵义，其需要遵循以下原则：

（1）人本位原则。以人为本是高速公路系统的发展原则，一个高质量高标准的交通系统必须满足道路的流畅、安全、舒适等要求，满足居民出行要求，为人服务。

（2）生态本位原则。生态本位原则要求要协调好高速公路系统主体与所处环境的关系。人与自然应该相互依存，为了满足人类无节制的索取，牺牲自然资源、生态种群必将导致整个生态环境资源的破坏和枯竭，最终危害人类自身。

（3）延续性原则。我国文化传承千年，历史文化遗产遍布全国，党的第十七届六中全会明确提出我国文化大繁荣、大发展，在经济建设大发展的今天，我们不能以牺牲文化资源为代价，建设要在保留和延续地方风貌、历史风貌的基础上，充实地方特色。

（4）协调性原则。高速公路必须协调好的关系有：一是与土地使用质量之间的关系；二是与环境之间的关系；三是供需平衡关系；四是动态交通与静态交通的关系；五是多种交通方式共存、互补，形成便利、科学的交通系统。

（5）公平性原则。科学发展观指出，我们和后代有着同等发展的权力，后代有权获得与当代人同等的发展空间和机遇。我们不能在使用高速公路交通资源的同时剥夺后代人使用的权力，也不能将资源提早消耗的恶果转嫁给后代人。

D 绿色高速公路研究与建设的重要意义

绿色高速公路的本质是适应社会经济发展与自然承载力要求的可持续交通，其研究与建设的重要意义如下：

（1）把构建社会主义和谐社会的历史任务在交通领域落到实处，使交通系统内部诸因素之间、交通系统与外部诸因素之间趋向和谐共处，促进社会和谐。

（2）使高速公路对自然环境和生态环境的破坏控制在人们能够接受的程度内，同时使高速公路成为改善当地自然环境和生态环境的积极因素，实现社会的可持续发展。

（3）通过提高绿色高速公路的能源与资源利用率，改善能源与资源消耗结构，扩大废弃资源的再利用途径和范围，为形成资源节约型、环境友好型社会，促使我国高速交通系统在国家能源安全战略中发挥积极作用。

（4）流畅、安全、舒适的绿色高速公路贯彻了“以人为本”的社会发展思想。

（5）绿色高速公路的研究与建设将进一步促进人们对社会主义和谐社会的理解和认识，进一步推动整个社会的绿色化进程。

E 绿色高速公路与可持续发展的关系

绿色高速公路以可持续发展观为理论基础，旨在建立和谐式交通运输子系统。总的来说，绿色高速公路是践行可持续发展观的实践探索，也是可持续发展观在交通运输系统领域的具体体现。而可持续发展交通是交通发展的宏观方向，绿色高速公路只有满足可持续发展才会生机勃勃地向前发展。当然，绿色高速和可持续发展交通都必须满足交通的基本目的和发展标准，即在实现人和物的移动的前提下达到经济的可行性、财政的可承受性、社会的可接受性、环境的可持续性。

根据上述，可以看出绿色高速公路与绿色理念、可持续发展理论是一种互动关系，绿色理念、可持续发展理论推动了绿色高速公路体系的创造；而绿色高速公路又丰富了绿色理念的内容，为人类实现可持续发展将做出重大的贡献。

8.6.2 基于绿色理论的高速公路功能评价

8.6.2.1 绿色高速公路功能分析

A 高速公路基本功能

我国高速公路主要连接全国重要城市、工业中心、交通枢纽及陆上口岸，是国家及省的重要干线公路或干线公路，为城市之间、区域之间提供快速、高效的直达运行交通，要求高速公路提供有别于普通公路的服务功能。

（1）实施交通限制。普通公路由于采用混合交通，其相互干扰大、不安全且影响车速，而高速公路规定汽车专用并实施交通限制，包括对车辆种类和行车速度的限制：凡非机动车和由于有限车速可能造成危险或妨碍交通的车辆，比如拖拉机、农用车以及装载危险品等特殊货物的车辆等；50km/h 以下的低速车辆，120km/h 以上高速车辆，均不得在高速公路上行驶。

（2）实行分隔行驶。为防止对向撞车和减少同向车车速差造成的干扰，高速公路实行分隔行驶，主要包括两个方面：一是为了杜绝对向车流干扰，设置中间带实行分隔；二是为了减少超车和同向车流车速差造成的干扰，同向车道至少设两条以上，并通过画线使快、慢车辆分道行驶。另外，在一些特殊地段设置变速车道、爬坡车道、辅助车道、集散车道等，在局部路段使车辆分离，保证不同车速的车辆在各自车道上流畅、安全地行驶。

（3）完全控制出入。普通公路平面交叉口和路侧的横向穿越是公路交通事故的主要原因之一，也是普通公路车速不能提高的主要原因。高速公路通过全封闭、全立交，完全控制出入，车辆出入必须经由指定的互通式立交匝道，禁止车辆出入的路口则通过分离式立交进行隔离。对人畜的控制，主要采用禁入栅和护栏等措施，实行全封闭，确保汽车的快速安全行驶。另外，任何单位或个人不得在高速公路的用地范围以内架设广告；不得在高速公路的用地范围以外产生对交通正常运行有妨碍的气体、粉尘、光亮、振动、噪声等。

（4）设置完善设施。高速公路在完善自身良好线形和扎实路面的同时，还设置了有关安全、监控、通信、服务等设施，从行车条件和技术条件上为车辆流畅、安全、舒适的行驶提供了充分的保障。

B 绿色高速公路功能的内涵

绿色高速公路追求高速公路的绿色性，以建立一个通达有序、安全舒适、环保节能的高速公路系统为目标，从而促进社会交通需求的公平、交通建设维护费用的节省，使人们获得一个流畅、安全、舒适、和谐的优质高速公路运输服务。

绿色高速公路功能是在高速公路基本功能的基础上，以绿色高速公路的目标为导向，根据层次理论，像阶梯一样从初级到高级，将功能按层次逐级递升，分为流畅功能、安全功能、舒适功能，形成三角形层次功能理论，并将时代功能渗透进其中，使绿色高速公路这四个功能有机结合，如图 8－3 所示。

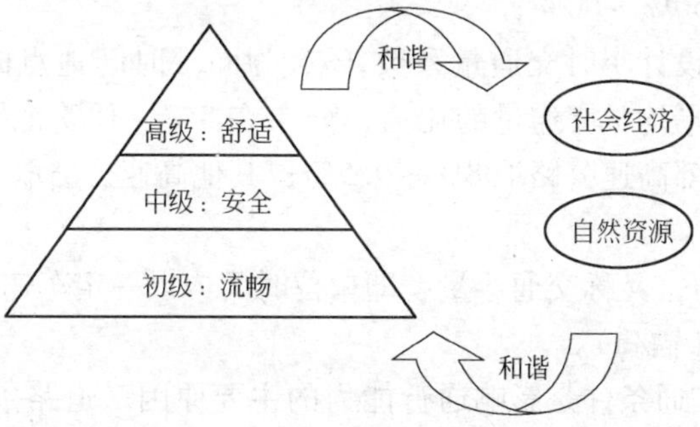

图 8－3 绿色高速公路功能

C 绿色高速公路功能的分类

a 初级功能——流畅

保持高速公路的流畅通达，始终是交通设计部门和管理部门追求的首要目标。本书将流畅作为绿色高速公路的初级功能，并从交通量、通行能力、完善路网三方面进行诠释。

交通量

交通量是指通过交通调查和交通量预测，得到的在一定时间内通过道路某一地点或断面的汽车行驶数量。

（1）设计交通量。待建高速公路规划年份为止的年平均日交通量即为设计交通量。公路几何线形、路基横断面、路面结构和安全设施等都以此为依据进行设计。预测年年平均日交通量的公式如下：

$$N_d = N_0(1+\gamma)^{n-1} \tag{8-44}$$

式中 N_d——预测年年平均日交通量，辆；

N_0——起算年年平均日交通量，包括现有交通量和诱导交通量；

γ——年平均增长率，%；

n——预测年限。

（2）设计小时交通量。单位小时内的交通流量即为设计小时交通量，并以此来确定车道数量和宽度以及服务水平等参数。为使设计交通量的取值既保证交通安全畅通，又能使工程造价经济、合理，借助一年中每小时交通量的变化曲线来指导确定合乎设计使用的小时交通量。设计小时交通量的计算公式如下：

$$DDHV = AADT \cdot D \cdot K \tag{8-45}$$

式中 $DDHV$——设计小时的双向总交通量，辆；

$AADT$——年平均日交通量，辆；

D——方向不均匀系数，%，根据当地交通量观测资料确定，一般取50% ~60%；

K——设计小时交通量系数，%，为同一时间地点的小时交通量与年平均日交通量的比值，分布在8% ~18%范围内，建议城市近郊高速公路取8% ~9.5%；其他高速公路取12% ~13.5%。

通行能力

道路通行能力，又称交通容量，即单位时间内以一定车速能够通过道路某一断面的行车数量（辆/h）。

道路条件和交通条件是影响通行能力的主要原因。道路条件包括路面状态、道路线形、车道宽度、侧向余宽等；交通条件包括车辆速度、车辆构成、车头间距、车道分布、交通量变化等。

我国将小客车作为标准车型，不同行驶速度的车辆在高速公路二级服务水平下，某一个车道的基本通行能力和设计通行能力见表8-11。

表8-11 高速公路一条车道的设计通行能力（pcu/(h·车道)）

实际行驶速度/km·h^{-1}	120	100	80
基本通行能力	2200	2100	2000
设计通行能力	1600	1400	1200

完善路网

在现在公路网上新建高速公路，是为了最大限度发挥公路网的综合功能，缓解交通拥挤程度，提升公路运输效率。缓解交通路网拥挤程度的典型标志是车辆在路网中行驶的总时间越来越少。交通流由于项目的新建而在整个路网上重新分配，届时可能使某些路段因交通量转移而拥挤解决，也可能使某些路段的交通量加大而造成拥堵。于是，为了分析拟建项目对公路网流畅功能的影响，选取公路网饱和度、公路网平均车速、公路网的通达深度、路网可达性等参数来表达完善路网的属性。

（1）公路网饱和度。公路网饱和度的定义及计算见4.2.2节。

（2）公路网平均车速。公路网平均车速的计算见4.2.2节。

（3）公路网的通达深度。公路网由边和节点构成，多种连通方式反映其连通性。项目的新建会造成公路网的边数和节点数的增加，引起公路网连通性的变化。公路网的通达深度是指在区域内通过高速公路而相互连通的各节点的程度，其计算公式如下：

$$D_{\mathrm{N}} = \frac{L/\varepsilon}{HN} = \frac{L/\varepsilon}{\sqrt{AN}} \tag{8-46}$$

式中 L——规划区域内公路网总里程；

H——相邻两节点间的平均空间直线距离；

A——规划区域面积；

N——规划区域应连通的节点数；

ε——非直线系数，其值为各节点间实际线路总里程与直线总里程之比。

理想状态时，道路是直线形的，$\varepsilon=1$，则 $D_{\mathrm{N}}=\frac{w}{n}$（$w$ 为路网的边数），D_{N} 值从平均意义上反映了路网节点连通的程度。当 D_{N} 接近1.0时，路网呈树状，节点多为二路连通；D_{N} 接近2.0时，路网呈方格网状，节点多为四路连通；D_{N} 略大于3.0时，路网呈三角形网状，节点多为六路连通。

（4）路网可达性。路网可达性指的是从规划区域中的某一节点通过路网到达任意目的地的行驶距离、行驶时间、行驶费用的多少，体现了公路网畅通的速度和方便的程度。由于项目的新建会使公路网的最短路径发生变化，进而也改变了整个路网可达性和节点可达性。

路网节点可达性：
$$d = T_i = \frac{\sum_{j=1}^{n} t_{ij}}{n} \tag{8-47}$$

整个路网可达性：
$$\bar{d} = \frac{\sum_{i=1}^{n} T_i}{n} \tag{8-48}$$

式中 t_{ij}——路网中 i，j 点间最短平均时间或距离；

n——节点数。

b 中级功能——安全

我国是世界人口大国，同时也是交通事故大国，在社会经济高速发展的今天，人们对交通安全问题也越发重视。高速路网的日益完善，使得交通量和汽车保有量也不断增多，交通安全形势不容乐观。高速公路的安全问题涉及人、车、路、环境和管理领域，事故的发生并不是由于某单一因素，而是各个部分的相互影响。所以，为了减少事故发生率、降低生命财产损失率，我们应该提早树立风险意识，始终贯彻“以人为本，安全至上”的思想，在各个阶段采取多种措施提升高速公路的安全性能。

影响高速公路安全的因素主要有：

(1) 人的因素。高速公路行车采用全封闭、全立交、完全控制出入，因而驾驶车辆的驾驶员是影响交通安全人为因素的重点。根据高速公路安全事故问题调查发现，高速公路安全事故中追尾撞车所占比例高达53%左右，各因素所占比例如图8－4所示。

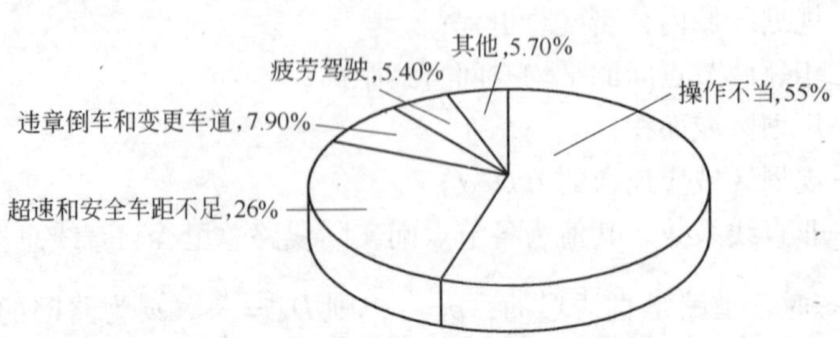

图8－4 高速公路追尾撞车事故中各因素所占比例

不难看出，由于驾驶员因素而引起交通安全事故的原因主要有：一是驾驶员行驶经验不足，二是安全行车意识和法律意识淡薄，三是疲劳驾驶。

(2) 车的因素。车的因素主要包括车辆自身配备的性能、车辆行车速度和车辆是否超载。高速公路要求车辆的行驶速度在80～120km/h之间，高速要求的同时对车辆性能和状态也有更高的要求，在行驶前对汽车发动机、轮胎、制动系统的维护和检查是必不可少的过程。现阶段，由于轮胎爆裂引起方向失控而发生事故是影响我国交通安全最普遍原因之一，占车的因素的19%左右，其他还包括发动机故障、发动机过热、电气故障、燃料用尽等原因。另外，在我国，高速公路行驶车辆大小车比例为35：65，大小车车速差可以达到20km/h，车辆相互干扰，安全距离很难控制，由于司机生理反应各不相同，对刹车距离控制也各不相同，从而对交通安全造成较大影响。不光是汽车的大与小，汽车的进口与国产也使每辆车存在性能差异，从而引发安全事故。此外，影响高速公路安全的另一个因素就是客货车的超载现象。汽车因超载严重不能及时刹车制动在我国时常发生，同时超载加大了车身机械损耗，致使汽车在正常的保修年限内提前损坏，出现制动失灵、机械故障等现象。

(3) 路的因素。道路因素主要指高速公路的道路结构和线性设计。道路结构主要包括路面强度、稳定性、平整度和抗滑性等。线形设计主要包括道路的曲率半径、直线距离、平纵线形、视距、纵坡等。我国的高速公路的线形设计标准取决于设计速度，应以大于设计速度的车速来计算各类线形指标。此外，高速公路建成进入运营期后，设置醒目标志、养护与维修也是控制安全事故的重要手段。

(4) 环境的因素。高速公路的环境因素主要包括道路环境和天气环境两个方面。影响交通安全的道路环境因素有路侧安全设施和固定物的设置，如护栏、标志、广告牌、修道设施等，以及自然状况下的沿线景观和道路状况。而恶劣天气环境，比如雨、雪、雾、沙尘暴等原因，既使道路湿滑又使能见度降低，甚至出现道路塌方等情况，也极大地危害着高速公路的安全。

(5) 管理的因素。我国高速公路管理方面起步较晚，与国外存在较大差距。在信息资源方面，网络化协调管理模式尚未形成，高速公路信息得不到及时共享。许多高速公路管理采取“一路两制”，即交通部门和公安部门职责混淆，信息不统一，使得管理混乱。由于各职能部门之间管理不协调，分工不明确，导致事故发生后不能及时处理而发生第二次交通事故。此外，我国的管理硬件设施比较落后，同时高速公路违章监控，对车辆超速、超载等管理主要靠人工巡逻而非高科技电子设备。这使得科学管理水平比较低，也是影响高速公路安全的重大原因之一。针对现阶段管理方法和管理意识的落后，国家及有关部门已采取积极措施，管理安全问题得到了高度重视。

高速公路交通安全事故涉及人、车、路、环境和管理等多种因素，如何减少事故，提高行车安全是一个非常复杂的问题。反应高速公路安全的综合指标着重体现在交通事故率和交通货损率上。

交通事故率是评价交通事故多少的一种指标。常用的事故率有以下三种：

(1) 人口事故率。人口事故率是在所研究的区域内，平均每 10 万人中一年内发生的事故次数或死亡人数。一般以死亡人数作统计标准，每 10 万人中的事故死亡率 R_1 可按下式计算：

$$R_1 = \frac{B}{P} \times 10^5 \tag{8-49}$$

式中，B 为一年内因交通事故死亡总人数；P 为该地区的人口数。

(2) 车辆事故率。车辆事故率是在所研究的区域内，平均每 1 万辆机动车中一年内的事故次数或死亡人数。每 1 万辆机动车的事故率 R_2 按下式计算：

$$R_2 = \frac{B}{M} \times 10^4 \tag{8-50}$$

式中，M 为该地区的机动车辆总数。

（3）运行事故率。运行事故率是在所研究的区域内，平均每1亿车公里一年内发生的交通事故次数或死亡人数。每1亿车公里的事故率 R_3 按下式计算：

$$R_3 = \frac{B}{V} \times 10^8 \tag{8-51}$$

式中，V 为该地区一年内行驶的车公里总数。

交通货损率主要是考核运输单位运货质量安全的指标之一，其公式表示为：

$$货损率 = \frac{货损件数}{总货运件数} \times 100\% \tag{8-52}$$

c 高级功能——舒适

所谓“舒适”就是人们通过视觉、感知对景观产生的印象、生理及心理反应的综合效应。交通行业迅猛发展的同时，人们对其也提出了更高的标准、更严的要求，不仅希望高速公路在速度上更快、在时间上更短、在经济上更省，而且希望以人为本，使人精神上得到舒适享受。怎样减轻驾驶员的疲劳、减少视觉和行车的干扰，如何使其能集中精力驾驶，并享受到满意的服务，是现阶段高速公路充分满足司乘人员舒适度的首要目标，进而保证道路的畅通和旅客的安全。

视觉舒适

根据高速公路景观空间的视觉特征和人在运动中的视觉特征可知，在设计高速公路视觉景观时，应在保障公路自身安全的前提下，最大限度维持其视觉景观的整体性和连续性，以满足司乘人员的视觉舒适性。同时尽量不要破坏原有自然生态景观，使高速公路在视野感官和自然生态上都达到内部与外部的美好结合。

（1）整体景观和谐。高速公路这个复杂有机体包含了道路内部的景观元素和道路外部的周边环境。优异的高速公路景观设计，不光要协调内部各种景观元素，还要使道路整体景观与周边环境有机融合，即公路线形与自然环境的融合、公路内部景观与外部自然环境的融合、公路视觉景观的视线控制。这样就能保留原有的和谐景观空间，而不至于被线性设计和沿线构造所割裂。

（2）序列景观连续。通常人们在高速公路上行驶的过程中，会感觉到路途周边景观的变化，这是由于环境色彩的明与暗、视野空间的空旷与狭窄、地形地貌的起伏与平坦等所引起的。这也就是说，如果我们在设计高速公路时，只考虑沿溪线或越岭线进行设计，都不会达到最佳的视觉感官享受。而且司乘人员沿路所感受的节律感和多变性也会随车速的提升而加强。所以，在进行布设线路设计时，要出现高速公路两侧段落性排布的序列景观与其他不同类型的景观相互依附的局面，这就要求我们既要满足安全和经济因素，又要考虑高速公路两侧的景观变化序列性。不仅如此，公路的内部景观空间也存在序列性。因此在设计高速公路的边坡、桥梁、隧道、分隔带以及指示牌、服务区、收费站等时要遵循序列性原则，充分协调好全局景观变化和统一关系，在不忽视整个景观空间连续性的情况下强调其序列性。在路段中，从一种色彩或空间到另一种色彩或空间、或是从一个景观段落到另一个景观段落的转变，都必须有一定的路段来实现过渡，以此保证各个序列景观空间的连续性。

（3）交通景观舒适。不同道路景观能给不同的司乘人员带来不同的视觉感受。因此，在进行景观设计时，要以交通心理学为导向，站在人在运动中的视觉特征的角度来考虑视觉空间的范围、安全设施的颜色、道路感觉的多样性等因素，使之既能满足人的舒适范围，也能达到道路安全要求，实现整体景观的舒适安全。主要包括合适的空间尺度、良好的色质感觉，避免景观污染。

行车舒适

道路系统是一个由竖曲线、平曲线、平纵组合和路面等组成的系统，它是汽车驾驶的载体。如果道路系统各个子系统协调合理，那么驾驶员就能轻松驾驶，随路线变化时，大大减轻他的心理起伏变化，并保持车速平稳。一个好的行车环境，能使驾驶员精神放松，而他的注意力、思维跳跃性和反应灵敏度都保持在最优状态，这时行车是最安全和舒适的。相反的，如果道路系统各个子系统不协调，就会导致驾驶员心理过度紧张，频繁变化行车路线，连续改变车速，这就容易造成交通事故。例如在坡长太长或过短、坡度太大、路面不平整、短直线夹在平曲线或竖曲线之间、长直线和恒定纵坡的组合等情况下，就会造成不安全和不舒适。

常用来评价行车舒适度的指标有基于平面线形横向力系数和基于纵断面线形竖向加速度两个指标。

（1）基于平面线形横向力系数 μ 来评价行车舒适度。横向力和竖向力是反映汽车行驶稳定性的两个重要因素，横向力是不稳定因素，竖向力是稳定因素。不同汽车上负载大小相等的横向力也会产生不同的稳定程度。比如说，5000N 的横向力作用在小型汽车上，会导致横向倾斜，但作用在重型卡车上就平安无事。所以在理论上我们引用横向系数，即横向力与竖向力的比值，也可认为是横向力在车体单位重量上的大小。它能比较准确地评价在圆曲线上，汽车行驶的稳定性、安全性和舒适性。

$$\mu = \frac{v^2}{g}R \pm i \tag{8-53}$$

式中 μ——横向力系数；

v——汽车行驶速度，m/s；

g——重力加速度；

R——圆曲线半径；

i——路面横坡度（“+”指汽车在圆曲线外侧车道行驶；“-”指汽车在圆曲线内侧车道行驶）。

当$\mu<0.10$时，感觉不到曲线的存在，舒适感很强；

当$\mu=0.15$时，感觉到有曲线的存在，舒适感一般；

当$\mu=0.20$时，感觉到有曲线的存在，无舒适感；

当$\mu=0.35$时，较强感觉到有曲线的存在，有不舒适感；

当$\mu\geqslant0.40$时，不舒适感很强，有倾车的危险感。

研究发现μ的舒适感界限是0.16，当μ在［0.10，0.16］范围波动时，行驶速度的变换会引起舒适感的变化。

（2）基于纵断面线形竖向加速度a_s来评价行车舒适度。通常情况下，根据人体感官程度，对加速度允许的界限值进行了规定，一般范围如下：

当$a_s\leqslant0.315\text{m/s}^2$时，保持舒适；

当$a_s=0.315\sim0.63\text{m/s}^2$时，稍有不舒适；

当$a_s=0.63\sim1.25\text{m/s}^2$时，相当不舒适；

当$a_s>1.25\text{m/s}^2$时，非常不舒适。

高速公路行驶舒适性评价研究表明，a_s小于1.25m/s^2时，能保证驾驶员连续操作的工作效率。

服务设施舒适

高速公路服务区的所有服务设施分为三大部分，见表8-12。

表8-12　高速公路服务区服务设施分类

	分类	名　称	功　能
高速公路服务设施	为人服务	公共休息大厅	问询、医务、休息、饮食等
		公共厕所	入厕、洗漱、淋浴、化妆、加水等
		超市	购物、饮食等
		餐厅	饮食、休息等
		旅馆	住宿、计时休息等
		广场、园地、人行通道	休息、散步、通往各设施的引道等
	为车服务	加油站	加油、加水等
		停车场	停车、检查、整理等
		汽修间	检查、修理、洗车、零配件售卖等
	其他服务	配电房、水泵房、通讯、污水和垃圾处理设施、照明、消防以及管理和职工生活用房	

随着我国高速公路的快速发展，行车里程也在逐年增多，出行人员也呈现阶梯式增长，高速公路服务质量和服务水平亟待提升，其关键是高速公路服务区的服务设施和舒适程度，这主要取决于服务区选址的合理和服务设施的完善。在进行高速公路服务区设计过程中，设计者重点考虑并亟待解决的问题是怎么使服务区内的设施更能体现其人性化和便利化，给每一个人带来舒适。

d 时代功能——和谐

进入新世纪以来，以胡锦涛同志为总书记的中央领导集体在党的十六届四中全会明确提出了构建社会主义和谐社会的重要思想和战略任务。高速公路作为现代文明的重要成果和标志，是当代人们出行选择的最主要的交通方式之一。它是构建和谐社会一个最重要的组成部分。和谐发展的高速公路对构建“和谐交通”，保障我国公路交通运输可持续发展、和谐发展具有非同寻常的意义，也成为绿色高速公路的重要功能。高速公路的和谐发展不仅应该满足社会经济发展的更高要求，还要与自然资源等大系统保持长期动态和谐发展。

（1）与社会经济和谐。

1）促进社会发展程度。主要分析项目是否能促进项目影响区内文化、教育、科技等的发展；是否能促进当地就业；是否能改善当地居民生活环境；是否能促进当地收入公平分配和扶贫减困工作等。

2）促进经济发展程度。分别从国家和项目所在区域的角度分析项目对宏观经济以及微观经济所造成的外部影响，具体指标有：项目对区域内国民生产总值的贡献；项目是否促进区域内经济繁荣；项目是否促进了相关产业上下游产业链的发展；项目是否增加了区域内财政收入；项目是否推动区域内产业结构优化升级等。

3）抵抗能力程度。主要指标包括吸引和促进外资以及国际经济合作的程度；是否弘扬民族精神，提高国际知名度；是否促进应急保障和防灾救灾能力的提高。

4）提高行业发展程度。主要指标包括项目是否推动该领域科技进步；是否促进本行业产业规划和研究水平的提高；对类似项目的示范程度；是否促进施工管理水平的提升；是否推动从业人员素质的提高等。

（2）与资源环境和谐。

1）区域的环境质量。主要考察项目建设、运营所产生的粉尘、有害气体、建筑垃圾、生活垃圾以及噪声等污染物对环境的影响，分为大气污染、固体废弃物污染和噪声污染。大气污染以空气质量指数、废气排放量、SO_2 浓度等作为具体评价指标；固体废弃物污染以生活垃圾的排放量、废料排放量、废弃物的处理率等作为具体评价指标；噪声污染以最大噪声分贝、最大噪声持续时间、超声波污染程度等作为具体评价指标。

2）污染控制。主要以“三废”及噪声总量是否符合国家或者地方政府标准；环保设施是否科学合理经济；项目设施是否运转良好；项目环保管理和检测的有效程度为评价指标。

3）自然资源的利用保护。主要评价指标有：区域内自然资源开发利用程度；水资源节约程度；土地有效利用程度；资源综合利用程度；自然景观和古迹的保护程度；能源节约程度等。

4）生态平衡。主要考查人类活动对自然环境的影响，分析项目对保持生态平衡所起的作用。主要评价指标包括项目对动植物种群的影响；项目对当地水文、地质条件的改变程度；对湿地的影响程度；是否对生态的完整性产生破坏；对重大地质构造与考古发现的程度；对水土流失影响程度；对潜在自然灾害及危害程度的影响等。

5）环境管理监测。主要指标包括环境法令和条例的执行情况；污染控制设备、监测设备是否完好运行；环境保护措施的落实程度；环保资金、设施的管理情况；环保制度和机构、政策的完善程度；环保的技术管理及人员培训程度等。

8.6.2.2 绿色高速公路功能评价指标体系构建

根据绿色高速公路功能的分类及分析，绿色高速公路功能指标体系如表8－13所示。

表8－13 绿色高速公路功能指标体系

综合指标	一级指标	二级指标	三级指标
绿色高速功能 U	流畅功能 U_1	交通量 U_{11}	设计交通量 U_{111}
			设计小时交通量 U_{112}
		通行能力 U_{12}	基本通行能力 U_{121}
			设计通行能力 U_{122}
		完善路网 U_{13}	路网饱和度 U_{131}
			路网平均车速 U_{132}
			路网通达深度 U_{133}
			路网可达性 U_{134}
	安全功能 U_2	人－车－道路－环境安全因素 U_{21}	交通事故率 U_{211}
			交通货损率 U_{212}
	舒适功能 U_3	视觉舒适 U_{31}	整体景观和谐 U_{311}
			序列景观连续 U_{312}
			交通景观舒适 U_{313}

续表 8-13

综合指标	一级指标	二级指标	三 级 指 标
绿色高速功能 U	舒适功能 U_3	行车舒适 U_{32}	基于平面线形横向力系数 U_{321}
			基于纵断面线形竖向加速度 U_{322}
		服务设施舒适 U_{33}	车用设施 U_{331}
			客用设施 U_{332}
			附属设施 U_{333}
	和谐功能 U_4	与社会经济和谐 U_{41}	促进社会发展程度 U_{411}
			促进经济发展程度 U_{412}
			促进政治稳定程度 U_{413}
			提高行业部门素质程度 U_{414}
		与自然环境和谐 U_{42}	区域的环境质量 U_{421}
			污染控制 U_{422}
			自然资源的利用保护 U_{423}
			生态平衡 U_{424}
			环境管理监测 U_{425}

8.6.2.3 绿色高速公路功能评价模型

A 层次分析法确定指标权重

指标体系是一个多层次、多因素的复杂系统，加之某些性能指标难以量化，不可避免地需要使用主观判断进行评价，这一过程应尽可能使用复杂决策技术，一般采用层次分析法来确定指标权重，这样将大大减少主观偏差。

层次分析法的基本思想是把复杂问题分解为若干层次，通过最低层次中两两因素的对比得出各因素的权重，再由低层次到高层次的层层分析计算，最后得出各因素对总目标的权数。过程如下：

（1）建立层次结构模型。本研究确定的绿色高速公路功能评价指标体系层析结构模型见表 8-13。

（2）构造判断矩阵。

1）设计调查问卷。调查问卷是根据表 8-13 中所列的指标体系层次，针对上级层次某一因素而言，本级层次中与之相关的各个因素之间进行两两比较相对重要性，得出比较判断矩阵。采用 1~9 级标度法进行重要性等级标度。例如以 A 为目标，以 A_i 表示评价因素，A_{ij}表示 A_i 相对于 A_j 的重要性数值，如表 8-14 所示。

表8－14 1～9级标度法

标 度	含 义
1	A_i 与 A_j 相比较，二者同等重要
3	A_i 与 A_j 相比较，A_i 比 A_j 略微重要
5	A_i 与 A_j 相比较，A_i 比 A_j 明显重要
7	A_i 与 A_j 相比较，A_i 比 A_j 强烈重要
9	A_i 与 A_j 相比较，A_i 比 A_j 极端重要
2，4，6，8	A_i 与 A_j 相比较，上述相邻判断的中值
倒数	$A_{ji}=1/A_{ij}$

2）选择调查对象。为了使得权重的确定更加客观与权威，分别对从事并熟悉高速公路管理与评价领域的专家进行调查。

3）整理问卷并构造判断矩阵。在专家评价的基础上，经过详细分析和问卷整理，计算出各层次各因素的相对重要程度。由此来构造判断矩阵。

（3）计算各层次指标权重。

1）层次单排序。所谓层次单排序是指对上级层次而言，通过判断矩阵来计算本层次各因素的权重过程。根据层次分析法的基本原理，计算求出判断矩阵针对 λ_{max}（最大特征值）的特征向量，其中各元素即为权重值，即为单排序结果。层次分析法是将决策者的思维过程由定性向定量转化，但由于评价对象是个复杂系统，专家们在认识上也存在无法避免的多样性、主观性和片面性，即使九级标度也不能保证每个判断矩阵能完全一致，因此必须通过一致性检验来检查各个指标的权重之间是否存在矛盾之处，一致性检验的依据即是矩阵理论。

2）计算各层次指标权重步骤如下：

① 计算判断矩阵的最大特征值 λ_{max}。

$$\lambda_{max}=\sum_{i=1}^{n}\frac{(\boldsymbol{AW})_i}{n\boldsymbol{W}_i} \tag{8-54}$$

式中 n——判断矩阵的行数，也即层次子系统中的指标个数；

$\boldsymbol{A}$——判断矩阵；

$\boldsymbol{W}$——判断矩阵的特征向量；

$(\boldsymbol{AW})_i$——判断矩阵 $\boldsymbol{A}$ 与特征向量 $\boldsymbol{W}$ 相乘而得的向量 $\boldsymbol{AW}$ 的第 i 个元素。

② 计算一致性指标 CI，见式（8－3）。

③ 计算随机一致性比率 CR，见式（8－4）。式中，RI 为平均随机一致性指标，其取值见表8－15。当 $CR\leqslant 0.1$ 时，判断矩阵具有满意的一致性，否则应进行调整。

表 8-15 平均随机一致性指标值

N	1	2	3	4	5	6	7	8	9	10	11	12
RI	0.00	0.00	0.58	0.90	1.12	1.24	1.32	1.41	1.45	1.49	1.52	1.54

3）层次总排序。在对各层次判断矩阵进行一致性检验并计算出权重向量后，再计算同一层次所有因素对于最高层（总目标）相对重要性的权重，称为层次总排序。这一过程是在各层次判断矩阵进行一致性检验的基础上，从最高到最低逐层进行的。

$$w = w_{1i} w_{2i} w_{3i} \tag{8-55}$$

根据上述计算方法，对三级指标-二级指标、二级指标--一级指标、一级指标-综合指标因素各层次的判断矩阵进行权重计算和一致性检验。

B 模糊综合评价法进行指标评价

模糊综合评价（fuzzy comprehensive evaluation method，FCE）是在模糊数学的基础上，对模糊关系进行有机合成，把某些边界不清晰、归属不明确、不易定量的因素进行量化，是常用于定性信息较多的一种综合评价方法。这种方法通常要由相关领域的若干专家，在项目所处地区的环境和国家有关政策的前提下，对各项指标进行分析并打分，以此确定各指标的重要程度，给出对应权重，最后通过加权计算求得综合评价值。

模糊综合评价法的主要功能是能够对多层次、多种类的指标进行分析和评价，并对多层次指标体系进行有效综合，适用性强，进而对多种性质、类别、规模的项目做出较为客观的评价。过程如下：

（1）确定评价因素和评价等级。设 $U=\{u_1, u_2, \cdots, u_m\}$ 为评价因素集合（即评价指标集合）；$V=\{v_1, v_2, v_3, v_4, v_5\}$ = {很好，较好，一般，较差，很差} 为评语集（即评价等级集合）。

（2）构造评价矩阵。首先对考察因素集中的单因素 u_i（$i=1, 2, \cdots, m$）作单因素评判，从因素 u_i 考察该事物对抉择等级 v_j（$j=1, 2, \cdots, n$）的隶属度为 r_{ij}，这样就得出第 i 个因素 u_i 的单因素评判集 $r_i=\{r_{i1}, r_{i2}, \cdots, r_{in}\}$。这样 m 个考察因素的评价集就构造出一个总的评价矩阵 $\boldsymbol{R}$，即每一个被评价对象确定了从 U 到 V 的模糊关系 $\boldsymbol{R}$，它是一个矩阵：

$$\boldsymbol{R} = (r_{ij})_{m \times n} = \begin{bmatrix} r_{11} & r_{12} & \cdots & r_{1n} \\ r_{21} & r_{22} & \cdots & r_{2n} \\ \vdots & \vdots & & \vdots \\ r_{m1} & r_{m2} & \cdots & r_{mn} \end{bmatrix} \tag{8-56}$$

式中，r_{ij} 表示从因素 u_i 考察该评判对象能被评为 v_j 的隶属度（$i=1, 2, \cdots, m$;

$j=1,2,\cdots,n$）。具体地说，r_{ij}表示第 i 个因素 u_i 在第 j 个评语 v_j 上的频率分布，一般将其归一化使之满足 $\sum r_{ij}=1$。这样，矩阵 $\boldsymbol{R}$ 本身就没有量纲，不需作专门处理。

（3）确定权重向量。权重向量 $\boldsymbol{W}$ 已通过前文层析分析法确定。

（4）模糊复合运算。根据 $B_i=\boldsymbol{WRV}^{\mathrm{T}}$ 计算即可得出每个方案的功能评价值。功能评价值越高，则说明该方案越优。

8.6.3 基于全寿命周期的绿色成本确定

8.6.3.1 全寿命周期成本基本理论

A 全寿命周期和全寿命周期成本

全寿命周期（whole life - cycle，WLC）为产品的一个完整的循环周期，其具体指在企业内部或者企业与其有关的各方之间涉及的产品从策划研究到完整开发，从设计到制造至营销和物流，包括产品购入使用后至废弃处理的整个周期。全寿命周期成本（whole life - cycle cost，WLCC）为全寿命周期的货币形式实现，即在项目寿命周期中产品的各阶段耗费的总费用之和，即总成本，其最终目的是实现客体的功能要求所耗费的资源总和和造价总和。随着市场经济的不断推动以及消费水平的发展，人们在购置产品时不单单只考虑产品的购买价格，也将产品购置后的使用成本及废弃后的处理成本纳入到考虑范围，并且比重不断增加。因此，在产品市场上的竞争不仅是销售价格的竞争，更多的是属于产品全寿命周期成本额的竞争。并且在环保意识的不断推进下，全寿命周期成本的竞争日趋成白热化，为了在竞争中取胜，产品全寿命周期成本也有了新的要求和进步方向——将价格工程充分运用到建设项目全寿命周期造价管理中。

工程项目全寿命周期成本是产品在工程项目全生命周期中各阶段的消耗总和，包括其图纸设计到开发建造以及使用运用和最后的维修和报废所有过程中发生的总费用，即工程项目生命周期内既有的或者预定的所必须负担的项目开发费用、制造运营费用和维修报废的费用之和。

B 全寿命周期成本估算模型

全寿命周期成本思想是一种能够优化项目全寿命周期内各个进程的阶段造价以使得项目成本最小化的思想。纵观项目全寿命周期，从全方位减少成本计算，其核心是综合成分的考虑项目建设前期阶段、项目建设阶段以及项目运营维护阶段的阶段成本，从而最大程度地减少项目总成本。

当立足全寿命周期思想时，人们能够主动以全寿命周期寿命成本控制为总目标，从若干个投资项目中，以全寿命周期成本最小化为目标对方案进行甄选，从而实现投资决策的更加合理化和科学化。

假设已知投资项目的方案 j 的计算期为 N，折现率为 i，净现金流量为 F_{jt} $(t=0, 1, 2, \cdots, n)$，则净现金流量为：

$$NPV(i)_j = \sum_{t=0}^{N} F_{jt}(P/F,i,t) = \sum_{t=0}^{N} F_{jt}(1+i)^{-t} \tag{8-57}$$

从全寿命周期理论进行拓展：

$$NPV_j = \sum_{t=1}^{T_1} F_{jy}DR_1 + \sum_{t=T_1+1}^{T_2} F_{jj}DR_1 + \sum_{t=T_1+T_2+1}^{T_3} F_{js}DR_1 + \sum_{t=0}^{T}(O+M)DR_1 - RDR_2 \tag{8-58}$$

式中 NPV_j(net present value)——项目全寿命周期成本净现值；

T_1(time)——项目可研阶段时间；

T_2——项目设计阶段时间；

T_3——项目施工阶段时间；

$T_1+T_2+T_3$——项目建设前期阶段及建设期阶段时间；

F_{jy}(fare)——项目可研阶段费用；

F_{jj}——项目设计阶段费用；

F_{js}——项目施工阶段费用；

O(operation costs)——项目年度运营成本；

M (maintenance cost)——项目年度维护成本；

T——项目运营维护阶段时间；

R(residual)——残值；

DR (discount rate)——折现率，其中

$$DR_1 = \frac{(1+i)^t - 1}{i(1+i)^t}, DR_2 = \frac{1}{(1+i)^t} \tag{8-59}$$

8.6.3.2 全寿命周期绿色成本体系的构建

A 全寿命周期绿色成本的内涵

全寿命周期绿色成本是在全寿命周期成本的基础上，充分考虑绿色高速公路的全面功能，不光从资金成本上考虑项目成本，还根据项目的流畅、安全、舒适、和谐的要求，添加了社会成本和环境成本。这特别体现了时代功能中，对高速公路与社会经济和谐和与自然环境和谐的要求，使其在成本控制方面也体现了一定的绿色性。即从社会化的角度出发，将高速公路项目整体的构思—设计—建造—使用—维护、翻新—拆除纳入到绿色高速公路全生命周期的考虑范围内，充分考虑到生产者和消费者发生的一切费用。其优越性主要体现在以下五个方面：

(1) 从时间跨度的角度考虑。工程项目全寿命周期绿色成本思想使人们立

足于包括项目建设前期阶段、项目建设阶段和运用维护阶段等在内的工程项目全寿命周期去充分完善项目的成本问题，其相对于其他思想，考虑的时间跨度更长、范围更大，考虑得更加合理和全面。

（2）从投资决策科学性角度考虑。工程项目全寿命周期绿色成本思想能够使人们抛弃以往的传统理念，以全面的项目寿命周期成本角度进行思考，充分合理地考虑工程项目的各个阶段的资金投入，从而实现投资决策的更加合理化和利益最大化。

（3）从方案设计合理性角度考虑。工程项目全寿命周期绿色成本的思想和方法使规划设计者以工程项目全寿命周期为根本出发点，充分考虑到运用到项目中的一系列成本如资金成本、社会成本和环境成本等，从而使使用更为科学的工程设计和使用更加合理的建设材料成为可能，以达到在确保工程项目总体质量的同时能够实现工程项目全寿命周期绿色成本最小化的目标。

（4）工程项目实施的角度考虑。工程项目全寿命周期绿色成本的思想和方法以全寿命周期成本为出发点，更加科学合理地评价施工组织方案设计、规划工程项目合同以及优化工程项目施工方案。

（5）从环保和生态的角度考虑。工程项目全寿命周期绿色成本思想以工程项目全寿命周期为出发点讨论工程项目的资金和成本问题，人们在项目建设的各个阶段上进行充分合理的总体规划和设计，尽可能采用符合国家标准，节能、无污染的环保材料，采用一系列节能措施，加强材料可回收利用和二次利用，在确保全寿命周期成本最小化的基础上实现环保目标，从而提高项目的社会效益、经济效益和环保效益。

B 全寿命周期绿色成本体系的构建原则

影响高速公路全寿命周期绿色成本的因素众多而且比较复杂，为了实现成本提现的科学性和合理性，应以一定的原则为基础，从众多的影响因素中甄选出具有代表意义的指标来建设成本体系。

（1）完整性原则。挑选出来的影响因素所建立的成本体系必须能够全方位的反映高速公路各方面的成本，只有这样才能实现成本的全面考虑。

（2）非相容性原则。各个成本指标与指标之间不能相容，即不能两者之间完全替代或者囊括。相容性与相关性不能等同，某些指标相互之间有相当大的相关性，但它们能够从不同角度反映其体系特征，因此，指标体系中相关指标的存在是允许的。

（3）客观性原则。对成本指标的甄选必须有合理科学的选择依据，必须站在公正合理客观的角度上确定所选指标能够客观反映对象的真实面貌。

（4）简洁性原则。尽量简化成本指标选择，一方面，合理避免混淆，使人们能够比较简单地从众多信息中抓住重点和关键；另一方面，可以极大程度地减轻工作量，简化计算，更加清晰地对方案之间进行权衡和决策。

（5）规范性原则。构建成本体系进行指标选择时，尽可能采用通常意义上的指标，一方面，具有通用性，更加简单易懂，简化计算；另一方面，使得数据收集的工作量减轻，并且能够简单明了地分辨出不同方案相同指标的异同。

（6）与环境、资源相协调，当前利益与长远利益并重的原则。

C 全寿命周期绿色成本体系

根据全寿命周期绿色成本体系的构建原则及其组成，构建全寿命周期绿色成本体系，如表 8 - 16 所示。

表 8 - 16 全寿命周期绿色成本体系

一级指标	二级指标	三级指标
绿色成本 C	资金成本 C_z	前期成本 C_1
		施工成本 C_2
		运营成本 C_3
	社会成本 C_s	汽车运输成本 C_{s1}
		在途时间成本 C_{s2}
	环境成本 C_h	生态损失成本 C_{h1}
		空气、水污染损失成本 C_{h2}
		噪声污染损失成本 C_{h3}

8.6.3.3 全寿命周期绿色成本的计算方法

全寿命周期绿色成本主要包括资金成本、社会成本和环境成本。下面分别介绍其计算方法。

A 资金成本

资金成本是指高速公路建设项目前期、中期、后期所需要的成本。包括前期成本 C_1、施工成本 C_2、运营成本 C_3。

a 前期成本（C_1）

前期成本是建设前期阶段的成本，具体范畴为项目立项到确定中标单位这个阶段的成本，具体包括高速公路建设从基本构思、酝酿到初步设计以及确定承包商这一系列过程中的资金投入。这一过程的主要活动是：将所处区域的具体经济发展水平及交通需要与项目的具体情况相互结合，进行投资机会研究，在此基础之上，编制可行性研究报告和设计任务书，以此为依据进行选址规划和现场踏勘并做好环境预测，编制初步设计文件和初步设计概算，以此为依据进行施工图设计和施工图预算，并且进行招标和投标工作确定合适的承包商。机会研究成本 C_{11}、可行性研究成本 C_{12}、勘察设计成本 C_{13}、招投标成本 C_{14} 是其主要构成成本。

$$C_1 = C_{11} + C_{12} + C_{13} + C_{14}$$

由于这里研究的问题是全寿命周期成本在设计阶段的运用，因此更多关注的是这一阶段尚未实施的成本，即勘察设计成本 C_{13}、招投标成本 C_{14}，此两项的计算均可参考我国现行相关收费标准。

b 施工成本（C_2）

施工成本又称建设期成本，主要是指根据相应的施工文件和进程要求，建设项目从开工一直到竣工验收交付使用整个过程所产生的费用，包括施工成本 C_{21}、其他成本 C_{22}。其中施工成本 C_{21} 以建筑安装工程费为依据，包括直接费、其他直接费、现场经费、间接费、施工技术装备费、计划利润、税金；其他成本 C_{22} 包括工程监理费 C_{221}、管理费 C_{222}、工程质量监督费 C_{223}。其表达式为：

$$C_2 = C_{21} + C_{22}$$

其中

$$C_{22} = C_{221} + C_{222} + C_{223}$$

设计阶段的施工成本计算主要以初步设计阶段的设计概算以及设计预算为参考依据进行计算。

（1）设计概算。根据建设项目的基本建设项目的划分，在编制建设项目设计概算时，一般以单位工程的设计概算为基础，将若干个单位工程概算汇总为单项工程概算，再将单项工程概算及工程建设其他费、预备费、建设期贷款利息等概算文件汇总，最后计算出总的建设项目的概算。目前，国内通用的工程概算的编制方法主要有概算定额法、概算指标法以及类似工程预算法。

（2）设计预算。施工图预算的编制时间在施工图设计完成之后以及建设项目进行招投标之前，其主要参考依据有：现行的预算定额和费用定额，当地的人工、材料、机械设备等市场价格，初步完成的施工组织设计。依据这些资料按照相应的规范计算直接费、间接费、利润和税金等费用，最终得到预算总金额，完成所有预算报表。目前，施工图预算的编制方法主要采用工程量清单计价模式。

c 运营成本（C_3）

高速公路运营是在由高速公路系统提供的人、车、物的空间变动过程中所提供的满足顾客需要的一切活动，对其效益起决定性作用的是其服务质量。高速公路的运营成本可以定义为在高速公路建成后顺利通车过程中，保障其正常运行所需要支付的成本，主要包括管理成本 C_{31} 和维修成本 C_{32}，可以表示如下：

$$C_3 = C_{31} + C_{32}$$

式中，管理成本 C_{31} 由管理及路政人员费用 C_{311}、收费人员费用 C_{312} 组成；维修成

本 C_{32} 由养护费用 C_{321}、大修费用 C_{322} 组成。

B 社会成本

根据高速公路绿色成本的内涵，对于这类国家大型交通基础设施，一般认为应该将社会成本纳入到项目成本中来考虑。高速公路的社会成本可以从两个出发点进行考虑，即汽车运输成本 C_{s1}，其中包括油费和损耗费；在途时间成本 C_{s2}。其表达式为：

$$C_s = C_{s1} + C_{s2}$$

a 汽车运输成本

（1）油耗费用。汽车的汽油消耗量对使用成本直接产生影响，汽车燃油经济性指标即汽车在其他客观条件不变的情况下，能够以最小的燃油消耗量行驶的里程数。目前我国和国外许多国家一般都采用 L/100km 来进行表示。根据交通运输部公路科学研究所在不同道路状况下做的大量实验，得到不同路况（主要参考不平整度指数）与油耗、车速的关系如下：

$$F = -0.21637v + 0.0013055v^2 + 0.24808IRI + 13.36580$$

$$R^2 = 0.9486$$

式中 F——百公里油耗，L；

IRI——国际平整度指数，m/km；

v——行车速度，km/h。

根据上述关系对油耗费用进行建模：

$$CYL = YUC \cdot F$$

式中 CYL——汽车每百公里燃油费，元；

YUC——燃油单价，元/L。

（2）车轮损耗费。同济大学的王忠仁在对大量实地数据进行统计分析后，建立了适合我国情况的胎面损耗率和翻新次数以及轮胎损耗量估算关系式：

$$T_C = N_T\left[\frac{(1 + R_R N_R) V_L}{(1 + kN_R)} + 0.0020\right] \tag{8-60}$$

式中 T_C——每千辆车一公里消耗的当量新轮胎数，条；

N_T——每辆车的轮胎数，条；

N_R——胎面翻新次数；

R_R——胎轮胎面每翻新一次占新轮胎总费用的比例；

V_L——胎面的可磨耗体积，dm^3；

k——轮胎系数，一般取 0.77。

上述公式相对而言适用于大型的运输货车及公共汽车。中小型客车可以将公式简化如下：

$$T_C = N_T(0.01165 + 0.001781IRI) \quad (8-61)$$

式中 T_C——每千辆车一公里消耗的当量新轮胎数；

N_T——每辆车的轮胎数；

IRI——国际平整度指数。

则有轮胎消耗费用计算模型为：

$$CTC = P_t \sum_{i=1}^{n} AADT_i \cdot T_{Ci} \quad (8-62)$$

式中 CTC——轮耗费用；

$AADT_i$——年均日交通量，辆；

T_{Ci}——第 i 种每千辆车每公里消耗的当量轮胎数；

P_t——新轮胎价格。

b 在途时间成本

(1) 旅客在途时间成本。旅客时间成本费用计算公式如下：

$$C_{Tk} = T(L_x, c_x) \times H_{jt}(L_x, c_x) \times K_{szs}(c_x) \times I_c/(8 \times 365)$$

式中 C_{Tk}——某一时段第 L_x 路段第 c_x 车型的旅客时间费用，元；

$T(L_x, c_x)$——某一时段第 L_x 路段第 c_x 车型的行驶时间，h；

$H_{jt}(L_x, c_x)$——某一时段第 L_x 路段第 c_x 车型的交通量，辆/d；

$K_{szs}(c_x)$——第 c_x 车型的实载人数，人；

I_c——计算年度的人均国内生产总值，元/(人·年)。

则旅客在途时间成本费用为 $B_{Tk} = C_{Tk} \times \frac{365}{10000}$（万元）。

(2) 货物在途时间成本。货物时间费用按货物在路网中占用时间增加的利息支出来计算，公式如下：

$$C_{Th} = T(L_x, c_x) \times H_{jt}(L_x, c_x) \times H_{szs}(c_x) \times P_r \times IR/(16 \times 365) \quad (8-63)$$

式中 C_{Th}——某一时段第 L_x 路段第 c_x 车型的货物时间费用，元；

$H_{szs}(c_x)$——第 c_x 车型的实载重量，t；

P_r——计算年度的在途货物平均价格，元/t；

IR——社会折现率,%。

则货物在途时间总费用为 $B_{Th} = C_{Th} \times \frac{365}{10000}$（万元）。

C 环境成本

高速公路的建设、养护或运营给周围环境带来不好的影响，土地遭到破坏，水、大气、噪声等各种污染都会产生生态成本。高速公路建设造成不良影响的主要有两种类型，即生态破坏和环境污染。生态破坏主要表现为公路建设造成的生态环境的污染，如农田、森林等被摧毁。环境污染主要表现在高速公路建设导致空气、水资源等整体质量下降。因此，公路建设对环境破坏的成本可以表示为：

$$C_h = C_{h1} + C_{h2} + C_{h3} \tag{8-64}$$

式中，C_h 为环境成本；C_{h1} 为生态损失成本；C_{h2} 为空气、水污染损失成本；C_{h3} 为噪声污染损失成本。

a 生态损失成本（C_{h1}）

生态损失成本包括生态直接损失和生态间接损失。

直接损失即土地资源价值损失，其主要是指高速公路建设时对周边的土地占用而产生的生态破坏，从而导致其价值的损失。此类价值损失，一般采用机会成本法进行计算，计算因建设项目占用土地而损失的土地最大净效益（$C_{直}$）。

间接损失主要是指土地涵养水源、土壤保护和固定二氧化碳等价值的损失。其中涵养水源成本（$C_{涵}$）可以依据水库建设成本计算，以评估年损失为基数，采用社会折现率折现；保护土壤成本（$C_{土壤}$）的计算可采用无植被土壤侵蚀和土壤肥力丧失的经济损失来计算；固定二氧化碳的成本（$C_{固}$）可以采用人工固定二氧化碳法来计算。最后得到生态损失成本总表达式如下：

$$C_{h1} = C_{直} + C_{涵} + C_{土壤} + C_{固} \tag{8-65}$$

其中，水田生态价值的计算可参考谢高地在《我国粮食生产的生态服务价值研究》中的研究成果，见表8-17。

表8-17 我国农田生态系统单位面积生态服务价值量统计表

服务功能类型	当量因子	单位面积价值量 /元·hm^{-2}	举 例
食物生产	1.00	884.9	生产粮食、油料等
原材料生产	0.10	88.5	生产秸秆、纤维等
景观愉悦	0.01	8.8	田园风光给人们带来的愉悦心情，生态旅游
气体调节	0.50	442.4	CO_2/O_2 平衡，保护臭氧层的 O_3
气候调节	0.89	787.5	调节小气候
水源涵养	0.60	530.9	作为集水区
土壤形成与保持	1.46	1291.9	有机质积累，氮固定，营养物质循环
废弃物处理	1.64	1451.2	废弃物净化，农药降解
生物多样性保持	0.71	628.2	授粉，种质资源保存
合 计		6114.3	

则农田生态系统损失成本为：

$$V = V_0 A\eta \tag{8-66}$$

式中 V_0——全国单位面积生态系统服务价值量，元/hm^2；

A——占用农田面积，hm^2；

η——生物量修正因子。

对于植被破坏的经济损失成本分为林产品的损失、涵养水源功能的损失、保持土壤值的损失、净化大气功能的损失、纳碳吐氧功能的损失。

（1）林产品损失是指采用市场价值法来评估果树、木材及其他树木的原价值。对于此可采用下式计算：

$$FP = \sum S_i V_i P_i \tag{8-67}$$

式中 FP——区域内森林生态系统价值，元；

S_i——第 i 类林分布面积，hm^2；

V_i——第 i 类林单位面积净生长量，m^3/hm^2；

P_i——第 i 类林的单位价值，元/m^3。

（2）涵养水源价值成本。涵养水源价值通常采用降水储存量法计算，即用森林生态系统的蓄水效应来衡量其涵养水分的功能，见下式：

$$Q = AJR \qquad J = J_0 K \tag{8-68}$$

式中 Q——与裸地相比较，森林生态系统涵养水分的增加量；

A——森林面积；

J——多年平均产流降雨量；

J_0——多年平均降雨总量；

K——产流降雨量占降雨总量的比例，以秦岭—淮河为界，以北为0.4，以南为0.6；

R——与裸地比较，森林生态系统减少径流的效益系数。

降雨量分区及参数取值见表8－18，主要森林生态系统类型 R 值见表8－19。

表8－18 降雨量分区及参数取值

降雨量范围/mm	400～600	600～800	800～1200	1200～1600	>1600
J_0 参考取值/mm	500	700	1000	1400	1800

表8－19 主要森林生态系统类型 R 值

森林类型	寒温带落叶松林	温带常绿针叶林	温带、亚热带落叶阔叶林	温带落叶小叶树林	亚热带常绿落叶混交林	亚热带常绿阔叶林	亚热带、热带常绿针叶林	亚热带竹林	热带雨林、季雨林
R 值	0.21	0.24	0.28	0.16	0.34	0.39	0.36	0.22	0.55

完成计算以上数据后，采用影子价格计算损失成本，水库蓄水成本取0.67元/m^3。

(3) 保持土壤值评估方法。按照我国主要流域的泥沙运动规律，全国土壤流失的泥沙有24%淤积于水库、江河和湖泊，根据蓄水成本来计算森林生态系统减轻泥沙淤积灾害的经济效益，如下式：

$$E_n = \frac{0.24A_c C}{\rho} \tag{8-69}$$

式中 E_n——减轻泥沙淤积经济效益，元/a；

A_c——土壤保持量，t/a；

C——水库工程费用，1.5 元/m^3；

ρ——土壤容量，1.35t/m^3。

b 空气、水污染损失成本（C_{h2}）

考虑到每条高速公路的实际特点，通常取公路沿线两侧各200m范围作为评估区域。其主要成本为对人体健康危害的损失成本、对农作物产量锐减的损失成本以及公路污染给当地居民带来的额外清洗处理成本等，表达式如下：

$$C_{h2} = C_{健康} + C_{农} + C_{清洗} \tag{8-70}$$

此项成本的计算可通过削减粉尘的成本来估算森林生态系统滞尘功能的价值，即

每年森林截留粉尘的含量 = 单位面积森林每年能截持的粉尘量 × 森林面积

研究表明，1hm^2 森林每年可吸附粉尘36.0t，根据《中国生物多样性国情研究报告》，除尘运行成本取170元/t。

c 噪声污染损失成本（C_{h3}）

根据相关研究，高速公路建设及行车的噪声主要对居民日常生活以及生活的舒适性产生不良影响。而从经济学的角度出发，居住舒适性的变化会导致在其影响范围内房屋等资产的市场价格的变化。对环境舒适性的成本很难评估，本书拟采用意愿型评估法计算。该方法主要采用询问的方式，通过问题的征询使人面对公共物品的偏好产生诱导，在此基础之上导出人们愿意为了物品保存或继续使用或改善使用条件支付的意愿，从而确定出公共物品的价值。这种方法适用于公共物品相对缺少的市场情况，给消费者提供一个虚拟的假设市场，让消费者根据自身偏好去选择物品。这个虚拟市场的价值评估取决于向消费者所描述的市场条件，最后根据消费者意愿确定。在对高速公路项目进行环境污染分析时，使用在支付意愿上可以充分反映经济发展全过程的社会成本，可以体现完整的环境质量价值。

8.6.4 实例分析

这里仍然以包头至茂名高速公路湖南境内靖州至通道段为例，根据价值工程理论对其三个路线走廊方案A，B，C进行比选，选出最优方案。项目背景及技

术标准见前述。

项目组在研究了路线起终点后，通过在1：50000、1：10000的地形图及遥感影像图上进行仔细研究后，在靖州至通道段存在东线、中线、西线三个较大的走廊方案，各走廊带基本情况如下。

方案A——东线走廊：东线走廊里程最长（比中线走廊长7.16km，比西线走廊长4.87km），投资最大，占用土地资源最多，营运成本最高，对国家干线公路而言是不利的；但东线走廊平均每公里造价最低，路网布局最合理，至县城的距离最近，对城镇经济发展、沿线乡镇经济的发展与旅游资源的开发极为有利，最主要的是符合国防建设的需要，对国防安全不构成影响，同时能吸引交通量，经济效益较明显。

方案B——中线走廊：该走廊建设与营运里程最短，投资与营运成本最少，全寿命周期成本最小，在节约土地资源与社会可持续发展方面具有明显优势。从技术与经济角度考虑，推荐中线走廊是最合理的，但中线走廊对军事设施构成严重影响，也不符合部队的发展需求，同时对当地经济带动的效果最差。

方案C——西线走廊：该走廊沿G209与焦柳铁路布线，经过的是怀化市的经济走廊带，对当地经济的带动将起到一定的作用，地方政府希望走西线走廊方案；但西线走廊不利于湖南西南部地区经济的协调发展，在有限的土地资源范围内，造成高速公路、国道干线、铁路等项目的叠加，造成运力过剩、投资浪费，且对国防安全产生严重影响，不符合国防建设的需要。

8.6.4.1 绿色功能评价

A 层次分析法确定指标权重

根据前面所介绍的绿色高速公路功能评价模型，对三级指标－二级指标、二级指标－一级指标、一级指标－综合指标因素各层次的判断矩阵进行权重计算和一致性检验，计算结果见表8－20～表8－32，所有CR均不超过0.1，符合一致性要求。各指标的权重见表8－33。

表8－20 U_{11}判断矩阵、权重、一致性检验

交通量	设计交通量	设计小时交通量
设计交通量	1	1
设计小时交通量	1	1
单层权重	0.5000	0.5000

注：$\lambda_{max}=2$；$CI=0$；$RI=1\times10^{-6}$；$CR=0$。

表 8-21 U_{12}判断矩阵、权重、一致性检验

通行能力	基本通行能力	设计通行能力
基本通行能力	1	1
设计通行能力	1	1
单层权重	0.5000	0.5000

注：$\lambda_{max}=2$；$CI=0$；$RI=1\times10^{-6}$；$CR=0$。

表 8-22 U_{13}判断矩阵、权重、一致性检验

完善路网	路网饱和度	路网平均车速	路网通达深度	路网可达性
路网饱和度	1	2	1/3	1/2
路网平均车速	1/2	1	1/3	1/2
路网通达深度	3	3	1	2
路网可达性	2	2	1/2	1
单层权重	0.1671	0.1182	0.4531	0.2616

注：$\lambda_{max}=4.0709$；$CI=0.0236$；$RI=0.9$；$CR=0.0262$。

表 8-23 U_{21}判断矩阵、权重、一致性检验

安全因素	交通事故率	交通货损率
交通事故率	1	2
交通货损率	1/2	1
单层权重	0.6667	0.3333

注：$\lambda_{max}=2$；$CI=0$；$RI=1\times10^{-6}$；$CR=0$。

表 8-24 U_{31}判断矩阵、权重、一致性检验

视觉舒适	整体景观和谐	序列景观连续	交通景观舒适
整体景观和谐	1	3	2
序列景观连续	1/3	1	1/2
交通景观舒适	1/2	2	1
单层权重	0.5396	0.1634	0.2970

注：$\lambda_{max}=3.0092$；$CI=0.0046$；$RI=0.58$；$CR=0.0079$。

表 8-25 U_{32}判断矩阵、权重、一致性检验

行车舒适	基于平面线形横向力系数	基于纵断面线形竖向加速度
基于平面线形横向力系数	1	2
基于纵断面线形竖向加速度	1/2	1
单层权重	0.6667	0.3333

注：$\lambda_{max}=2$；$CI=0$；$RI=1\times10^{-6}$；$CR=0$。

表 8－26 U_{33}判断矩阵、权重、一致性检验

服务设施舒适	车用设施	客用设施	附属设施
车用设施	1	3	5
客用设施	1/3	1	3
附属设施	1/5	1/3	1
单层权重	0.6370	0.2583	0.1047

注：$\lambda_{max}=3.0385$；$CI=0.0193$；$RI=0.58$；$CR=0.0332$。

表 8－27 U_{41}判断矩阵、权重、一致性检验

与社会经济和谐	促进社会发展程度	促进经济发展程度	促进政治稳定程度	提高行业部门素质程度
促进社会发展程度	1	2	1/2	3
促进经济发展程度	1/2	1	1/3	2
促进政治稳定程度	2	3	1	3
提高行业部门素质程度	1/3	1/2	1/3	1
单层权重	0.2848	0.1644	0.4457	0.1051

注：$\lambda_{max}=4.0709$；$CI=0.0236$；$RI=0.9$；$CR=0.0262$。

表 8－28 U_{42}判断矩阵、权重、一致性检验

与自然环境和谐	区域的环境质量	污染控制	自然资源的利用保护	生态平衡	环境管理监测
区域的环境质量	1	2	1/3	1/2	4
污染控制	1/2	1	1/2	1/2	1
自然资源的利用保护	3	2	1	1	3
生态平衡	2	2	1	1	3
环境管理监测	1/4	1	1/3	1/3	1
单层权重	0.1880	0.1171	0.3164	0.2918	0.0867

注：$\lambda_{max}=5.2265$；$CI=0.0566$；$RI=1.12$；$CR=0.0506$。

表 8－29 U_1 判断矩阵、权重、一致性检验

流畅功能	交通量	通行能力	完善路网
交通量	1	1/3	2
通行能力	3	1	3
完善路网	1/2	1/3	1
单层权重	0.2493	0.5936	0.1571

注：$\lambda_{max}=3.0536$；$CI=0.0268$；$RI=0.58$；$CR=0.0462$。

表 8 – 30 U_3 判断矩阵、权重、一致性检验

舒 适 功 能	视 觉 舒 适	行 车 舒 适	服务设施舒适
视 觉 舒 适	1	1/3	1/2
行 车 舒 适	3	1	2
服务设施舒适	2	1/2	1
单 层 权 重	0.1634	0.5396	0.2970

注：$\lambda_{max}=3.0092$；$CI=0.0046$；$RI=0.58$；$CR=0.0079$。

表 8 – 31 U_4 判断矩阵、权重、一致性检验

和谐功能	与社会经济和谐	与自然资源和谐
与社会经济和谐	1	1
与自然资源和谐	1	1
单层权重	0.5000	0.5000

注：$\lambda_{max}=2$；$CI=0$；$RI=1\times10^{-6}$；$CR=0$。

表 8 – 32 U 交通量判断矩阵、权重、一致性检验

绿色功能	流畅功能	安全功能	舒适功能	和谐功能
流畅功能	1	2	3	1/2
安全功能	1/2	1	2	1/3
舒适功能	1/3	1/2	1	1/4
和谐功能	2	3	4	1
单层权重	0.2776	0.1603	0.0953	0.4668

注：$\lambda_{max}=4.0310$；$CI=0.0103$；$RI=0.9$；$CR=0.0115$。

表 8 – 33 绿色高速公路功能权重

一级指标	权重 W_1	二级指标	权重 W_2	三 级 指 标	权重 W_3	层次总排序 W
流畅功能 A_1	0.2776	交通量 A_{11}	0.2493	设计交通量 A_{111}	0.5	0.0346
				设计小时交通量 A_{112}	0.5	0.0346
		通行能力 A_{12}	0.5936	基本通行能力 A_{121}	0.5	0.0824
				设计通行能力 A_{122}	0.5	0.0824
		完善路网 A_{13}	0.1571	路网饱和度 A_{131}	0.1671	0.0073
				路网平均车速 A_{132}	0.1182	0.0052
				路网通达深度 A_{133}	0.4531	0.0198
				路网可达性 A_{134}	0.2616	0.0114

续表 8 - 33

一级指标	权重 W_1	二级指标	权重 W_2	三 级 指 标	权重 W_3	层次总排序 W
安全功能 A_2	0.1603	人-车-道路-环境安全因素 A_{21}	1	交通事故率 A_{211}	0.6667	0.1069
				交通货损率 A_{212}	0.3333	0.0534
舒适功能 A_3	0.0963	视觉舒适 A_{31}	0.1634	整体景观和谐 A_{311}	0.5396	0.0085
				序列景观连续 A_{312}	0.1634	0.0026
				交通景观舒适 A_{313}	0.2970	0.0047
		行车舒适 A_{32}	0.5396	基于平面线形横向力系数 A_{321}	0.6667	0.0346
				基于纵断面线形竖向加速度 A_{322}	0.3333	0.0173
		服务设施舒适 A_{33}	0.2970	车用设施 A_{331}	0.6370	0.0182
				客用设施 A_{332}	0.2583	0.0074
				附属设施 A_{333}	0.1047	0.0030
和谐功能 A_4	0.4668	与社会经济和谐 A_{41}	0.5	促进社会发展程度 A_{411}	0.2848	0.0665
				促进经济发展程度 A_{412}	0.1644	0.0384
				促进政治稳定程度 A_{413}	0.4457	0.1040
				提高行业部门素质程度 A_{414}	0.1051	0.0245
		与自然环境和谐 A_{42}	0.5	区域的环境质量 A_{421}	0.1880	0.0439
				污染控制 A_{422}	0.1171	0.0273
				自然资源的利用保护 A_{423}	0.3164	0.0738
				生态平衡 A_{424}	0.2918	0.0681
				环境管理监测 A_{425}	0.0867	0.0202

B 模糊综合评价法进行指标评价

根据上述计算方法，对该项目的走廊方案 A、方案 B、方案 C 的功能指标体系，设计调查问卷，分别对从事并熟悉高速公路管理与评价领域的专家进行调查，共发放调查表 20 份。调查结果见表 8 - 34。

表 8 - 34 方案 A 定性评价指标及评价尺度

评价指标 U	评价尺度 V				
	很好 V_1	较好 V_2	一般 V_3	较差 V_4	很差 V_5
设计交通量 U_{111}	6	10	4	0	0
设计小时交通量 U_{112}	4	11	4	1	0
基本通行能力 U_{121}	5	9	6	0	0

续表 8 - 34

评价指标 U	评价尺度 V				
	很好 V_1	较好 V_2	一般 V_3	较差 V_4	很差 V_5
设计通行能力 U_{122}	5	5	9	1	0
路网饱和度 U_{131}	2	8	5	4	1
路网平均车速 U_{132}	10	6	4	0	0
路网通达深度 U_{133}	3	7	7	2	1
路网可达性 U_{134}	2	8	8	1	1
交通事故率 U_{211}	0	2	6	8	4
交通货损率 U_{212}	0	3	7	7	3
整体景观和谐 U_{311}	3	4	6	2	5
序列景观连续 U_{312}	1	2	8	5	4
交通景观舒适 U_{313}	6	6	6	2	0
基于平面线形横向力系数 U_{321}	1	1	1	14	3
基于纵断面线形竖向加速度 U_{322}	1	3	13	2	1
车用设施 U_{331}	4	1	5	6	4
客用设施 U_{332}	0	4	6	8	2
附属设施 U_{333}	3	6	9	2	0
促进社会发展程度 U_{411}	0	4	9	7	0
促进经济发展程度 U_{412}	3	5	7	5	0
促进政治稳定程度 U_{413}	8	12	0	0	0
提高行业部门素质程度 U_{414}	0	0	9	8	3
区域的环境质量 U_{421}	0	0	12	4	4
污染控制 U_{422}	0	2	8	5	5
自然资源的利用保护 U_{423}	0	5	10	3	2
生态平衡 U_{424}	0	4	9	5	2
环境管理监测 U_{425}	0	0	8	11	1

计算可得方案 A 中各单项指标集到评语集的模糊评价矩阵：

$$
\boldsymbol{R}_{\mathrm{A}}=\begin{bmatrix}
0.30, & 0.50, & 0.20, & 0.00, & 0.00 \\
0.20, & 0.55, & 0.20, & 0.05, & 0.00 \\
0.25, & 0.45, & 0.30, & 0.00, & 0.00 \\
0.25, & 0.25, & 0.45, & 0.05, & 0.00 \\
0.10, & 0.40, & 0.25, & 0.20, & 0.05 \\
0.50, & 0.30, & 0.20, & 0.00, & 0.00 \\
0.15, & 0.35, & 0.35, & 0.10, & 0.05 \\
0.10, & 0.40, & 0.40, & 0.05, & 0.05 \\
0.00, & 0.10, & 0.30, & 0.40, & 0.20 \\
0.00, & 0.15, & 0.35, & 0.35, & 0.15 \\
0.15, & 0.20, & 0.30, & 0.10, & 0.25 \\
0.05, & 0.10, & 0.40, & 0.25, & 0.20 \\
0.30, & 0.30, & 0.30, & 0.10, & 0.00 \\
0.05, & 0.05, & 0.05, & 0.70, & 0.15 \\
0.05, & 0.15, & 0.65, & 0.10, & 0.05 \\
0.20, & 0.05, & 0.25, & 0.30, & 0.20 \\
0.00, & 0.20, & 0.30, & 0.40, & 0.10 \\
0.15, & 0.30, & 0.45, & 0.10, & 0.00 \\
0.00, & 0.20, & 0.45, & 0.35, & 0.00 \\
0.15, & 0.25, & 0.35, & 0.25, & 0.00 \\
0.40, & 0.60, & 0.00, & 0.00, & 0.00 \\
0.00, & 0.00, & 0.45, & 0.40, & 0.15 \\
0.00, & 0.00, & 0.60, & 0.20, & 0.20 \\
0.00, & 0.10, & 0.40, & 0.25, & 0.25 \\
0.00, & 0.25, & 0.50, & 0.15, & 0.10 \\
0.00, & 0.20, & 0.45, & 0.25, & 0.10 \\
0.00, & 0.00, & 0.40, & 0.55, & 0.05
\end{bmatrix}
$$

权重向量 $\boldsymbol{W}$ 通过层析分析法确定：

$$
\boldsymbol{W} = [0.0346,\ 0.0346,\ 0.0824,\ 0.0824,\ 0.0073,\ 0.0052,\ 0.0198,\ 0.0114,\ 0.1069,\ 0.0534,\ 0.0085,\ 0.0026,\ 0.0047,\ 0.0346,\ 0.0173,\ 0.0182,\ 0.0074,\ 0.0030,\ 0.0665,\ 0.0384,\ 0.1040,\ 0.0245,\ 0.0439,\ 0.0273,\ 0.0738,\ 0.0681,\ 0.0202]
$$

根据 $B_i = \boldsymbol{W}\boldsymbol{R}\boldsymbol{V}^{\mathrm{T}}$ 计算即可得出每个方案的功能评价值。

其中 $V^{T}=\begin{bmatrix}0.9\\0.7\\0.5\\0.3\\0.1\end{bmatrix}$。

则方案 A 的评价值为：

$$B_{A}=\boldsymbol{W}\boldsymbol{R}_{A}\boldsymbol{V}^{T}=[0.1228,0.2598,0.3341,0.2054,0.0789]\begin{bmatrix}0.9\\0.7\\0.5\\0.3\\0.1\end{bmatrix}=0.5289$$

同理可得出方案 B 和方案 C 的功能评价值，见表 8－35。

表 8－35 方案功能评价值

方 案	A	B	C
功能评价值 B_i	0.5289	0.4923	0.4888

8.6.4.2 全寿命周期绿色成本计算

A 全寿命周期绿色成本估算

靖通高速公路方案 A、方案 B、方案 C 的全寿命周期成本汇总见表 8－36。

表 8－36 方案成本估算表 （万元）

一级指标	二级指标	三级指标	方案 A	方案 B	方案 C
绿色成本 C	资金成本 C_z	前期成本 C_1	52331.88	48590.16	51117.36
		施工成本 C_2	383767.12	356327.84	374860.64
		运营成本 C_3	28506.39	25768.32	26647.77
	社会成本 C_s	汽车运输成本 C_{s1}	21804.95	20245.90	21298.11
		在途时间成本 C_{s2}	13082.97	12147.54	12779.34
	环境成本 C_h	生态损失成本 C_{h1}	19624.46	22865.57	21085.91
		空气、水污染损失成本 C_{h2}	15263.47	18006.56	16400.15
		噪声污染损失成本 C_{h3}	8721.98	9918.32	9371.52
估算汇总			543103.22	513870.21	533560.80

B 确定全寿命周期绿色成本系数

得到各方案的全寿命周期绿色成本后，根据下式算出各方案的成本系数，如表 8－37 所示。

$$CI_i = \frac{C_i}{\sum_{i=1}^{3} C_i} \quad (i = A,B,C)$$

表 8－37 方案成本系数

方 案	A	B	C
成本系数 CI_i	0.3415	0.3231	0.3355

C 基于价值工程的绿色高速公路方案优选

根据表 8－35 和表 8－37 可以得到方案价值系数，如表 8－38 所示。

表 8－38 方案价值系数表

方 案	A	B	C
功能评价值 B_i	0.5289	0.4923	0.4888
成本系数 CI_i	0.3415	0.3231	0.3355
价值系数 $V_i = F_i/CI_i$	1.5488	1.5237	1.4569

根据价值系数最大者为最优原则，可得出方案 A 为最优方案。

8.7 基于 Monte Carlo 的高速公路运营效益敏感性分析

近年来随着高速公路投资力度的加大，我国高速公路运营里程逐年大幅度增加，其后评价工作也陆续展开，运营效益评价为其中的专题之一。由于高速公路运营环境的复杂性和本身的特殊性，影响运营效益的不确定因素越来越多，致使建设投资者的投资风险也就越来越大。因此，在高速公路飞跃发展的今天，如何进行运营效益风险识别和评估，有效地进行风险控制并采取针对性措施加强运营管理，使其最大限度地发挥经济效益和社会效益，成为当今交通运输亟待解决的问题，是各投资方乃至全社会关注的热点问题。通过基于 Monte Carlo 模拟的高速公路运营效益敏感性分析，得到运营效益评价指标的概率分布及评价指标对各不确定因素的敏感程度，可为高速公路投资决策和运营管理提供参考依据。

8.7.1 高速公路运营效益不确定性分析

8.7.1.1 不确定性和风险

A 不确定性

不确定性是指人们在事先只知道所采取行动的所有可能后果，而不知道它们出现的可能性，或者两者均不知道，只能对两者做些粗略的估计，因此不确定性是难以计量的。在高速公路运营过程中，影响运营效益的不确定性因素产生的原因主要有以下几点：

(1) 所依据的基本数据不足或存在统计偏差；

(2) 预测方法的局限，预测的假设不准确；

(3) 未来经济形势的变化；

(4) 技术进步；

(5) 无法以定量来表示的定性因素的影响；

(6) 其他外部影响因素，如政府政策的变化，新的法律、法规的颁布，国际政治经济形势的变化。

B 风险

目前对风险的定义有很多种，学术界尚无公认的定义。主要有以下几种观点：

(1) 美国的 A. H. 雷特认为风险客观体现了人们不希望发生的事件有可能发生，即发生的不确定性；

(2) 美国的奈特认为风险的不确定性是可以测定的；

(3) 日本的武井勋的观点是风险是在特定环境中和特定期间内自然存在的导致经济损失的变化；

(4) 我国台湾的郭明哲认为风险是指决策面临的状态为不确定性产生的结果；

(5) 美国的 Webster 认为风险是遭受损失的一种可能性；

(6) Chicken 和 Posner 认为风险是损害和损害暴露度两种因素的结合，即风险 = 损害风险 × 暴露度。

总的来说，现有的风险定义可分两类，一类强调风险带来的不利后果，认为风险是造成损失的不确定性；另一类强调风险的不确定性，认为伴随风险而来的既可能是一种威胁，又可能是一种机会。这两种定义无论是哪一种，都有以下含义：

(1) 事件。风险是客观存在的，不以人的意志为转移。

（2）事件发生的概率。风险是一种不确定性，当状态完全确定时，风险便消除。

（3）事件的影响。风险是对未来的预测，是预期和结果之间的差异，是实际结果偏离预期结果的可能性。

（4）风险原因。产生风险的原因有多个方面。

由此看来，要全面理解风险，以下几点值得注意：

（1）风险与人们的行为相联系。既包括个人行为，也包括群体或组织行为。行为受决策左右，因此风险与人们的决策有关。

（2）客观条件的变化是风险的重要成因。尽管人们无力控制客观状态，却可以认识并掌握客观状态变化的规律，对客观状态作出预测，得到预期结果。

（3）多数情况下，风险是指可能的后果与目标发生的偏离，偏离有很多种情况，且重要程度不同。在复杂的现实生活中，“好”与“坏”很难截然分开，需要结合具体情况分析。

（4）尽管风险强调损失，但实际中也会产生有利后果。有利后果是人们渴求的，属于收益，因此在风险管理中也应予以重视，也正是这种有利后果激励人们承担风险，争取尽可能多的收益。

C 不确定性和风险的关系

不确定性与风险的关系是理论界关于风险概念界定的争论焦点之一。一种观点认为，风险就是一种不确定性，与不确定性没有本质区别。持有这种观点的人将不确定性直观地理解为事件发生的最终结果的多种可能状态，即确定性的反义。也许这些可能状态的数量及其可能程度可以根据经验知识或历史数据事前进行估计，但事件的最终结果呈现出何种状态确实不能事前准确预知。根据能否事前估计事件最终结果可能状态的数量和可能程度，不确定性又可以分为可衡量的不确定性和不可衡量的不确定性。

另外一种观点认为，尽管风险与不确定性有密切的联系，但二者有着本质的区别，不能将二者混为一谈。风险是指决策者面临的这样一种状态，即能够事先知道事件最终呈现的可能状态，并且可以根据经验知识或历史数据比较准确地预知可能状态出现的可能性的大小，即知道整个事件发生的概率分布。然而，在不确定性的状态下，决策者是不能预知事件发生最终结果的可能状态以及相应的可能性大小即概率分布。例如，由于公司突然宣布新的投资计划而引起股票价格的波动就是一种不确定性的表现，因为，决策者无法预知公司将要宣布的新投资计划的可能方案。或者即便知道了投资计划的可能方案也无法预知每一种方案被最终宣布的概率。可见，根据这种观点，风险和不确定性的根本区别在于决策者能否预知事件发生最终结果的概率分布。实践中，某一事件处于风险状态还是不确定性状态并不是完全由事件本身的性质决定的，有时很大程度上取决于决策者的认知能力和所拥有的信息量。随着决策者的认知能力的提高和所掌握的信息量的增加，不确定性决策也可能演化为风险决策。因此，风险和不确定性的区别是建立在决策者的主观认知能力和认知条件（主要是信息量的拥有状况）的基础上的，具有明显的主观色彩。这种区别对于在不同的主观认知能力和条件下进行决策的方法选择有一定的指导意义，但鉴于实践中区分这两种状态的困难和两种状态转换的可能性，许多对风险的讨论都采取了第一种观点，并不严格区分风险和不确定的差异，尤其是在很大程度上可以量化的风险的分析中。

8.7.1.2 高速公路运营效益不确定因素分析

高速公路作为一种特殊的商品，具有商品的属性，即价值和使用价值。它的价值体现在推动国民经济发展，为社会创造经济效益，其使用价值体现在为人们出行或货物的运输提供方便。然而，任何事物都不可能单独存在，高速公路处于整个交通运输体系中，在运营过程中必然会产生很多不利因素影响其效益的发挥，这也是由其建设和运营的复杂性所决定的。因此，有必要对高速公路运营效益影响因素进行分析。本小节从自然因素、政策因素、市场因素、对外投资因素、生产因素、人为因素六个方面对高速公路运营效益的影响进行分析。

（1）自然因素。自然因素指的是自然界不可抗力的因素对高速公路运营造成破坏的自然事件，如地震灾害、台风飓风、泥石流、洪水、冰冻、沙尘暴等，这些不可抗力往往都是突发性的，其造成的危害也相当大。随着科学技术的进步，除少部分恶劣的天气能够预测外，大部分自然不可抗力事件都是无法预测的，因此不能完全预测出其破坏性影响。

（2）政策因素。政策风险因素主要是指国家的相关制度以及宏观调控给高速公路运营企业带来的风险，主要体现在收费标准和交通执法力度这两方面。第一，高速公路运营企业是不能调整收费标准的，收费标准主要由交通运输部或当地交通管理部门以及发改委等有关部门考虑各个因素后综合确定。企业的收入大部分来源于通行费，而收费标准由政府部门制定，高速公路运营企业虽然能够根据物价水平、投资回收期、运营成本等因素申请调整收费标准，但终究不能自行确定收费标准，仍然需要由政府部门制定相关政策决定。第二，受各种自然界不可抗力因素或者人为因素的影响，高速公路上交通事故时有发生，如果相关法律不健全，交通执法力度不够，同样也可能会影响到高速公路的正常通行，从而给高速公路运营企业带来损失。另外，自 2012 年 10 月 1 日以来国家出台高速公路重大节假日 7 座以下小车免费通行的政策，这无疑增加了重大节假日高速公路的交通量，由此带来的经济效益和社会效益是不容忽视的。

（3）市场因素。高速公路从项目建议书到运营阶段，耗资巨大，在当前我国的现有政策和经济情况的形势下，大多数高速公路建设资金都依靠贷款或投融资来运转，因此，在高速公路运营阶段就必须依靠收费来还清贷款，或者是参与建设的投资者需要依靠收费来回收资本。所以，高速公路的运营参与市场竞争，它是庞大的交通竞争体系中的一份子。一方面，高速公路收费还贷周期长，至少需要10年，甚至20年以上，在这个过程中，国家贷款利率难免不会出现变动，因此存在一定的风险；另一方面，随着国家高速公路网以及市级高等级公路、国道等公路网的不断完善，每条高速公路都与与其并行或临近的公路存在着价格上的竞争，驾驶人员也会综合各个因素来选择驾驶路线。

(4) 对外投资因素。随着高速公路运营过程中的不断折旧和摊销，其闲置资本逐渐增多，为持续经营，创造更多的价值，很有必要寻找对外投资的各种机会将闲置资金合理投放，以增加利润。项目本身会受到技术、资金、建设条件及市场需求方面的限制，因此应进行对外项目投资。

(5) 生产因素。收费收入是高速公路运营的主营收入，而收费收入的大小取决于道路的通行量。交通流量越大，则收费收入越高；交通流量越小，则收费收入越低。另外，在行车过程中，由于自然灾害等不可抗力因素的影响以及人为的驾驶行为等原因导致交通事故的发生，妨碍整条高速公路的运行。这就影响了正常通车，间接地影响了交通量。同时给路面及周边设施造成一定程度的损害，甚至还可能缩短相应路段的使用寿命，从而加大养护成本。

(6) 人为因素。虽然现在的高速公路都采用电子收费系统，但仍然离不开人员的管理，因此收费人员的素质会直接影响到高速公路的运营水平，同时对驾驶人员选择路径也会造成一定的影响。

高速公路运营效益不确定因素框图如图8－5所示。

8.7.1.3 高速公路运营效益风险识别

在高速公路运营效益影响因素中有些是可控因素，有些是不可控因素。因此，需要对可控因素进行风险识别，为以后风险评价打下基础。本书从运营收入和运营支出两个方面进行风险识别。

A 运营收入风险识别

a 收费收入

收费收入是高速公路运营的主营收入，它是确保高速公路高效运营的关键所在。影响收费收入的因素主要有以下三个：

(1) 收费权期限。收费权期限是指高速公路运营后收费的年限，它关系到高速公路项目的累计收入额。我国《收费公路管理条例》对高速公路收费权期限有具体的规定。

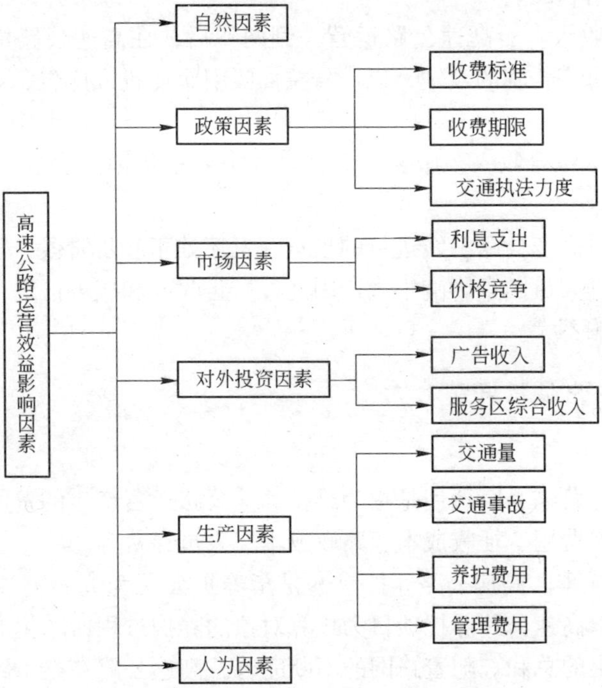

图 8－5　高速公路运营效益影响因素框图

（2）收费交通量。由于在高速公路工程可行性研究阶段交通量的预测并没有实际历史数据，预测缺乏真实性。因此，交通量的预测值不能作为计算收费收入的参考数据。另外，由于高速公路运营历时长，在这期间可能由于整个交通系统或路网结构的变化，使得一部分交通量转移到其他运输方式或其他路段上，交通量就会降低，进而影响到收费收入，运营效益也会受到相当大的影响。实际的收费交通量通常要扣除公务车、军用车、紧急车等特殊不用收费的交通量。因此，收费交通量的预测误差值直接给运营效益带来风险。

（3）收费标准。原则上收费标准是由政府相关部门根据社会经济发展状况所确定的，高速公路运营企业无权对其进行修改。但是由于收费标准直接影响着交通量的多少，交通量的大小又直接关系到高速公路的运营效益以及整个路网中的合理分配，因此政府部门会通过实际情况进行一定宏观调控。对于交通流量较大和比较拥堵的路段，可以适当增高收费标准，从而缓解交通拥挤状况。可以在不影响使用者所付出综合代价的前提下产生经济效益和社会效益。相反，对于交通较小的路段，则可以适当降低收费标准，吸引一部分交通量。实际上，收费标准的调整就是合理分配路网中各个路段交通流量的过程。对于路网中某一条高速公路而言，收费标准对其运营效益通过交通量产生间接影响。

b 投资经营收入

(1) 广告收入。当高速公路运营一到两年后，在高速公路沿线、环形路口花坛中央都会有广告牌的设定，以广告招商吸引企业投入广告，以增加高速公路运营收入。

(2) 服务区综合收入。服务区综合收入主要是指高速公路服务区商店和加油站的营运收入。

由于我国对高速公路沿线进行的投资开发还处于起步阶段，加上服务区和广告收入等受管理人员因素影响很大，因此，广告收入和服务区综合收入对整个项目运营效益影响不大。

B 运营支出风险识别

a 经营费用

高速公路运营期经营费用是指为维持高速公路运营产生的费用，主要包括养护费用、大小修费用、征收成本、路政成本、人员经费等。

(1) 养护成本。高速公路养护成本是指养护公司为完善高速公路性能，完成养护作业，以高速公路养护项目为核算对象的养护过程所产生的各项管理费用和生产费用支出的总和。随着路网的不断完善，高速公路在整个路网中的竞争越来越激烈。因此，保持良好的路面使用性能方能使高速公路建设的巨额投资发挥其投资效益。从这一方面来说，路面的养护维修事实上是高速公路建设的一种继续。同建设成本一样，可以认为养护成本由直接成本、间接成本和交通安全维护费构成。直接成本包括人工费、材料费、机械使用费、现场经费以及其他直接费。间接成本包括企业管理费和财务费用。交通安全维护费是指为保证过往车辆和安全行驶及路上作业安全施工而进行的交通管制所发生的费用，包括养护人员工资、劳保费、交通标志购置费、运输费以及交警、路政人员的协勤费及补贴费用等。

(2) 征收成本。征收成本是指由征收通行费而产生的费用支出，主要包括人员的培训费用、工资福利，耗材、设施设备、交通安全管理成本等。

(3) 路政成本。路政成本是指高速公路运营企业为保护路产，维护路权，保证高速公路完好和畅通而产生的费用。

(4) 路产折旧。公路建设项目属于固定资产投资，固定资产折旧是指在一定时期内为弥补固定资产损耗按照规定的固定资产折旧率提取的折旧。

(5) 管理费用。

b 利息支出

我国大部分高速公路为还贷型高速公路，高速公路运营期的利息支出与收费收入有着直接关系。在高速公路运营初期，收费收入不足以还清贷款，有一部分资金来源是长期借款，因此高速公路运营初期的财务费用就是利息支出。随着路网的逐渐完善等原因，高速公路的作用发挥得越来越明显，收费收入逐渐增加，还本付息也逐渐完成，因此在高速公路运营后期，财务费用的主要表现形式为利息收入。

c 营业税及其附加

营业税及其附加是指高速公路运营企业经营本高速公路应负担的营业税、城市维护建设税、消费税等。

C 基于主因素分析的运营效益不确定因素等级划分

a 主因素分析法基本原理

主因素分析法是一种通过数学变换把现有的一组具有相关性质的变量通过正交变换转换成另一组不相关的变量，这一组新的变量按照方差的累计贡献率进行排序的方法。

b 主因素分析法基本步骤

（1）建立观测样本矩阵：

$$\boldsymbol{X}=\begin{bmatrix} X_{11} & \cdots & X_{1m} \\ \vdots & & \vdots \\ X_{n1} & \cdots & X_{nm} \end{bmatrix} \tag{8-71}$$

式中，n 为样本数；m 为变量数。

（2）对各个影响因素的原始数据进行标准化处理，见下式：

$$X_{ij}^{*}=\frac{X_{ij}-\overline{X}_i}{\sigma_i}(i,j=1,2,\cdots,n) \tag{8-72}$$

式中 X_{ij}^{*}——第 i 个指标第 j 个样本的标准化数据；

X_{ij}——第 i 个指标第 j 个样本的原始数据；

$\overline{X}_i$——第 i 个指标的样本均值；

σ_i——第 i 个指标的标准差。

（3）计算相关系数矩阵 $\boldsymbol{R}=(r_{ij})_{m\times n}$，见下式：

$$r_{ij}=\frac{1}{n}\sum\frac{(X_{ij}-\overline{X})(X_{ij}-\overline{X}_j)}{\sigma_i\sigma_j} \tag{8-73}$$

式中 X_{ij}——第 i 个指标第 j 个样本的原始数据；

$\overline{X}_i$——第 i 个指标的样本均值；

$\overline{X}_j$——第 j 个指标的样本均值；

σ_i——第 i 个指标的标准差；

σ_j——第 j 个指标的标准差。

（4）计算相关系数矩阵 **R** 的特征值及其在整个影响因素标准化矩阵特征值的贡献率和累计贡献率。

（5）在各个影响因素中选择主因素个数以及他们的特征向量并计算主因素的权重。权重计算公式如下：

$$W_i = \left| \sum_{a=1}^{m} g_{qi} a_{qi} \right| \tag{8-74}$$

式中 g_{qi}——主因素 q 的方差贡献率；

a_{qi}——主因素 i 在主因素 q 中的系数。

（6）确定风险等级及标准。根据主因素分析法的计算结果，结合运营效益影响因素的综合分值，最终可以得到各影响因素的所属等级。

c 主因素分析过程

（1）根据上文的分析，运营效益的影响因素为：自然因素 B_1、收费标准 C_1、收费期限 C_2、交通执法力 C_3、利息支出 C_4、价格竞争 C_5、广告收入 C_6、服务区综合收入 C_7、交通量 C_8、交通事故 C_9、养护费用 C_{10}、管理费用 C_{11}、人为因素 B_2。

（2）采用 SPSS 软件对影响运营效益的 13 个因素进行主因素分析，评价结果见表 8－39 和表 8－40。

表 8－39 各主因素解释方差率

主因素	初始特征值			提取出的因子方差贡献率		
	特征根	贡献率/%	累计贡献率/%	特征根	贡献率/%	累计贡献率/%
C_8	2.152	30.02	30.02	2.152	30.02	30.02
C_6	1.820	10.03	40.05	1.820	10.03	40.05
C_7	1.810	9.63	49.68	1.810	9.63	49.68
C_{10}	2.012	14.69	66.47	2.012	14.69	66.47
C_{11}	1.953	14.56	82.03	1.953	14.56	82.03
C_4	0.521	2.69	84.72	1.820	2.69	84.72
C_1	0.963	3.51	88.23	—	—	—
C_2	0.254	6.24	94.47	—	—	—
C_3	0.965	5.24	97.71	—	—	—
C_5	1.210	1.03	98.74	—	—	—
B_1	0.910	0.16	98.9	—	—	—
B_2	0.560	0.58	99.48	—	—	—
C_9	0.351	1.62	100	—	—	—

表 8-40 因子载荷阵

主因素	1	2	3	4	5	6	7	8	9	10	11	12	13
C_8	0.90	-0.88	0.56	0.25	0.36	-0.84	-0.15	0.84	0.95	0.54	0.26	-0.84	-0.14
C_6	0.13	-0.95	-0.24	0.84	0.56	0.27	-0.51	0.65	0.84	-0.87	0.23	0.84	0.86
C_7	0.26	-0.94	0.54	-0.46	0.81	0.78	0.38	0.46	0.27	0.68	-0.53	0.61	0.63
C_{10}	0.59	0.68	-0.95	0.95	-0.57	0.68	0.67	0.36	0.28	-0.92	0.56	0.52	0.21
C_{11}	-0.24	0.38	-0.58	-0.58	0.58	0.53	0.37	0.67	-0.85	0.91	0.54	-0.75	0.57
C_4	0.67	-0.95	-0.82	0.64	0.37	0.53	-0.27	0.84	-0.26	0.67	0.58	0.64	-0.65
C_1	0.67	-0.64	0.67	-0.64	-0.72	0.95	-0.85	0.69	-0.53	0.81	-0.86	0.37	0.58
C_2	0.35	0.68	0.37	0.34	-0.65	0.83	0.67	-0.57	0.89	0.37	0.84	-0.92	0.24
C_3	0.37	0.24	0.38	0.67	0.35	-0.67	0.37	-0.84	0.29	0.63	0.42	0.37	0.75
C_5	-0.69	0.86	0.58	0.23	0.68	0.67	0.68	0.68	0.68	-0.99	-0.47	0.92	-0.58
B_1	-0.85	0.57	0.67	0.83	0.37	0.94	0.95	0.94	0.46	0.64	-0.85	-0.61	0.57
C_9	0.38	0.65	0.34	0.67	0.75	0.95	0.37	0.37	0.57	0.53	0.98	0.95	0.34
B_2	0.64	-0.98	-0.57	-0.68	0.68	-0.48	0.67	0.67	0.53	-0.94	0.35	0.53	-0.86

根据表 8-39 可知，主因素 C_8，C_6，C_7，C_{10}，C_{11}，C_4 的特征值大于 1，且解释方差的累计贡献率为 84.72%，已包含运营效益影响因素所需大部分信息。故选用 C_8，C_6，C_7，C_{10}，C_{11}，C_4 6 个主因素即可。

使用 SPSS 软件对表 8-40 中的 C_8，C_6，C_7，C_{10}，C_{11}，C_4 主因素因子载荷阵进行计算，得到上述 6 个主因素得分系数矩阵，见表 8-41。

表 8-41 主因素得分系数矩阵

主因素	Y_1	Y_2	Y_3	Y_4	Y_5	Y_6
C_8	-0.68	0.25	0.95	0.26	-0.88	0.75
C_6	0.67	0.84	-0.57	0.95	-0.95	0.62
C_7	0.29	0.81	0.27	-0.53	-0.94	-0.45
C_{10}	-0.63	0.95	0.28	0.56	0.68	0.54
C_{11}	0.65	-0.58	-0.85	0.54	0.38	-0.95
C_4	0.67	0.64	-0.26	0.58	-0.95	-0.64
C_1	0.27	-0.64	-0.53	-0.86	-0.64	0.42
C_2	0.37	0.34	0.89	0.84	0.68	-0.85
C_3	0.63	0.67	0.29	0.42	0.24	0.35
C_5	-0.99	0.23	0.68	-0.47	0.86	0.65
B_1	0.64	0.83	0.46	-0.85	0.57	0.84
C_9	0.53	0.67	0.57	0.98	0.65	0.29
B_2	-0.94	0.65	0.53	0.35	-0.98	-0.58

由公式 8 – 78 可得 $W_{C_8}=0.597$，$W_{C_6}=0.213$，$W_{C_7}=0.256$，$W_{C_{20}}=0.365$，$W_{C_{11}}=0.442$，$W_{C_4}=0.200$，$W_{C_1}=0.120$，$W_{C_2}=0.023$，$W_{C_3}=0.154$，$W_{C_5}=0.135$，$W_{B_1}=0.098$，$W_{C_9}=0.142$，$W_{B_2}=0.087$。

因此，各个主因素的权重向量为（W_{C_8}，W_{C_6}，W_{C_7}，$W_{C_{10}}$，$W_{C_{11}}$，W_{C_4}，W_{C_1}，W_{C_2}，W_{C_3}，W_{C_5}，W_{B_1}，W_{C_9}，W_{B_2}）＝（0.597，0.213，0.256，0.365，0.442，0.200，0.120，0.023，0.154，0.135，0.098，0.142，0.087）

由上可知：

$$W_{C_8}>W_{C_{11}}>W_{C_{10}}>W_{C_7}>W_{C_6}>W_{C_4}>W_{C_2}>W_{C_3}>W_{C_9}>W_{C_5}>W_{C_1}>W_{B_1}>W_{B_2}$$

8.7.1.4 高速公路运营效益不确定性分析

在项目投资决策中，常用的不确定性分析方法有盈亏平衡分析、敏感性分析和概率分析，下面对敏感性分析和概率分析予以介绍。

A 敏感性分析

敏感性分析又称为灵敏度分析，是在投资项目评价和企业其他经营管理决策中常用的一种不确定性分析方法。影响投资决策目标的诸多因素的未来状况处于不确定的变化中，出于决策的需要，测定并分析其中一个或者多个因素的变化对目标的影响程度，以判定各个因素的变化对目标的重要性，就是敏感性分析。具体地说，它是在确定性分析的基础上，重复分析不确定因素变化时，对运营效益评价指标值的影响程度，按照影响程度的大小即可确定敏感性因素。

本书将敏感性分析引入到高速公路项目运营效益分析上来，通过运营效益不确定因素的分析并识别风险因素，然后利用敏感性分析对运营效益进行评估。

敏感性分析是一种项目管理者常用的不确定性分析方法，通过多个不确定因素的变化幅度来衡量对项目运营效益指标的影响程度，即为敏感性系数。找出对项目影响较大的几个因素，项目管理者即可通过这几个因素采取相应措施以达到降低风险的目的，这一具体的过程即为敏感性分析。根据本章前面内容的分析，高速公路运营效益的影响因素多具有不确定性。因此，可以通过敏感性分析来判断指标值对各不确定因素的敏感程度，确定最敏感因素，高速公路运营企业即可采取相应措施控制最敏感因素，以达到降低风险的目的。具体而言，高速公路运营效益敏感性分析的目的主要体现在以下两个方面：

（1）分析高速公路运营期的风险水平。

（2）找出影响运营效益指标的最主要因素。

敏感性分析是一种基于假设的风险评估方法，即假设其他风险因素不变，单个因素或多个因素变化来评判对指标值的影响。但是在现实中，这些变量都是不断变化的，这样就会形成大量的方案组合。如果有两个风险变量，其中一个变量

从 -10% 到 10% 变化，5% 为一个步长，每个变量就会有 4 种情况，这 4 种情况发生的概率是没办法知晓的，其结果必然会影响风险分析整体效果。实际上，各个不确定因素发生相对变动的概率是不同的。很显然，前一个因素给项目带来的影响很大，后一个则很小甚至可以忽略，而前一个影响很大的因素可能发生的概率较小，后一个影响很小的因素可能发生的概率很大，而敏感性分析忽略了这种概率的发生。敏感性分析的局限性，主要表现在以下两点：

（1）敏感性分析的结果只对不确定性因素做程度上的评价，而不能确定运营效益指标值所发生的概率大小。

（2）敏感性分析对各种不确定因素的变化范围是由人为主观决定的，一般取 ±10% 或 ±20%，缺乏科学性。

B 概率分析

概率分析法是利用概率论与数理统计中的均值和离散系数等统计值来确定不确定因素对运营效益分析指标值的影响。概率分析法是一种比较成熟的定量风险分析方法，和其他风险分析方法相比，它不但考虑了不确定因素在未来发生的可能性，还考虑了其可能性的大小，即不确定因素的概率。而影响运营效益的不确定性因素有若干个，这些不确定因素发生的可能性及概率大小又有无数种可能，因此适合进行概率分析。概率分析最大的特点是将实际问题转换为数学模型，通过一定方法进行模拟，然后对均值、标准差、离散系数等统计值进行分析，可以很好地解决具有不确定性的实际复杂问题。Monte Carlo 方法就是概率分析方法中最常用的一种方法，在本章后面的内容中将做具体介绍。

C 概率分析对敏感性分析的改进

由上文可知，运营效益的评估仅仅依靠敏感性分析不能达到满意的结果，必须借助其他方法加以改进，来提高运营效益评估的精确性。本书采用概率分析的方法加以改进，主要有敏感性 - 客观概率分析法和敏感性 - 主观概率分析法。

a 敏感性 - 客观概率分析法

由前文的分析可知，获取不确定因素的概率分布是进行风险分析的必要条件。对于高速公路运营效益而言，要想获得不确定因素的概率分布，在敏感性分析中可以根据类似项目的数据或项目本身的实际运营数据来获取不确定的变动信息，或者可以根据大量的试验进行分析计算。这两种方法的数据获取都是以客观存在为基础的，主观性不强，因此称为客观概率。敏感性 - 客观概率分析法的基本步骤如下：

（1）找出影响目标值的不确定因素，并进行传统的敏感性分析。

（2）利用客观概率来确定需要分析的不确定因素的概率分布以减轻敏感性

分析在概率方面的局限性。

b 敏感性 - 主观概率分析法

虽然可以通过大量的试验或者类似项目的经验获取概率分布，然而实际情况是在大多数情况下很难获得充分的统计信息来求得不确定因素的客观概率。再加上风险是未来出现的一种状况，很难对其作出准确的分析。对于已经运营的项目而言，运营无疑已经是一个既成事实，具有非常明显的一次性和独立性，不大可能对其进行大量试验，可利用的历史数据也很少，历史数据的收集和查阅需要耗费大量的人力和物力，而在现如今的研究进程中，研究人员很难达到这个水准高度。在这样的情况下，只好由经营决策者或者专门的风险分析人员对不确定因素的概率进行主观估计，这种通过个人的主观概率获得的概率就称为主观概率。敏感性 - 主观概率分析方法就是在敏感性分析的基础上利用主观概率估计的方法来获取运营项目不确定因素的概率分布的一种方法。

8.7.2 基于 Monte Carlo 的运营效益敏感性分析模型

前述提到影响高速公路运营效益的诸多因素都具有不确定性，这些因素包括收费交通量、收费标准、收费期限、养护管理费、利息支出、投资资产折旧、价值摊销等。在 Monte Carlo 模拟中称这些不确定的影响因素为随机变量。首先建立指标值与随机变量的函数关系，然后可以通过调查历史数据，运用专家打分法或 Crystal Ball 软件拟合等方法得到随机变量的概率分布。利用计算机产生随机数并对其进行抽样，再将抽样之后的样本数据代入到函数中，就可以模拟出净现值的概率分布。通过对模拟结果的分析，得出高速公路运营效益风险状况。

8.7.2.1 Monte Carlo 模拟理论

A Monte Carlo 模拟基本理论

当人们不能确定发生一件事情的结果时，就只能用概率来表示这件事情可能发生的结果。例如，投掷一枚硬币，并不能确定它是正面向上还是反面向上，因为这个结果是随机的。于是，这枚硬币的正面向上或者反面向上，称为随机变量，通常用 X 来表示。但是当统计随机事件可能发生的结果时，它们便会出现一定的规律性，例如投掷硬币 1000 次，肯定会差不多有 500 次正面向上，500 次反面向上，这就是概率，它能告诉一件事情的某一结果会以多大的机会发生。通常用 $P(x)$ 表示，是 $[0,1]$ 之间的一个数。对于高速公路运营财务效益，不能完全确定其结果，因此本书引入概率分布来表示其可能发生的结果，而 Monte Carlo 方法就是一种基于概率分布的风险模拟方法。

Monte Carlo 方法是由匈牙利数学家冯·诺依曼建立的。Monte Carlo 是摩洛哥的一个地名，它濒临地中海。1862 年，摩洛哥国王为了解决经济困难，在 Monte Carlo 设置了赌场，由于它优越的地理环境和宜人的气候，吸引了世界各国的有钱人，成为西方世界的王公显贵、达官富豪的寻欢作乐的场所。Monte Carlo 也因此成为颇负盛名的赌城。为了寻求赌赢之道，许多人经过长期观察，对赌场的输赢过程进行模拟，逐渐摸索到了一点门道，随后又经过数学家的推理与论证，逐步形成了一种科学的方法，Monte Carlo 方法就是在此基础上形成的一种风险分析方法。它是以概率统计理论中的大数定律和中心极限定理为主要理论基础，以随机抽样为主要手段的一种模拟真实情况的方法。

Monte Carlo 模拟能同时处理多个不确定性问题，在知道这些不确定性问题的概率分布和目标变量的数学模型的前提下，查找随机数表或利用计算机产生随机数，所谓的模拟就是利用随机数确定所求问题结果的过程，即通过随机数进行抽样，将之代入数据模型中，确定函数值。以此独立模拟 N 次，得到评价指标函数的一组样本数据，然后便得到函数的概率分布图以及函数的数学期望、方差等重要数学特征。评价指标函数的概率分布函数是随着模拟次数 N 的大小而变化的，N 越大，分布越接近真实分布。一般说来，N 取 500 ~ 1000 次，计算机输出的分布函数就会基本收敛。也就是说，即使 N 继续增大，分布函数也不会有显著变化。因此，可以用 500 ~ 1000 次的模拟来取得分布函数，得出分析结果。

Monte Carlo 模拟可以直接模拟几个影响因素的不确定性，并能通过建立指标值函数模型把这种不确定性对其影响用概率分布的形式表现出来，克服了敏感性分析方法受多因素变化和多因素发生的概率不同等缺陷，适用于求解多因素敏感性分析问题，并且方法简单，随着计算机软件技术的发展，其模拟过程可用计算机完成，轻易解决复杂问题。但是由于 Monte Carlo 模拟本身的特性，也存在着一些缺陷，主要表现在以下几方面：

（1）Monte Carlo 模拟的精确度依赖于指标值与随机变量的数学模型和随机变量概率分布估计的准确性，这在风险评估中不能有百分之百的准确率，因此存在一定局限性。

（2）Monte Carlo 模拟是利用计算机模拟真实情况的一种方法，它只能得到一组概率估计值，而不是指标值的准确值，要想接近于真实情况，则风险因素越多，模拟次数越多，越接近于真实值，而人们的水平往往无法达到逼近的状态。

（3）Monte Carlo 模拟是在设定任意置信度的前提下对真实问题的模拟，尽管置信度的值可以取得很大，但是这种估计还是会有一定的误差，并且这种误差也同样具有概率性，不是一般意义上的误差。

B　Monte Carlo 模拟理论应用于运营效益敏感性分析的基本步骤

以下是运用 Monte Carlo 方法对高速公路运营效益进行模拟的基本步骤，步骤中高速公路运营效益均表示为运营效益。

（1）确定随机变量及其概率分布，建立运营效益指标的数学模型。

（2）通过模拟试验，抽取伪随机数，并使其符合既定的概率分布。根据所确定的随机变量 X_1，X_2，X_3，…，X_n 的分布参数，随机抽取一组与 X_1，X_2，X_3，…，X_n 相对应的随机数 X_1'，X_2'，X_3'，…，X_n'。

（3）借助计算机程序对符合特定分布的随机变量进行抽样，并将这一系列的抽样值代入到步骤（1）建立的数学模型中进行模拟计算，获得运营效益指标值的观测值。

（4）重复步骤(2)和步骤(3)N 次,取得 N 个随机样本值,N 即为模拟次数。

（5）对模拟试验结果（均值、标准差、离散系数等特征值）进行统计处理，给出问题的解和解的精度的估计。

Monte Carlo 模拟的具体步骤如图 8－6 所示。

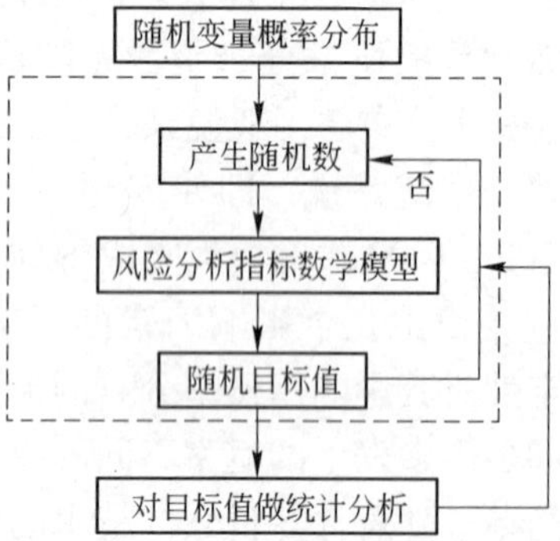

图 8－6 Monte Carlo 模拟基本步骤示意图

8.7.2.2 运营效益随机变量及其概率分布的确定

A 随机变量选择的方法

根据前文的分析，影响高速公路运营效益的不确定因素主要有收费交通量、收费标准、收费权期限、投资经营收入、养护成本、管理费用、利息支出、营业税及其附加等。

由于高速公路处于交通系统这一个大的环境中，在运营过程中影响其效益的各个因素之间并不是相互独立的，它们两两之间或多或少会存在着一定的联系。例如广告收入和服务区综合收入必然与交通量存在正相关关系。另外，确定的随机变量应该具有能够反映运营效益指标不确定性程度的属性。随机变量间的相关系数的计算方法主要有主观估计法和客观估计法两种方法。

a 主观估计法

如果两个变量没有关系或者关系甚微，可以忽略不计，则他们的相关系数 $r_{ij}=0$，如果两个变量之间存在相关关系，则相关系数 $0.7\leqslant r_{ij}\leqslant 1$。

b 客观估计法

客观估计法是基于统计数据基础之上的，如果有统计数据，则

$$r_{ij}=\frac{\sigma_{ij}}{\sigma_i\sigma_j} \tag{8-75}$$

式中，σ_{ij}为协方差，即 $\sigma_{ij}=\mathrm{COV}(X_i, X_j)$；$\sigma_i$，$\sigma_j$ 分别为变量 i 和 j 的方差。

可以用相关系数矩阵来表示各个变量的相关性，相关系数矩阵如下式所示：

$$\boldsymbol{R}=\begin{matrix} & X_1 & X_2 & \cdots & X_n \\ X_1 & r_{11} & r_{12} & \cdots & r_{1n} \\ X_2 & \vdots & \vdots & & \vdots \\ X_n & r_{n1} & r_{n2} & \cdots & r_{nn} \end{matrix} \tag{8-76}$$

矩阵 $\boldsymbol{R}$ 是一个对称矩阵，且 $r_{11}=r_{22}=\cdots=r_{nn}=1$。

B 随机变量概率分布的确定方法

确定随机变量的概率分布是获取随机变量样本值的前提，在 Monte Carlo 方法中占有非常重要的地位。确定随机变量概率分布的方法主要有经验数据分布拟合法、经验判断分析法两种方法。

a 经验数据分布拟合法

对于高速公路收费交通量、养护成本和管理费用来说，可以收集它们的历史数据或其他相关数据，并通过这些数据建立直方图。然后就可以通过观察直方图的形状和哪一种概率分布的形状比较相近，从而确定一个经验概率分布。图 8-7 ~ 图 8-10 是几种常见分布的形状。

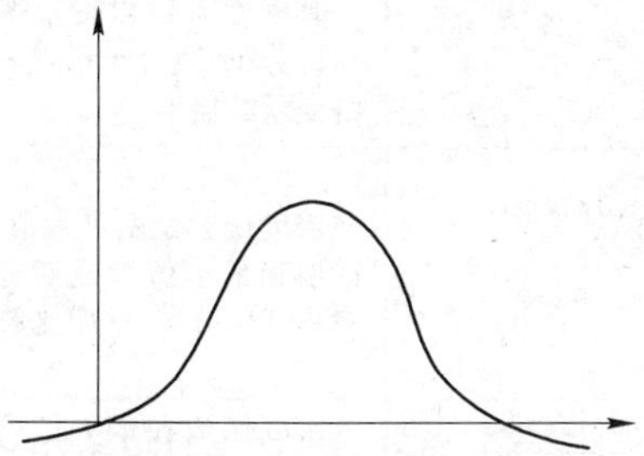

图 8-7 正态分布形状图

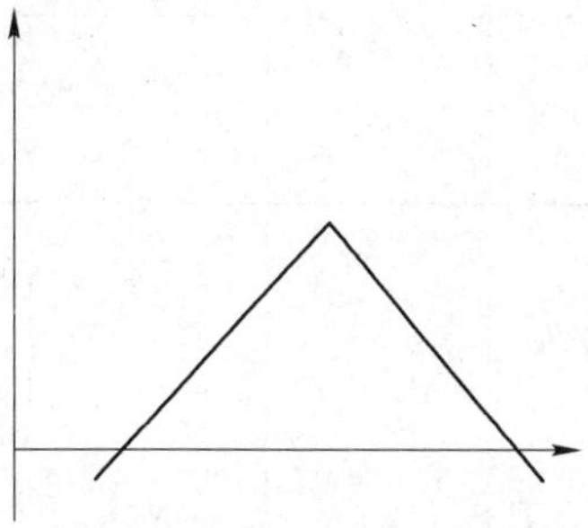

图 8-8 三角分布形状图

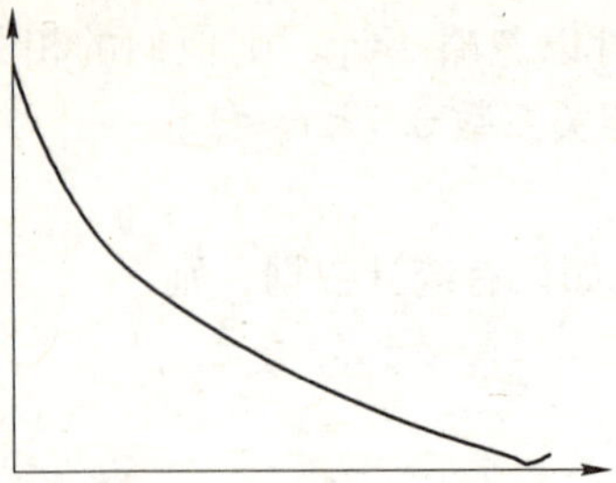

图 8－9　指数分布形状图

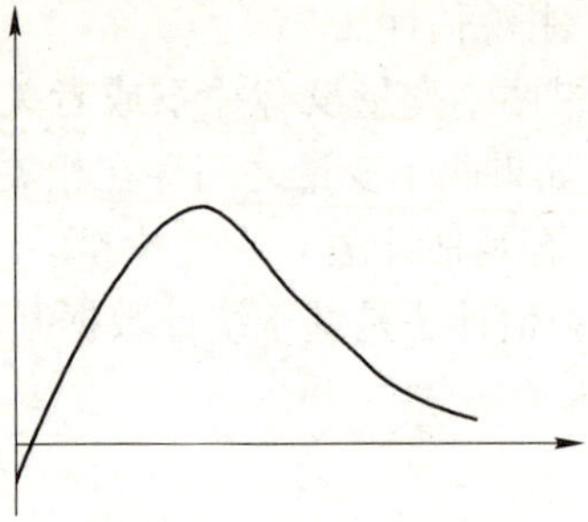

图 8－10　伽玛分布形状图

当然，经验数据分布拟合方法只适用于连续型概率分布，它能排除历史数据范围外的抽样值，缩小可供概率分布选择的范围，但是这种估计方法受主观因素影响很大，必然存在很大的误差，经验数据的拟合不可能准确描述真实的分布情况。因此有必要在对概率分布拟合之后，在统计特征上对其进行拟合优度的检验，从而选取比较符合真实情况的概率分布。可以在现代计算机基础上直接进行数据分布拟合优度的检验。

b　经验判断分析法

在实践中，很多不确定因素不能获得充分的数据进行分布拟合以达到理想概率分布的效果。因此只能利用经验判断风险因素符合什么概率分布，为尽量保证经验判断的准确性，首先要知道常见的几种概率分布的基本特征，然后确定概率分布的基本参数。概率分布的基本参数的确定最常用的就是专家调查法。所谓的专家调查法就是根据项目运营的情况，各位专家结合自己各方面的知识和经验来判断概率分布的基本参数。几种常见的概率分布见表 8－42。

表 8－42　常用的概率分布表

名称	参数	公式	特征
均匀分布	$[a,b]$	$f(x)=\begin{cases}\frac{1}{b-a}, a\leqslant x\leqslant b\\ 0, \text{其他}\end{cases}$	在区间内有等可能的取值，适合于预测给定范围内的变量取值
正态分布	(μ,σ^2)	$\varphi(x)=\frac{1}{\sqrt{2\pi\sigma}}\mathrm{e}^{\frac{(x-\mu)^2}{2\sigma^2}}$ $(-\infty<x<+\infty)$	其密度函数以均值为中心对称分布，适合于描述一般经济变量的概率
三角分布	(a,b,c)	$f(x)=\begin{cases}\frac{2(x-a)}{(b-a)(c-a)}, a\leqslant x\leqslant c\\ \frac{2(b-x)}{(b-a)(b-c)}, c\leqslant x\leqslant b\\ 0, \text{其他}\end{cases}$	密度函数是由最大值、最可能值和最小值构成对称或不对称三角分布，适用比较广泛
β 分布	(a,b,r,s)	$f(x)=\frac{\tau(r+s)(r-a)^{r-1}(b-s)^{s-1}}{(b-a)^{r+s+1}\tau(r)\tau(s)}$ $a\leqslant x\leqslant b, r>0, s>0$	密度函数在最大值两边呈不对称分布，适合描述不对称分布变量

C 运营效益敏感性分析指标选取及其计算模型

高速公路项目运营效益评价指标主要有净现值、效益费用比、内部收益率、投资回收期等，而效益费用比和投资回收期不能完整反映项目的财务盈利情况，和它们二者相比，净现值和内部收益率对运营效益的评价更加准确。

a 净现值

净现值是最能反映项目盈利能力的一个指标。本书研究的对象是高速公路运营效益的风险，因此将净现值定义为：考虑资金的时间价值，按照基准折现率将运营期各年的净现金流量折算到运营初期的现值之和。其计算公式如下：

$$NPV = \sum_{t=1}^{n} (CI_t - CO_t)(1 + i_c)^{-t} \tag{8-77}$$

式中 CI_t——净现金流入；

CO_t——净现金流出；

i_c——基准贴现率。

b 内部收益率

内部收益率是指项目净现值为零时的折现率，根据内插法，内部收益率的计算公式如下：

$$IRR = i_1 + (i_2 - i_1)\frac{NPV_1}{NPV_2} + |NPV_1| \tag{8-78}$$

式中 i_1——接近于 0 的负值贴现率；

i_2——接近于 0 的正值贴现率；

NPV_1——与 i_1 对应的净现值；

NPV_2——与 i_2 对应的净现值。

从内部收益率的计算公式可知，内部收益率的取值是建立在对应的两个接近于 0 的正负值贴现率的净现值基础之上的，很明显，它的计算过程比净现值的计算过程复杂，比较适合于每年净现金流量波动不大的项目。而基于前面的分析，高速公路项目运营效益的影响因素较多，每年的净现金流量都必将会有一定的波动。因此，本书选取净现值作为运营效益风险分析指标值。

c 运营效益分析指标模型的建立

根据本书前面内容的分析，高速公路运营效益风险因素主要有收费交通量（X_1）、广告收入（X_2）、服务区综合收入（X_3）、养护费用（X_4）、管理费用（X_5）、利息支出（X_6），即

$$NPV = f(X_1, X_2, \cdots, X_6) = \sum_{t=0}^{n} [Y_1 + X_2 + X_3 - (X_4 + X_5 + X_6)](1 + i_c)^{-t} \tag{8-79}$$

式中 Y_1——收费收入；

i_c——无风险折现率。

下面对收费收入的计算方法予以介绍。

收费收入是高速公路的主营收入。在每条高速公路的《工程可行性研究报告》中已根据高速公路远景交通量预测值和收费标准的发展趋势对车辆通行费收入作出了一定的预测，但在实际运营中由于受到各方面因素的影响，高速公路的车辆通行费收入往往与预测值存在很大的差别。因此，在高速公路运营阶段有必要运用科学合理的模型和方法，对高速公路通行费收入采用风险分析。利用收费收入的影响因素，建立收费收入预测的一般模型：

$$Y_1 = \sum_i \sum_j X_1 \varphi_{ij} L_i NK \tag{8-80}$$

令 $a = \varphi_{ij} L_i NK$，则

$$Y_1 = \sum X_1 a \tag{8-81}$$

式中 φ_{ij}——收费标准，元/(车·km)；

L_i——路段 i 的里程，km；

N——日历天数；

K——附加系数，指公路收费交通量与通过交通量的比值。

因此，不考虑其他收入和费用，净现值风险分析计算模型可以转换成如下形式：

$$NPV = \sum_{t=1}^{n} [X_1 a + X_2 + X_3 - (X_4 + X_5 + X_6)](1 + i_c)^{-t} \tag{8-82}$$

8.7.2.3 运营效益随机变量伪随机数的产生和抽样

A 产生伪随机数的方法

为了进行风险模拟，必须产生服从某一分布的随机数。当随机变量（X_1，X_2，…，X_n）确定后，可以借助计算机程序得到服从该分布的随机数。但是在这个过程中，必须先产生一类连续分布的随机数，即伪随机数。从理论上说，伪随机数只要是连续分布即可。产生伪随机数的方法主要有以下几种方法。

a 乘同余法

用乘同余法产生的伪随机数递推公式为：

$$X_{n+1} = aX_n (\mathrm{mod}\, m), n = 0,1,2,\cdots \tag{8-83}$$

式中，a 为乘子；X_0 为种子（初值）；m 为模数。

由式（8-87），得出：

$$X_n \leqslant m \tag{8-84}$$

从而有：

$$r_{n+1}=X_{n+1}/m \tag{8-85}$$

用乘同余法产生伪随机数的步骤如下：

（1）取种子 X_n、乘子 a 和模数 m；

（2）由式（8－87）获得一系列 X_1，X_2，X_3，…，X_n；

（3）由式（8－89）得到一系列 r_1，r_2，r_3，…，即为所要产生的伪随机数数列。

从上述过程可知，X_{n+1}最多有 m 个不同的值，因为 $0\leqslant X_{n+1}\leqslant m$，所以 r_{n+1}也只有 m 个不同的值。这说明 X_{n+1}和 r_{n+1}是有周期可循的。在不知道它的周期为多少的情况下，又要保证 n 要有足够大，这样做无疑具有一定的冒险性。因此，如何使伪随机数序列的周期充分大是以下将要研究的问题。否则，仅仅加大模拟次数是没有意义的。

综上所述，将式（8－83）和式（8－85）变换成如下形式：

$$r_{n+1}=ar_n-[ar_n],n=0,1,2,\cdots \tag{8-86}$$

$$r_0=X_0/m \tag{8-87}$$

式中，[ ] 意为运算后取整数。

b 线性同余法

线性同余法又叫混合同余法，利用其产生伪随机数的递推公式为：

$$r_{n+1}=ar_n+\frac{c}{m}-\left[ar_n+\frac{c}{m}\right],n=0,1,2,\cdots \tag{8-88}$$

式中，c 与 m 互为质数。

不论是乘同余法还是线性同余法产生的伪随机数列，其是否是（0，1）均匀分布随机变量的独立样本，一般还需对其进行统计检验，检验的主要内容包括独立性与均匀性。目前很多计算机高级语言均已具备了通过检验的，而且性能良好的伪随机数发生器，对这些软件产生的伪随机数数列均已做了独立性和均匀性检验。

c 用 Crystal Ball 软件产生伪随机数的方法

Crystal Ball 软件提供了 17 种几乎涵盖平常使用的所有分布的函数，表 8－43 是 Crystal Ball 软件所提供的 17 种分布函数的伪随机数一览表。

表 8－43 Crystal Ball 软件伪随机数产生函数表

分布名称	函数表示
β 分布	CB，BETA（α，β，尺度）
二项分布	CB，BINOMLAL（概率，试验次数）
离散分布	CB，CUSTOM（单元范围）

续表 8－43

分布名称	函数表示
指数分布	CB，EXPONENTIAL（比率）
极值分布	CB，EXTREME VALUE（众数，尺度）（对最大值）
极值分布 2	CB，EXTREME VALUE2（众数，尺度）（对最小值）
γ 分布	CB，GAMMA（位置，尺度，形状）
几何分布	CB，GEOMETRIC（概率）
超几何分布	CB，HYPERGEOMETRIC（概率，试验次数，总体）
对数正态分布	CB，LOGNORMAL（均值，标准差）
负二项分布	CB，NEGBINOMIAL（概率，试验次数）
正态分布	CB，NORMAL（均值，标准差）
帕累托分布	CB，PAREOT（位置，形状）
泊松分布	CB，POISSON（比率）
三角分布	CB，TRIANGULAR（最小值，最可能值，最大值）
均匀分布	CB，UNIFORM（最小值，最大值）
威布尔分布	CB，WEIBULL（α，β，尺度）

B 随机变量抽样方法

随机变量抽样是把已取得的伪随机数通过给定分布的抽样模型，使伪随机数转变为给定分布机变量的样本。随机变量的抽样方法有很多，如逆变化法、舍选法、变换法和近似法等。以下为工程项目风险管理中常用分布的抽样方法。

a 均匀分布随机变量的抽样

如图 8－11 所示，根据累计分布曲线可直接得到变量的样本值。

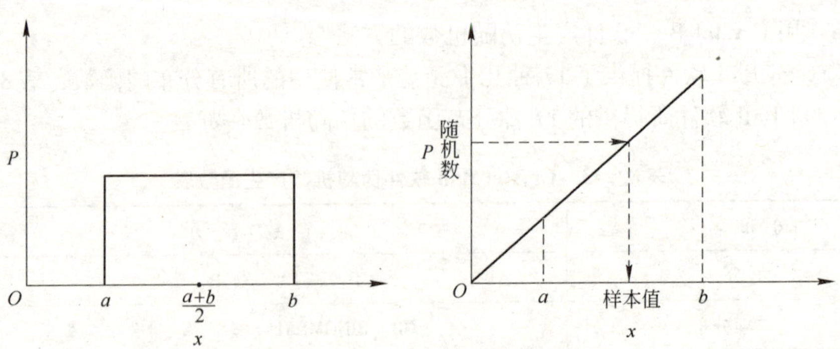

图 8－11 均匀分布的概率分布

用数学方法可用如下式子表示：

$$\begin{aligned}样本值 &= a + \frac{R \cdot N}{R \cdot N \cdot m}(b-a) \\ &= \frac{a+b}{2} - \frac{b-a}{2} + \frac{R \cdot N}{R \cdot N \cdot m}(b-a)\end{aligned} \tag{8-89}$$

式中，$R \cdot N$ 表示已知位数的任意随机数；$R \cdot N \cdot m$ 表示已知位数的最大随机数。

b 正态分布随机变量的抽样

根据标准正态偏差－累计概率分布曲线，查找随机标准正态偏差表，对应每一个随机正态偏差，都有变量的一个样本值。

其数学表达式为：

$$样本值 = 期望值 + 随机标准正态偏差 \times 标准差 \tag{8-90}$$

c 三角分布随机变量抽样

三角分布是一种三点估计，适用于那些缺乏历史统计数据的风险变量概率分布。它的随机抽样公式如下：

$$u = \begin{cases} a + \sqrt{(b-a)(c-a)r}, 0 \leqslant r \leqslant \dfrac{b-a}{c-a} \\ b - \sqrt{(b-a)(b-c)(1-r)}, \dfrac{c-a}{b-a} \leqslant r \leqslant 1 \end{cases} \tag{8-91}$$

式中，a，b，c 是三角分布的参数。

8.7.2.4 Monte Carlo 模拟次数和敏感性系数的计算

A 模拟次数的计算

在 Monte Carlo 方法中，模拟次数 N 是第一个要确定的参数，它与 Monte Carlo 方法的计算精度有着密切的关系。因此，需通过计算来确定模拟次数。用 t 分布估计误差 ε，得

$$\varepsilon = \frac{S_N}{\sqrt{N}} t \tag{8-92}$$

$$N = \frac{S_N^2}{S^2} t^2 \tag{8-93}$$

$$S_{N_0}^2 = \frac{1}{N_0 - 1} \sum_{i=1}^{N_0} (X_i - \overline{X})^2 ; \overline{X} = \sum_{i=1}^{N_0} X / N_0 \tag{8-94}$$

式中，S_N^2 为样本方差；$S_{N_0}^2$ 为变量 X 样本量为 N_0 的方差。

对式（8－94），在给定误差 ε 和置信度 β 先对风险变量 X 作 N_0 次模拟，得到子样方差 $S_{N_0}^2$，并用 $S_{N_0}^2$ 代替样本为 N 的方差 S_N^2；然后由 β 和 $N_0 - 1$ 查找 t 分布

表，得到 $t(N_0-1)$，最后即可计算出模拟次数 N。

B 基于 Spearman 的敏感性系数

a 基于 Pearson 的敏感性系数

基于 Pearson 的敏感性系数是建立在相关系数基础之上的求解方法，该方法首先需要根据数据建立多因素线性回归模型，再利用下式求出每个不确定因素对指标值的敏感性系数：

$$\rho = \frac{\sum (X_i - \overline{X})(Y_1 - \overline{Y})}{\sqrt{\sum_{i=1}^{n} (X_i - \overline{X})^2} \sqrt{\sum_{i=1}^{n} (Y_i - \overline{Y})^2}} \tag{8-95}$$

很明显，该方法只适用于指标值与变量呈线性关系的情况，如果指标值与变量不是线性关系，则利用式（8－95）计算出来的敏感性系数将产生一定误差。

b 基于 Spearman 秩相关的敏感性系数

由于用 Pearson 表示的敏感性系数存在着一定的确定性，只能适用于线性模型，因此本书提出基于 Spearman 秩相关的敏感性系数的确定方法。

$$\rho' = \frac{\sum (X'_i - \overline{X'})(Y'_i - \overline{Y'})}{\sqrt{\sum_{i=1}^{n} (X'_i - \overline{X'_i})^2} \sqrt{\sum_{i=1}^{n} (Y'_i - \overline{Y'_i})^2}} \tag{8-96}$$

式中，ρ'为 X_i 和 Y_i 的 Spearman 秩相关系数；X'_i 和 Y'_i 表示 X_i 和 Y_i 在排列后的数据排序；$\overline{X'_i}$ 为变量的秩次。ρ'的符号表示 X_i，Y_i 之间的联系方向，其大小表示联系的紧密程度。当 X 和 Y 有严格单调增加的函数关系时，$\rho'=1$。当 X 和 Y 有严格单调减少的函数关系时，$\rho'=-1$。当分别计算出影响因素 X_1，X_2，…，X_n 对指标值 Y 的 Spearman 秩相关系数 ρ'_1，ρ'_2，…，ρ'_n 后，影响因素 X_1，X_2，…，X_n 对指标值 Y 的 Spearman 秩相关系数 ρ'_1，ρ'_2，…，ρ'_n 就是对输入 Y 的 Spearman 敏感性系数。

C 敏感性系数的标准化模型

求出用 Spearman 秩相关系数表示的敏感性系数之后，即得到了变量 X_i 对指标值 Y 的影响程度。ρ'越大，影响程度越大。但是在实际问题中，还希望知道变量 X_i 对指标值 Y 影响程度的百分比，即假设所有变量 X_1，X_2，…，X_n 对指标值 Y 的影响程度之和为 1，则单一变量 X_i 占整个影响程度的百分比，通过这样一个标准，即可确定影响程度百分比比较大的影响因素。

可以采用敏感性系数对平方和的贡献百分比的方法来表示影响程度百分比。求解公式为：

$$W_i = \text{sign}(\rho_i) \times \rho_i^2 / \sum_{i=1}^{k} \rho_i^2 \tag{8-97}$$

式中 W_i——变量 X_i 的敏感性系数对平方和的贡献比；

$\text{sign}(\rho_i)$ 的取值为：

$$\text{sign}(\rho_i) = \begin{cases} -1, \text{当} \rho_i < 0 \\ 0, \text{当} \rho_i = 0 \\ 1, \text{当} \rho_i > 0 \end{cases} \tag{8-98}$$

W_i 的绝对值大小表示风险因素 X_i 对指标值 Y 影响程度的百分比，其符号表示风险因素 X_i 对指标值 Y 的影响方向。

8.7.2.5 Crystal Ball 软件在 Monte Carlo 模拟中的应用

A Crystal Ball 软件介绍

Crystal Ball 软件是美国 Decisioneering 公司开发的商业分析软件，它嵌于 Excel 电子表格中，是 Excel 电子表格的附加模块，安装 Crystal Ball 软件后的 Excel 的菜单栏中会多出四个选项，分别是"Define"，"Run"，"Analyze"，"Tool"。"Define"用来定义随机变量；"Run"用来设置参数和运行；"Analyze"用来分析模拟结果；"Tool"是 Crystal Ball 软件提供的一些工具，用来帮助建模。

Crystal Ball 软件很好地拓展了 Excel 数据表格库模型和功能。基于 Crystal Ball 软件使用方便、快捷等特点，它是目前应用最广泛的风险分析软件。

B Crystal Ball 软件运用于 Monte Carlo 模拟中的基本原理

由于 Crystal Ball 软件是 Microsoft Excel 电子表格中的嵌套软件，因此它的操作平台即是 Microsoft Excel 电子表格，所有的模拟过程都是在 Microsoft Excel 电子表格中进行的。当确定随机变量及其概率分布之后，在 Microsoft Excel 电子表格中建立高速公路运营财务风险分析指标净现值与各个随机变量的函数模型，然后在某一单元格中定义随机变量的概率分布，对净现值进行预测单元格的定义。Crystal Ball 软件拥有自带的伪随机数发生器以及特定概率分布的抽样功能，因此能直接完成伪随机数的产生及其抽样两项工作。定义了假设单元格和预测单元格之后，便可以开始对净现值的风险进行模拟，从而得到模拟试验结果。用 Crystal Ball 软件进行高速公路运营财务效益风险分析的步骤可用图 8-12 来表示。

C Crystal Ball 软件进行 Monte Carlo 模拟的操作步骤

a 定义假设单元

在定义假设单元之前，先要在 Microsoft Excel 电子表格中建立净现值与随机

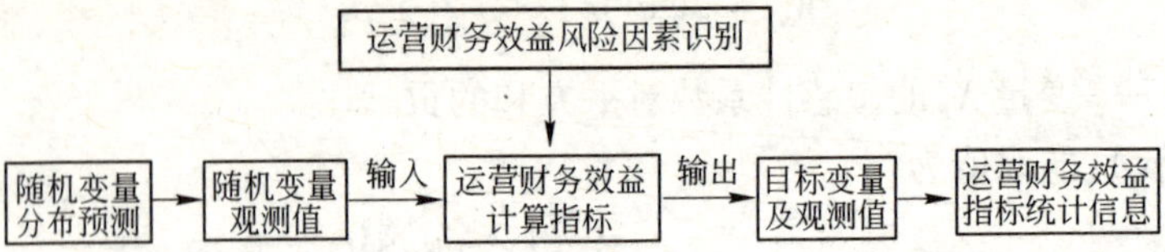

图 8－12　利用 Crystal Ball 软件进行 Monte Carlo 模拟基本步骤示意图

变量的函数模型以及确定随机变量的概率分布，这两个问题在前面已经得到解决，在此不再赘述。定义假设单元即在表格中假设随机变量的概率分布。以随机变量收费交通量（X_1）为例，对定义假设单元步骤加以说明。首先，选中一个单元格，这个单元格可以是空白的，也可以是数值，点击 Crystal Ball 软件菜单栏中的“Define”工具栏下面的“Define Assumption”，此时，电子表格中会出现 Crystal Ball 软件分布选择图框，如图 8－13 所示，选择收费交通量的服从的概率分布，这里假设交通量服从正态分布，点击“OK”键，在电子表格中则会出现定义假设对话框，如图 8－14 所示。在定义假设对话框中手动输入正态分布的两个参数，即均值和标准差。若之前概率分布选择错误则输入参数值后点击“Enter”就使这些参数值固定并以此数据为基础重置分布图形尺寸。若要完成定义

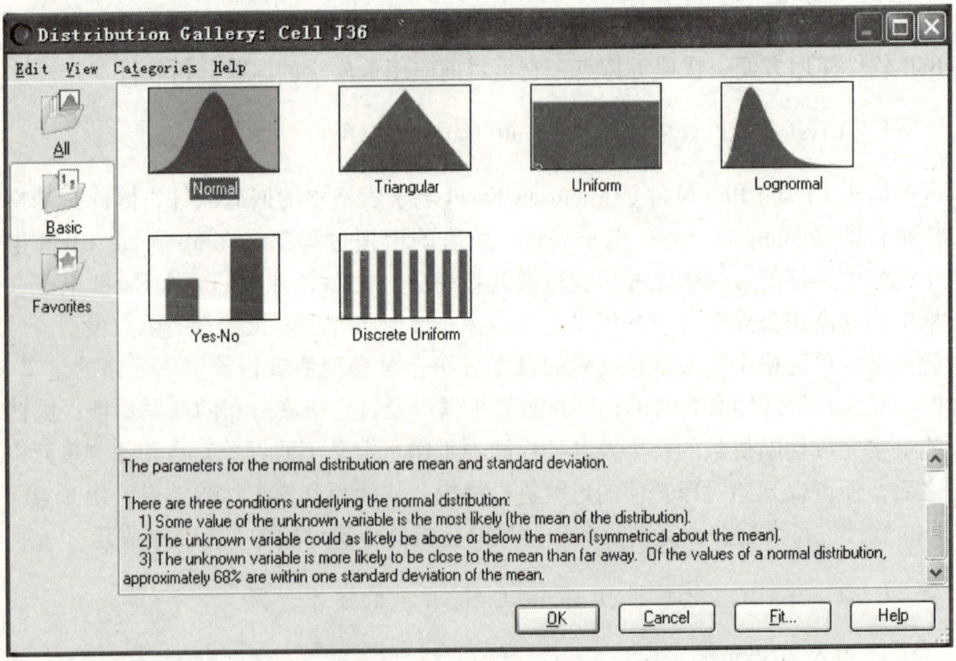

图 8－13　Crystal Ball 软件分布选择图框

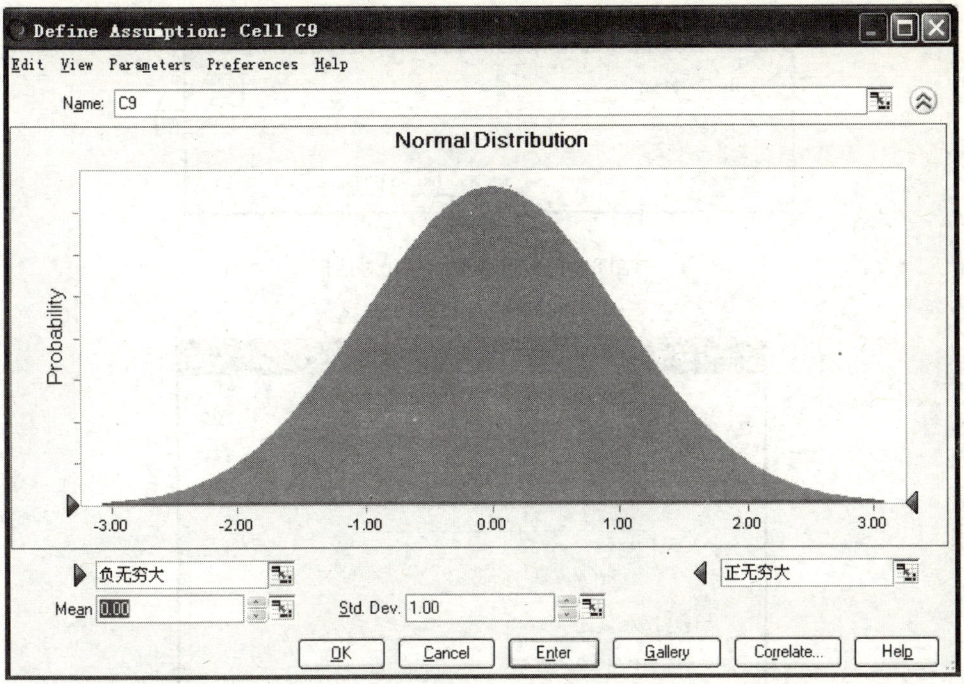

图 8－14 定义假设对话框

假设单元，则点击“OK”键，Crystal Ball 软件将接收信息并回到电子表格主屏幕。定义的单元格将会以不同颜色表示出来。

b 定义预测单元

在定义假设单元完成后，就要进行下一步操作，定义预测单元。所谓的预测单元就是对运营财务风险指标在单元格中进行预测设置，作为模拟过程中的输出变量。首先，点中已经建立好了指标函数的单元格，点击 Crystal Ball 软件菜单栏中的“Define”工具栏下面的“Define Forecast”，电子表格中将会出现定义预测单元对话框，见图 8－15。

在“Name”中输入预测单元名称，在“Units”中输入单位，选定净现值为运营财务风险分析指标，因此在“Name”中输入净现值，“Units”中输入万元即可。点击对话框中的扩展按钮“Show more”，对预测单元进行进一步设置，展开后的定义预测对话框见图 8－16。

c 模拟运行相关参数设置

在工作表中建立指标模拟模型，以及至少定义一个假设单元和至少定义一个预测单元是 Crystal Ball 软件运行 Monte Carlo 模拟的前提条件，定义的假设单元有三个，即收费交通量、养护费用、管理费用，定义的预测单元只有净现值。在

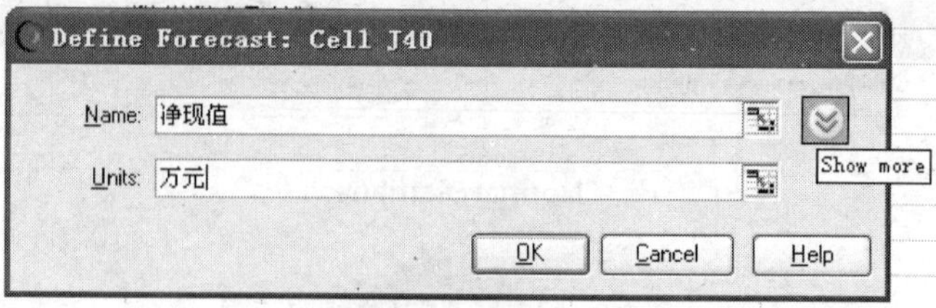

图 8-15 定义预测单元对话框

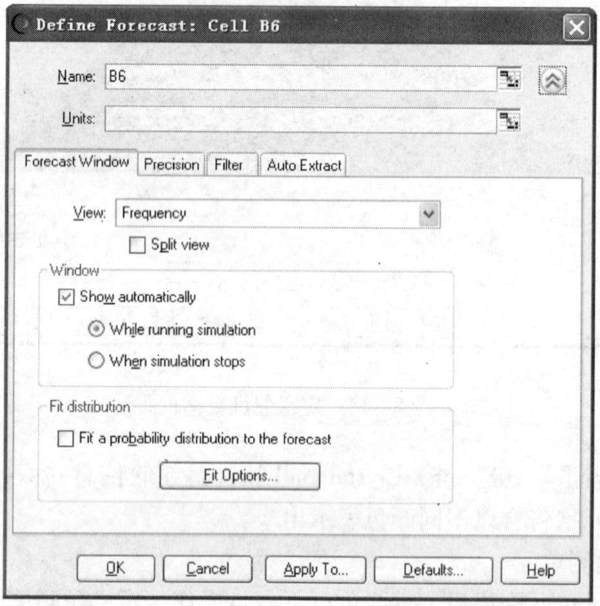

图 8-16 扩展后的定义预测对话框

完成了这三项工作后，在运行模拟前，需要对运行过程中所涉及的各种参数进行预先设置，点击 Crystal Ball 软件“Run”菜单下的“Run Preferences”项，打开运行参数对话框，见图 8-17。在“Number of trials to run”即模拟次数中输入所确定的模拟次数，在“Confidence level”中输入置信度，置信度设为 95%，即当置信度达到 95% 时，系统就自动停止模拟。

d 运行模拟及解释结果

点击“Run”菜单下的“Start”，系统将根据之前指标模型的建立，定义假设单元，定义预测单元和运行参数的设置，开始模拟运营效益风险分析指标净现值的概率。模拟运行完成之后，Crystal Ball 软件将生成一系列的图表对模拟运行结果进行分析、解释。模拟运行后对话框如图 8-18 所示。在“Analyze”选项

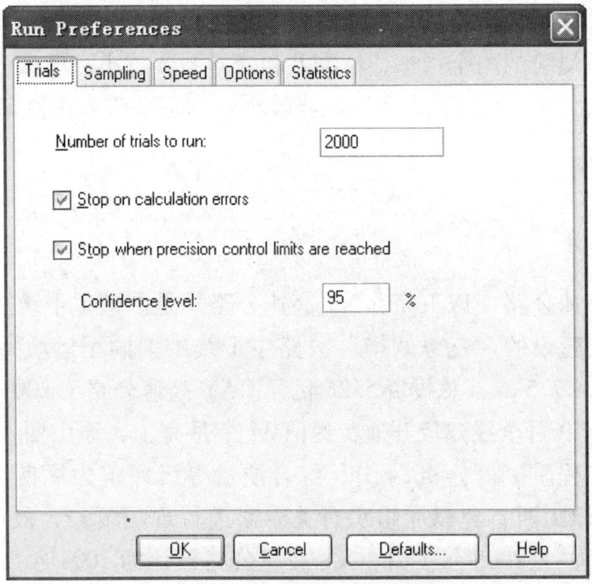

图 8－17　运行参数对话框

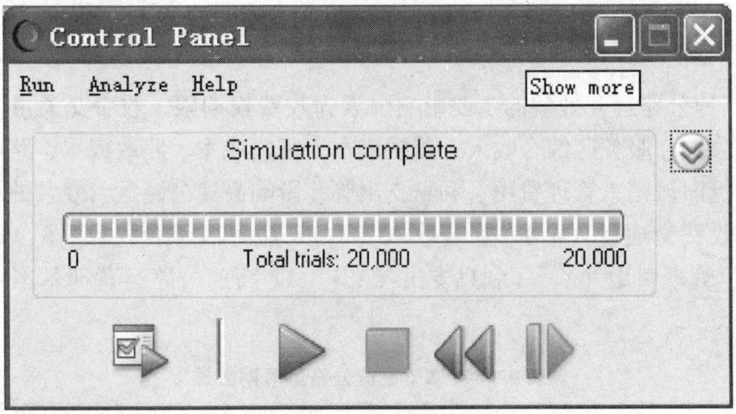

图 8－18　模拟运行后对话框

中将会有以下几个图表：

（1） Forecast Chart（预测图）；

（2） Trend Chart（趋势图）；

（3） Scatter Chart（散点图）；

（4） Sensitivity（灵敏性分析图）；

(5) Extract Data Preference（数据特征值）。

可以根据数据特征值来进行运营财务效益风险分析。标准差和变异系数是最能反映运营效益风险的两个指标，标准差和变异系数越小，那么运营效益风险就越小。峰度系数大于3，则认为离散趋势较小。偏态系数为正值则风险较小。

8.7.3 应用实例

A 项目简介

山西省某高速公路（以下简称XY高速公路）是国道主干线在山西境内的主要路段，是山西建设的“三纵八横”公路主干线中大同至运城高速公路的重要组成部分，全长57.5km，总投资5.25亿元。XY高速公路于2001年8月正式开工建设，2003年9月全线建成开通，提前34个月完工，原山西省交通厅组织进行交工验收，工程质量得分96.4分，综合质量等级评定为优良。2004年7月，XY高速公路经原山西省建设厅组织有关专家进行现场复查，被评为2004年度“山西省优质工程”。2005年1月，XY高速公路被评为2004年度山西省建筑工程“汾水杯”质量奖工程。

本案例将2004年定为初始运营年，工程可行性研究阶段净现值为61375.72万元，项目基准收益率为6.5%。

B 基础数据采集

XY高速公路运营效益的主要影响因素为收费权期限、收费交通量、收费标准、广告收入、服务区综合收入、养护成本、征收成本、路政成本、路产折旧及固定资产折旧摊销、管理费用、利息支出等，影响高速公路运营效益的不确定因素主要有收费交通量（X_1）、广告收入（X_2）、服务区综合收入（X_3）、养护成本（X_4）、管理费用（X_5）、利息支出（X_6）。*XY*高速公路运营期基本数据如表8-44所示。

表8-44 XY高速公路运营期数据

年 份	收费交通量/辆·d^{-1}	养护成本/万元	管理费用/万元	广告收入/万元	服务区综合收入/万元	利息支出/万元
2004	15031	909.08	716.79	0	32.1	91.39
2005	16763	758.93	558.69	0	35.62	73.1
2006	18496	1427.50	1087.97	57.23	36.58	123.83
2007	20318	1570.25	1120.61	60.25	40.02	117.48
2008	22313	1727.28	1154.23	61.98	41.74	135.75

续表 8-44

年 份	收费交通量 /辆·d^{-1}	养护成本 /万元	管理费用 /万元	广告收入 /万元	服务区综合收入/万元	利息支出 /万元
2009	24130	1865.46	1188.85	65.45	38.67	155.56
2010	25631	2014.69	1224.52	70.12	42.15	175.22
2011	27252	2175.87	1261.26	72.98	43.62	324.65
2012	29356	2349.94	1299.09	70.84	44.12	363.28

C 项目运营效益风险 Monte Carlo 模拟

a 确定随机变量及其概率分布

根据前述分析，本案例中的随机变量为收费交通量、广告收入、服务区综合收入、养护成本、管理费用、利息支出。

(1) 收费交通量。对收费交通量采用经验数据分布拟合法确定其分布，根据历年收费交通量的观察数据在 Crystal Ball 软件上进行拟合，过程如下：

1) 在电子表格中输入历年收费交通量，点击 “Define” 菜单栏下的 “Define Assumption” 会出现一个 Crystal Ball 分布选择图框，如图 8-19 所示。

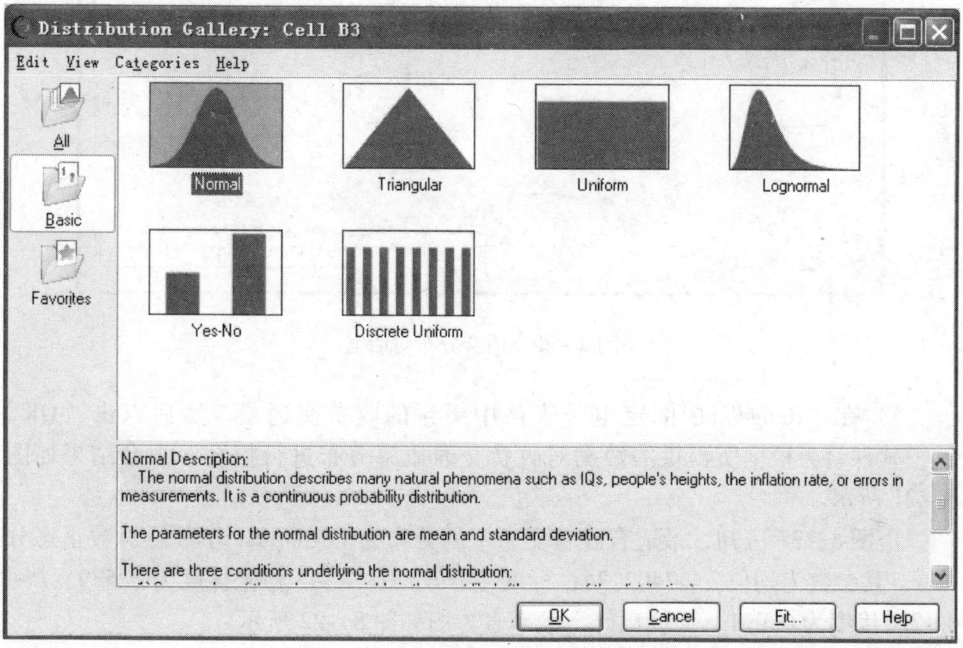

图 8-19 分布选择图框

2）点击左侧“All”按钮，再点击“Fit”，屏幕上会出现一个适合分布的对话框，如图8－20所示。

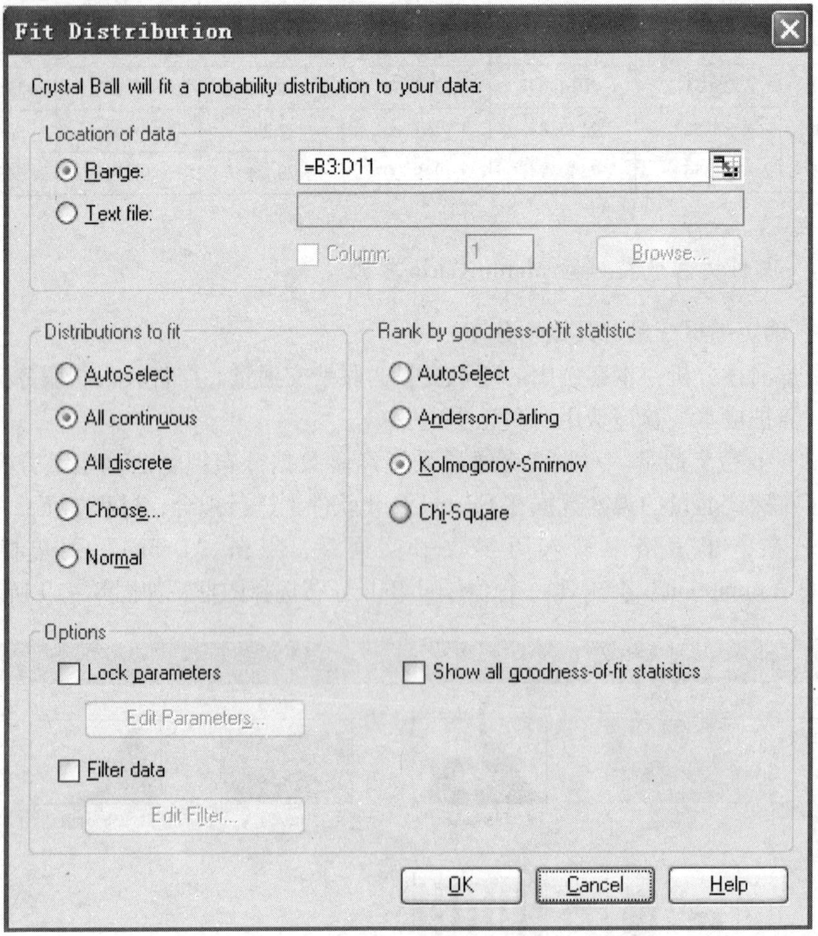

图8－20　适合分布对话框

3）在“Range”中圈定电子表格中历年的收费交通量，然后点击“OK”键，软件就会根据所提供的数据对收费交通概率分布进行拟合，拟合结果如图8－21所示。

由图8－21可知，最适合收费交通量的分布为Lognormal分布（对数正态分布），其参数为均值$\mu=7402.74$，标准差$\sigma=3.0$。$K-S$检验优度为0.579，$P-V$检验优度为0.991，优度良好。频率直方图如图8－22所示。

（2）广告收入。由广告收入历史数据可知，广告收入变动不大，假设其符合均匀分布，最大值$a=74.26$，最小值$b=63.58$，因为广告收入与收费交通量

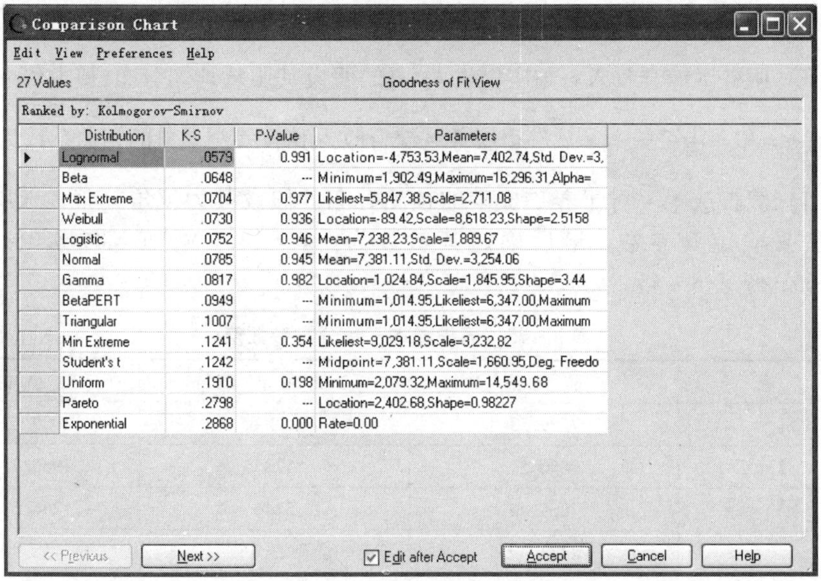

Distribution	K-S	P-Value	Parameters
Lognormal	.0579	0.991	Location=-4,753.53,Mean=7,402.74,Std. Dev.=3,
Beta	.0648	---	Minimum=1,902.49,Maximum=16,296.31,Alpha=
Max Extreme	.0704	0.977	Likeliest=5,847.38,Scale=2,711.08
Weibull	.0730	0.936	Location=-89.42,Scale=8,618.23,Shape=2.5158
Logistic	.0752	0.946	Mean=7,238.23,Scale=1,889.67
Normal	.0785	0.945	Mean=7,381.11,Std. Dev.=3,254.06
Gamma	.0817	0.982	Location=1,024.84,Scale=1,845.95,Shape=3.44
BetaPERT	.0949	---	Minimum=1,014.95,Likeliest=6,347.00,Maximum
Triangular	.1007	---	Minimum=1,014.95,Likeliest=6,347.00,Maximum
Min Extreme	.1241	0.354	Likeliest=9,029.18,Scale=3,232.82
Student's t	.1242	---	Midpoint=7,381.11,Scale=1,660.95,Deg. Freedo
Uniform	.1910	0.198	Minimum=2,079.32,Maximum=14,549.68
Pareto	.2798	---	Location=2,402.68,Shape=0.98227
Exponential	.2868	0.000	Rate=0.00

图8-21 收费交通量分布拟合结果

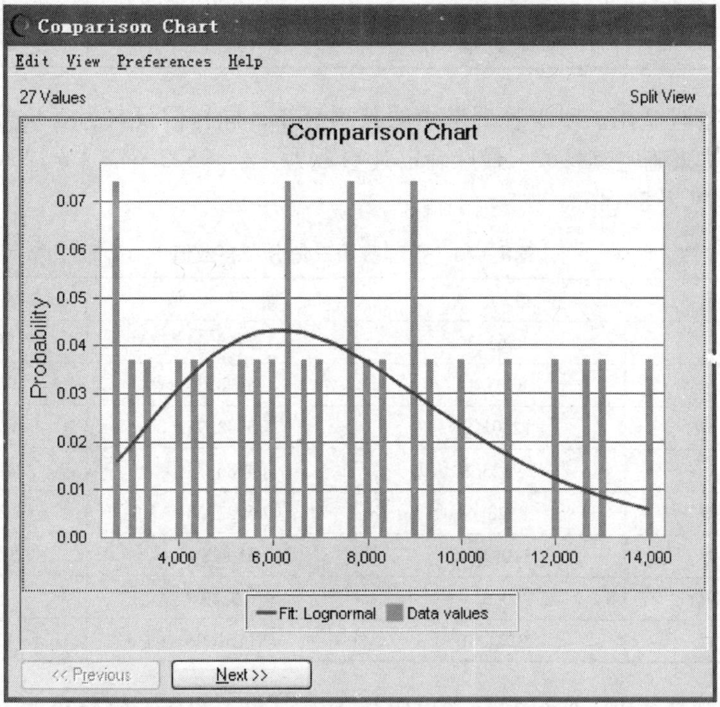

图8-22 收费交通量频率直方图

成正相关关系，由公式 $r_{ij}=\frac{\sigma_{ij}}{\sigma_i\sigma_j}$ 得广告收入和收费交通量的相关系数为0.7。

(3) 服务区综合收入。与广告收入一样，假设其服从均匀分布，最大值 $a=45$，最小值 $b=30$。由公式 $r_{ij}=\frac{\sigma_{ij}}{\sigma_i\sigma_j}$ 得服务区综合收入和收费交通量的相关系数为0.8。

(4) 养护成本。对于养护成本的预测分布，假设其为三角分布，采用专家打分法来确定其参数。最后确定其参数为：$a=1421.9$，$b=8448.68$，$m=5642.65$，见表8-45。

表8-45 养护成本三角分布参数值 （万元）

专家	最大值	最可能值	最小值
1	7589.53	5079.65	1025.69
2	9856.24	5123.5	1986.27
3	7865.46	5846	1256.68
4	8483.49	6521.45	1418.96
平均值	8448.68	5642.65	1421.9
方差	3060721	1400126	502802
离散系数	0.21	0.21	0.50
标准差	1749.49	1183.27	709.09

(5) 管理费用。对于管理费用的预测分布，同样假设其为三角分布，采用专家打分法来确定其参数。最后确定其参数为：$a=9523.64$，$b=1256.15$，$m=6023.58$，见表8-46。

表8-46 管理费用三角分布参数值 （万元）

专家	最大值	最可能值	最小值
1	8562.35	7410.34	986.45
2	8005.16	5698.25	1869.54
3	12301.25	5998.95	1398.56
4	9225.8	4986.78	770.05
平均值	9523.64	6023.58	1256.15
方差	11033686	3104504	705559.2
离散系数	0.35	0.29	0.67
标准差	3321.70	1761.96	839.98

(6) 利息支出。假设利息支出服从正态分布，利用专家打分法，确定其参数为：$\mu=56.23$，$\sigma=0.04$。对各随机变量参数分布情况进行整理，得到Monte

Carlo 模拟输入变量表，见表 8－47。

表 8－47 输入变量分布表

变 量	分 布	参 数
收费交通量	对数正态分布	$\mu=7402.74$，$\sigma=3.0$
广告收入	均匀分布	$a=74.26$，$b=63.58$
服务区综合收入	均匀分布	$a=45.89$，$b=30.46$
养护费用	三角分布	$a=1421.9$，$b=8448.68$，$m=5642.5$
管理费用	三角分布	$a=9523.64$，$b=1256.1$，$m=6023.58$
利息支出	正态分布	$\mu=56.23$，$\sigma=0.04$

b 建立高速公路运营财务风险分析指标计算模型

计算模型见式（8－82），在本案例中，基准年取开始研究年份，即为 2013 年。日历天数取 365 天，公路里程数为 57.5km，收费标准为 0.5 元/标准车，收费附加系数取 0.95，净现值的单位为万元，则 a 的取值为 0.997。本项目基准收益率 $i_c=0.65\%$。

c 定义假设单元

将收费交通量、养护成本、管理费用的概率分布在电子表格中定义。

（1）收费交通量。点击“Define”菜单栏下的“Define Assumption”，在出现的对话框下选择 Lognormal 分布，如图 8－23 所示。

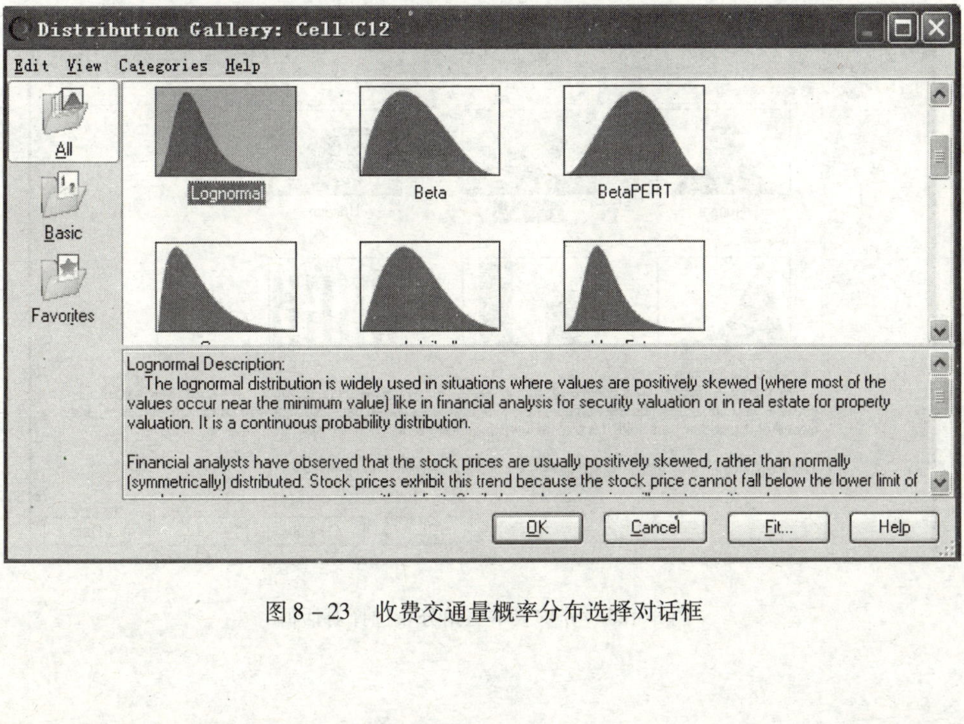

图 8－23 收费交通量概率分布选择对话框

点击“Ok”键，在对话框下面输入参数，如图 8－24 所示。

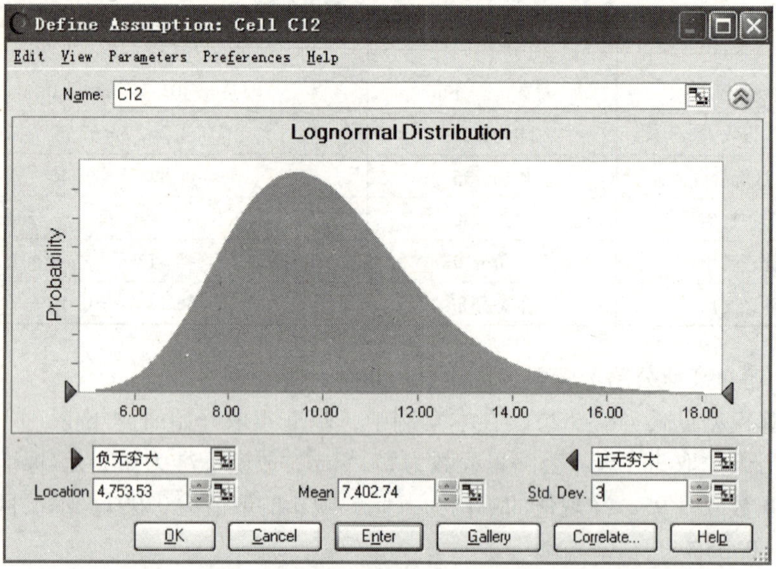

图 8－24 收费交通量 Lognormal Distribution 参数设置框

（2）养护成本。点击“Define”菜单栏下的“Define Assumption”，在出现的对话框下选择 Triangular 分布，如图 8－25 所示。

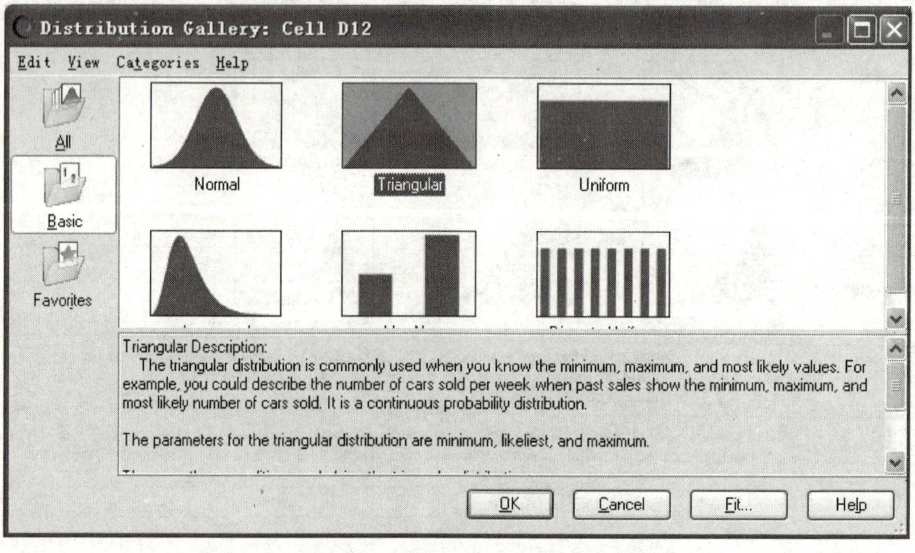

图 8－25 养护成本三角分布选择对话框

点击“Ok”键，在对话框下面输入参数，如图 8－26 所示。

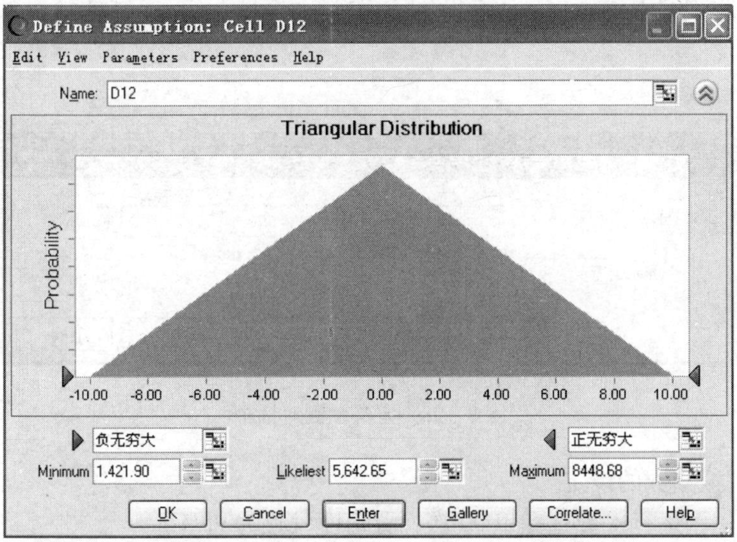

图 8－26 养护成本 Triangular Distribution 参数设置框

（3）管理费用。点击“Define”菜单栏下的“Define Assumption”，在出现的对话框下选择 Triangular 分布，如图 8－25 所示。

点击“Ok”键，在对话框下面输入参数，如图 8－27 所示。

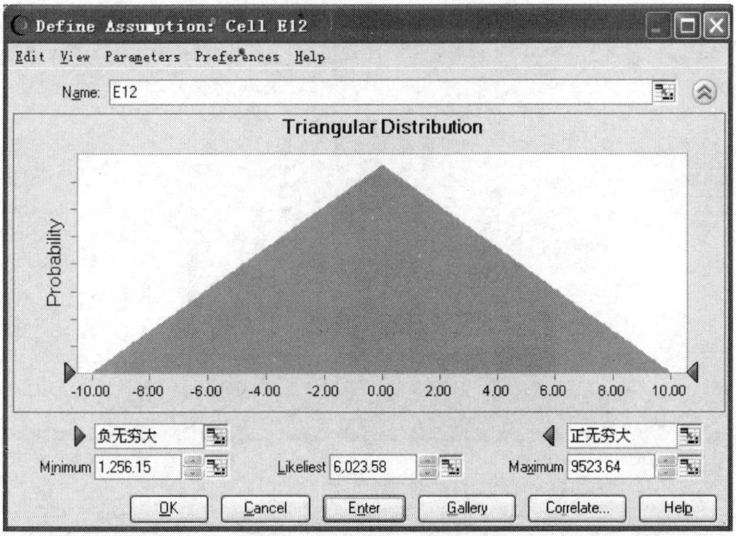

图 8－27 管理费用 Triangular Distribution 参数设置框

d 定义预测单元格

首先点指标模型所在单元格，点击“Define”菜单栏下的“Define Forecast”，出现定义预测对话框如图 8－28 所示，填入名称和单位，点击“Ok”键即可。

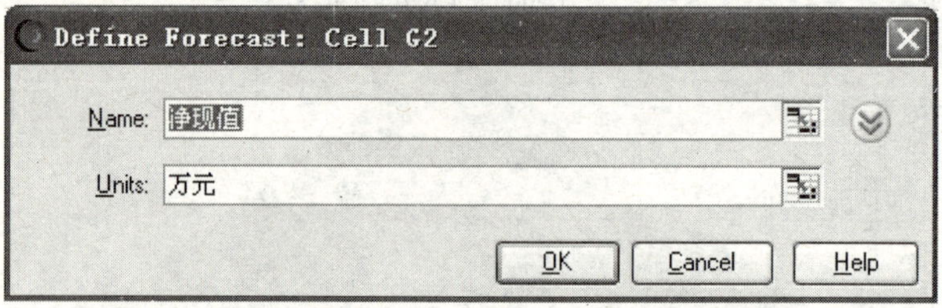

图 8－28 定义预测对话框

e 模拟参数的设定

本案例中运行次数选择 1000 次，置信度设置为 95%。

f 模拟结果分析

(1) 统计信息分析。完成了以上几个步骤，点击“Run”菜单下的“Start”，模拟开始运行。运行之后 Crystal Ball 软件将自动产生高速公路运营财务效益净现值的模拟图表，图 8－29～图 8－31 和表 8－48 分别是净现值的概率

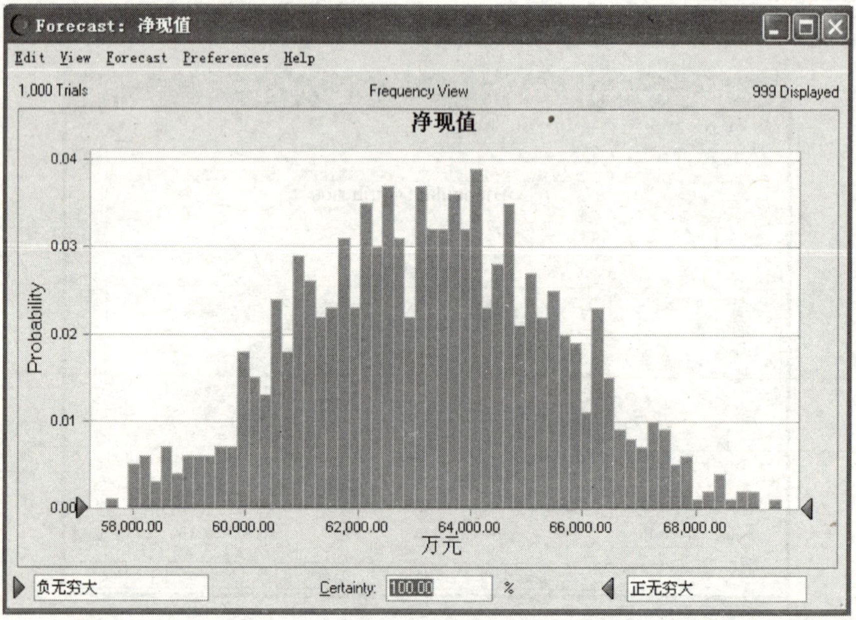

图 8－29 净现值概率分布图

分布图、累计分布图、概率信息图和统计信息表，在本案例中以这四个图表对模拟结果进行分析。

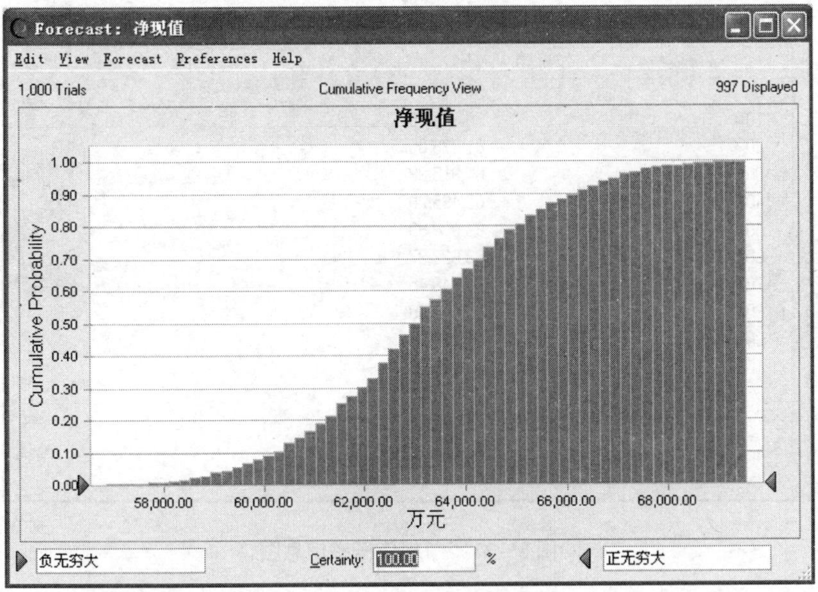

图 8－30 净现值累计分布图

表 8－48 净现值统计信息表

指标	均值	方差	标准差	最大值	最小值	变异系数	峰度	偏态系数
净现值	63210.7	5151843.5	567.8	70391.3	56853.9	0.03	2.85	0.11

（2）结果分析。由图 8－29～图 8－31 和表 8－48 可知，XY 高速公路运营期净现值均值为 63210.7 万元，标准差为 567.8，变异系数为 0.03。标准差和变异系数是最能反映运营效益风险的两个指标，标准差和变异系数越小，那么运营效益风险就越小。峰度系数为 2.85，小于 3，则说明净现值的分布离散趋势较大，具有一定的离散性。净现值概率分布图的偏态系数为 0.11，说明净现值的对称性只有一般，但是这个值是正数则说明净现值在概率分布上的取值都为正值，因此运营财务效益风险很小。

综上所述，XY 高速公路运营效益风险比较小。

D 敏感性分析

模拟运行前，在“Run Preferences Option”对话框中选中“Saves ssumoption Values for Analysis”选项，Crystal Ball 软件便会自动生成三个随机变量对目标变

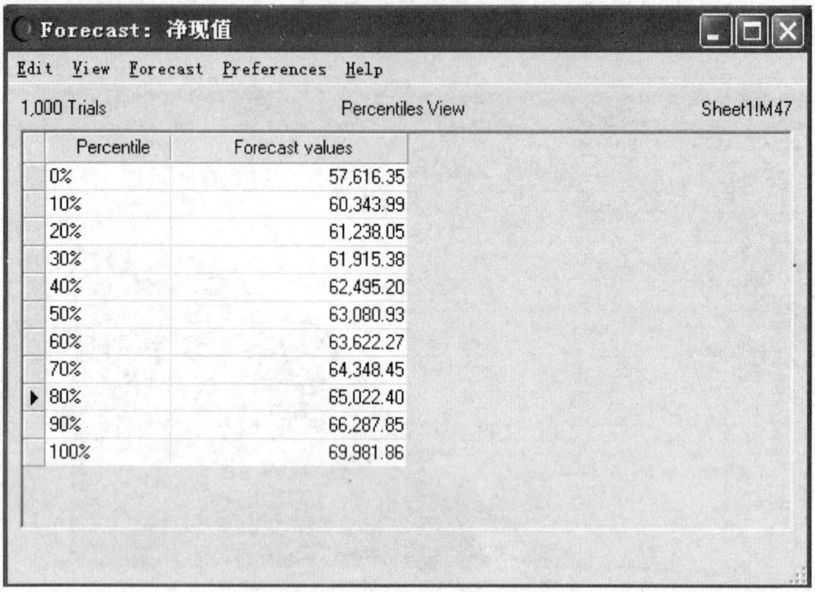

图 8－31 净现值概率信息图

量的影响情况进行灵敏度分析，灵敏度分析图见图 8－32。

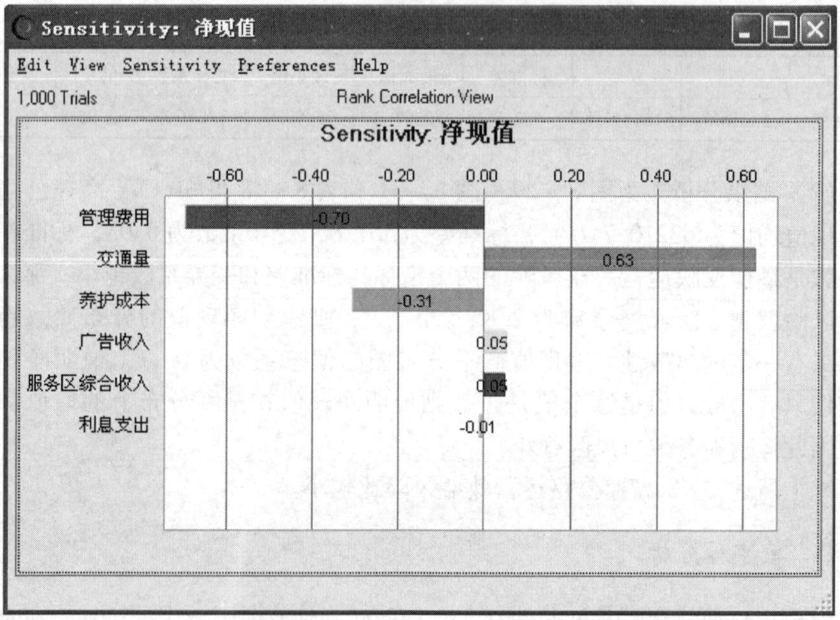

图 8－32 净现值灵敏度分析图

由图 8－32，从影响方向来看，收费交通量、广告收入、服务区综合收入对运营效益净现值的影响为正，养护成本、管理费用和利息支出对净现值的影响为负。从影响大小来看，收费交通量和管理费用对净现值的影响较大，影响度为 63% 和 70%；广告收入和服务区综合收入对净现值影响较小，均为 5%；养护成本、管理费和利息支出对净现值的影响度分别为 31% 和 1%。

8.8 区域土地与高速公路协调度模糊综合评价

随着我国经济的快速发展，土地集约化利用的课题逐渐引起各方重视，土地粗放型发展不再适合我国的土地利用模式。关于土地集约利用的研究，不仅在大城市、小城镇、农村耕地保护方面起着重要作用，而且对于产业结构、资源可持续利用等方面的作用同样明显。交通是国民经济的大动脉，高速公路建设在极大地推动经济发展的同时，大量占用土地，尤其是占用大量优质耕地的问题也尤为突出。在我国土地资源紧缺的情况下，高速公路用地必须在区域土地资源宏观调控下受到约束，高速公路建设和土地资源保护两者必须协调发展。

8.8.1 协调度及协调度评价

协调是一种达到平衡的状态，它反映出系统与系统之间以及各个要素之间在整个过程中一种不冲突的状态。协调度评价需要很多理论做支撑，有协调函数、协调度评价指标体系等。本书首先把国家土地看成是一个有限的区域，研究土地利用在高速公路快速发展的同时是否合理。换而言之，即研究高速公路修建的程度是否与社会发展的程度相匹配。区域土地与高速公路协调度评价体系是从两个子系统中选择若干个评价指标，分别体现区域土地利用的情况和高速公路对土地影响的情况，从而反映出整个区域中存在的问题，为今后的高速公路规划和建设提供理论指导。

8.8.2 区域土地与高速公路协调度评价指标体系构建

区域土地与高速公路协调度评价是一个多层次、多目标的研究分析过程，它涉及很多方面如土地、人、环境等因素。综合评价一个复杂的系统，需要考查多种因素，根据评判的指标进行筛选比较，这种方法称为综合评价。模糊综合评价是对一个复杂系统内部多个因素，应用定量和定性的方法，对影响因素的数据进行加工和选择，得出评判结论的方法。因为影响高速公路与区域土地协调度的因素复杂多样，并且这些因素的影响程度又各不一致，为了方便准确描述各影响因素的作用，本书采用模糊综合评价法来进行评判。

8.8.2.1 高速公路建设与区域土地开发的影响关系分析

A 高速公路对区域土地利用基础方面的影响

(1) 高速公路建设是资源开发的基础。在土地集约利用的因素中，资源的开发和利用与路网有直接关系，一个区域内部的矿产、能源、旅游业的发展都需要有发达的公路做支撑。在进行投资之前、进行资源开发前，首先要有便利的公路作基础。另外，劳动力资源、科技水平甚至资金来源都在一定程度上与公路建设的水平息息相关。所以，高速公路的建设是各项资源开发不可缺少的重要基础，“要想富，先修路”其实也表达的是这个道理。

(2) 沟通了区域与区域合作。众所周知，如果企业资本不足，发展的机制不够健全，加上交通落后，那就很难形成规模经济。这种现状其实主要是由于区域与区域之间沟通不足造成的，这种发展的模式单一、孤立，缺乏市场竞争力。利用区域与区域合作通道可以加强区域之间交流合作，就可以避免重复建设。区域之间的联系可以形成高速公路，如果区域之间交流很多，合作很好，那么在很大程度上就可以促进路网的形成。

(3) 高速公路可以推动其自身产业。高速公路本身就是资本,并且是非常重要的存量资本。这种资本本身就可以增值,不仅如此它还可以激活现有部分企业结构调整,为关联土地增添附加值,创造更好的企业条件,创造新的经济繁荣。这种产业及其相应基础设施建设是经济发展重要的部分。高速公路本身就是很重要的存量资本。它自身不但可以增值而且可以为土地带来附加值,这个产业在发展建设的同时会带动区域范围相应设施的完善,为整个区域创造更好的投资环境。

(4) 运输网络结构优化直接推动区域经济发展。高效率的交通运输网络系统对产业发展、技术扩散都非常有必要。五种主要运输方式如果可以形成一个科学的组织结构，那么对区域经济会有极大的贡献，公路结构作为最便捷的一种运输方式起着相当重要的作用。它不但可以加快资金技术扩散的速度，而且也可以快速扩展现有的经济规模。

B 高速公路对影响区域土地产业发展的影响

高速公路的建成直接促进沿线农业发展，促进沿线高新技术产业崛起，促进沿线企业拓展和外向型经济发展。高速公路通车缩短了农产品储存运输时间，加速了农业生产结构的优化调整，推动农业集约的生产方式，使得农村经济向着高效发展。另外汽车运距的延长对于批量小而频繁的高新技术产品具有特别的吸引力。交通方便了，基础设施完善了，投资环境好，招商引资能力就会强。很多技术性强的产业，例如纳米、生物工程等，都集中在高速公路沿线形成集中的工业园区。高速公路可以创造好的外部条件，使能源、材料、信息技术可以方便获取，产品可以快速输出，交通成本可以降低，资金周转加速，所以可以说高速公路是发展的必要载体，它的走向指引了企业布局的方向。

C 高速公路对区域土地环境发展的影响

高速公路投入使用改善了沿线地区企业生存环境，方便生产和商品沟通。实现国土开发和沿线土地增值，加速了沿线城市化进程以及中小城镇的建设发展。土地增值，那么土地上建新产业机会大，环境随之会得到相应改善。运输条件改善加速城市化，需求和供应不断扩大，这些都是城市发展的必要条件。从古至今我国都是农业为第一产业，农村劳动力不能有效转移，生产率低。高速公路投入使用推动沿线出入口小城市开发建设，引导劳动力向城镇转移，这样我们就可以看到各种类型风格的小城镇由此诞生。

8.8.2.2 评价指标体系构建原则及指标体系的建立

A 评价指标体系构建原则

协调度评价体系不是一个简单、单一的组合模型，它具有多层次结构和理论支撑点。对整个复杂系统客观的评价需要尽可能地将部分抽象的东西具体化、因素化来达到评价的目的。本书评价体系具有3个目标。目标一是体系合理化，建立的体系是整个研究系统的理论基础，在体系构造的阶段要客观且有依据；目标二是定量评价为主，以科学的评价标准为依据，突出科学性、优化性；目标三是从实际情况角度出发，理论不脱离实际，在对未来阶段的研究决策起可参考性的作用，见图8－33。

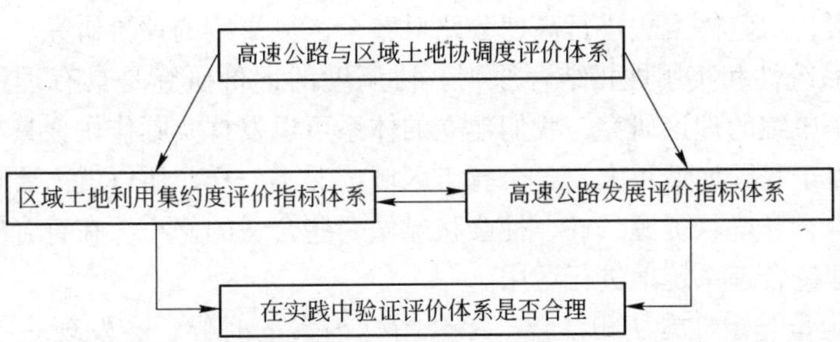

图8－33 高速公路与区域土地协调度评价体系框图

从图8－33中可以看到评价体系由四个部分组成，一部分是综合的整体。它是关键核心部分，两个系统如何协调，如何联系，如何反映出两个系统契合程度，是这个部分研究重点。一部分是区域土地利用集约度评价指标体系的建立，这部分主要评价的是土地和社会、环境、经济的联系，从联系上去评价土地利用的情况；一部分是高速公路发展评价指标的建立，主要评价高速公路的建立对整个社会经济、环境、资源方面的影响，整体地进行评价。

建立高速公路与区域土地协调度评价体系可以准确地反应区域土地的真实情况，影响高速公路与区域土地的因素有很多种，每一个因素都可能成为评价指标之一，所以应该遵循如下原则：

（1）以科学为指导原则。评价体系建立及每一个评价指标的选取都应该是有理论根据的，要按照科学系统的观点，对评价对象进行分析评判，包括分析清楚各个因素的来源以及之间的相互作用。

（2）客观性和合理性原则。高速公路对区域土地的使用和其他土地活动是一致的，都是受社会经济要素的影响，对社会产生效益的同时产生经济效益，在评价的过程中是在系统真实的价值状态的基础上进行的，没有客观评价是毫无意义的，任何一个因素的主观随意评价都会导致结果的不同。在评价体系建立的同时要考虑到土地资源、经济、社会各个方面的核心作用，当然不能忽视公路技术因素及产业结构作为重要的外部因素。

（3）适应性和充分性原则。适应性是指协调度评价方法要适应所建立的复杂的系统。各种数学方法都是有限制条件和适应范围的，所以在建模的同时要考虑到各个方法适应的范围，具体情况要具体分析，充分考虑到选择的方法的采用，评价因素的合理判断。

（4）综合效益性和整体性原则。土地在给人类带来经济效益的同时，多多少少的会产生一些负面效应。在评价的同时都应该考虑到这些因素，高速公路对区域土地有利的因子和不利的因子都需要进行筛选。从系统角度出发，选择可以反映土地区域化与高速公路相适应的因素，选择可以体现两者在深度广度上相互作用的因素，从整体上去进行高速公路对整个区域影响的评价研究。

（5）系统性和实用性相结合原则。协调度的评价研究是具有理论性的，当然它又不是单纯的理论研究，我们建立的体系可以发挥实际作用，具有实用性和操作性。由于我国地域很大，各个省市区域情况不一样，所以就需要将研究区域范围内的生态环境、资源条件、社会状况做一些合适的修正，在符合实际情况的同时，将理论合理系统地进行运用。

（6）定量与定性方法相结合。综合指标因素的时候，会发现一部分指标是定量的，一部分是定性的，定量的指标具有说服力，所以尽量使用可以用数据表示的。将两种思维方法结合起来，最终得到客观的评价结果。

B　指标体系的建立

为实现土地可持续利用的目标和功能，建立的协调度评价指标体系结构分为三层，第一层为目标层，即高速公路与区域土地集约利用协调度评价；第二层为准则层，分别包括总量指标、土地利用强度指标、高速公路发展水平指标；第三层为基本指标层，包括了高速公路建设规模、土地利用状况、运输量及路网密度三大类共15个指标。

根据本小节所述的思路、原则，协调度评价的指标体系按总量、高速公路发展水平、土地利用强度三个不同影响方面进行类型划分，建立评价指标体系，如表8-49所示。

表8-49 高速公路与区域土地集约利用协调度评价指标体系表

目标层	准则层	代表符号	指标层
高速公路与区域土地集约利用协调度评价	总量	U_{11}	新增建设用地面积
		U_{12}	高速公路总里程
		U_{13}	新增高速公路面积
	土地利用强度	U_{21}	已利用土地面积
		U_{22}	土地利用率
		U_{23}	人均高速公路用地面积
		U_{24}	高速公路用地固定资产投资强度
		U_{25}	单位面积高速公路用地第二、三产业产值
		U_{26}	单位面积高速公路用地社会消费品总额
	高速公路发展水平	U_{31}	高速公路人口承载力
		U_{32}	高速公路旅客运输量
		U_{33}	高速公路货物运输量
		U_{34}	单位里程GDP
		U_{35}	高速公路路网密度
		U_{36}	高速公路连通度

8.8.2.3 评价指标体系的指标解释

（1）新建建设用地面积。新建建设用地面积是指城市规划行政主管部门确定的新建建设用地界线所围合的用地水平投影面积总和，不包括代征地的面积。土地是不可再生资源，是生产的最基本要素，建设用地面积是衡量工农业可持续发展能力的重要指标，它反映了政府处理耕地资源不足矛盾的力度和效果，体现了城市人口、经济与环境的协调程度。

（2）高速公路总里程。高速公路总里程是指高速公路里程的总长。一般高速公路用地宽度至少为30~35m，六车道为50~60m，大量用地使工程造价增加。另外，辅助设施的增加和立交修建的费用，使高速公路的平均造价为一般公路的十几倍。所以这个指标参数能够反映出土地被利用的程度。

(3) 新增高速公路面积。新增高速公路面积是指新建高速公路所占土地面积大小。

(4) 已利用土地面积。土地面积也称宗地面积，已利用土地面积是指一宗地权属界址线范围内已被开发使用的土地面积。

(5) 土地利用率（或其逆指标：土地闲置率）。土地利用率是指已利用的土地面积与土地总面积之比，一般用百分数表示，是反映土地利用程度的数量指标。因此，该项指标可直接反映土地利用集约度的高低。

(6) 人均高速公路用地面积。人均高速公路用地面积是高速公路用地面积和区域人口总数的比值，反映区域人均拥有的高速公路用地面积状况。

(7) 高速公路用地固定资产投资强度。高速公路用地固定资产投资强度反映对经济的拉力及牺牲当前消费的程度。

(8) 单位面积高速公路用地第二、三产业产值。单位面积高速公路用地第二、三产业产值反映产业结构的变化与优化。

(9) 单位面积高速公路用地社会消费品总额。单位面积高速公路用地社会消费品总额是指区域高速公路总面积和区域社会消费品零售总额的比值，反映区域消费水平对高速公路的依赖程度，比值越高，说明消费品零售对高速公路也有着较高的需求。

(10) 高速公路人口承载力。高速公路人口承载力是指该高速公路所能承载的最大人口数，即在不损害环境或不耗尽可合理利用的不可更新资源的条件下，各种资源在长期稳定的基础上所能承受的人口数量。

(11) 高速公路旅客运输量。高速公路旅客运输量是指区域总的旅客运输量和区域高速公路总里程的比值，反映高速公路的平均运载旅客状况以及公路运输的相对重要程度。

(12) 高速公路货物运输量。高速公路货物运输量是指区域总的货物运输量和区域高速公路总里程的比值，反映区域高速公路的平均运载货物状况以及公路运输的相对重要程度。

(13) 单位里程 GDP。单位里程 GDP 指区域高速公路总里程和区域国民生产总值的比值，反映了一个地区经济增长对高速公路的依赖程度，比值越高，说明经济发展对高速公路的需求也较高。

(14) 高速公路路网密度。高速公路路网密度反映了一个国家或地区的高速公路发展水平，在某种程度上体现了路网结构规模的合理性。

(15) 高速公路连通度。高速公路连通度是通过考察网络交通节点的连通状况，从路网布局方面反映网络的结构特点。其定义为规划区域内各节点（各地州市中心城区）依靠公路相互连通的强度。

8.8.3 协调度评价模型的建立

8.8.3.1 评价工作流程

通过研究运用模糊综合评价模型法综合评定区域或单位的土地在高速公路建设中的利用水平及其在所在地区内的地位，找出土地利用上的薄弱环节，明确未来土地利用有待提高和完善的方向。其评价实施过程流程图见图8－34。

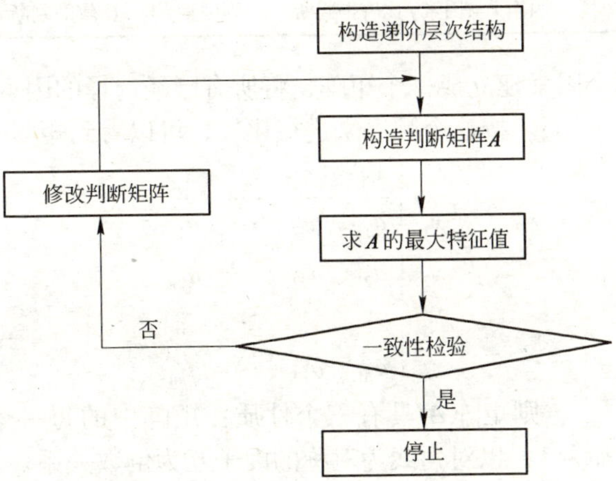

图8－34 层次分析法的实施过程流程图

8.8.3.2 评价指标权重确定及指标标准化

A 指标权重确定

评价指标权重是指标影响高速公路与区域土地协调度评价重要程度的表现。定性和定量的指标都表达着其所在整个系统中的重要程度，所以通过每个因素权重大小的客观衡量才可以反映出协调度评价的水平。通常指标权重的确定应该满足以下原则：

（1）权重值大小和评价指标对协调度评价影响程度正相关。权重值大说明指标对评价的程度影响大。

（2）各个评价权重值在0～1之间赋值，各选定指标的权重值和必须等于1。

在多个目标因素的比较中，每次选择两个因素，根据表8－50可得出结果。

表 8-50 因素 i 与因素 j 比较评价标度

标 度	含 义
1	表示两因素相比，具有同样重要性
3	表示两因素相比，一个因素比另一个稍微重要
5	表示两因素相比，一个因素比另一个明显重要
7	表示两因素相比，一个因素比另一个强烈重要
9	表示两因素相比，一个因素比另一个极端重要
2，4，6，8	上述两相邻判断的中值
倒数	因素 i 与因素 j 比较得判断 a_{ji}，则因素 j 与 i 比较的判断 $a_{ji}=a_{ij}-1$

将比较的两个因素建立成一个矩阵，将所有已经选择的因素按一定顺序进行标记：x_1，x_2，…，x_n。按这个顺序来进行比较，可以看到矩阵 $\boldsymbol{A}$ 如下：

$$\begin{array}{c|cccc} & x_1 & x_2 & \cdots & x_n \\ \hline x_1 & a_{11} & a_{12} & \cdots & a_{1n} \\ x_2 & a_{21} & a_{22} & \cdots & a_{2n} \\ \vdots & \vdots & \vdots & \vdots & \vdots \\ x_n & a_{n1} & a_{n2} & \cdots & a_{nn} \end{array}$$

令 $\boldsymbol{A}=[a_{ij}]_{\max}$，则矩阵 $\boldsymbol{A}$ 具有三个性质：矩阵中的每一个因子都大于 0；对角线上的因子都为 1；以对角线为对称的因子互为倒数关系。

矩阵列出来之后，需要确定因素的权重大小，方法有很多，例如经验型权数法，通过专家来确定权重系数。当然这个主观性比较强。另外常见的方法有因子分析，根据指标计算的贡献率来确定权重大小。本书介绍两种权重计算方法，每种方法的结果均是一致的。运用加和法来进行求值。对矩阵 $\boldsymbol{A}$ 进行规范化，得

$$\overline{a_i}=\frac{a_{ij}}{\sum\limits_{i=1}^{n}a_{ij}} \quad i,j=1,2,\cdots,m \tag{8-99}$$

将每行数相加，得和数 $\overline{w_i}=\sum\limits_{j=1}^{n}\overline{a_{ij}}$，然后进一步进行规范化，即可得到权重系数 w_i：

$$w_i=\frac{\overline{w_i}}{\sum\limits_{i=1}^{n}\overline{w_i}} \tag{8-100}$$

另一种方法即开根号法，又称为幂法。对矩阵按其每行的元素先求积，再开 n 次方根，得

$$w_i=\sqrt[n]{\prod_{j=1}^{n}a_{ij}} \quad i,j=1,2,\cdots,m \tag{8-101}$$

B 指标标准化处理

权重系数得出后，按照8.4节所述的方法进行评价指标的标准化处理。

8.8.3.3 多级模糊综合评价

A 评价模型的确定

由于整个系统中影响因素较多，如果单级进行评价会使得因素显得多并且没有重点。这里采用二级模糊评价综合法将所有因素分成两层。整个高速公路与区域土地的结构按梯阶层次第一层记作 U_0，分别记为：$U_1=[U_{11}\quad U_{12}\quad U_{13}\quad U_{14}]$，$U_2=[U_{21}\quad U_{22}\quad U_{23}\quad U_{24}]$，$U_4=[U_{41}\quad U_{42}\quad U_{43}]$，$U_{ij}$表示第 i 个中间层因素下的第 j 个子因素。

按整个评价的要求，把已经量化的指标评价区域分成五类，分别为重要、较重要、一般、较不重要、不重要，将所有定性评价的指标通过专家打分，建立评价矩阵，通过专家打分给出每个因素相对于不同评语等级的隶属度，采用专家评分进行，通过评估专家对现场进行检查，给每个因素不同评语等级的分数，确定其隶属度。专家评分法在很大程度上需要专家的经验，所以在选择专家的时候应选择道路工程和土建工程方面的专家还有经济分析学家，在各自学术领域统一的条件下进行打分评判。高速公路评价指标评分表见表8-51。

表8-51 模糊综合评价模型指标评分表

职业：	职称：	从事专业年限：		工作单位：	
评价指标	重要	较重要	重要程度一般	较不重要	不重要
新建建设用地面积					
高速公路总里程					
⋮					
高速公路路网密度					
高速公路连通度					

根据高速公路与区域土地协调度评价指标的评分，进行数据处理，依照如下公式：

$$V_j=\frac{1}{m}\sum_{i=1}^{m_j}x_{ij} \tag{8-102}$$

式中，V_j 为评语集合的算术平均得分值；m_j 为对 j 评语集的评分的专家数；x_{ij}为第 i 个专家对 j 评语集的评分值。

运用模糊评价法通过集合综合为标量，在评语集合的5个评价等级中，中间层某个因素的评价值为：

$$\boldsymbol{R}_i=\begin{bmatrix} r_{i11} & r_{i12} & r_{i13} & r_{i14} & r_{i15} \\ \vdots & \vdots & \vdots & \vdots & \vdots \\ r_{ij1} & r_{ij2} & r_{ij3} & r_{ij4} & r_{ij5} \end{bmatrix} \tag{8-103}$$

评价模型可以确立为（$\boldsymbol{U}\quad \boldsymbol{V}\quad \boldsymbol{R}$）。

B 模型评判

模糊层次法中多级层次模糊综合评判的基本步骤有：首先对最下一层的因素评判，评判分值为综合分，同理按评判的标准和方式进行上一层的综合评价，不管层数多少，一层一层进行这个步骤，一直到最上层，得出综合评价分值。

a 一级模糊综合评价

如果整个系统因素只有一层，可以采用这种方式。根据有资历和经验丰富的专家对单个因素的评价，本书用 U_i 表示第 i 个因素，那么会得到一个 $r_i\times 5$ 的矩阵，令这个评判矩阵为 $\boldsymbol{R}_i$，如下所示：

$$\boldsymbol{R}_i=\begin{bmatrix} r_{11} & r_{12} & r_{13} & r_{14} & r_{15} \\ r_{21} & r_{22} & r_{23} & r_{24} & r_{25} \\ \vdots & \vdots & \vdots & \vdots & \vdots \\ r_{m_i1} & r_{m_i2} & r_{m_i3} & r_{m_i4} & r_{m_i5} \end{bmatrix} \quad (i=1,2,3) \tag{8-104}$$

然后运用两两比较法求出权向量 $\boldsymbol{W}_i$，将得到 1×5 阶的向量 $\boldsymbol{U}_i$：

$$\boldsymbol{U}_i=\boldsymbol{W}_i\boldsymbol{R}_i\,(i=1,2,3) \tag{8-105}$$

b 二级模糊综合评价

对上述子集的每一个子集 U_i 按上述方法评价完后，把 U_i 看成一个元素，建立评价矩阵，将第一级的结果代入。进行第二级综合评价的计算。计算公式如下：

$$\boldsymbol{U}=\boldsymbol{W}\boldsymbol{U}_i=\boldsymbol{W}\begin{bmatrix} \boldsymbol{W}_1\boldsymbol{U}_1 \\ \boldsymbol{W}_2\boldsymbol{U}_2 \\ \boldsymbol{W}_3\boldsymbol{U}_3 \\ \boldsymbol{W}_4\boldsymbol{U}_4 \end{bmatrix}$$

$$=\boldsymbol{W}[u_{ij}]_{4\times 5}=[u_1\quad u_2\quad u_3\quad u_4] \tag{8-106}$$

式中，$\boldsymbol{W}=[w_1\quad w_2\quad w_3\quad w_4]$，它也可用两两比较法求得。第三层、第四层等都如此处理，最终结果会得到一个评判指标集合。本书中用 $\boldsymbol{U}=[u_1\quad u_2\quad \cdots\quad u_j\quad \cdots\quad u_p]$来表示。最后，得出评判结果。当然指标值含义不一样，评判结果方式选择就不一样，本书介绍以下三种比较常见的方法：

（1）最大隶属度法。即在最终的评判指标集合中取最大的评价指标作为判断依据，表示在整个评判集中第 j 个元素的隶属程度，在已考虑所有影响成分的前提下，即 $u_j = \max[u_1, u_2, \cdots, u_j, \cdots, u_p]$。这种方法只考虑了最大评判指标的贡献而忽视了其他指标的信息。

（2）加权平均法。求出各个元素的加权平均值，将其作为评判的最终结果。

（3）模糊评判法。把评价指标直接用作结果，或者进行归一处理，将最终的处理结果作为最终结果，即

$$u = \left(\frac{u_1}{\sum u_j}, \frac{u_2}{\sum u_j}, \cdots, \frac{u_n}{\sum u_j}\right) \tag{8-107}$$

8.8.4 实例分析

本小节以湖南省为例进行区域土地与高速公路协调度模糊综合评价。首先介绍湖南省社会经济发展和高速公路发展现状及规划，然后根据 2012 年的数据建立评价指标体系，并预测未来几年的数据，通过分析整合过去 10 年与未来 20 年的数据进行评价计算。

8.8.4.1 湖南省社会经济发展现状及规划

A 湖南省社会经济发展及土地利用现状

湖南省位于我国南方的中部、长江中游、洞庭湖以南，故称湖南，简称“湘”。地缘北靠长江与湖北接壤，西交重庆、贵州，南连广东、广西，东与江西为邻，是承接南北的重要通道，是连接东部沿海省份与西部内陆省份的桥梁地带，是我国长江开放经济带与沿海开放带的结合部，地理位置十分优越。全省土地面积约占全国国土面积的 2.2%。2012 年末全省总人口及人口密度均高于全国平均水平。

湖南物产资源丰富，矿藏多、矿种齐、品质优，世界已知的 160 多种矿藏中，湖南有 141 种。森林资源丰富，林业用地面积 1174 万公顷，森林面积 824 万公顷，活立木总蓄积量 23147 万立方米，居全国第 12 位，森林蓄积量 19891 万立方米。水资源同样丰富，境内河流纵横，水系密布，有大小河流 5431 条，主要为洞庭湖及湘江、资水、沅江、澧水，它们由西南向北汇入洞庭湖，河川年径流量 1623 亿立方米，位于北部的洞庭湖为我国第二大淡水湖。

湖南是我国的农业大省，在全国占有重要地位，史有“湖广熟，天下足”的说法，素有“鱼米之乡”的美誉；湖南省工业基础较好，门类齐全，已初步形成了一个以重化工业为主导，以冶金、石化、机电、电子信息、食品、医药为支柱，以建材、机械、轻工、纺织、电力、军工为特色，以生物技术、新材料、

软件等高新技术产业为亮点的较完整的工业体系。

根据土地利用调查，2012 年湖南省土地中以农用地为主，为 1790.80 万公顷，占土地总面积的 84.63%，其中林地 1186.06 万公顷，耕地 383.37 万公顷，园地 50.25 万公顷，牧草地 10.51 万公顷，其他农用地 162.61 万公顷；建设用地 132.22 万公顷，占土地总面积的 6.24%，其中城镇村居民点及工矿用地 104.11 万公顷，交通用地 8.81 万公顷，水利设施用地 19.31 万公顷；未利用地面积 193.53 万公顷，在土地总面积中的比重达 9.13%。

土地利用现状特点主要是：全省土地利用类型多样，以农用地为主，其中林地、耕地共占全省土地总面积的 74.08%，是主要土地利用类型；土地资源开发利用程度较高。全省土地利用达 90.86%，土地农业利用率 85.43%，垦殖指数 18.10%，复种指数 201.66%，普遍高于全国平均水平（见表 8－52）；由于省内地貌、土壤、水热条件和经济发展水平不同，导致土地利用地域差异明显。全省滨湖平原、河流沿岸冲积平原及平原区周缘丘岗地，土地资源开发利用程度和水平较高，耕地集中连片，居民点及工矿地面积较大；边远山地、丘陵区域土地资源开发利用水平则较低，林地、牧草地面积较大。

表 8－52 2012 年湖南省各市州土地利用程度 （%）

行政单位	土地利用率	土地农业利用率	垦殖指数	复种指数	机耕面积比率	耕地灌溉率	土地建设利用率
全省	90.86	84.53	18.10	201.66	40.82	69.95	6.24
长沙市	95.90	85.04	24.00	201.05	55.41	77.17	10.87
株洲市	92.92	85.57	18.08	161.80	58.82	71.14	7.34
湘潭市	94.78	81.45	28.17	194.89	68.35	81.95	13.33
衡阳市	89.68	81.20	24.25	214.25	53.05	68.55	8.47
邵阳市	93.50	88.56	19.22	178.95	33.65	63.62	4.94
岳阳市	80.26	71.81	21.67	220.93	57.09	76.18	8.45
常德市	85.53	75.94	25.36	209.24	44.05	84.47	9.59
张家界市	91.07	87.09	11.14	200.13	8.53	45.30	3.98
怀化市	95.00	92.14	10.86	200.38	14.90	61.49	2.88
益阳市	85.58	78.27	22.37	200.22	68.75	79.49	7.31
娄底市	87.51	78.61	22.27	192.33	36.12	62.24	8.90
郴州市	94.87	89.85	14.23	192.80	37.67	61.67	5.02
永州市	88.96	84.71	15.17	226.18	27.94	69.88	4.25
湘西州	94.57	91.97	11.37	205.93	7.13	46.83	2.60

注：数据来源于《湖南省统计年鉴（2012）》；机耕面积比率＝机耕面积/农作物播种面积。

B 湖南省社会经济发展规划及土地利用规划

a 社会经济发展规划

湖南省制定了推进工业化、农业产业化和城镇化的“三化”战略：提出了加快“长株潭一体化”进程，加强中部省份联系，推进CEPA的全面实施，融入珠江三角洲等新的重要举措。要大力推进长株潭区域经济一体化，充分发挥三市各自优势，避免重复建设，从整体上形成能够参与大区域竞争的长株潭中心城市群；中线地区城市借助长石铁路和洛湛铁路的修建，增强经济活力，扩大辐射功能；西线地区面对国家西部大开发的有利时机，充分利用后发优势，同时利用承东启西的区位条件，率先接受东部地区的经济辐射，促进社会生产力的跨越式发展，改变贫困落后地区的面貌。

规划到2015年，国内生产总值达到2.9万亿元（按不变价计算，下同），人均GDP 43000元；到2020年，国内生产总值达到4.3万亿元，人均GDP 63000元，基本实现翻两番的目标。

规划到2015年，湖南省城镇化水平将提高到50%以上；到2020年，特大城市将由现在的1个发展到5个，小城镇达到1300个左右，城镇化水平达到55%，城镇人口规模将达到3500万以上。

预计到2015年，产业结构将初步达到工业化的标准，三次产业结构期望调整到9.5∶48.5∶42，第一产业增加值比重降低，第二产业增加值比重明显提高，规模工业增加值达10000亿元。到2020年，三次产业的结构将优化为7.5∶47.5∶45。

预计到2015年，城镇居民人均可支配收入、农民人均纯收入分别达到30000元和10000元。到2020年，城镇居民人均可支配收入、农民人均纯收入分别达到50000元和2000元，人民生活质量也会有明显改善。

b 土地利用规划

湖南省土地总体利用规划包括五个方面：第一，永久保护优质的耕地。确保在2020年，基本农田数量至少在323.53万公顷，并且质量得到提高。第二，城乡建设用地规划设计合理。建设用地规模不再盲目增加，引导农村向城市发展。确保2020年之前建设用地总规模控制在152.58万公顷内。第三，提升土地集约利用程度。把关建设用地总量，加强用地统筹管理。第四，稳步提高土地生态功能。争取在2020年，森林覆盖率达到57%。第五，加强土地调控管理。完善土地管理的法律法规，健全市场机制，提高土地管理水平。

土地利用存在的主要问题表现为：耕地面积不断减少，人地矛盾突出；各业争地，统筹土地利用任务艰巨；土地利用效率不高，转变土地利用方式任重道远；全省土地利用效率不高，利用方式粗放；局部土地损毁较重，保护土地生态环境面临压力。

合理确定城乡用地布局和发展规模，引导农村居民向城镇迁移，促进城乡用地结构不断优化，建设用地规模得到有效控制。到 2015 年，建设用地总规模控制在 140.37 万公顷以内，新增建设用地控制在 7.00 万公顷以内。到 2020 年，建设用地总规模控制在 152.58 万公顷以内。城镇工矿用地在城乡建设用地总量中的比例由 2005 年的 19.87% 提高到 2020 年的 31.85%。

湖南省区域土地利用现状评价指标体系见表 8-53，2012 年国有建设用地供应计划图见图 8-35。

表 8-53 湖南省区域土地利用现状评价指标体系

总目标 A	一级指标 B	B 对 A 权重	二级指标 C	三级指标 D	标准	现值	D 对 B 权重
土地利用现状水平	土地开发利用程度	0.300	农用地开发耗用程度	土地垦殖率/%	18.68	18.10	0.130
				土地农业利用率/%	85	84.53	0.125
				耕地复种指数	247.9	201.7	0.123
				养殖水面利用率/%	36.19	33.12	0.023
				林木覆盖率/%	55	53.67	0.090
			建设用地开发利用程度	土地建设利用率/%	6.48	6.24	0.125
				城镇居民人均用地面积/m^2	<100	85.35	0.097
				乡村居民点人均用地面积/m^2	187	184	0.097
			未利用地开发利用程度	土地利用率/%	92.02	90.86	0.130
	土地集约利用程度	0.300	农用地集约利用程度	单位耕地功率数/%	15	6.95	0.145
				耕地灌溉率/%	85	69.95	0.135
				机耕面积占播种面积的比重/%	60	40.82	0.145
				单位农用建设投资额度/万元·$(hm^2)^{-1}$	9500	3375	0.140
			建设用地集约用地程度	城镇化水平/%	43	33.50	0.140
				单位建设用地投资额度/万元·$(hm^2)^{-1}$	28500	11500	0.140
				运输业公路网密度/km·km^{-2}	0.5768	0.4024	0.155
	土地利用综合效益	0.400	经济效益	粮食单产/t·$(hm^2)^{-1}$	6.50	5.39	0.125
				单位农用地产值/万元·$(hm^2)^{-1}$	2.50	0.81	0.115
				土地产出率/万元·$亩^{-1}$	425	218.9	0.133
			社会效益	人均粮食拥有量/t	0.444	0.367	0.133
				城镇人均居住面积/m^2	25	24.43	0.085
				人均耕地面积/km^2	0.095	0.057	0.120
			生态效益	森林覆盖率/%	59.4	53.67	0.115
				城市人均公共绿地/m^2	12.0	5.07	0.092
				自然灾害受灾面积比率/%	<10	31.85	0.082

注：数据来源于《湖南省土地利用总体规划》以及《湖南省统计年鉴（2012 年）》。

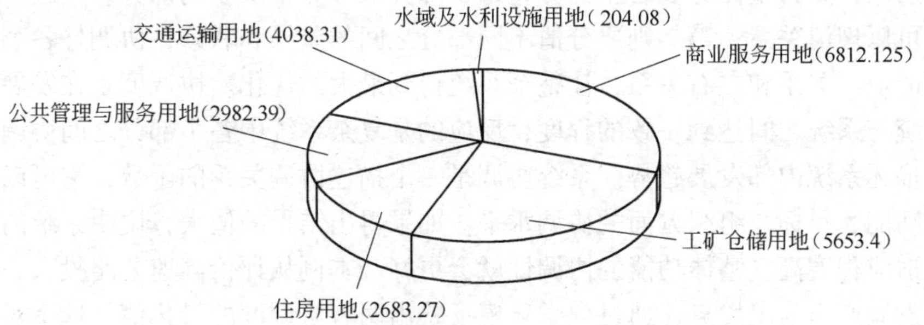

图 8-35 2012 年湖南省国有建设用地供应计划图（单位：hm^2）

8.8.4.2 湖南省高速公路发展现状及规划

A 湖南省高速公路发展现状

湖南省高速公路经过几十年的发展，高速公路基础设施总体水平实现了历史性的跨越。高速公路是先进生产力的重要标志，也代表着先进文化和人民群众的根本利益。高速公路建成后，可以加强信息沟通，加快物资交流，促进经济发展，改善人民群众生活。随着规划高速公路网中高速公路相继建成通车，湖南省主要公路运输通道交通紧张状况得到了明显缓解。由于湖南省人口多，汽车拥有量高速增长，运输的需求仍然比较大，暂时交通紧张状况的缓解只是对于比较低的运输水平而言，目前整个路网总体仍不完善，服务水平低。

B 湖南省高速公路网规划

为适应新世纪我国社会经济快速发展的需要，满足全面建设小康社会的交通需求，确保湖南省高速公路持续、快速、协调发展，湖南省交通厅于 2005 年 9 月编制完成了《湖南省高速公路网规划》。随着建设步伐的加快，新的发展形势促使湖南省对《湖南省高速公路网规划》进行修编，2009 年 9 月完成了《湖南省高速公路网规划（修编）》。修编后的湖南省高速公路网布局可以归纳为“六纵九横三环”，总规模 8318km，其中纵向 3287km，横向 3412km，环线 565km，其他高速公路 1054km。

8.8.4.3 湖南省土地利用与高速公路协调度评价

区域土地与高速公路协调度评价最大的特点在于系统的复杂程度，复杂性的表现有多方面：一是相互关联的因素比较多，二是相互之间的作用具有联系性，特别是整个机制运行的原理复杂。面对这些复杂性需要从两个方面着手：第一要分清层次，先将整体分成若干部分，每个部分又分为很多小的部分，一层一层划分才可以理清关系；第二则要分清不同部分之间的差异和联系，协调好各个部分之间的上下关系和左右关系，让整个系统得到最大的优化。协调度是在发展过程中系统与系统之间达到一致的程度，反应的是复杂系统中各个部分之间协调的情况，描述系统内部发展趋势。系统协调是一个描述协调关系的函数，它可以描述内部功能、目标、组织方面的协调水平。如果得出结果的值大，说明系统内部因素的适应程度高，整体功能的协调性就会更好。本例从评价高速公路投入、土地集约发展产出为出发点，通过数学建模反映出两者协调度的量化值，这个对于高速公路与区域土地协调度评价的研究有积极意义。

A 构建评价指标体系

构建模糊综合评价模型的主要思路是：先按层次将各个因素划分清楚，然后再对每一层的因素进行评价，可以从下层至最高层，评价完之后再得出最后的结果，见图 8－36。

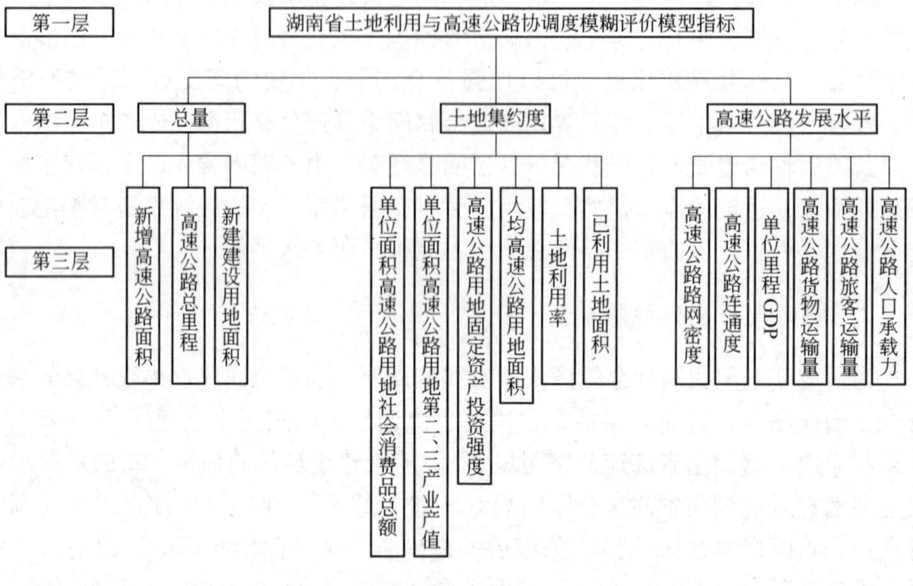

图 8－36 评价模型指标层次图

B 计算指标权重

以 U_1，U_2，U_3 分别代表总量、土地集约度、高速公路发展水平三个大的因素类别。比较每个因素与因素之间的重要程度，计算它们的权重，得到如下矩阵（根据 2012 年的数据先做计算，结果见表 8－55～表 8－58）：

$$A=\begin{bmatrix}1 & 5 & 3\\ 1/5 & 1 & 1/3\\ 1/3 & 3 & 1\end{bmatrix}$$

首先进行规范化处理，然后进行一致性检验，有：

$$\lambda_{\max}=\frac{1}{n}\sum_{i=1}^{n}\frac{(AM)_i}{m_i}=\frac{1}{3}\left(\frac{1.8}{0.68}+\frac{0.2952}{0.08}+\frac{0.7044}{0.24}\right)=3.09$$

$$CI=\frac{\lambda_{\max}-n}{n-1}=\frac{3.09-3}{3-1}=0.045$$

$$CR=\frac{CI}{RI}=\frac{0.045}{0.58}=0.08<0.1$$

综上，矩阵**A**通过一致性检验，表8－54内的权重系数可以采用。以同样的方法可以求出每一层因素的权重系数（见表8－55～表8－57）。

表8－54 首层权重系数计算结果表

	U_1	U_2	U_3	权重	一致性检验
U_1	1	5	3	0.68	$\lambda_{\max}=3.09$ $CI=0.045$ $CR=0.08$
U_2	1/5	1	1/3	0.08	
U_3	1/3	3	1	0.24	

表8－55 次层权重系数计算结果表

	U_{11}	U_{12}	U_{13}	权重	一致性检验
U_{11}	1	3	3	0.68	$\lambda_{\max}=3.00$ $CI=0$ $CR=0$
U_{12}	1/3	1	1	0.08	
U_{13}	1/3	1	1	0.24	

表8－56 次层权重系数计算结果

	U_{21}	U_{22}	U_{23}	U_{24}	U_{25}	U_{26}	权重	一致性检验
U_{21}	1.00	3.00	3.00	3.00	1.00	3.00	0.2876	$\lambda=6.27$ $CI=0.05$ $CR=0.04$
U_{22}	0.33	1.00	3.00	3.00	1.00	3.00	0.1991	
U_{23}	0.33	0.33	1.00	1.00	0.33	3.00	0.0954	
U_{24}	0.33	0.33	1.00	1.00	0.20	1.00	0.0730	
U_{25}	1.00	1.00	3.00	5.00	1.00	5.00	0.2839	
U_{26}	0.33	0.33	0.33	1.00	0.20	1.00	0.0607	

表 8－57 次层权重系统计算结果

	U_{31}	U_{32}	U_{33}	U_{34}	U_{35}	U_{36}	权重	一致性检验
U_{31}	1.00	3.00	5.00	3.00	1.00	1.00	0.270	$\lambda=9.191$ $CI=0.64$ $CR=0.0515$
U_{32}	0.33	1.00	3.00	5.00	3.00	1.00	0.225	
U_{33}	0.20	0.33	1.00	3.00	0.33	3.00	0.110	
U_{34}	0.33	0.20	0.33	1.00	0.20	1.00	0.058	
U_{35}	1.00	0.33	3.00	5.00	1.00	5.00	0.245	
U_{36}	1.00	1.00	0.33	1.00	0.20	1.00	0.091	

C 评价计算及结果分析

根据湖南省社会经济指标、土地集约利用及高速公路发展程度各指标预测结果，对高速公路与区域土地协调度评价指标评分，数据处理依照公式 $V_j = \frac{1}{m}\sum_{i=1}^{m_j} x_{ij}$，得到如下评价矩阵：

$$\boldsymbol{R}_{U_1} = \begin{pmatrix} 0.1 & 0.2 & 0.3 & 0.2 & 0.1 \\ 0.1 & 0.2 & 0.3 & 0.1 & 0.1 \\ 0.3 & 0.3 & 0.2 & 0.1 & 0.1 \end{pmatrix}$$

$$\boldsymbol{R}_{U_2} = \begin{pmatrix} 0.3 & 0.3 & 0.2 & 0.2 & 0.1 \\ 0.3 & 0.3 & 0.2 & 0.1 & 0.1 \\ 0.3 & 0.3 & 0.2 & 0.1 & 0.1 \\ 0.1 & 0.1 & 0.3 & 0.3 & 0.2 \\ 0.1 & 0.2 & 0.3 & 0.3 & 0.1 \\ 0.2 & 0.2 & 0.3 & 0.2 & 0.1 \end{pmatrix} \quad \boldsymbol{R}_{U_3} = \begin{pmatrix} 0.4 & 0.3 & 0.2 & 0.1 & 0.0 \\ 0.1 & 0.2 & 0.3 & 0.3 & 0.1 \\ 0.3 & 0.3 & 0.2 & 0.2 & 0.0 \\ 0.2 & 0.2 & 0.3 & 0.2 & 0.1 \\ 0.1 & 0.2 & 0.3 & 0.3 & 0.1 \\ 0.2 & 0.2 & 0.3 & 0.2 & 0.1 \end{pmatrix}$$

对第一级因子进行综合评判。通常模糊算子的运算采用“最大”或“最小”来进行，但是如果评判因素非常多，这种方法有很多弊端，它会让很多有用的信息得不到体现，导致最后的结果出人意料，本案例中采用普通乘法和加法来计算。

$$\boldsymbol{U}_1 = [0.68 \quad 0.08 \quad 0.24] \begin{bmatrix} 0.1 & 0.2 & 0.3 & 0.2 & 0.1 \\ 0.1 & 0.2 & 0.3 & 0.1 & 0.1 \\ 0.3 & 0.3 & 0.2 & 0.1 & 0.1 \end{bmatrix}$$

$$= [0.3 \quad 0.224 \quad 0.276 \quad 0.168 \quad 1]$$

$$U_2 = [0.37 \quad 0.18 \quad 0.04 \quad 0.02 \quad 0.36 \quad 0.02]\begin{bmatrix} 0.3 & 0.3 & 0.2 & 0.2 & 0.1 \\ 0.3 & 0.3 & 0.2 & 0.1 & 0.1 \\ 0.3 & 0.3 & 0.2 & 0.1 & 0.1 \\ 0.1 & 0.1 & 0.3 & 0.3 & 0.2 \\ 0.1 & 0.2 & 0.3 & 0.3 & 0.1 \\ 0.2 & 0.2 & 0.3 & 0.2 & 0.1 \end{bmatrix}$$

$$= [0.219 \quad 0.255 \quad 0.238 \quad 0.214 \quad 0.101]$$

$$U_3 = [0.24 \quad 0.32 \quad 0.11 \quad 0.06 \quad 0.13 \quad 0.15]\begin{bmatrix} 0.4 & 0.3 & 0.2 & 0.1 & 0.0 \\ 0.1 & 0.2 & 0.3 & 0.3 & 0.1 \\ 0.3 & 0.3 & 0.2 & 0.2 & 0.0 \\ 0.2 & 0.2 & 0.3 & 0.2 & 0.1 \\ 0.1 & 0.2 & 0.3 & 0.3 & 0.1 \\ 0.2 & 0.2 & 0.3 & 0.2 & 0.1 \end{bmatrix}$$

$$= [0.216 \quad 0.237 \quad 0.268 \quad 0.223 \quad 0.066]$$

$$R^* = \begin{bmatrix} U_1 \\ U_2 \\ U_3 \end{bmatrix} = \begin{bmatrix} 0.30 & 0.224 & 0.276 & 0.168 & 1.000 \\ 0.22 & 0.255 & 0.238 & 0.214 & 0.100 \\ 0.22 & 0.237 & 0.268 & 0.223 & 0.066 \end{bmatrix}$$

然后对第二级因素进行综合评判。

$$U = WR^* = [0.68 \quad 0.08 \quad 0.24]\begin{bmatrix} 0.30 & 0.224 & 0.276 & 0.168 & 1.000 \\ 0.22 & 0.255 & 0.238 & 0.214 & 0.100 \\ 0.22 & 0.237 & 0.268 & 0.223 & 0.066 \end{bmatrix}$$

$$= [0.3 \quad 0.2 \quad 0.3 \quad 0.2 \quad 0.4]$$

列表比较各因素对系统协调度的影响程度。通过计算出的各因素权重系数，可计算出每个因子对系统协调度评价的贡献度，如表 8－58 所示。

表 8－58　各因素权重系数及贡献程度

因素代号	指标因素值	首层权重系数	次层权重系数	贡献程度
U_{11}	新建建设用地面积	0.68	0.68	0.46
U_{12}	高速公路总里程	0.68	0.08	0.05
U_{13}	新增高速公路面积	0.68	0.24	0.16
U_{21}	已利用土地面积	0.08	0.29	0.02
U_{22}	土地利用率	0.08	0.20	0.02

续表 8 – 58

因素代号	指 标 因 素 值	首层权重系数	次层权重系数	贡献程度
U_{23}	人均高速公路用地面积	0.08	0.10	0.01
U_{24}	高速公路用地固定资产投资强度	0.08	0.07	0.01
U_{25}	单位面积高速公路用地第二、三产业产值	0.08	0.28	0.02
U_{26}	单位面积高速公路用地社会消费品总额	0.08	0.06	0.00
U_{31}	高速公路人口承载力	0.24	0.27	0.06
U_{32}	高速公路旅客运输量	0.24	0.23	0.05
U_{33}	高速公路货物运输量	0.24	0.11	0.03
U_{34}	单位里程 GDP	0.24	0.06	0.01
U_{35}	高速公路网络密度	0.24	0.25	0.06
U_{36}	高速公路连通度	0.24	0.09	0.02

假设对各个等级都是百分制，则系统总分为：

$$F = \boldsymbol{US}^{\mathrm{T}} = 0.3 \times 95 + 0.2 \times 80 + 0.3 \times 65 + 0.2 \times 45 + 0.4 \times 30 = 85$$

参照表 8 – 59，该系统协调度总得分为 85，属于 >80 的范围，因此，该系统的协调度等级为“较好”。从表 8 – 58 中的数据发现，不同因素对系统协调度评价贡献程度不同，将它们从大到小进行排序为：

$$U_{11} > U_{13} > U_{31} = U_{35} > U_{12} = U_{32} > U_{33} > U_{21} = U_{25} = U_{36} = U_{22} > U_{34} = U_{23} = U_{24} > U_{26}$$

表 8 – 59 协调度等级评价标准

协调度级别	非常好	比较好	一 般	不协调	非常不协调
分数	95	80	65	45	30

通过上述不等式，可以认为此次评价是比较理想的，这个结论表示 2012 年湖南省高速公路建设用地与区域土地集约利用是协调的。在进行模糊综合评价过程中，发现单位面积建设用地社会消费品总额、单位高速公路社会消费品零售额、建设用地固定资产投资强度、单位面积建设用地 GDP 得分较低，对其上级指标影响不大。

同理可以计算出 2000 ~ 2012 年湖南省高速公路与土地协调度评价分值，如表 8 – 60 所示。

表 8 – 60 历年协调度评价结果表

年 份	2000	2001	2002	2003	2004	2005	2006	2007	2008	2009	2010	2011	2012
协调度评价分值	58	61	60	67	68	71	72	77	80	84	83	84	85

通过表 8－60，我们可以发现高速公路与区域土地的协调度评价分值基本上呈现上升的趋势，其中 2002～2008 年差值较大，说明高速公路发展加快，土地增长是处在的第二阶段上的。

以上评价结果表示，运用模糊综合评价法对高速公路与区域土地协调度评价是可行的。本案例采用两两比较法、专家评分法及模糊综合评判相结合，能在复杂的系统中较准确地反映整个系统的协调度状况。该方法较为简便，可操作性强，能使评价结果更为公正、客观，适用于这方面的评价，但要注意评判对象各个元素的取舍及权重分配直接关系到评判结果的合理性。

根据上述计算模型，将预测年份的数据代入，便可以推测出未来几年的协调度评价值，如表 8－61 所示。

表 8－61 预测年份协调度评价结果表

年 份	2013	2015	2020	2025	2030	2035
协调度评价分值	87	96	98	85	84	81

D 评价及建议

根据上述协调度发展的结果，分析 2000～2012 年湖南省土地与高速公路协调度可知：湖南省 2000～2012 年发展协调度分值呈现持续上升趋势，土地综合利用协调发展度数值在 0.58～0.86 之间，根据协调发展度与协调等级的对应关系，可知湖南省 2000～2012 年的土地与高速公路协调程度处于中等偏上状态。

从整体上看，2000～2020 年，湖南省土地利用与高速公路协调发展，社会经济发展的协调度不断增强，协调数值从 0.58 增加到 0.98，说明湖南省经济发展迅速经济实力不断增强，从 GDP、工业农业总产值以及社会商品零售额的增长数据可以证明，并且公路运输量的增长速度也在随之加速，高速公路网密度及连通度都保持正增长，从另一个角度说，即高速公路的发展推动了整个社会经济的发展。

从 2020 年之后，土地与高速公路协调度开始小幅度降低，主要是政府出让土地过多造成高速公路建设用地增量较大，使其他指标特别是高速公路用地固定资产投资强度、单位面积高速公路用地第二、三产业产值等出现较大降幅。当高速公路网密度达到一定程度时，再增加高速公路的里程并不能直接促进社会经济的增长，相反过密的路网会造成资源的浪费。

根据协调发展度和土地利用的特点，可以建立协调发展度与协调等级以及土地利用水平之间的对应。湖南省 2000～2002 年协调度呈现持续上升趋势，土地集约利用协调程度其数值在 0.45～0.65 之间，根据协调发展度与协调等级的对应关系，可知湖南省 2000～2002 年的土地利用程度和投入产出水平的协调程度处于初级协调状态，也即湖南省的高速公路土地利用基本处于集约利用的起始阶段，其水平也在逐渐提高，并有待进一步的发展。2002～2020 年的协调程度处于上升高级阶段，也即湖南省的高速公路土地利用已经处于集约利用的发展阶段，发展开始趋于平稳。2020～2035 年的协调程度处于下降阶段，说明高速公路土地利用已经处于饱和阶段，此时不适合新增高速公路建设，应发展适合于地方经济发展的一级及其他普通公路。

参 考 文 献

[1] 中交第一公路勘察设计研究院有限公司．JTG B04—2010 公路环境保护设计规范［S］．北京：人民交通出版社，2010.

[2] 交通运输部公路科学研究院．HJ 552—2010 建设项目竣工环境保护验收技术规范 公路［S］．北京：中国环境科学出版社，2010.

[3] 交通运输部公路科学研究院．JTG B03—2006 公路建设项目环境影响评价规范［S］．北京：人民交通出版社，2006.

[4] 中华人民共和国交通运输部．公路建设项目可行性研究报告编制办法（交规划发［2010］178 号）．

[5] 中华人民共和国住房和城乡建设部标准定额所．公路建设项目经济评价方法与参数［M］．北京：中国计划出版社，2010.

[6] 中华人民共和国交通运输部．公路网规划编制办法（交规划发［2010］112 号）．

[7] 中华人民共和国交通部．公路建设项目后评价报告编制办法（交计发［1996］1130 号）．

[8] 中华人民共和国国家发展改革委员会、中华人民共和国建设部．建设项目经济评价方法与参数［M］．3 版．北京：中国计划出版社，2006.

[9] 李明顺，陈涛．交通基础设施 PPP 项目实物期权定价及敏感性分析研究［J］．系统工程，2011（1）：67～73.

[10] 李明顺．公路建设项目经济评价系统的计算机实现［J］．系统工程，2003（1）：57～59.

[11] 李明顺，陈赟．论公路建设项目风险分担机制［J］．工业技术经济，2006，25（1）．

[12] 李明顺．从西部大开发谈投资项目社会评价［J］．工业技术经济，2005（2）：124～125.

[13] Li Mingshun，Yang Ke. Attribute theory－based evaluation of highway construction projects for sustainable development［J］．Advanced Materials Research，2011（10）：374～377.

[14] Li Mingshun，Wang Hongyu，Ren Min. The economic evaluation system of the highway construction projects feasibility study and its computer program processing［J］．Key Engineering Materials，2011（5）．

[15] Li Mingshun，Ren Min，Liu Dandan. Fuzzy comprehensive evaluation for freeway section service level under the condition of limited speed［C］//ICCTP 2011.

[16] Li Mingshun，Chen Tao. Application of the improved BP network model in social impact evaluation of highway projects［C］//MSE 2010.

[17] Li Mingshun，Chen Tao. Sensitivity analysis of real options in infrastructure public－private－partnership project［C］//SSMSSD 2010.

[18] Li Mingshun，Chen Wencui. Application of BP neural network algorithm in sustainable development of highway construction projects［C］//FCCC 2010.

[19] Li Mingshun, Zhu Zuohui. Construction of adjustment model of traffic volume forecast in the latter part of expressway operating [J]. Applied Mechanics and Materials, 2012 (5): 1526～1531.

[20] Qiao yan, Li Mingshun. Research on price prediction of the land transfer based on the maximum entropy method. Applied Mechanics and Materials. 2012 (8).

[21] 刘柱彬，李明顺．基于多级模糊综合评判方法的高速公路社会经济影响评价 [J]. 价值工程，2010 (10)：132～133.

[22] 李阳，李明顺．综合评价法在公路规划环境影响评价中的应用 [J]. 企业家天地，2007 (12)：13～14.

[23] 李明顺，汤嘉欢．公路建设项目社会影响评价指标权重确定的层次分析法 [J]. 企业家天地，2009 (11)：120～122.

[24] 刘柱彬，李明顺．模糊综合评价方法在公路建设项目路线方案优选中的应用 [J]. 科教导刊，2010 (1).

[25] 任艳艳，李明顺．公路建设项目社会影响评价指标无量纲化研究 [J]. 企业技术开发，2010，29 (7)：63～65.

[26] 任艳艳，李明顺．公路建设项目社会影响评价的模糊综合评判法研究 [J]. 企业家天地，2010 (4)：152～154.

[27] 李明顺，于桂珍．公路建设项目经济评价内部收益率计算及计算机实现 [J]. 湖南交通科技，2003 (2)：99～101.

[28] 李熙，李明顺．基于外差成本的高速公路间接经济费用定量计算 [J]. 企业家天地，2011 (3)：5～6.

[29] 刘任，李明顺．建设项目国民经济评价计算中的影子价格测算方法改进 [J]. 企业家天地，2011 (3)：7～8.

[30] 邓应军，李明顺．多路径交通量分配计算模型与方法研究 [J]. 企业家天地，2011 (3)：59～60.

[31] 王爱华，李明顺．基于抽象方式模型的转移交通量预测方法 [J]. 企业家天地，2011 (3)：63～64.

[32] 王建军，王参军．公路建设项目后评价理论与方法研究 [M]. 北京：人民交通出版社，2005.

[33] 李海东．高速公路经济论 [D]. 成都：四川大学，2004.

[34] 贾丽丽．西部铁路建设项目国民经济评价的研究与实证分析 [D]. 重庆：西南交通大学，2006.

[35] 李为．城市轨道交通项目国民经济评价方法与参数研究 [D]. 重庆：西南交通大学，2004.

[36] 邝镜明．高速公路社会经济影响评价研究 [D]. 武汉：武汉理工大学，2007.

[37] 张旭．高速公路建设中的环境影响评价及应用研究 [D]. 南昌：南昌大学，2007.

[38] 凌征武．高速公路环境影响后评价指标体系及量化模型的研究 [D]. 长沙：长沙理工

大学，2007.
[39] 顾政华．综合运输网络下的公路建设项目交通量预测方法研究［J］．公路，2007（1）：117～122.
[40] Hansen M. The traffic inducement effect：its meaning and measurement［D］．Berkeley：University of California，2007.
[41] 中国国际工程咨询公司．中国投资项目社会评价指南［M］．北京：中国计划出版社，2004.
[42]《投资项目可行性研究指南》编写组．投资项目可行性研究指南［M］．北京：中国电力出版社，2002.
[43] 同济大学，中华人民共和国建设部标准定额研究所．政府投资项目经济评价方法与参数研究［M］．北京：中国计划出版社，2003.
[44] P·贝利，J·安德森，等．投资运营的经济分析［M］．中华人民共和国建设部标准定额研究所译．北京：中国计划出版社，2002.
[45] Wang Kangmao，Wang Clement K，Hu Chun. Analytic hierarchy process with fuzzy scoring in evaluating multidisciplinary R&D projects in China［J］．Transactions on Engineering Management，2005，52（1）：119～129.
[46] 范振宇，肖春阳．高速公路建设对国家经济社会发展的系统效应初析［J］．公路交通科技，2006（5）：159～162.
[47] 冯玫，官远山．公路建设项目社会经济影响评价指标体系研究［J］．河北交通科技，2006（1）：11～14.
[48] 曾胜．高速公路项目社会评价指标体系构建研究［J］．中外公路，2005（3）：106～110.
[49] 刘珊，姚刚，张雯，孙宏亮．公路建设项目环境影响的多级模糊综合评价［J］．长安大学学报（自然科学版），2007（1）：84～87.
[50] 杜鹏．公路建设项目目标评价指标体系及方法研究［D］．长沙：湖南大学，2008.
[51] 廖祥泰．公路建设项目社会影响评价方法与应用研究［D］．长沙：长沙理工大学，2006.
[52] 李开孟，张小利．投资项目环境影响经济分析［M］．北京：机械工业出版社，2008.
[53] 程胜高，张聪辰．环境影响评价与环境规划［M］．北京：中国环境科学出版社，2002.
[54] 任艳艳．高速公路建设项目国民经济评价关键问题研究［D］．长沙：长沙理工大学，2010.
[55] 刘柱彬．基于模糊综合评判法的高速公路路线方案优选研究［D］．长沙：长沙理工大学，2010.
[56] 陈涛．基于实物期权的地铁 PPP 项目投资决策研究［D］．长沙：长沙理工大学，2011.
[57] 任敏．基于合作博弈理论的经营性公路资产转让研究［D］．长沙：长沙理工大学，2011.
[58] 杨珂．价值工程理论在绿色高速公路路线方案优选中的应用研究［D］．长沙：长沙理

工大学，2012.

[59] 刘丹丹. 基于交通流特性的高速公路交通安全综合评价研究 [D]. 长沙：长沙理工大学，2012.

[60] 朱佐辉. 基于 Monte Carlo 的高速公路运营效益敏感性分析方法研究 [D]. 长沙：长沙理工大学，2013.

[61] 乔彦. 基于模糊综合因素评价法的区域土地与高速公路协调度评价 [D]. 长沙：长沙理工大学，2013.

[62] 汤怀志. 河南省高速公路集约用地评价与优化研究 [D]. 北京：中国地质大学，2008.